洞 见 人 和 时 代

文化归途

甘阳 著

四川人民出版社

图书在版编目（CIP）数据

文化归途 / 甘阳著. —— 成都：四川人民出版社，
2024.10. —— ISBN 978-7-220-13695-5

Ⅰ.C53

中国国家版本馆CIP数据核字第20245M94P3号

WENHUA GUITU
文化归途

甘阳　著

出 版 人	黄立新
策划统筹	封　龙
责任编辑	封　龙　苏　玲
版式设计	张迪茗
封面设计	宋　涛
责任印制	周　奇

出版发行	四川人民出版社（成都三色路238号）
网　　址	http://www.scpph.com
E-mail	scrmcbs@sina.com
新浪微博	@四川人民出版社
微信公众号	四川人民出版社
发行部业务电话	（028）86361653　86361656
防盗版举报电话	（028）86361653
照　　排	四川最近文化传播有限公司
印　　刷	成都东江印务有限公司
成品尺寸	152mm×228mm
印　　张	34.25
字　　数	450千
版　　次	2024年10月第1版
印　　次	2024年10月第1次印刷
书　　号	ISBN 978-7-220-13695-5
定　　价	98.00元

■版权所有·侵权必究

本书若出现质量问题，请与我社发行部联系更换

电话：（028）86361656

目　次

文化是否仍是制约资本主义的力量（代自序）……………001

上编　文化中国与乡土中国

卡西尔的文化哲学
　　卡西尔《人论》中译本序（1984）………………011
从"理性的批判"到"文化的批判"
　　卡西尔《语言与神话》中译本序（1987）………021
古今中西之争（1985）……………………………………045
儒学与现代
　　兼论儒学与当代中国（1988）……………………079
《中国当代文化意识》前言（1988）……………………100
文化中国与乡土中国
　　后冷战时代的中国前景及其文化（1992）………106
费孝通《江村经济》再认识（1994）……………………114

"社会与思想丛书"两年（1995）..................123

十年来的中国知识场域
　　为《二十一世纪》创刊十周年作（1999）..................126

访谈：80年代的现代性批判与90年代转型（2006）..................132

中编　西方文化左派与全球文化

超越西方文化左派（2006）..................153

细读《文化与社会》（2010）..................163

拉长时间对抗"空间化"（2006）..................262

华人大学理念九十年（2003）..................274

大学人文传承与中国学术独立
　　清华大学人文学院成立贺词（2012）..................288

北大的文明定位与自我背叛（2014）..................292

访谈："我宁愿改革速度慢一点"（2008）..................310

下编　返回"文明—国家"的中途

从"民族—国家"走向"文明—国家"（2003）..................321

社会主义、保守主义、自由主义
　　关于中国的软实力（2005）..................337

新时代的"通三统"
　　中国三种传统的融会（2005）..................346
重新阅读西方
　　"西学源流"丛书总序（2006）..................388
从第一次思想解放到第二次思想解放（2008）..................391
启蒙与迷信，或，"反启蒙"在中国的缺席（2011）..................399
"文化：中国与世界"新论缘起（2007）..................404
大学之道与文明自觉（2005）..................409
从富强走向文雅（2008）..................455
博雅教育
　　为大学和社会赋予灵魂（2013）..................464
博雅教育与经典
　　重庆大学博雅学院开学典礼致辞（2013）..................471
清华大学新雅书院开学典礼致辞（2016）..................478
古典西学在中国（2008）..................483
古典学与古典教育（2015）..................493
"古典与文明"丛书总序（2017）..................509
访谈：古典学和中国学术共同体（2019）..................515

文化是否仍是制约资本主义的力量（代自序）*

一

问（三联生活周刊，下同）：距离1985年开始的"文化热"，已经30年了。如果现在回想80年代，对你来说，是怎样的？

甘阳：30年，我有两个很矛盾的感觉，一个是居然已经30年了，另一个是才30年啊，好像不那么远，但又好像很遥远，你们可以想象中国变化之大。我觉得我们这代人命太好了，从没有一代人像我们，经历过如此之多的世界变迁。我们赶上了太好的时候。不是说我们经历的都是好的，但是作为一个思想型的人，有这些经历是好的。

"文化大革命"结束时，中国社会其实基本是传统社会，中国人的基本生活方式、道德，完全是传统的，再到改革开放，然后又看到苏联东欧垮台，全球化资本主义的全面展开，一直到今天英国脱欧特朗普上台，真是世界大事纷至沓来。小时候看歌德说他自己的最大幸运是眼看世界大事纷至沓来，但他跟我们相比简直是小巫见大巫。从农业社会、社会主义、资本主义、全球金融资本主义等等所有这些这么大的世界性变化，所有惊人的变化都发生在我们这

---
* 本文原载《三联生活周刊》2017年第2期，原题为"理性化的思想讨论还有可能吗？——专访'文化：中国与世界'主编甘阳"，采访者是孙若茜。

一代人身上，我们的经历之丰富是一般人很少有的。我有时候真的很奇怪，中国人是怎么经历过来的，好像若无其事。

问：每一次见到变化都会给你带来思想上的冲击吗？哪段经历比较重要？

甘阳：我在美国目睹了整个苏东的垮台，1989年开始东欧解体，有半年的时间我在芝加哥大学集中研究苏东欧转型的问题，那是对我非常重要的一段。1991年苏联垮台，你们不大能想见，苏联解体的头10年，人的寿命能在短短10年内下降10岁，这是人类历史上没有的。文明的解体通常至少要100年的时间才能恢复。中国晚清就是中国文明的全面瓦解，我们至今仍是在晚清瓦解后重建中国文明的进程中。所以我经常说我的思想非常陈旧，30年时间很长，里面包含了很多的路向，每个人都在回应某一个路向。综合所有来考虑，对我来说的问题依然就是中国文明崩溃瓦解重建的问题。我今天的视野依然放在19世纪末晚清中国文明全面瓦解的巨大变化上。

80年代文化讨论时，我们说自觉地承继19世纪末的文化讨论，自觉地接上"五四"以后的那场关于中西文明的讨论。一直到苏联解体的时候，我又一次深刻理解到什么是文明解体。一个文明秩序，是从人内心最细微的地方一直到国家社会整个建构各个方面，让大家觉得很安然、很自在，全面瓦解以后要重建一个文明秩序，这是非常困难的事情。

晚清中国文明解构以后怎样重启？中国到底面临什么问题？要从这个问题出发，很多问题你才能想清楚。

30年之间有很多变化，我在美国的时候也曾注意到国内1994年的人文精神讨论，坦白说，人文的力度很弱。为什么中国知识分子在资本主义全面来临的时候会表现得那么弱？这个反思和欧洲西方相比差多了。西方反资本主义、反现代的文化上的势力非常强大，和资本主义同样强大，这才使得他们的现代性不会出现那么糟糕的资本主义，才能平衡资本主义摧毁人性，摧毁一切价值的破坏性。如果没有极强的力量在抵制，没有人类永恒不变的一套价值观在抵制，资本主义将是人类最糟糕的制度。

西方18、19世纪思想家最担心发生的事情，在"冷战"结束之后的全球化资本主义扩张中全盘爆发。我们今天回头看席勒的《审美教育书简》，所预见的让人发毛的东西就是这个，人类精神的东西全不存在了。但资本主义负面性的全面展开在西方是非常长的过程，在相当长时间内，欧洲和美国都有很强的制衡资本主义金钱至上的价值观的动力。我刚到美国的时候觉得美国人太淳朴了，完全没有拜金主义。但是"冷战"结束以后，全球化资本主义的扩张日益肆无忌惮，完全不一样了。全球化资本主义的最大恶性效果是似乎其他一切价值观念都已荡然无存，全球变成赤裸裸的金钱世界。文化人拥护资本主义是天然的悖论，什么是文化人的最高价值？难道是钱吗？那样还是文化人吗？所以说文化人拥护资本主义是荒谬的。

你们未必能感受到我感受到的变化，这种变化必须强调，因为和你原先预想的世界是不一样的。西方并不像人们想象的那么简单，并不是只有资本主义的力量，而是长期以来有非常强的抵制资本主义的文化与社会的力量。但这种状况在全球化以后，发生了根本的变化，我们今天必须问，文化是不是仍然还是制约资本主义的力量。如果这样提出问题，那就变成有很多问题需要你去想。

问：现代性的话题在80年代编委会的讨论中就非常重要。

甘阳：我在《中国当代文化意识》里，上编定的题目是"反叛"，下编定的题目是"彷徨"。我觉得"彷徨"这种感觉可能是我比较个人性的感觉。不过一般来说，人文里面最深刻的东西，一定是对现代的彷徨和恐惧，因为不知道现代将带来什么东西，现代性带来的东西是要冲击整个欧洲人长期坚持的那套价值观念的，这是整个文化里面的基本感觉。当时最突出的反应是19世纪西方浪漫派。

问：当时有没有觉得这个问题在很多人的思考之外？

甘阳：80年代有一个特点，就是所有人认为大家都是一样的。因为当时的矛盾很简单，就分为改革派和反改革派，所有人都是改革派。我觉得我和改革派没什么关系，但我确实又不是反改革派，我关心的不是这类问题，我关心的是文化的问题。现在回想起来，我觉得我似乎天生有一种保守主义倾向，我所喜欢的西方的东西都是反现代性的。但是话又说回来，近现代以来西方所有有成就的思想家都是反现代性的。当然一般意义上的庸俗反西方我是非常不喜欢的。西方文化中深刻的东西是对人文有一种非常深的坚守和认同，对于资本主义一切皆为商品是绝对不能接受的。

二

问：为什么当时海德格尔吸引了你们所有人？

甘阳：80年代我们思想界在朦胧状态，凭着直觉，一把就抓住了海德格尔，这是非常厉害的东西。虽然在读他的背后很多东西其实并不一样，但当时我们觉得是一样的，当然就是我刚才说的，也有文化虚荣的原因，聪明人当然要读难的东西。是什么东西在吸引？很微妙。比如我们看卡尔·波普尔，就觉得很一般嘛，对我们没有知性的吸引。海德格尔不一样，他能吊起你全部的精神，是西方文明绝对高度所在，他对2000年的西方文明有一种透骨三分的重新反省，达到的深度是难以想象的，对我们哲学界的冲击是非常非常大的，颠覆所有以前科班出身的学西方哲学的人所学到的东西。你会觉得他太厉害了，对我来说一个直接的感觉是，他和西方的东西完全不一样，他是另外一个西方。

问：现在读海德格尔和那时候读有什么不一样？

甘阳：第一，现在海德格尔已经被妖魔化了。过去大家都很清楚一个问题，就是一个人的政治立场和他在哲学上达到的高度不是同一个事情。并不能以政治上的任何立场抹杀他思想上的问题，而且西方思想界最深刻的思想家通常是反动的，比如说柏拉图。毫无疑问，2000多年的西方文明，海德格尔在哲学上达到的深度，前无古人，后无来者，如果用减法，西方到最后就只剩两个伟大思想家，柏拉图和海德格尔。

海德格尔这么一个深刻的思想家，你不能够用简单的政治来衡量他，他一定是在超政治的层面上思考政治的问题。对政治的反应，无非是对西方现代性不满，他一直希望揭示西方更深刻、他认为更好的另外一套资源和逻辑。

问：这和你今天在清华讲简·奥斯汀有什么联系吗？

甘阳：最近十几年我推动通识教育是和我30年前所做的事情最有连续性的。根本上都是对文化的关怀。奥斯汀无疑是非常英国的作者，她当时所面临的无疑是老英国与新英国之间的矛盾冲突，英国以乡绅为代表的传统文化与价值正在受到一个新的、未知的、无名的新价值的冲击，对这个未知的东西她的直觉是不好的，她的直觉是反感的。她的整个小说反映的就是18、19世纪之交英国新旧价值的冲突。英国当时正处于一个很大的变化当中，小说家在感性层面上能很敏感地感受到英国正在发生这样的变化，她的小说看上去和所有的重大的政治社会问题都无关，但其实是在最深刻的层面上表现人们所经历的变化和冲击。

海德格尔也一样，他感觉到以科技为中心的新欧洲的出现，而有着最好的人文价值传统的那个老欧洲将要荡然无存，所以他第一个问题就要问为什么，要问现代性这些新东西在西方的根源是什么；第二问西方是否只有这一个根源，是否有一个更好的根源可以生长一个更好的符合他所希望的欧洲？将这样的思考完全从政治上打死，实际上是把西方更深的精神探索资源的一条渠道阻塞掉，对人类文明是不利的，用政治绞杀的方式绞杀海德格尔是太可笑的。

三

问： 你认为知识界的对话，像80年代那样的讨论，今天还存在吗？

甘阳： 我觉得严格意义上说，今天已经没有"知识界"这个概念存在了。都是一个一个小群体，互相之间是不可能沟通的，因为不存在思想上的沟通，所有都被政治化，被妖魔化。没有一方虚怀若谷真的想听对方说什么，这是今天最糟糕的问题所在。我实际上认为中国现在既没有思想界，也没有知识界。所谓"界"，本应该包括很多不同声音和想法，是可以沟通的，不能先从道德上妖魔化。

80年代是相对单纯的，而且大家都有一个相同的敌对方，就是"反改革派"，也就是说大家都是一个阵营的，在这种情况下不同意见相对是可以沟通的。没有人会首先假设你是一个坏人，但90年代以后，每个人都站在道德制高点上，只要有不同的看法就从道德上人格上打倒你，他们不想听你说什么，除非是重复他们的观点。这是今天真正的问题所在。

问：你认为可以重建吗？

甘阳：目前全球包括中国都出现两极化的倾向，而且这种两极化日益的非理性化很难沟通，重要的问题是在极端的分歧中能不能出现理性化、温和化的声音。我认为大学应该是产生理性化温和化讨论的唯一可能。这也是我这十几年只做教育这唯一一件事的直接原因。大学按其本性就应该是理性的也是温和的。尤其通识教育有可能出现这样一个理性化、温和化的思想交流平台。因为任何一个大学的通识教育整体课程都不可能是由任何一派单独掌控，大学的通识教育课程必然是多元的、包容的，课程的唯一标准是学术质量。如果大学的通识教育课程能以学术为唯一标准，推动多元、包容、理性、温和的教育氛围，那么整个社会逐渐走向理性化、温和化、多元化、包容化是可能的。我如果觉得完全不可能，也不会去做那么多事情。

我天生是乐观派，相信中国文明有其天命，到最后是信仰的问题。

上编
文化中国与乡土中国

卡西尔的文化哲学

卡西尔《人论》中译本序[*]

(1984)

德国哲学家恩斯特·卡西尔(Ernst Cassirer)被西方学术界公认为20世纪以来最重要的哲学家之一。在西方世界影响甚广的《在世哲学家文库》将他与爱因斯坦、罗素、杜威等当代名家相提并论,专门编成一本厚达近千页的《卡西尔的哲学》(1949年纽约第一版)作为该文库的第六卷,并在扉页上将其誉为"当代哲学中最德高望重的人物之一,现今思想界具有百科全书知识的一位学者"。

卡西尔1874年7月28日生于德国西里西亚的布雷斯劳(即今日波兰的弗罗茨瓦夫)一个犹太富商的家庭。早年受业于新康德主义马堡学派首领赫尔曼·柯亨(Hermann Cohen,1842—1918),以后很快成为与柯亨、那托尔卜(Paul Natorp,1854—1924)齐名的马堡学派主将。[1] 1919年起,卡西尔任汉堡大学哲学教授,1930年起任汉堡大学校长。在汉堡时期,卡西尔逐渐创立了他自己

---

[*] 本文是为《人论》(恩斯特·卡西尔著,甘阳译,上海译文出版社,1985)所作的"中译本序";主要内容以"人·符号·文化——卡西尔和他的《人论》"为题,发表于《读书》1985年第8期。

[1] 有必要说一句,尽管卡西尔常常被看成是"马堡学派学术思想的集大成者",但实际上他与柯亨等人在很早就有不小的分歧,正如逻辑经验论的著名代表卡尔纳普后来曾经指出的,卡西尔的哲学观"不是正统的新康德主义,更多地是受到了晚近以来科学思想发展的影响"。参阅卡尔纳普《思想自述》,见席尔普主编《卡尔纳普的哲学》,《在世哲学家文库》第11卷,伦敦,1963,第40页。

的所谓"文化哲学体系",这个体系与马堡学派的立场已经相去甚远。[1]1933年1月30日希特勒在德国上台,卡西尔愤怒地声称"这是德国的末日",遂于同年5月2日辞去汉堡大学校长职务,离开德国,开始了他的十二年流亡生活,以后再也没有回去过。他先赴英国,任教于牛津大学全灵学院。1935年9月,接受瑞典哥德堡大学的聘请担任该校哲学教授,在那里一直待了六年。1941年夏季,卡西尔赴美国,就任耶鲁大学访问教授,后又于1944年秋转赴纽约就任哥伦比亚大学访问教授。1945年4月13日,卡西尔在哥伦比亚大学校园内回答学生提问时猝然而亡,终年七十一岁。

卡西尔一生著述多达一百二十余种,研究的范围几乎涉及当代西方哲学的各个领域,并且产生了广泛的影响。他在科学哲学方面的著作曾受到石里克、弗朗克等逻辑经验论者的高度评价;他对语言哲学的研究使他成为20世纪这一领域的重要前驱者之一,并受到现代西方各派语言哲学的普遍重视;而在美学方面,人们一般都把他看成是30年代以后西方兴起的所谓符号美学运动的"开路先锋"(在美国,人们常常把他与苏珊·朗格合在一起称为"卡西尔-朗格的'符号说'")。[2]以下是卡西尔的一些主要著作:

《实体概念和功能概念》(1910年,这是卡西尔早期的代表作,但它的观点同时也被柯亨严厉指责为背叛了马堡的立场);《自由与形式》(1916);《爱因斯坦的相对论》(1921年,该书曾由爱因斯坦本人看过全部手稿并提出了修改意见;被称为"相对

---

[1] 关于卡西尔的这个"文化哲学"与马堡学派正统立场的区别,当代解释学哲学著名代表伽达默尔的一段话说得甚为简明:"卡西尔把新康德主义的狭窄出发点亦即自然科学的事实,扩张成了一种符号形式的哲学,它不仅囊括了自然科学和人文研究,而且意欲为作为一个整体的人类文化活动提供一个先验的基础。"参阅伽达默尔(Hans-Georg Gadamer)《哲学解释学》,加利福尼亚大学出版社,1976,英译本,第76页。

[2] 参阅吉尔伯特与库恩合著《美学史》新版,第19章"二十世纪的美学理论",以及苏珊·朗格《情感与形式》(该书就是献给卡西尔的),纽约,1953,第410页等。

论的第一个哲学解释者"的石里克也对此书推崇备至）；《神话思维的概念形式》（1922）；《语言与神话》（1925）；三卷本《符号形式的哲学》（第一卷《语言》，1923；第二卷《神话思维》，1925；第三卷《认识现象学》，1929）；《当代物理学中的决定论与非决定论》（1936）；《人文科学的逻辑》（1942）；《人论：人类文化哲学导引》（1944）；以及逝世后不久出版的《国家的神话》（1946）。近年来耶鲁大学又整理出版了他1935—1945年的论文讲演集《符号、神话与文化》（1979）。

卡西尔著作中另一大类反映了他几十年如一日对西方思想史的深入研究，这些研究使他成为当代最著名的哲学史家之一。其中影响比较大的有：《现代哲学和科学中的认识问题》（四卷，1906、1907、1920、1940）；《康德的生平与学说》（1918，这是卡西尔为其主编的《康德著作十卷集》所写的总导论）；《理念与形式：论歌德、席勒、荷尔德林、克莱斯特》（1921）；《文艺复兴哲学中的个人与宇宙》（1927）；《柏拉图主义在英格兰的复兴》（1932）；《启蒙运动的哲学》（1932）；《卢梭·康德·歌德》（1945）等。在这些著作中，大约以20世纪20年代为界，有一个比较明显的变化：前期基本上是根据纯粹的哲学概念和原理的进展来讨论，亦即着重于从一个观点到另一个观点的逻辑发展；后期的研究则已经更着重于哲学与文化的联系，用卡西尔自己的话说，他后几本书是力图提供一个近代世界"哲学精神的现象学"，[1]亦即要揭示出近代以来在哲学的进展中所体现出来的人类精神（而不是干巴巴的哲学概念史）。造成这种区别的原因就在于，20年代以后卡西尔已经是从他自己的所谓"文化哲学体系"出发来考虑问题了。

卡西尔的这个"文化哲学体系"，在他皇皇三大卷的《符号形

---

[1] 参阅卡西尔《启蒙运动的哲学》自序，1955，英译本。

式的哲学》中得到了系统的论述和详尽的阐发。而《人论：人类文化哲学导引》一书，如他自己在该书序言中所说的，正是他晚年到美国以后，在英、美哲学界人士的一再要求下，用英文简要地阐述《符号形式的哲学》基本思想的一本书。同时，卡西尔也提醒读者应该注意，这里已经包含着许多"新的事实"和"新的问题"，而且"即使是老问题也已经被作者根据新的眼光在不同的角度和方面来看待了"。因此，该书历来被人们看作一方面是《符号形式的哲学》一书的提要，另一方面又是最足以反映卡西尔晚年哲学思想的代表作（它是卡西尔生前出版的最后一部著作）。也正因为如此，该书是卡西尔著作中被译成外文文种最多、流传最广、影响甚大的一本。

顾名思义，《人论》自然是研究所谓"人的问题"的。全书共十二章，分上、下两篇。上篇（前五章）是回答一个总的问题：人是什么？其中第一章概述了两千多年来西方思想史上关于人的问题的各种哲学理论，并在最后指出，当代尽管科学昌盛、技术发达，但人的问题不但没有真正解决，相反倒是处在深刻的危机之中。在第二章中卡西尔提出了他自己关于人的定义：人与其说是"理性的动物"，不如说是"符号的动物"，亦即能利用符号去创造文化的动物。第三章则着重论述了人与动物的根本区别就在于：动物只能对"信号"（signs）作出条件反射，只有人才能够把这些"信号"改造成为有意义的"符号"（symbols）。第四章从空间和时间这两个最基本的范畴入手，着重论述了"符号功能"对人类生活的决定性作用。卡西尔在这里强调的是：人与动物虽然生活在同一个物理世界之中，但人的生活世界却是完全不同于动物的自然世界的。第五章可看成是上篇的小结，指出了人与动物的这种区别，实质上就是"理想与事实""可能性与现实性"的区别。卡西尔在这里引用了歌德的一句名言："生活在理想的世界，也就是要把不可能的东西当作仿佛是可能的东西那样来处理。"——在他看来，人的生活世界之根本特征就在于,他总是生活在"理想"的世界,总是向着"可能性"行进,而不像动物那样只能被动地接受直接给予的"事实",从而永远不能超越"现实性"的规定。卡西尔认为,上述这种区别的秘密正是在于:人能发明、运用各种"符号",所以能创造出他自己需要的"理想世界";而动物却只能按照物理世界给予它的各种"信号"行事,所以始终不知何为"理想",何为"可能"。他以"数"的概念和"乌托邦"的概念为例,指出数学和伦理观念最有力地证明了人具有"建设一个他自己的世界,建设一个'理想的'世界的力量"。总的来看,上篇的基本内容就是人类世界与自然世界的区别。

下篇(后七章)转入对人类世界本身的全面考察,确切地说,就是考察人怎样运用不同的符号创造各种文化。因此,其总标题是:人与文化。其中第六章可看成是下篇的一个小引。卡西尔的意图正如该章标题所指明的,是要从人类文化的角度来给人下定义。在他看来,人的本性,并非仅仅如柏拉图所说的那样,是以大写字母印在国家的本性上,毋宁说人的本性是以大写字母印在文化的本性上的。因此,与其像亚里士多德那样认为"人是政治的动物",不如说"人是文化的动物"(政治也只不过是文化的一种组织形式而已)。这一章与上篇的第二章合在一起,可视为全书的总纲所在。以下各章依次研究了人类文化的各种现象——神话、宗教、语言、艺术、历史、科学等等,力图论证人类的全部文化都是人自身以他自己的符号化活动所创造出来的"产品",而不是从被动接受实在世界直接给予的"事实"而来。最后一章"总结与结论"则以这样一个论点结束全书:

> 作为一个整体的人类文化,可以被称作人不断解放自身的历程!

综上所述，我们已经不难看出《人论》一书的基本出发点：对"人"的研究，必须从对人类文化的研究着手，因此，一种人的哲学，也就必然地应该是一种文化哲学。该书的副标题——"人类文化哲学导引"——正是点明了这个出发点。卡西尔在《人论》一书中力图论证的一个基本思想实际上就是：人只有在创造文化的活动中才成为真正意义上的人，也只有在文化活动中，人才能获得真正的"自由"。因为在卡西尔看来，人并没有什么与生俱来的抽象本质，也没有什么一成不变的永恒人性；人的本质是永远处在制作之中的，它只存在于人不断创造文化的辛勤劳作之中。因此，人性并不是一种实体性的东西，而是人自我塑造的一种过程：真正的人性无非就是人的无限的创造性活动。《人论》第六章对此所说的一段话，正是全书总纲所在：

> 《符号形式的哲学》是从这样的前提出发的：如果有什么关于人的本性或"本质"的定义的话，那么这种定义只能被理解为一种功能性的定义，而不能是一种实体性的定义。我们不能以任何构成人的形而上学本质的内在原则来给人下定义；我们也不能用可以靠经验的观察来确定的天赋能力或本能来给人下定义。人的突出的特征，人的与众不同的标志，既不是他的形而上学本性，也不是他的物理本性，而是人的劳作（work）。正是这种劳作，正是这种人类活动的体系，规定和划定了"人性"的圆周。语言、神话、宗教、艺术、科学、历史，都是这个圆的组成部分和各个扇面。因此，一种"人的哲学"一定是这样一种哲学：它能使我们洞见这些人类活动各自的基本结构，同时又能使我们把这些活动理解为一个有机的整体。

换言之，人的劳作怎样，人的本质也就怎样；人的创造性活动如何，人性的面貌也就如何。科学、艺术、语言、神话等都是人类文化的一个方面、一个部分，因此，它们内在地相互联系而构成了"一个有机的整体"——人类文化。归根结底，所有这些活动都是人创造他自己的历史——文化的历史——的活动，所有这些活动的产品都是"文化产品"。所以，虽然这些活动都是各不相同的，虽然"这些力量不可能被化为一个公分母，它们趋向于不同的方向并且服从着不同的原则，但是这种多样性和不可比较性并不意味着不一致、不调和。所有这些功能都是相辅相成的。它们各自开启了一个新的地平线并且向我们显示了人性的一个新的方面"。"如果'人性'这个词指称着任何什么东西的话，那么它就指称着：尽管在它的各种形式中存在着一切的差别和对立，然而所有这些形式都是在向着一个共同目标而努力工作。"——这个"共同目标"就是：创造人自己的历史，创造一个"文化的世界"！因此，说到底，从事历史创造活动的人，尽管在不同的活动中具体的目标、具体的结果、具体的过程各不相同，但都必然地趋向于一个共同的总的目标、总的结果、总的过程——在创造文化的活动中必然地把人塑造成了"文化的人"！这就是人的真正本质，这就是人的唯一本性。

根据这种人性观，自然就不难得出这样的结论：一种人的哲学，必然地同时就是一种科学哲学，必然地同时就是一种艺术哲学、语言哲学、神话哲学，……一句话，人的哲学归根结底不能不是一种人类文化哲学。反过来，只有已经构成了"一个有机的整体"的"人类文化哲学体系"，才足以真正展示人性的广度和深度，才是一种真正的、唯一的"哲学人类学"。[1] 卡西尔的三卷

---

[1] 参阅《符号形式的哲学》第1卷，耶鲁大学出版社，1953，英译本，第81—82页。

本《符号形式的哲学》，正是想端出这样一个体系来，该书第一卷讨论语言哲学，第二卷讨论神话哲学以及与之紧密相关的艺术哲学、宗教哲学，第三卷讨论科学哲学，力图在深入考察"它们各自的基本结构"的基础上，进一步把它们合成为"一个有机的整体"——文化哲学体系，从而最终展现出一部人类精神文化成长的史诗。卡西尔的文化哲学与哲学人类学就是这样紧密地结合成为一体：文化哲学成为人的哲学的具体内容和生动展示，人的哲学则成为文化哲学的最终目的和内在灵魂。

但是卡西尔强调，对于一种文化哲学或人类学哲学来说，最要紧的问题是："我们寻求的不是结果的统一性而是活动的统一性，不是产品的统一性而是创造过程的统一性。"——真正讲来，哲学所要研究的既不是抽象的文化，也不是抽象的人，而是要研究具体的、能动的创造活动本身。因为正是靠着这种能动的创造性活动，才既产生出了一切文化，同时又塑造了人之为人的东西。人的本质与文化的本质，只是以这种能动的创造性活动为中介、为媒介，才得以结合与统一为一体。由此可见，只有这种能动的"活动"，这种自觉的"创造过程"，才是真正第一性的东西，或用卡西尔爱用的一个德文词语来说，才是人类生活的Urphänomen（原始现象）。那么现在的问题就是：这种原始现象、这些能动的创造活动，其本身究竟是一种什么样的现象、什么样的活动？

卡西尔的回答是：这种现象就是"符号现象"，这种活动就是"符号活动"，亦即能自觉地创造各种"符号形式"的活动，因为"符号思维和符号活动是人类生活中最富有代表性的特征，并且人类文化的全部发展都依赖于这种条件"。"这种自觉性和创造性就是一切人类活动的核心所在，它是人的最高力量，同时也标志了我们人类世界与自然界的天然分界线。在语言、宗教、艺术、科学之中，人所能做的不过是建设他自己的宇宙——一个……符号的宇宙。"卡西尔的意思无非是说，人类生活的典型特征，就在于能发明、运用各种符号，从而创造出一个"符号的宇宙"——"人类文化的世界"。这样，符号活动功能就是把人与文化联结起来的这个中介物、媒介物，也因此，对各种"符号形式"——语言、神话、艺术、科学等等——的研究，也就成了哲学的主要任务——卡西尔把他的哲学叫作"符号形式的哲学"，就是这个道理。不消说，卡西尔的这个"符号形式的哲学"，也就是把他的"哲学人类学"和他的"文化哲学"联结起来的纽带。我们现在已经可以相当清楚地看出，卡西尔的全部哲学实际上可以化为一个基本的公式：

人—运用符号—创造文化

因此，在卡西尔那里，"人—符号—文化"成了一种三位一体的东西，而"人的哲学—符号形式的哲学—文化哲学"也就自然而然地结成了同一个哲学。

实际上，在卡西尔眼里，人就是符号，就是文化，作为活动的主体他就是"符号活动""符号功能"，作为这种活动的实现就是"文化""文化世界"。同样，文化无非是人的外化、对象化，无非是符号活动的现实化和具体化；而关键的关键、核心的核心，则是符号。因为正是"符号功能"建立起了人之为人的"主体性"；正是"符号现象"构成了一个（康德意义上的）"现象界"——文化的世界；正是"符号活动"在人与文化之间架起了桥梁：文化作为人的符号活动的"产品"成为人的所有物，而人本身作为他自身符号活动的"结果"则成为文化的主人。因此，"符号概念"成了卡西尔哲学的核心概念，"符号功能说"成为卡西尔哲学的方法论，而对各种"符号形式"的研究也就构成了卡西尔哲学的知识论。

马克思在批判黑格尔《精神现象学》的唯心主义出发点时曾说："在《现象学》……中，……个人首先转变为'意识'，而世界转变为'对象'，因此生活和历史的全部多样性都归结为'意识'对'对象'的各种关系。"[1]我们可以说，在卡西尔的"人的哲学—符号形式的哲学—文化哲学"这个三一体中，人首先转变为"符号"，而世界则转变为"文化"，因此生活和历史的全部多样性都被归结为"符号"对"文化"的各种关系了。这样，卡西尔尽管致力于把握现实的人而非抽象的人，但实际上，"人"在这里仍然是抽象的，因为他完全溶化在"符号"之中，失去了自己的感性的、现实的存在。从而，"符号活动""符号功能"这一确实非常重要的人类活动能力也就只能被规定为"先验的功能""先验的活动"。用卡西尔自己的话说，我们不能不认定，在人的意识结构中有一种"自然的符号系统"亦即先验的符号构造能力。[2]进而，人类的全部文化都被归结为"先验的构造"，而不是历史的创造。所有这一切，都反映出了卡西尔哲学的唯心主义性质，正如他自己所说的，他的哲学应该叫作"作为一种文化哲学的批判唯心论"。[3]

陈启伟同志看了本书部分译稿，并不辞辛苦地校阅了其中若干章节。译者谨此表示衷心的感谢。

1984年国庆节

于北京大学外国哲学研究所

---

[1]《德意志意识形态》，载《马克思恩格斯全集》第3卷，第163页。
[2] 参阅《符号形式的哲学》第1卷，第105—106页。
[3] 参阅卡西尔《作为一种文化哲学的批判唯心论》（1936）一文，载《符号、神话与文化》，耶鲁大学出版社，1979，第64—91页。

从"理性的批判"到"文化的批判"

卡西尔《语言与神话》中译本序 *

(1987)

卡西尔的《人论：人类文化哲学导引》中译本在上海出版后，受到读者欢迎。现在，于晓同志又译出了卡西尔另一脍炙人口的名著《语言与神话》，连同卡西尔的其他几篇论著汇为一集由三联书店收入"现代西方学术文库"出版，这对于热心的读者来说无疑是提供了一个进一步了解卡西尔思想的门径。

《语言与神话》（*Sprache und Mythos*）一书原是作为著名的"瓦堡书院研究丛书"（Studien der Bibliothek Warburg）的第六卷于1925年用德文出版，1946年由卡西尔的美国弟子、著名女美学家苏珊·朗格（Susanne K. Langer）译成英文出版后，在英语世界产生了远比德国为甚的影响，而且，多少与苏珊·朗格这位美学家所译有关，该书以后一直成为西方治美学、文艺理论者所必读，尤其是最后论"隐喻"的那章。顺便可以一提的是，朗格英译本在美国问世时，正好距卡西尔本人用英文写就的《人论》在美国出版（1944）时隔两年，有如苏珊·朗格所言，《人论》一书毕竟只是提纲挈领地概述了卡西尔"符号形式哲学"的主要结论，而《语言与神话》却恰恰展示了"符号形式哲学"的成因和发展，因此，对于已读过《人论》，却不可能去读皇皇三大卷《符号形式的哲学》

---

* 本文是为《语言与神话》（恩斯特·卡西尔著，于晓等译，生活·读书·新知三联书店，1988）的"代译序"。

的读者来说，篇幅短小的《语言与神话》不啻是《人论》的最好补充。从这种角度来看，在《人论》中译本行世后，现在再接着出版《语言与神话》中译本，确乎是顺理成章，十分适时的。

"语言与神话"这个书名多少会使人有些困惑。这究竟算是哪一类书呢？属于哲学类、美学类，抑或是语言学或神话学类？应该说，至少在卡西尔本人眼中，这是一部正儿八经的哲学研究著作，不唯如此，而且还是哲学中最严格的部门——知识论方面的一个研究。这当然就更令人感到困惑了：哲学怎么研究起语言和神话来了？语言与神话这些现象又与知识论有什么干系？如果说，人们多少听说过20世纪的西方哲学经历了一场所谓Linguistic Turn（语言的转向），从而对哲学之研究语言似乎还不那么感到惊讶的话，那么，哲学竟然还要研究"神话"，则不免就使人感到有些匪夷所思、不知所云了。但是，我们不妨说，卡西尔哲学如果还能谈得上有些什么特色、有些什么新意，那么恰恰正在于他这种力图把哲学工作引向语言、神话之维的努力上。在我看来，这种努力的意义就在于，它实际上预示了或说从一个侧面反映了20世纪欧洲大陆哲学的一个重要趋势，即哲学研究不再像近几百年来西方一直时兴的那样主要以数学、物理学等自然科学知识为对象，而是相反，日益以人文学诸领域诸学科的"知识"为对象甚至与人文研究交织在一起，从而形成了一股足以与英、美占主导的分析哲学、自然科学哲学相抗衡的哲学运动——无以名之，姑且称之为"人文学哲学"吧。[1]笔者认为，对于今日正大发"文化热"的中国学人来说，有理由特别重视欧陆哲学的这种趋向，如果我们不忽视这一简单的事实：中国文化素

---

[1] 就卡西尔本人而言，他的抱负是要把科学哲学和人文哲学都纳入他自己的所谓"符号形式哲学"中去，因此他一生在这两方面都做了大量研究。但我以为，卡西尔真正值得重视的仍是他在人文领域方面的工作，尤其是他的神话哲学。《语言与神话》在卡西尔著作中较值得重视，原因即也在此。

来有极发达的人文学传统，而自然科学却非其所长。

如人们所知，近代以来的西方哲学常被称为经历了一场"认识论的转向"（epistemological turn），而康德雄心勃勃的"纯粹理性批判"正是以宣称对人类"知识"、人类"理性"作了彻底的"批判"考察从而完成了这一转向。但是，任何一个稍有西哲史常识的人都不难看出，从笛卡儿等人起直到康德，他们眼中能真正当得起严格意义上的"知识"之美名的，实际上主要地甚至唯一地只是数学、物理学等自然科学的"知识"。正如我们在康德《导论》的小标题中就可看出的，他的"理性批判"或"知识批判"所考察的实际上主要是"纯粹数学如何可能？""纯粹自然科学如何可能？"[1]无怪乎卡西尔在1939年的一篇论文中曾感叹地说，在西方传统中，人文研究"在哲学中仿佛一直处于无家可归的状态。这并不是偶然的。因为在近代的开端，知识的理想只是数学与物理自然科学，除了几何学、数学分析、力学以外，几乎就没有什么能当得上'严格的科学'之称。因此，对于哲学来说，文化世界如果是可理解的、有自明性的话，似乎就必须以清晰的数学公式来表达……"[2]这种状况直到卡西尔的时代仍然没有什么改观，当时居统治地位的新康德主义马堡学派（卡西尔本人即为该派三大主将之一）仍然一味致力于研究"纯粹认识的逻辑"（柯亨）、奠立"精密科学的逻辑基础"（那托尔卜）。诚然，马堡首领柯亨早在创办马堡学派杂志时就说过："我们认为，哲学乃是关于科

---

[1] 康德《判断力批判》尤其是上卷无疑已涉及人文研究的一系列重要问题。但问题在于，在康德那里，《判断力批判》中所研究的审美判断并"不是知识判断"（该书第一节）。现代阐释学家伽达默尔《真理与方法》的第一卷主要即是讨论这个问题。在伽达默尔看来，康德的这个基本论断实际上就是宣称了人文学不配称为"知识"，从而也就不可能拥有"真理"。这样，人文学就被康德逐出了"哲学的中心"，见《真理与方法》，纽约，1975，英文版，第38页，并参见第39页以下。
[2] 卡西尔：《人文学的逻辑》，耶鲁，1961，第4页。

学从而也是关于一切文化的各种原理的理论。"[1]马堡二号人物那托尔卜在著名讲演《康德与马堡学派》（1912）中也曾说："有人提出一种'文化哲学'来反对我们，……我们对此的答复是：我们一开始就已经把康德哲学、把先验方法论的哲学理解为文化哲学，并且明白地称之为文化哲学。"[2]但是，且不说柯亨、那托尔卜从未真正深入过人文学领域，而且即使他们所谓的"文化哲学"也恰恰是想把自然科学的原理和方法直接地推广到一切文化领域去，因为在那托尔卜看来，"一切知识的原型都应在数理科学中寻找"[3]，柯亨更直截了当地宣称："数学对于精神科学（Geisteswissenschaften，即人文学）具有不可争辩的意义。历史学是以年表为根据的；……"[4]卡西尔本人在早年基本上也是沿着柯亨、那托尔卜的路子走的，例如在写于20世纪初的巨著《近代哲学与科学中的认识问题》前两卷（1906、1907）中，他第一个在西方的哲学史研究领域中将大量的科学家如开普勒、伽利略、牛顿、欧拉等引入哲学史，详尽地分析他们的哲学基础和科学方法，颇开哲学史研究的新风。但是不久以后他就开始越来越怀疑这种单向的哲学路线是否可能解决一切问题，正如《符号形式的哲学》第一卷（1923）的前言中一开始就说的，"我1910年的著作《实体概念和功能概念》基本上是研究数学思维和科学思维的结构的。当我企图把我的研究结果应用到精神科学的问题（geisteswissenschaftlicher Problem，即人文学的问题）上时，我越来越清楚地看到，一般认识论，以其传统的形式和局限，并没有为这种文化科学提供一个充分的方法论基础。在我看来，要使认识论的这种不充分性能够得到改

---

[1] 美国1972年版《哲学百科全书》"新康德主义"条。
[2] 见洪谦主编《西方现代资产阶级哲学论著选辑》，商务印书馆，第95页。
[3] 引见席尔普编《卡西尔的哲学》，纽约，1949，第792页。
[4] 柯亨：《纯粹认识的逻辑》，德文版，第43页。引见巴克拉捷《近代德国资产阶级哲学史纲要》，中译本，第199页。

善，认识论的全部计划就必须被扩大。"[1]——正是这种"扩大认识论"的大胆设想，极大地刺激了卡西尔的想象力，给他的哲学研究带来了另一番天地、另一番气象。

偶像一经打破，道理常常显得出奇简单。确实，我们究竟有什么理由必须把自然科学的认识供在哲学祭台的中央？自然科学认识的这种特权地位是"合法"的吗？哲学尤其是认识论主要地甚至唯一地只是研究数理科学知识的性质与条件，这种预设前提本身受到过"批判"的考察吗？它又能经受得起严肃的"批判"吗？——"如果我们考虑到，不管我们可以给［科学］'认知'下一个多么普遍多么宽泛的定义，它都只不过是心智得以把捉存在和解释存在的诸多形式之一"，那么我们就必须承认，"作为一个整体的人类精神生活，除了在一个科学概念体系内起着作用并表述自身这种理智综合形式以外，还存在于其他一些形式之中"。——这些其他形式，就是语言、神话以及与之密切相连的宗教、艺术等等。在卡西尔看来，对于人类的精神生活来说，所有这些"其他的形式"，都并不低于逻辑和科学认识这种形式，因为说到底，逻辑和科学认识的本质无非在于它是人类把特殊事物提高到普遍法则的一种手段，但问题恰恰就在于，神话、语言、宗教、艺术等等同样也都具有把特殊事物提高到普遍有效层次的功能，关键只在于"它们取得这种普遍有效性的方法与逻辑概念和逻辑规律绝然不同而已"。因此，

> 这些符号形式尽管与理智符号不相类似，但却同样作为人类精神的产物而与理智符号平起平坐。……每一种形式都……是人类精神迈向其对象化的道路，亦即人类精神自我展示的道路，如果我们以这种洞识去考虑艺术和语言、神话和认识，那么

---

[1] 卡西尔：《符号形式的哲学》第1卷，第69页。

它们便提出了一个共同的问题,从而为文化科学的普遍哲学打开了一个新的入口。……从这样一种观点来看,康德所发动的哥白尼革命就获得了一种全新的、扩大的意义。它不再只是单单涉及逻辑判断的功能,而是以同样的正当理由和权利扩大到人类精神得以赋予实在以形式的每一种趋向和每一种原则了。[1]

这就是说,康德的"知识批判"或"理性批判"的范围必须大大加以拓展,正如卡西尔所宣称的:我们必须把康德的"理性的批判变成文化的批判"![2]——"除了纯粹的认识功能以外,我们还必须努力去理解语言思维的功能、神话思维和宗教思维的功能,以及艺术直观的功能。"[3]——在卡西尔看来,这样一来,"我们就能够有一种系统的关于人类文化的哲学!"[4]

显而易见,卡西尔的"扩大的认识论"或"文化的批判",就是要把传统认识论将之排除在外不予研究的广大领域都作为认识论的对象而包囊到哲学中来。在他看来,传统认识论的根本局限正是在于,一方面,它把所谓"非理性的"东西都当成不可理解的、荒谬的东西抛了出去,从而反倒给神秘主义、非理性主义甚至反理性主义留出了"合理的"地盘;另一方面,它又把"理性的"东西看成是人类原始即有的天赋之物,从而使得理性的科学知识本身变成了无本之木、无源之水,反倒成了无法说明的"非理性的"东西。卡西尔指出,实际上,一方面,即使像"神话"这种看上去最荒诞、最不合乎理性的东西,也并非只是一大堆原始的迷信和粗鄙的妄想,并非只是乱七八糟的东西,而是具有一个"概念的

---

[1] 卡西尔:《符号形式的哲学》第1卷,第78—79页。
[2] 同上书,第80页。
[3] 同上书,第79页。
[4] 同上书,第82页。

形式""概念的结构",[1]因而也就必然具有"一个可理解的意义",这样,"把这种意义揭示出来就成了哲学的任务";[2]另一方面,更重要的是,自然科学知识这种最理性的东西,人的科学认识这种最纯粹的理性能力,绝不是人类原始的天赋,而是人类后天所取得的成就。它是人类智慧发展的一个terminus ad quem（终点）,而不是其 terminus a quo（起点）,"人早在他生活在科学的世界中之前,就已经生活在一个客观的世界中了。……给予这种世界以综合统一性的概念,与我们的科学概念不是同一种类型,也不是处在同一层次上的。它们是神话的或语言的概念"。[3]"几乎所有的自然科学都不得不通过一个神话阶段。"[4]

如果这种看法可以成立的话,那么自然而然地就可得出这样一个根本性的结论:一种真正充分而彻底的哲学认识论——"一种人类文化哲学必须把［纯粹科学认识］这个问题往下追溯到更远的根源。"[5]换句话说,哲学以及认识论的研究之起点不是也不应是"纯粹科学认识"这种人类智慧的最后成就,而应是人类智慧的起点——语言与神话。卡西尔欣然同意现代人类学家提出的忠告:"只有当语文学（philology）和神话学揭示出那些不自觉的和无意识的概念过程时,我们的认识论才能说是具备了真正的基础。"[6]由此观之,语言、神话以及与之密切相关的宗教、艺术等人文学领域的研究,就"不单单是语言和思想史的问题,而是同时也是逻辑和认识论的问题"。[7]因为如若听凭这些领域、这些

---

[1] 恩斯特·卡西尔:《人论》,第34、97页。
[2] 同上书,第94页。
[3] 同上书,第264页。
[4] 同上书,第265页。
[5] 同上书,第264页。
[6] 卡西尔:《语言与神话》,第16页。
[7] 卡西尔:《语言与神话》,第17页。

现象仍处于哲学研究之外，那么单纯以自然科学认识为基础所建立的认识论就必然是不完全的甚至是"无根的"。

卡西尔哲学之所以要全力转向语言与神话，于此已可了然。如果我们能够记得，19世纪下半叶以来，正是西方人类学、神话学、语言学、深层心理学等学科获得长足发展的时期，那么就不难看出，卡西尔的所谓"扩大的认识论"在一定程度上正是反映了这些学科迅速崛起的要求，亦即是反映了人类的知识领域正在不断扩大从而要求新的文化综合和哲学总结这一必然趋势。如果说，在康德的时代，由于当时正是数学和自然科学突飞猛进的时代，从而知识论研究主要与这些学科相联系尚是情有可原的话，那么，在20世纪，在如此众多的文化领域被不断开放出来以后，知识论研究仍然再仅仅只与数理科学相关，就无论如何再也不能令人满意，甚至再也不能令人容忍了。从这种角度来看，卡西尔哲学的"转向"就确乎不是偶然的了。事实上，早在卡西尔提出要把康德的"理性的批判变成文化的批判"之前，被后人称为"现代阐释学之父"的著名德国哲学家狄尔泰就已经提出，他那一代人最重大最迫切的任务就是必须把康德的"纯粹理性批判"进一步推进到"历史理性批判"的新水平，狄尔泰所谓的"历史理性批判"大体正相当于卡西尔所说的"文化的批判"，用狄尔泰的话说就是要"为人文社会科学（Geisteswissenschaft，精神科学）奠定一个坚实的哲学认识论基础"，因为在他看来，与数理科学相比，人文学至今为止一直"缺乏哲学的基础"。[1] 与此极为类似，略晚于狄尔泰的新康德主义巴登学派也把哲学研究的重心转向他们所说的"历史文化科学"上来，在李凯尔特看来，西方近几百年来"已经为奠定自然科学的哲学基础作了许多工作"，但"没有人会认为文化科学的情况也是

---

[1] 参见《狄尔泰全集》（莱比锡十八卷本）第1卷前言；第7卷，第79页以下，第189页以下；以及第5卷中所载《巴塞尔大学就职讲演》《七十寿辰致词》等文。

大致如此。它们年轻得多，因而是比较不成熟的。直到19世纪它们才取得巨大的进展。……对于经验的文化科学来说，无论如何直到如今还没有获得大体上近似自然科学那样广阔的哲学基础"。因此在他看来，今日"必须反对把自然科学方法宣称为唯一有效的方法"，而应着重探讨"是否可能有一种不同于自然科学方法的其他方法"。[1]所有这些都足以表明，在卡西尔的时代亦即在19世纪末20世纪初，一种"人文学哲学"的要求在欧洲大陆已经相当普遍相当迫切了，尽管从今日的眼光看来，当时的研究不免已经有些陈旧。[2]当时这些哲学家甚至也还没有能真正摆脱自然科学认识模式的束缚，[3]从而并不可能真正"为人文学奠立哲学基础"，但是，问题毕竟已经提了出来。可以说，几十年后法国结构主义的兴起正是在更高的水平上全方位地推进了"扩大认识论"的纲领，从而使我们所说的欧陆"人文学哲学"进入了一个崭新的阶段。结构主义运动最值得注意之处就在于，一方面，它力图使各门分散的、具体的人文研究领域具备一种统一的、普遍的认识论和方法论基础（结构主义语言学）；另一方面，其主要代表人物都深入地"批判"考察了某一具体人文研究领域并在该领域造成了重大的变革，例如：人类学与神话学（列维-施特劳斯）、历史学与社会学（米歇尔·福柯）、文学理论与文学批评（罗兰·巴尔特）、深层心理学（雅克·拉康）等等。从那以后，欧洲大陆的几乎所有重要思潮——不管是阐释学的"本文分析"、符号学的"代码解读"，还

---

[1] 均引自李凯尔特《文化科学和自然科学》，商务印书馆，1986。
[2] 例如卡西尔的"符号形式"概念在今日看来当然就不免过于粗泛了。可参伽达默尔在其《哲学阐释学》中的批评，伯克利，1976，第76页；又见保尔·利科在《弗洛伊德与哲学》中的批评，耶鲁，1970，第10页以下，还可参梅洛-庞蒂《知觉现象学》，伦敦，1962，第124—127页。
[3] 伽达默尔《真理与方法》劈头第一句话就说："19世纪人文学的发展及其逻辑的自我反思整个地是受自然科学模式支配的。"可参该书英文版第5—10页及其他各处。

是后结构主义的"消解游戏",都日益呈现出这样一种双重特征:第一,所有的讨论都围绕"语言"问题展开(我们下面将会看到这是为什么);第二,哲学研究与具体的人文研究交杂相错甚至于你我难分。这种"人文学哲学"的思潮于今不但在欧陆愈演愈烈,而且已经对英美世界产生了强劲的冲击,以至于我们可以看到,在英美分析哲学阵营中反戈一击、以提倡所谓"后哲学文化观"而风靡美国的理查·罗蒂竟然已经宣称:"我认为,在今日英美国家,哲学就其主要的文化功能而言已经被文学批评所取代。"[1]

但是,对我们来说,卡西尔哲学的"转向",以及结构主义等人文学哲学的兴起,还有其更深刻的一面。因为,把人文研究提到哲学的水平上来审视,或把哲学的视野伸张到人文研究领域,并不仅仅是一个在量上扩大哲学范围的问题,而是首先就意味着哲学本身的性质将受到全盘的重新审视。然而,如果我们承认,哲学乃是一般文化的核心和最高表现所在,那么,对哲学本身的基本性质加以全盘的重新审视,不啻意味着:一般文化本身正在面临着全盘的重新检讨。明白点说,在本文看来,20世纪以来西方尤其是欧陆人文学哲学兴起之最深刻的意义正是在于,它实际上是从对人文领域的哲学考察开始,不知不觉地走向对西方哲学传统本身的批判反思,最后则日益自觉地推进到对西方文化传统本身的彻底反省。欧陆人文学哲学之所以值得我们特别重视,概乎此。如果说,在卡西尔那里,所谓"文化的批判"主要还只具有一种形式上的意义,亦即主要是指从认识论上对人文学知识进行批判的考察,那么,在以后一些更彻底更激进的西方思想家们那里,则这种"文化的批判"已经获得了一种真正实质性的含义,即:对几千年来已根深蒂固的西方文化传统进行本体论上的彻底"批判"检查。海德格尔数

---

[1] 罗蒂:《哲学与自然之镜》,普林斯顿大学出版社,1979,第168页注6。罗蒂所谓"后哲学文化"的要点之一即是要打破哲学与人文学的界限。

十年如一日对所谓"本体论—神学—逻辑"三位一体的"西方形而上学传统"的阐释学思索,[1]以及德里达之大反所谓"西方逻各斯中心主义传统",正是现代西方人这种文化自我批判意识的最激进表现,对于西方哲学和西方文化这种隐隐而动的大趋势,当代中国学人不可不察。

事实上,就西方哲学的传统来说,卡西尔在20年代初把哲学研究引向语言尤其是神话领域,[2]已经隐含着某种革命性后果。因为我们知道,西方哲学的主流历来是把逻辑的思维方式当作人类最基本最原始的思维方式以至生存方式来看待、来研究的,而西方文化的一般传统可谓也正是以此为根基为主导的;近代西方所谓的"认识论转向"实际上并没使这种传统"转向",因为自然科学认识正是以这种逻辑思维方式为基础,因此,使哲学主要成为一种以自然科学认识为中轴的"知识论"研究,恰恰是极大地强化、深化以至纯化了西方哲学文化的这种传统(罗素和维也纳学派一脉的英美哲学所做的即是这种"强化"和"纯化"的工作)。但是,一旦把哲学引向神话等领域,情况就迥然不同了。因为神话,正如卡西尔所指出,并不是按照逻辑的思维方式来看待事物的,而是有其独特的"神话思维"的方式,这就是卡西尔所谓的"隐喻思维"(metaphorical thinking),这种隐喻思维同样具有形成概念的功能,只不过它形成概念(神话概念)的方式不像逻辑思维那样是靠"抽象"的方法从而形成"抽象概念",而是遵循所谓"以部分代全体的原则"从而形成一个"具体概念"。[3]《语言与神话》一书即是想说明,这种神话的隐喻思维实际上乃是人类最原初最基本

---

[1] 海德格尔50年代的一篇论文即题为"形而上学之本体论的—神学的—逻辑的机制"(Die onto-theo-logische Verfassung der Metaphysik),见《同一与差异》,纽约,德、英对照本,1969。
[2] 卡西尔的这些基本思想形成于1917年。
[3] 参见《语言与神话》第三章、第六章。

的思维方式,因为"语言"这一人类思维的"器官"就其本质而言首先就是"隐喻的"(语言是与神话相伴才发展起来的),语言的逻辑思维功能和抽象概念实际上只是在神话的隐喻思维和具体概念的基础上才得以形成和发展的。这就意味着,人类的全部知识和全部文化从根本上说并不是建立在概念和逻辑思维的基础之上,而是建立在隐喻思维这种"先于逻辑的(prelogical)概念和表达方式"之上。显而易见,卡西尔的这种"知识观"即使表达得再温和,也已与西方哲学传统的主流大相径庭,难怪苏珊·朗格要说,卡西尔要求哲学还应研究"先于逻辑的概念和表达方式","这样一种观点必将改变我们对人类心智的全部看法"。[1]

这里所谓的"prelogical"——"先于逻辑的东西",可以说正是人文学哲学的核心问题所在。因为说到底,人文学对于哲学的挑战就在于:人文学一般来说并不能单纯从逻辑概念和逻辑规律上来解释,而总是更多地与某种"先于逻辑的东西"相关联。[2]因此,人文学之进入哲学,势必使这种"先于逻辑的东西"在哲学上变得分外突出。也因此,人文学哲学的首要问题,实际上已经不仅仅是单纯为人文学奠定认识论和方法论基础的问题,而是必须首先为哲学本身以至一般文化奠定一个新的本体论基础,这正是海德格尔、伽达默尔等人超出于卡西尔和狄尔泰之处。在卡西尔那里,"先于逻辑的"主要还是指"在时间上先于",亦即神话隐喻思维在时间上要先于逻辑思维形成,而在神话时代过去、逻辑思维发达后,则这种隐喻思维主要被保存在文学艺术活动中而与逻辑思维相并立;但在海德格尔等看来,神话学人类学领域

---

[1] 卡西尔:《语言与神话》英文版序。
[2] 例如文学艺术总关乎"形象思维"。卡西尔的"隐喻思维"实际正是所谓"形象思维"。卡西尔这套神话哲学与维柯理论可说如出一辙,可参《新科学》,第51、205、209、210、217、219、400—411节等。

只是为进入问题提供了一些方便之处，真正从哲学上讲来却仍是很不充分的。[1] 在他们那里，"先于"已经主要是一种"本体论上的先于""根据上的先于"（在时间上甚至倒是可以在后的，亦即可以是以"未来"立足的），也就是说，在"逻辑的东西"后面或下面始终有某种更深更本真的根源。这样看来，传统西方哲学始终执着于"逻辑的东西"，就无异于处在一种"飘泊无根"的状态之中，正如胡塞尔晚年所认识到的，"客观的科学的世界之知识乃是以生活世界的自明性'为根基的'"，[2] 一旦面临这个一切科学、一切理论、一切人以及一切人类社会都"从属于之"[3]的"生活世界"（Lebenswelt或Lebensumwelt），"我们就会突然意识到，……迄今为止我们的全部哲学工作一直都是无根的（without a ground）"。[4] 海德格尔把他的哲学称为"基础本体论"（Fundamentalontologie），[5] 也是这个意思，因为在他看来，两千年来的西方哲学（因而也就是西方文化）实际上"遗忘了"真正的根源、真正的基础（即他所谓的Sein——存在），因此现在必须花大力气"重提"这个"被遗忘的"问题。[6] 可以说，20世纪西方尤其是欧陆哲学一个最重要的特征正是在于：哲学研究已经日益转向所谓"先于逻辑的东西"，或者也可以说，日益转向"逻辑背后的东西"。[7] 由此我们也就可以理解胡塞尔当年那句著名的口号为什么会有这么大的震撼力：

---

[1] 参见海德格尔《存在与时间》，第10、11节。
[2] 胡塞尔：《欧洲科学的危机与先验现象学》，伊文斯顿，1970，第130页。
[3] 同上书，第380—381页。
[4] 同上书，第131—132页。
[5] 参见海德格尔《存在与时间》，第4节。
[6] 参见海德格尔《存在与时间》，第1节。
[7] 与此相对，现代英美哲学主流仍只抓住"逻辑的东西"，正如罗素所宣称"逻辑是哲学的本质"，"任何真正的哲学问题，都可归结为逻辑问题"，否则就"根本不是真正的哲学问题"。参见罗素《我们关于外部世界的知识》（伦敦，1926）第二讲。

Zu den Sachen Selbst［直面于事情本身！］[1]

所谓"直面于事情本身"，就是要求不要被逻辑法则所拘所执，而要力求把握"逻辑背后"的真正本源（事情本身）。现象学著名的所谓"悬搁"（epoché）、所谓"加括号"（Einklammerung），实际上就是要求把人们习以为常以至根深蒂固的逻辑思维（胡塞尔所谓"自然的思维态度"）暂先"悬搁"起来，暂时中止逻辑判断，把逻辑思维所构成的一切认识对象也暂先"放进括号里"，以便人们可以不为逻辑思维所累，从而穿透到逻辑的东西背后，达到对事物的"本质直观"（Wesenschau）。[2]尽管这套"现象学还原法"始终有点讲不清楚，[3]尽管胡塞尔本人的唯心主义结论为后人所拒斥，但事实上正是现象学方法的基本精神——把逻辑的思维"悬搁"起来——构成了以后欧陆人文学哲学的灵魂。当代欧陆哲学可以说就是不断深化这个"悬搁"的进程——把"逻辑的东西"悬搁起来，把传统认识论所谈论的认识、意识、反思、我思、自我、主体统统"悬搁"起来，把笛卡儿、康德以来的所谓"主体性哲学"路线整个"悬搁"起来，而最终则是把西方哲学和西方文化的传统整个地"悬搁"起来，目的就是要更深地追究它的"根基"究竟何在，具体地说就是要全力把握住那种"先于"逻辑、"先于"认识、"先于"意识、"先于"反思、"先于"我思、"先于"自我、"先于"主体的东西。不抓住这个所

---

[1] 胡塞尔：《逻辑研究》第2卷，"导论"第2节。
[2] 关于"悬搁""加括号"，参见胡塞尔《纯粹现象学和现象学哲学的观念》第二部分第31、32节；另参《欧洲科学的危机和先验现象学》第35、36、39、40、41节等，"自然的思维态度"可参《现象学的观念》第一章。
[3] 胡塞尔本人晚年也承认这一点，参看斯皮格尔伯格《现象学运动》第1卷，海牙，1965，第135页。

谓的"先于",就无法理解当代欧陆哲学,海德格尔之所以要提出著名的一整套所谓"先行结构"(Vor-structur)——Vorhabe,Vorsicht,Vorgriff(先行具有、先行见到、先行把握),[1]萨特之所以要大谈所谓"先于反思的我思"(cogito préréflexif),[2]梅洛-庞蒂之所以要声称反思实际上只不过是重新发现"先于反思的东西",[3]伽达默尔阐释学之所以要主张所谓的"先入之见"(Vorurteil)是全部认识的基础,[4]保尔·利科阐释学之所以要坚持说"意义的家园不是意识而是某种不同于意识的东西",[5]实际上都是为了说明:存在(Sein)、此在(Dasein)乃是"先于逻辑的东西"、"先于"传统认识论层次上的东西,因此,除了认识论水平上的"知"(把握"逻辑的东西")以外,还必须有(也必然有)一种本体论水平上的"悟"(Verstehen,领会、理解)——现代阐释学的中心问题正是要问:这种本体论水平上的"悟如何可能"[6](康德"理性批判"问的则恰恰是:认识论水平上的"知"如何可能)。不难看出,这个"悟"实际上不过是胡塞尔"本质直观"的变体而已,正如德里达等人今日说得玄而又玄的sous rature(涂掉)无非仍是"悬搁"法的更具体运用——要"涂掉"的就是在以前的"本文"中已形成的逻辑陈述、逻辑判断,如此而已。总之,现代欧陆人文学哲学的基本用力点确可归结

---

[1] 参见海德格尔《存在与时间》,第32节。同书第7节明确说,整部《存在与时间》"只有在胡塞尔奠定的基础上才有可能"。
[2] 参见萨特《存在与虚无》,"导论"第3节。
[3] 参见梅洛-庞蒂《知觉现象学》,第241页以下,又参同书第41页以下论"现象学的反思"。
[4] 参见伽达默尔《真理与方法》第2卷,第二部分第一章。Vorurteil现常译为"成见""偏见"(英译作Prejudice)。在德文中,这个词是由前缀vor(在先)与urteil(判断)合成的,伽达默尔有言,"构成我们的存在的与其说是我们的判断,不如说是我们那'先于判断的东西(Vorurteil)'"。见《哲学阐释学》,第9页。
[5] 保尔·利科:《弗洛伊德和哲学》,耶鲁,1970,第55页。
[6] 伽达默尔:《真理与方法》,英文版,第xviii页。

为一句话：打破逻辑法则的专横统治，争取思想的更自由呼吸。今日颇为时髦的所谓"阐释学"和"消解学"，实际上可说是一正一反地表达了这种要求：之所以要"阐释"，就是因为在逻辑的东西背后尚有更深刻的东西，所以要把它释放出来、阐发出来；之所以要"消解"，就是因为这种更深刻的东西被逻辑的东西遮蔽了、窒息了，所以要首先设法解开逻辑的铁索，消除逻辑的重压。

令人感兴趣的是，在欧陆人文学哲学思潮以外，被公认为英美分析哲学开山祖的维特根斯坦，[1]在其后期思想的基本出发点上实际与欧陆思潮几乎如出一辙，后期维特根斯坦的一句名言足以与胡塞尔的口号相比美：

> Don't think, but look!〔不要想，而要看！〕[2]

这个"看"（look）与胡塞尔的"直观"何其相似！（尽管二者的具体操作各行其是）。之所以不要"想"（think），实在是因为不能"想"，因为只要一"想"就必不可免地立即又会落入逻辑思维的法则之中，正如维特根斯坦所言："哲学家们总是在他们的眼前看到自然科学的方法，并且不可避免地总试图按科学所运用的方法来提问题、答问题。这种倾向正是形而上学的真正根源，并且使哲学家们走入一片混沌不明之中。"[3]后期维特根斯坦的全部努力，在我看来正与海德格尔等人一样，就是要把哲学家们从所谓

---

[1] 维特根斯坦竟会被英美分析哲学奉为宗师，这实在令人有莫名之感。平心而论，维氏哲学旨趣实际与海德格尔最为相近。维特根斯坦谈到海德格尔时所说的一段话同样可作为他自己思想的注解："不消说，我能够想见海德格尔的存在与畏意指什么，人总是感到不可遏制地要冲破言的界限，……我们可说的一切都先天必然地要成为无意义的（nonsense）。但尽管如此我们总还是力图冲破语言的界限。"引见舒兹和麦金纳斯《维特根斯坦和维也纳学派》，伦敦，1979，第68页。

[2] 维特根斯坦：《哲学研究》，第66节。

[3] 维特根斯坦：《蓝皮书和褐皮书》，英文版，第18页。

"形而上学"的倾向中拯救出来，从逻辑思维的法则中摆脱出来。而他们的入手处也完全一致，这就是：从语言入手！——正是在这里，我们接触到了20世纪西方哲学最核心的问题，即所谓"语言的转向"。应该指出，所谓"语言哲学"并非像国内以为的那样似乎只是英美分析哲学的事，事实上，当代欧陆哲学几乎无一例外地也都是某种"语言哲学"。约略而言，在所谓的"语言转向"中，现代西方人实际"转"到了两种完全不同的"方向"去：以罗素等人为代表的英美理想语言学派是要不断地巩固、加强、提高、扩大语言的逻辑功能，因而他们所要求的是概念的确定性、表达的明晰性、意义的可证实性；而当代欧陆人文学哲学以及后期维特根斯坦等人却恰恰相反，是要竭尽全力地弱化、淡化，以至拆解、消除语言的逻辑功能，因此他们所诉诸的恰恰是语词的多义性、表达的隐喻性、意义的可增生性。要而言之，他们所要做的就是：把语词从逻辑定义的规定性中解放出来，把语句从逻辑句法的束缚中解放出来，归根结底，则是要把语言从逻辑法则的压迫下解放出来！海德格尔对此说得最为明白："形而上学很早就以西方的'逻辑'和'语法'的形式霸占了对语言的解释。我们只是在今日才开始觉察到在这一过程中所遮蔽的东西。把语言从语法中解放出来使之进入一个更原初的本质构架，这是思和诗的事。"[1] 后期维特根斯坦则说得更为简洁："我们所要做的就是把语词从其形而上学的用法中带回到它们的日常用法。"[2] 后期维特根斯坦之所以反复强调："语词的意义就是它在语言中的用法"，[3] 海德格尔之

---

[1] 见《海德格尔基本著作选》，伦敦，1978，第194页。顺便可以指出，海德格尔这种欲把语言从逻辑和语法中解放出来的哲学努力，对于20世纪60年代后期以来的西方（欧陆和英美）文学理论具有决定性的影响。可参 M. 默雷《现代批评理论：现象学的路子》，尤其第四、六、十、十一章，海牙，1975。
[2] 维特根斯坦：《哲学研究》，第116节，并参照第197节。
[3] 维特根斯坦：《哲学研究》，第43节，并参照第19节。

所以极为相似地一再申言:"语言之生存论本体论的基础乃是言说",[1]实际上无非都是力图避免从定义、概念等抽象固定的逻辑规定性上来把握语词、语言,以返回到语言的具体性、生动性以至诗意性;维特根斯坦说:"想象一种语言就意味着想象一种生活形式",[2]海德格尔则云:"语言乃是存在的家园",[3]实际上都是要强调:语言的本质绝不在于逻辑,语言并不是逻辑的家园,而是那"先于逻辑的东西"(生活形式、存在)之家园。——为了把语言从逻辑中解放出来,当代欧陆哲学家们确实是费尽了心血、伤透了脑筋。因为正如我们中国人早从老庄玄禅那儿就知道的,语言文字事实上总是与逻辑的东西不可分割地相契相合的,只要你开口说话、举笔写字,说出的、写下的必然总是某种逻辑表达式,正如席勒的名言所叹:"一旦灵魂开口言说,啊,那么灵魂自己就不再言说!"[4]换言之,语言文字只能表达逻辑的东西,无从表达"逻辑背后的东西"。正因为如此,《老子》开篇即说"道可道,非常道。名可名,非常名";《庄子·知北游》亦云"道不可言,言而非也"。晋人有所谓《不用舌论》,释典更反复申说"才涉唇吻,便落意思,尽是死门,终非活路",[5]都是要说明语言文字的局限性和更深刻的东西(道)的不可言说性。当代欧陆哲学家们在这方面确与中国的老庄玄禅有相当的共鸣,从而也确有诸多可互为发明之处。但是,与老庄玄禅要求"知者不言""至言去言""不立文字""不落言筌"这种消极方法有所不同,当代欧陆

---

[1] 海德格尔:《存在与时间》,第34节。又,"言说"之所以是基础,是因为"言说就其本身而言就是时间性的"。见同书第68节。读者应当注意,这些看法与结构主义语言学恰好相反,此点容后再论。
[2] 维特根斯坦:《哲学研究》,第19节。
[3] 《海德格尔基本著作选》,第193页。
[4] 转见《语言与神话》,第7页。德文原文为:Spricht die Seele, so spricht, achi die Seele nicht mehr。
[5] 《五灯会元》卷十二。

人文学哲学更多的是认为，解铃尚须系铃人，要破除逻辑法则，恰恰仍必须从语言文字入手。尤应注意的是，老庄玄禅尤其是禅宗，破除文字执实际上只是要求返回到神秘的内心体验，亦即所谓"迷人向文字中求，悟人向心而觉"，[1]所谓"此法惟内所证，非文字语言所能表达，超越一切语言境界"，[2]但在当代欧陆人文学哲学那里，这种"心"、这种"觉"、这种"内"的东西，恰恰是同样都要被"悬搁"起来的，[3]正因为这种心理的东西同样要被"悬搁"，所以剩下的倒恰恰就只有语言文字了。——20世纪西方哲学之所以会与语言、文字、符号、文本如此难解难分地纠缠在一起，由此当可了然。一般来说，当代欧陆哲学家并不像我们那样兀自标榜"内心深处的东西"，并不津津乐道"只可意会不可言喻"的东西，恰恰相反，在他们看来，语言不但如卡西尔所言是比逻辑思维更深一层的东西，而且是比传统认识论意义上的认识、意识、反思、我思、自我以至心理、内省、体验都更深一层的东西，因此，没有什么是语言不能穿透的——"我们生存于其中的语言世界并不是一道挡住对存在本身之认识的屏障，而是从根本上包囊了我们的洞识得以扩张深入的一切"。[4]伽达默尔的一句名言最清楚不过地道出了与禅宗"内省功夫"的本质区别：

Sein, das verstanden werden kann, ist sprache.
［可以被领悟的存在就是语言。］[5]

---

[1]《大珠禅师语录》卷下。
[2]《除盖障菩萨所问经》卷十。
[3] 对于素重"内省功夫"的中国文人来说，此点最易被忽视，也最难被理解，而铃木大拙之流的货色倒常常很易深入人心，此点容后再论。
[4]《真理与方法》，英文版，第405页。
[5]《真理与方法》，图宾根，1975，第450页；英文版，第432页。

《真理与方法》全书最后所引德国诗人盖奥尔格的一句诗说得更绝：

Kein ding sei, wo das wort gebricht.
［语词破碎处，万物不复存。］[1]

总之，在当代欧陆哲学家看来，并不存在什么"非文字语言所能表达"的东西，更不可能"超越一切语言境界"，因此他们绝不主张退回到神秘的内心体验。实际上，所谓"内"的东西、"心"的东西、"体验"的东西，并不就比逻辑的东西、反思的东西好到哪里去，它同样也是禁锢性甚至更为封闭性的东西，唯有语言才能把它带入流动和开放状态，唯有语言才能使它进入澄明之境。而且真正说来，所谓内心深处的东西、体验的东西，以至无意识的东西，正如拉康已经揭示的，同样不脱"语言文字的绝对要求"。[2]因此，唯一可以驻足之处不是内心、不是体验，而只能是语言，在语言之后再无退路。正因为这样，比之于老庄玄禅以及西方以往的神秘宗教来，当代欧陆人文学哲学对语言采取的是一种更为积极的态度，这就是，一方面充分认识到语言文字的局限性，一方面则坚信语言文字自己能克服这种局限性。海德格尔后期常爱说语言是"既澄明又遮蔽"的东西，[3]又引用荷尔德林的诗说"语言是最危险的东西"但同时又是"最纯真的活动"，[4]

---

［1］《真理与方法》，图宾根，1975，第464页；英文版，第445页。盖奥尔格这首诗题名即为"语词"（1919），海德格尔20世纪50年代的著名讲演《语言的本质》全篇均是阐发此诗，见《走向语言的中途》，纽约，1971，第57—108页。
［2］参见雅克·拉康《语言文字在无意识中的绝对要求》，载埃耳曼编《结构主义》，1970，英文版，第101页以下。
［3］参见《海德格尔基本著作选》，第206页。
［4］参阅海德格尔《荷尔德林与诗的本质》，载布洛克编《生存与存在》，芝加哥，1960。

即是指此而言。要言之，语言实际具有一种双重性格：一方面，语言总是把一切东西都固定下来、规定清楚，从而使一个本具有多重可能性的东西成了"就是某某东西"，亦即成了一个固定的"存在者"（das Seinde），所以"语言是最危险的"，因为它使活的变成了死的、具体的变成了抽象的；但另一方面，正如海德格尔爱说的，"哪里有危险，哪里就有救"——语言所设定的界限、语言所构成的牢房，又恰恰只有语言本身才能打破它，而且必然总是被语言本身所打破：语言在其活生生的言说中总是有一种锐意创新、力去陈言的冲动，而且总是有点石成金、化腐朽为神奇的力量，因此它总是要求并且能够打破以前已形成的界限和规定，从而使语言文字本身处于不断的自我否定中，亦即不断地打破自身的逻辑规定性。正是这种既设定界限又打破界限、既建立结构又拆除结构、既自我肯定又自我否定的运动，使语言成了"最纯真的活动"。德里达在谈到他的中心概念"书写"时所言正深得此意："像我正在使用的所有概念一样，这个概念也属于形而上学的历史，我们只能在涂掉（sour rature）它时才能使用它。"[1]换言之，说出来的，写下来的，确实都必定是而且只能是某种逻辑表达式（因而属于形而上学），但这个表达式是可以否定掉（涂掉）的，立一言即破一言，立一义即破一义，只要我们自己不囿于一言一义，不追求某种绝对的"解诂"，而是以语言表达式破语言表达式、以逻辑法则破逻辑法则，那么语言文字就可以不为逻辑法则所拘所执。由此我们也就可以理解，海德格尔后期为什么竟会令人目瞪口呆地把他的主要概念Sein（是、存在）打上"×"号来使用，德里达为什么同样高深莫测地真把"悬搁"法具体用到了文章中——把关键的系动词等加上括号来使用，[2]甚至在生造了著名的怪词différance以后

---

[1] 德里达：《论书写学》（*Of Grammatology*），巴尔的摩，1974，第60页。
[2] 参见德里达《言说与现象》，伊文斯顿，1973，第134页等。

还要玄而又玄地一再声明"Différance既不是一个词也不是一个概念",[1]说到底,他们的用意无非是要把语言带入不断的自我否定中,以迫使语言文字打破它不得不遵守的"……是……"这种最基本的逻辑法则,从而使语言文字为我们开放出一片无限广阔的自由天地来。当代西方尤其是欧陆哲学的种种"招数",例如所谓"阐释循环"(海德格尔)、所谓"语言游戏"(后期维特根斯坦)、所谓"问答逻辑"(伽达默尔)、所谓"话的隐喻"(保尔·利科)、所谓"消解方略"(德里达),实际上都是要使语言文字进入不断的辩证运动之中,以尽力张大语词的多义性、表达的隐喻性、意义的增生性、阐释的合理冲突性,[2]从而力图在逻辑和语法的重重包围下杀出一条突围之路。而所有这些,正如本文前面已经点出的,其更深刻的文化学社会学意义是在于,它实际上隐隐透出了当代欧洲人的某种躁动:力图打破西方文化传统经年累月已经形成的固有模式(逻辑理性的优先性),而希望从中尽力开放出某种新的生机(人文理性的优先性?)。维特根斯坦的一句话或许正是这种躁动的最好表露:

> 时代的病要用改变人类的生存方式来治愈,哲学问题的病则要以改变人类的思维方式和生存方式来治愈。

颇耐人寻思的是,当代欧陆人文学哲学孜孜以求的这种理想目标——把语言(从而也就是思维形式和生存形式)从逻辑和语法中解放出来,在中国恰恰是一种早已存在的客观现实。正如我们所

---

[1] 德里达:《言说与现象》,第130、136页等。
[2] 参见保尔·利科《阐释的冲突》,尤其是其中《结构和阐释学》《作为阐释学问题和语意学问题的双重意义问题》《结构、语词、事件》等三篇,伊文斯顿,1974,第27—96页。

知,"中国向无文法之学。……自《马氏文通》出后,中国学者乃始知有是学"(孙中山:《建国方略》),而《马氏文通》,正是晚清后引入西方语法学的产物;同样,人们也一致公认,中国从未发展出一套严格意义上的逻辑来。可以说,在与西方文化相遇以前,具有数千年悠久历史的中国传统文化恰恰是一种没有逻辑、没有语法的文化,这当然并不是说,中国人从来就不用逻辑思维,更非如德里达所想的那样,似乎中国的非拼音文字证明了中国文化是"超乎于一切逻各斯中心主义之外"的,[1]实际上,所谓的"逻各斯中心主义"本身并不可能被绝对超越、完全消解,因为语言文字总有其逻辑功能,中国的非拼音文字亦不例外。但是,中国传统文化发展道路的最基本特征,确实就在于它从来不注重发展语言的逻辑功能和形式化特征,而且有意无意地总在淡化它、弱化它。中国语言文字(尤其文言)无冠词、无格位变化、无动词时态,可少用甚或不用连接媒介(系词、连词等),确实都使它比逻辑性较强的印-欧系语言更易于打破、摆脱逻辑和语法的束缚,从而也就更易于张大语词的多义性、表达的隐喻性、意义的增生性,以及理解和阐释的多重可能性。[2](中西语言的这些区别在中西诗的比较中最为明显。[3])实际上,我们确实可以说,中国传统文化恰恰正是把所谓"先于逻辑的"那一面淋漓酣畅地发挥了出来,从而形成了一种极为深厚的人文文化系统。有趣的是,近百年来我们一直是把中国传统文化无逻辑、无语法这些基本特点当作我们的最大弱点和不足而力图加以克服的(文言之改造为白话,主要即是加强了汉语的逻辑功能),而与此同时,欧陆人文学哲学却恰恰在反向而

---

[1] 德里达:《论书写学》,第90页等。
[2] 钱锺书《管锥编》以"周易三名"开篇,正是极其深刻地抓住了中国语言(以及中国人文文化)这种"一字多义且可同时并用"的基本特征,实为《管锥》之纲。
[3] 可参赵毅衡《远游的诗神》,四川人民出版社,1985。

行，把西方文化重逻辑、重语法的特点看作他们的最大束缚和弊端而力图加以克服。所有这些，自然都使得今日的文化比较和文化反思具有了更为复杂的性质，从而要求我们作更深入的思索。不过，这些问题显然都已远远超出了本文的范围，笔者不如就此搁笔，让读者们来共同思考、共同讨论吧。

1987年清明节于北京和平里

古今中西之争*

(1985)

百年大课题

1985年以来，所谓的"文化"问题已经明显地一跃而成为当代中国的"显学"。从目前的阵阵"中国文化热"和"中西比较风"来看，有理由推测：20世纪80年代中后期，一场关于中国文化的大讨论很可能会蓬勃兴起。

这场"文化讨论"绝不是脱离中国现代化这一历史进程所发的抽象议论，而恰恰是中国现代化事业本身所提出来的一个巨大历史课题或任务。它实际上相当深刻地说明了：对中国传统文化的评价、对中国当代文化的分析以及对中国未来文化的筹划，实是中国现代化事业的题中应有之义，是中国现代化进程中不可或缺的关键一环。事实上，只要稍稍回顾一下就会承认，仅仅几年以前，文化或中国文化的性质这类问题还只是三两"好学深思之士，心自知之"的事，因此尽管有些论著也曾一时倾动学林，但并没有也不可能出现热烈的文化问题讨论。这是因为这个问题只是随着中国现代

---

* 本文写于1985年秋，其中"说传统"一节以"传统、时间性与未来"为题发表于《读书》1986年第2期，"中西之争还是古今之争"一节发表于《青年论坛》1986年第2期，全文则载《文化：中国与世界》第1辑（生活·读书·新知三联书店，1987）作为该辑刊的发刊词，原题为"八十年代文化讨论的几个问题"。

化的历史进展才逐渐明确或突出来的——"任务本身,只有当它所能借以得到解决的那些物质条件已经存在或至少是已在形成过程中的时候,才会发生"(马克思)——粗略说来,自十年动乱结束,现代化的任务被重新提出以来,中国人走了三步才走到文化这个问题上来:首先是实行对外开放、引进发达国家的先进技术;随后是加强民主与法制并进行大踏步的经济体制改革,因为没有相应的先进管理制度,先进技术有等于无;最后,文化问题才提到了整个社会面前,因为政治制度的完善、经济体制的改革,都直接触及了整个社会的一般文化传统和文化背景、文化心理与文化机制。我以为,这就是今日"中国文化热"和"中西比较风"的真正背景和含义。也因此,着眼于中国文化与中国现代化的现实关系问题,当是我们今日讨论中国文化的基本出发点。

百余年来,关于中国文化的讨论始终或隐或显、或明或暗地进行着:中学西学之争、旧学新学之争、学校科举之争、文言白话之争、东方文化西方文化之争……这实际上从一个侧面说明了中国现代化进程的曲折艰难。从一定的意义上讲,今日之种种情况在19世纪的中国已经颇为相似地走过一遭了。前面所说的今日走向文化问题的三步,实际上也恰是19世纪的中国人走了半世纪之久的路程。当年维新变法时期的顽固派曾廉的一句话,颇值得在此一引:"变夷之议,始于言技,继之以言政,益之以言教。"[1]这里所说的"技",就是今日所谓先进技术的"技"。曾廉所指的"言技",则是指当时的"船坚炮利"之议——从魏源的"师夷长技以制夷",到洋务运动的"查治国之道,在乎自强,自强以练兵为要,练兵又以制器为先"(李鸿章)——这是19世纪40年代至60年代的事;这里所说的"政",就是政治的"政",曾廉指的是可以《盛

---

[1] 曾廉:《上杜先生书》。

世危言》作者郑观应等为代表的变法派当时已"知其治乱之源、富强之本,不尽在船坚炮利,而在议院上下同心,教养得法;……育才于学校,论政于议院,君民一体,上下用心……此其体也;轮船、火炮、洋枪、水雷、铁路、电线,此其用也"。[1]——这是19世纪七八十年代的事;这里所说的"教",就是教化之"教",就是文化传统、文化心理、文化素质、文化机制,曾廉指的是康有为、梁启超、谭嗣同等公然冒天下之大不韪,全力摧毁、踏平几千年来的中国儒教文化传统的"叛逆"。初看起来,康有为一部《新学伪经考》,不过"辩数十篇之伪书,则何关轻重"?梁启超答得明白:"殊不知此伪书者,千余来年,举国学子人人习之,七八岁便都上口,心目中恒视为神圣不可侵犯,……若对于经文之一字一句稍涉拟议,便自觉陷于非圣无法,蹙然不自安于其良心,非特畏法网惮清议而已。……而[康有为]研究之结果,乃知畴昔所共奉为神圣者,其中一部分实粪土也,则人心之受刺激起惊愕而生变化,宜何如者。"[2]——这是19世纪90年代的事。

从19世纪四五十年代起的"言技",到七八十年代的"言政",再到90年代的"言教"——这就是19世纪的中国知识分子走过的路。值得庆幸的是,今日之情况虽然与19世纪"言技、言政、言教"的路程显示出某种重复之处,但毕竟已是完全不同的了。这是一种更高层次上的回复。19世纪只是少数人在强大的封建统治重重阻力下所发出的微弱的资产阶级改良要求,而今日则是举国上下同心同德向社会主义现代化进军的强大历史洪流。19世纪经半世纪之久才走到"言教",而今日不过五六年即走到了文化问题上来,就已雄辩地说明了这种时代的不同。不过尽管如此,我们还是应该看到,今日之事在某种程度上仍是在补旧日之课,中国现代化

---

[1] 郑观应:《盛世危言》自序。
[2] 梁启超:《清代学术概论》。

古今中西之争 047

的曲折艰难也就在这里。尤可注意的是，"言技"甚至"言政"，虽然也常常一时横遭非议并历经反复，但至少就"言"而论或就理论上来说，大致还是比较容易推开、比较能为人接受的。唯独言一及"教"，在中国就非同小可了。正如张之洞当年所言，中国人之接受科学技术，只有在守住孔孟之道的基础上才可被允许（"如其心圣人之心，行圣人之行，以孝弟忠信为德，以尊主庇民为政，虽朝运汽机，夕驰铁路，无害为圣人之徒也。"[1]然而一旦有人要反对中国传统的伦理教化，则真是"怵心骇耳，无过于斯"。[2]正因为如此，进入20世纪以后，陈独秀率先发表了《吾人最后之觉悟》一文，总结19世纪以来言技、言政、言教的过程说："自西洋文明输入吾国，最初促吾人之觉悟者为学术［按：即指'科技'］，相形见绌，举国所知矣，其次为政治，……继今以往，国人所怀疑莫决者，当为伦理问题。"在陈独秀看来，在伦理教化这个根本问题上，中国人如果"不能觉悟，则前之所谓觉悟者，非彻底之觉悟，盖犹在惝恍迷离之境"。[3]陈独秀不愧为五四知识分子的一代领袖！因为中国传统的"教"亦即传统的文化心理、文化素质、文化机制、文化背景，实是具有几千年历史的中国传统势力的最后阵地、最后防线，中国走向现代世界的进程必然会在这个最后阵地和最后防线上遭到最顽强、最持久、最全面的抵抗，换言之，中国传统文化与中国现代化之间有着不可避免的历史冲突！而近代中国知识分子在这种历史冲突中必然处在首当其冲的位置上，因为中国知识分子一方面对中国现代化的历史要求最为敏感、最为向往，但另一方面他们恰又是中国传统文化的嫡系传人，历史的冲突在他们身上也就常常表现为自我冲突。因此，近代以来中国知识

---

[1] 张之洞：《劝学篇·外篇·会通第十三》。
[2] 张之洞：《劝学篇·内篇·明纲第三》。
[3] 见《青年杂志》第1卷第6号。

分子在东、西方文化大碰撞下的反应，可以看作是中国现代化进程的人格化表现，而百年来中国知识分子的成熟度，也就可以看作是中国现代化事业成熟度的精确指示器。我们这一代青年知识分子今日讨论中国文化，不应忘掉龚自珍"不似怀人不似禅，梦回清泪一潸然"的悲愤凄苦，不应忘掉魏源等"创榛辟莽，前驱先路"的艰难困顿，不应忘掉康有为等"不量绵薄、摧廓伪说"的慷慨激昂，更不应忘掉鲁迅在五四以后依然难以摆脱的巨大彷徨："我快步走着，仿佛要从一种沉重的东西中冲出，但是不能够。耳朵中有什么挣扎着，久之、久之，终于挣扎出来了，隐约象是长嗥，象一匹受伤的狼，当深夜在旷野中嗥叫，惨伤里夹杂着愤怒和悲哀。"

20世纪80年代重开中国文化讨论，无疑是百年以来文化争论在更高层次上的继续和深入。这种历史的连续性就在于：百年以来中国历史走过的路程，在某种意义上都还只是中国现代化的准备阶段；只有今日，中国的现代化才算真正迈开了它的历史步伐，也因此，百年来中国现代化与中国传统文化的遭遇、冲突实际上都还只有前哨战的性质，因为那时的冲突主要是政治冲突，这种冲突最直接、对抗性最强，但相对来说也就是最简单、最容易解决的冲突。今日中国现代化与中国传统文化之间已不复具有直接的政治冲突的性质，但却具有另一种更为广阔、更为深刻、更为复杂的总体性全方位冲突，我把它称为"文化的冲突"，亦即具有几千年历史的中国传统文化与正在形成中的中国现代文化之间的冲突。说得更具体点，也就是在千百年"尊尊亲亲"的家庭制社会结构基础上所形成的中国人的传统意识、传统心理、传统知识形态、传统行为方式，与现代化社会必然要求于中国人的现代意识、现代心理、现代知识形态、现代行为方式之间的全方位遭遇和总体性冲突。这样的历史冲突是不可避免的。事实上，任何一个民族要进入现代化的行列，都不可避免地会面临这种"文化的冲突"，亦即都会面临一个从自己民族的传统文化系统走向现代文化系统的任务。我个人认为，现代化，归根结底是"文化的现代化"，中国的现代化只有最终落脚在一种新的现代中国文化形态上，才算有了真正的根基和巩固的基础，否则其他方面的现代化或者将难以达成，或者甚至得而复失。尤其在中国这样一个传统文化极其深厚的国家，如果不明确地提出"文化现代化"的任务，那就势必会严重阻碍中国现代化的总体历史行程。因此，当代中国知识分子的历史使命，正是要富有想象力地去探索、开创中国的现代文化形态。而要完成这个任务，就不能不正视中国传统文化形态与中国现代文化形态的区别与冲突。在这里，我们不能不首先弄清楚一个根本问题：百年来的"文化之争"究竟是——

中西之争还是古今之争

近代以来中国知识分子对中国文化问题的大讨论，几乎总是与对西方文化的讨论和评价密不可分地纠缠在一起，这是毫不奇怪的，因为对中国文化的讨论本身就是"自西洋文明输入吾国"所促成的。千百年来闭关锁国的中华大帝国，在近代以来突然受到了另一种文化的挑战，并在这种外来文化面前几乎溃不成军，这就不能不使中国知识分子在痛定思痛之余，猛回头而敲响了警世钟：中国传统文化的价值究竟如何？中西文化的差异究竟何在？

但是，正因为对中国文化的检查是在外来文化的刺激、冲击下发生的，正因为对本民族文化的反思总是与对外来文化的态度纠缠在一起，近代以来对文化问题的讨论也就变得异常的复杂、异常的棘手，甚至常常模糊了事情的本质。这里的一个关键问题就在于：中国文化与西方文化之间的地域文化差异常常被无限突出，从而掩盖了中国文化本身必须从传统文化形态走向现代文化形态这一更为实质、更为根本的古今文化差异的问题。正因为如此，在历来的文化讨论中常常出现一种本末倒置的现象：我们的根本目的照理来说本应是检查中国传统文化究竟有些什么样的问题，使得中国人在近代大大落伍，从而寻求解决的办法，尽快把中国传统文化形态改造成崭新的中国现代文化形态；而中西文化的比较本应是服从于这个根本目的的，亦即看看西方文化能否在这方面有所借鉴，特别是应考察西方文化是如何从其传统形态走向现代形态，从而促进了它们近代的强盛。结果却是手段常常变成了目的：我们总是不知不觉地用抽象的中国文化（实际上是中国传统文化，说穿了多半是儒家文化）与抽象的西方文化（实际上是经过了"知识论转向"以后的近代西方文化）之间的泛泛比较与笼统区别，来回避、模糊、转移甚至取消中国传统文化形态与中国现代文化形态的区别这个更为实质的问题（与此同时也就忽视了西方文化本身也有一个其传统形态与现代形态的区别）。在20世纪80年代以来的文化讨论中，海内外的许多论者似乎都比以往更加突出地强调了"中国文化有中国文化的特殊性""中国文化有它自己的基本精神""中国文化与西方文化根本不同"……例如，中国文化是内倾的或内在超越的，西方文化是外倾的或外在超越的；中国文化是静的，西方文化是动的；中国哲学是直觉性的，西方哲学是逻辑实证的；中国重人文，西方重科技；中国人讲究伦常日用，西方人追求理论构造；等等。这就给人以一种强烈的印象，似乎中国文化（或至少是其基本形态、标准模式、总体结构、核心范畴、价值取向等等）就只能是这个样子，过去是这样、今日也只能这样、将来也必定还这样；反过来也一样，西方文化一定是那个样子，它历来就是如此，以后也永远如此。而且中国之为中国，西方之为西方，其不同也就在这些个分别上。如若不然，不就抹杀了文化的特殊性、个性或民族性？

应该说，所有这些都不是没有道理，中西文化当然有区别而且有很大的区别,研究并指出这种区别本来是大有裨益的事,但是由于过分强调了中国文化(确切说并不是中国文化,而只是中国传统文化)的特殊性(优越性?),这样的比较实际上也就有意无意地渲染、助长甚至论证了一种通常很少明言,但却确确实实是根深蒂固的基本观念或基本态度:尽管中国社会要从传统形态(小农经济)跃入现代形态(大工业生产),但中国的传统文化形态却并不需要进行根本的改造和彻底的重建。我以为,正是由于这种相当普遍的态度或倾向,使得对中国现代文化形态的探讨始终未被提到文化讨论的中心位置上来。我们似乎宁愿把中国人当成因纽特人那样来看待,而又把中国文化当成博物馆中的古董那样来摆弄,检查中国文化成了炫耀祖宗遗产、文化比较则成了证明中国文化独特性的手段,西方文化的存在在这里恰恰倒成了中国文化可以固步不前的根据和理由,因为"中学之外,别为西学"。由此,我们常常转了一大圈,又回到了老地方原地不动,问题并没有解决,但却已经被取消了:中国传统文化本身似乎并不存在要改造为现代文化形态的问题,那都是由于中西文化根本不同造成的错觉而已。正因为如此,文化讨论的真正问题和根本任务——中国文化的出路问题——却反而被束之高阁,以至消解于无。例如,几乎谁都明白,中国传统文化之所谓内倾的、静的、重直觉、重人文,只求伦常日用这种性质,正是中国人近代大大落伍在文化上的根本病症,也几乎谁都清楚,西方文化之所谓外倾的、动的、重逻辑、重科技、重理论,无非也就是所谓的"科学理性精神"(并不简单地等于"实证精神"),也就是西方人近代强盛在文化上的基础所在,那么显而易见的,真正的问题就应当是:如此这般的中国传统文化能否适应中国人的现代化要求?中国的现代化是否也需要培养起一种以"科学理性精神"为整体特征的现代文化系统?如果需要,又应如何着手?冯友兰先生当年倒曾追究过,中国人究竟是"为之而不能"还是"能之而不为"。但在我看来,问题可以用更为直截了当的方式来提出:第一,"有没有"(即中国传统文化是否具有作为总体特征的科学精神)?第二,"要不要"(即如果以前没有,今天怎么办)?第三,"怎么要"(即如果要,具体如何着手)?弄清"为之而不能"还是"能之而不为"固然也很重要,但如果根本"不要",则"能"与"不能"也就可以画等号,而如果"要",那么"不能"也得"能"、"不为"也得"为"!令人遗憾的是,我们在讨论文化问题时,似乎常常更多地只纠缠于第一个问题上,第二个问题多半是被回避的,而第三个问题则几乎从未提出过。之所以如此,我以为就是因为我们常常有一种先入为主的成见,即总以为那些东西是西方文化特有的,不是"中国文化的基本精神",中国文化如果朝这种方向发展,且不说能不能成,首先不就是舍本逐末,"全盘西化"?许多人更常常振振有词地说,对中国人来说,要对世界文化做出贡献,莫过于发掘中国特有的土特产,这才有民族性、独特性,从而也就有世界性(这实际上是20世纪初"国粹派"的流行说法,即所谓中国人对世界文化的最大贡献莫过于"整理国故",要是"抄拾欧化"恰恰是"无世界眼光",等等)。所有这些实际上都无非是说:中国传统文化的基本形态是不能动、不必动,也动不了的。因为中国人之为中国人,中国文化之为中国文化,全赖乎这点文化传统,如若动了,中国人还能是中国人,中国文化还成其为中国文化吗?要说中西文化之差异,这里倒确实是一大差异:当西方人在从传统文化进展到近、现代文化时,尽管也困难重重,但无论是文艺复兴也好,宗教改革也好,启蒙运动也好,至少他们从未担心过在改革后是否会变成不是意大利人了,不是德意志人了,不是法兰西人了!唯独在中国,人们首先考虑的不是如何发展现代化文化形态,而是问:那是中国文化吗?!

巨大的文化财产变成了巨大的文化包袱(保住家业)、巨大的文化优越感变成了巨大的文化负罪感（愧对祖宗），这不能不说是中国现代化进程中的一个巨大心理障碍，尤其是素有士大夫气质的中国知识分子在自我启蒙道路上的一块巨大暗礁。在笔者看来，张之洞当年提出的"中学为体、西学为用"这个著名的理论怪物，实际上远远不是中国近代史某一阶段独有的思潮，而是中国现代化整个历程中不断会遭遇到的一大障碍，更是中国知识分子在相当长时间内都很难完全摆脱的一个鬼影。如果我们不是把眼光仅仅停留在张之洞当年是为封建王朝服务这种简单的政治批判上，而是把眼光盯住他这种理论本身的话，那么就不难看出，所谓"中学为内学，西学为外学；中学治身心，西学应世事"[1]这种说法，实际上具有极为广阔的文化背景和极为深厚的心理基础。这文化背景就是"吾尧舜禹汤文武周孔之道"已有数千年历史矣！从而这心理基础也就是鲁迅所说的中国人特有的"爱国的自大"！[2]从这种文化背景和心理基础中，不可避免地产生出（在今日仍然很有影响的）两种典型态度。一种是所有外来文化归根结底都源于中国："泰西之学，其源流皆生于墨子"；[3] "究之泰西之学，实出于中国，百家之言藉其存，斑斑可考"，[4]只要那么一"考"，则一切近代自然科学也就无不是"中国所固有之，西人特踵而精之"而已。[5]总而言之，中国人是"能之而不为"，因为"技艺微长，富强谋术，于修身齐家治国平天下之道又何所取"。[6]另一种也是更普遍的一种则是"中国之杂艺不逮泰西，而道德、学

---

[1] 张之洞：《劝学篇·外篇·会通第十三》。
[2] 鲁迅：《热风·三十八》。
[3] 黄遵宪：《日本国志》卷三十二，《学术志序》。
[4] 《翼教丛编》卷五，《湘学公约》。
[5] 江衡：《崇尚西人之学辩》。
[6] 黄仁济：《黄氏历事记》。

问、制度、文章，则复然出于万国之上"，[1]"中国人数千年以来，受圣经之训，承宋学之俗，以仁让为贵、以孝弟为尚、以忠敬为美，……则谓中国胜于欧美人可也"，[2]所以"吾国固有之文明，正足以救西洋文明之弊、济西洋文明之穷者"，[3]西方人"因科学发达，生出工业革命，外部生活变迁急剧，内部生活随而动摇"，"不惟没有得到幸福，倒反带来许多灾难"，"正要等到中国的文化来救"，所以，"我们可爱的青年啊，立正，开步走！大海对岸那边有好几万万人，愁着物质文明破产，哀哀欲绝的喊救命，等着你来超拔他哩"，[4]归根结底，全人类、各民族最终都要踏上"中国的路、孔家的路"，"世界未来文化就是中国文化的复兴"，[5]因此要紧的不是"西方文化东渐"，而是加紧"中国文化西被"。[6]——这也就是甚为"流行的一种说法，认为东方的文明是'精神文明'，西方的文明是'物质文明'。……东方的人说：东方虽然被压倒了，但是它的'精神文明'还是优于西方的，这是一种自我解嘲之辞"。[7]虽然是自我解嘲，但毕竟多少能满足一下士大夫们心理基础的要求，也算对文化背景给出了一种说法，所以不但调子越唱越高，而且常常还能博得"持论平正通达，于学术人心大有裨益"（光绪皇帝赞张之洞《劝学篇》语）一类的喝彩。无怪乎鲁迅当年常有哭笑不得的感叹："中国人的不敢正视各方面，用瞒和欺，造出奇妙的逃路来，而自以为正路。在这路上，就证明着国民性的怯弱、懒惰，而又巧滑。一天一天的满足

---

[1] 邵作舟：《邵氏危言·译书》。
[2] 康有为：《物质救国论》。
[3] 伧父：《静的文明与动的文明》，《东方杂志》第13卷第10号。
[4] 梁启超：《欧游心影录》。
[5] 梁漱溟：《东西文化及其哲学》。
[6] 柳诒徵：《中国文化西被之商榷》，《学衡》1924年第29期。
[7] 冯友兰：《三松堂自序》。

着,即一天一天的堕落着,但又觉得日见其光荣。"[1]

正是由于这种根深蒂固的"中国精神文明冠于全球"[2]的文化阿Q主义,所以"中国太难改变了,……不是很大的鞭子打在背上,中国自己是不肯动弹的"。[3]鲁迅的话没有半点夸张。如果把近代中国与近代日本比较一下就可看出一个根本的差别:文化浅薄的日本是积极、主动、争着、跑着、唯恐落后般地全力汲取西方文化,而文化太厚的中国则是首先百般抵制、全力拒斥,而后才被拖着、打着、无可奈何地一步一步被迫接受西方文化。这两种根本不同的态度,极其深刻地影响了中日两国各自的近代命运,用梁启超的话说就是:"日本变法,则先变其本,中国变法,则务其末,是以事虽同而效乃大异也。"[4]日本由于是积极主动的态度,所以力求首先引入、学习西方文化的本质、核心、根基。1868年明治维新,天皇诏书全国:"破旧有之陋习""求知识于世界",日本知识分子举国而动,慨然以"近代化为绝对命令",甘心付出"想要输入外国文明时必须付出的代价",他们本来也曾幻想"东方的道德、西方的技术""日本的精神、西方的学识"这类模式,但随后立即明白,要"实行近代化"就不可能用这类模式应对,"因为所谓文明本来是一个整体,并不能单独采用它的科学技术文明",于是极为明智地不是一味只着眼于西方的实用技术,而是首先大力输入西方文化的"本"亦即西方的哲学以及政治法律等社会科学,使日本国风气为之一新,从而全面改变了原先的文化结构、奠定了维新变法的根基,终于只用了短短30年左右就奇迹般地完成了近代化过程,甲午首战中国,转而再战沙俄,竟然"一反世界的预料

---

[1] 鲁迅:《坟·论睁了眼看》。
[2] 鲁迅:《阿Q正传》。
[3] 鲁迅:《坟·娜拉走后怎样》。
[4] 梁启超:《变法通议·论译书》。

而在两次战争中都取得了胜利",[1]从此一跃而为列强,俨然称霸东方。与此同时,中国却恰恰相反,由于抱着极其不情愿的抗拒心理,所以西方文化中越是根本越是关键的东西也就越不肯学,越遭到抵制,唯恐一学中国人就不是中国人,中国文化就不是中国文化了;而且即使稍稍学一点,也要立即补上一句:"虽然,此皆器也,而非道也,不得谓治国平天下之本也。"[2]正因为这样一种心理,几乎每次都要"很大的鞭子打在背上"才能动一动:鸦片战争一鞭打在背上痛不可当,才不得不开始学造洋枪洋炮,但只准学这点,其他不能要,所以中国翻译西方书籍最早"专以兵为主";然而一要造枪炮,方知这枪炮后面还有一整套"格致学"即自然科学原理,无可奈何之下,又开始翻译"算学、电学、化学、水学诸门者",但只能到此了。所以直到19世纪80年代,基本尚无社会科学译著,因为目的只限于"资以制造以为强兵之用";然而甲午海战又是一鞭打了下来,已有洋枪洋炮的北洋水师全军覆没,举国震惊之余,方知"西人之强者兵,所以强者不在兵",光有自然科学并不济事,更要紧的是社会科学,于是才急呼"今日之计,莫急于改宪法。必尽取其国律、民律、商律、刑律等书而译之",[3]由此法律政治社会科学方面的翻译才开始,而一走到这一步,则终于发现,社会科学背后原来还有一"绝大关键"的东西,这就是西方的哲学根基,这才有严复的《天演论》等开始问世(1898年后开始),这才使"吾国四千余年大梦之唤醒",[4]逐渐明白中学这个"体"一贯津津乐道的"'心'字、'天'字、'道'字、'仁'字、'义'字,如此等等","与梦呓又何以异乎?"[5]

---

[1] 吉田茂:《激荡的百年史》。
[2] 王韬:《变法上》。
[3] 梁启超:《变法通议·论译书》。
[4] 梁启超:《戊戌政变记》卷一。
[5] 严复:《名学浅说》。

才醒悟这个"体""一言以蔽之,曰无用"、"曰无实","其为祸也,始于学术、终于国家"。[1]然而,为时晚矣!初看起来,中国人之认识到西学的"本"与日本人只差30年左右,然而恰恰是这短短的30年,天下之攻守之势大异也!甲午之后,中国人已再无喘息之机,西方列强纷纷叩门而入,国家之独立已不复保,在这样的情况下再开始翻译西学经典,再开始戊戌变法,还何用之有!与此相反,日本在甲午之后则已以全新面貌幡然崛起于东亚,完全站稳了脚跟,足保本国之独立安全,大可放手加速其近代化进程了。东亚的基本政治、经济、文化格局以及中、日两国的各自地位,以此而成定局。如果我们能记得,中国是1840年被英国军舰打开门户,而日本则是1853年被美国炮队强行打开门户("在这以前,日本是一个与世隔绝、过着太平生活的国家"——吉田茂:《激荡的百年史》)的话,难道我们能不感叹这三四十年是如何的瞬息万变而又命运攸关?!

一念之差,常贻误无穷。鸦片战争以后的中国人如果不是那样的抱残守缺、空谈夷夏,中国史和世界史或当有所不同。中华民族"实有可为大国之储能",如能"尽去腐秽,惟强以求,真五洲无此国也"。[2]然而,令人长叹的是,百年以来偏偏有那么多的中国知识分子总是不愿或不敢正视中国传统文化形态已经根本不适应时代发展这一严峻事实,总是翻来覆去地强调中国传统的文化心理、文化结构、文化机制、文化背景是不必改变、不可改变、也改变不了的。说到底无非仍然"不承认这是古今、新旧的矛盾,而认为是东西、中外的矛盾。东西文化不同,因为其根本思想不同"。在这一点上,冯友兰先生几十年前的看法倒比今日许多论者的说法更为清醒、更为科学。冯先生最初也是"用地理区域来解释文化差

---

[1] 严复:《救亡决论》。
[2] 严复:《社会通诠·按语》。

别，就是说，文化差别是东方、西方的差别"，但他"后来逐渐认识到这不是一个东、西的问题，而是一个古今的问题。一般人所说的东西之分，其实不过是古今之异。……现代的欧洲是封建欧洲的转化和发展，英国是欧洲的延长和发展。欧洲的封建时代，跟过去的中国有许多地方是相同的，或者大同小异。至于一般人所说的西洋文化，实际上是近代文化。所谓西化，应该说是近代化"。[1]

这当然并不是说，中西文化之间就没有地理区域上的差别。但是本文认为，中国传统文化与中国现代文化之间的差别乃是文化讨论中主要的、第一位的问题，而中西文化的地域区别则是次要的、第二位的问题，我们只有把重点放在第一个问题上，才能更好地来进行中、西文化的比较。这里有几个问题需要特别指出：

第一，所谓的"西方文化"实际上是一个十分笼统的概念，真正说来，英、美、德、法、苏等主要西方大国各自的文化传统和文化背景都有着极大的、不容忽视的区别，更不必说西班牙、葡萄牙、意大利、北欧、东欧等等了，而且各国走向近代化或现代化的路径也都各有千秋，例如在欧洲至少就可分为英国、法国、德国这三种极不相同的道路（这方面的比较研究大有实际意义），今日这些国家一般被人们认为是现代化国家，它们的文化一般也被看成是现代文化形态，但所有那些民族的文化传统的区别仍然鲜明地保持着（例如从大范围上讲，欧陆派与英美派几乎互不相容），不过问题是在于，所有这些国家的文化区别都是在现代文化形态之内的区别，这就是至关重要之点。我以为今日中国文化的根本问题就在于，它必须尽快使自己进入现代文化形态的行列，从而才可能在一种平等的基础上来与其他现代民族文化作比较，也就是说，我们今日必须使中国文化与西方文化的区别成为一种如同西方各国文化之

---

[1] 冯友兰：《三松堂自序》。

间的区别一样，是在同一个现代文化形态范围之内的区别，只有这样的区别，才是一种平等的区别。也只有这样，我们才有可能展开与其他现代民族文化之间的真正的、平等的对话。如若不然，我们就势必只能处在不平等的文化区别、不平等的文化比较、不平等的文化对话这种不平等的地位上。

第二，我们必须清醒地认识到：中国传统文化并不是由于近代以来西学东渐才受到挑战并出现危机的。事实上，西学的刺激再怎么强烈，始终只是一种外部的挑战和外来的冲击而已，如果中国传统文化足够强大、足够有生命力，这种外部的挑战和冲击也就不致构成危机了。真正的挑战和冲击并非来自外部，而是来自内部，亦即来自这个事实：近代以来中国社会本身的发展，使中国传统的文化形态再也不能适应中国社会的现实了。因此，问题的实质就根本不在于中西文化的差异有多大，而是在于：中国文化必须挣脱其传统形态，大踏步地走向现代形态。正因为这样，我们必须特别注意不要用中西文化的地域差异来模糊、转移中国古今文化的差异这一严峻任务。因此，如果我们真正想要发扬光大中国文化，那么这并不表现为开口闭口"诸子百家儒道禅"，而是要切切实实地去探索中国文化走向现代文化形态之路；如果我们真正对中国文化充满了关注，那么首先要担忧的并不是儒家道统能否延续，而是要时时反问：我们的文化形态是否处在世界现代文化形态之外？如果我们真正具有文化的自信、民族的自尊，那么与其不着边际地幻想"世界未来文化必是中国文化的复兴"，不如脚踏实地地考虑一下：中国文化今日有无能力摆脱其传统形态而进入现代形态？

所有这些，自然使得一个老问题又一次突出地提了出来：我们究竟应该怎样看待文化传统？

说"传统"

传统问题实际上是文化讨论中的核心问题所在。百年来的中西古今文化之争,其理论上的争论焦点,差不多都落在这个问题上。80年代重开文化大讨论,事实上也已经逐渐把这个问题推到了前台。从目前看来,海内外的许多论者似乎都持有一种相当普遍的所谓"反'反传统'"的态度或倾向。这种倾向认为,近代以来,尤其是五四一代的知识分子,由于把"现代化"与"西化"不恰当地等同了起来,以一种全盘否定的"反传统"态度来对待中国文化,因此在客观上"切断"了中华民族的"文化传统",造成了所谓的文化传统的"断裂带"。因此,今日的任务显然是应努力去弥补这种断裂,以"接上"中国文化的"传统"。

所有这些,都是完全可以理解的。对此不应妄加指责,更不应以任何简单的政治标准和道德热情给予当头棒喝。尤其是文学中的寻根意识,自有作家们的一番辛酸苦辣在内,其原因的复杂与今后实际走向的必然多重分化,实非一时所能说得清楚;从20世纪70年代末的"伤痕文学"如此快地走到今日这种"文化文学"(我们姑且这么称之),在中国当代文学史甚至中国当代文化史上如何评说,恐怕目前也还为时过早。我们这里想要提醒的只是,在对"五四"进行再认识之时,必须对"传统"问题本身也进行一番再认识;20世纪80年代的文化讨论,应该首先在理论上或方法论上对"传统"本身做出新的理解和认识,换句话说,当我们大谈"文化传统的断裂"时,当我们千方百计地企图"补接"文化传统时,不妨首先从理论上讨论一下这样一个基本问题:

究竟什么叫"传统"?究竟怎样才是或才能继承"传统"?

为了讨论的方便,我们在这里引入"时间性"(Zeitlichkeit/

temporality）这个概念，其特点是带有过去、现在、未来这三个时间维度。我们现在可以问，从时间性上讲，所谓的"传统"究竟落在哪一个时间维度上？

以往的通常看法实际上多半是把"传统"与"过去"等同了起来。尤其是那些特别强调传统的重要性的论者，他们所说的"传统"无非就是"过去"或说过去的东西。这就是说，"传统"只不过是"过去已经存在的东西"——过去的人，过去的事，过去的思想，过去的精神，过去的心理，过去的意识，过去的文化，以至过去的一切。因此，所谓"继承发扬"传统也就只不过是使"过去已经存在"的那些东西在现在以至未来发挥积极的作用，而所谓"批判地继承"则也就成了只是在"过去已经存在"的那些个东西之中挑挑拣拣："消极衰朽的"东西就扔掉它，"积极健康的"东西则留下来。

这种把"传统"看成是"过去"的观念，实质上隐含着一个通常不易觉察的假定，亦即把"传统"或"文化传统"当成了一种"已经定型的东西"，当成了一种绝对的、固定化了的东西。也就是说，凡是"过去"没有的东西就不属于"传统"，例如，"科学理性精神"是"过去"的中国文化中没有的，所以科学理性精神就不能成为中国文化的"传统"，即使"现在"可以学习一点，那也不足以成为中国文化的正统、道统、核心、精髓，不足以表征中国文化的基本精神，所以也就不能成为中国文化"未来"发展的方向。本文上节所说的唯恐中国人变成不是中国人，中国文化不成其为中国文化的种种心理，实际上都是从这种把传统等同于过去的观念中生发而来。"传统"在这里成了像天上的月亮，地上的石头那样的万世不变的自然物体，而我们与传统的关系也就成了一种与固定不变的东西之间的关系，借用西人马丁·布伯（Martin Buber）的话说，就是一种"我与它"的关系，其特点是，不管我如何思考，如何动作，传统总是保持着它的自身同一性而始终不变："它，总是它，它！"[1]

在本文看来，把"传统"等同于"过去"，那就必然会以牺牲"现在"为代价，因为这种传统观总是以"过去已经存在"的东西（尤其是所谓文化的价值核心、文化的心理结构等等）为尺度来衡量现在的文化是不是标准地道的中国文化"传统"，从而也就把现在纳入于过去的范畴，拉进了过去的框架；而现在既然已经下水，则未来自然也就不能不跟着入笼，由此，现在也好，未来也罢，统统都被装进了过去这宝瓶之中，统统只不过是那同一个恒定不变而又能循环往复的"过去"。实际上，我们是把现在和未来统统都葬入了过去的坟底之下，这才是真正只落得"好个一片白茫茫大地真干净"！诚然，许多人倒也都好谈"未来"，例如，"未来世界必定是中国文化的复兴"，"百千年后中国文化将会如何如何"之类，这种说法看上去似乎十分高瞻远瞩，能不拘泥于只从"现在"出发的功利实用考虑，而能从"未来"这深远的前景出发来筹划中国文化，实际上，这完全是一种"幻相"，因为这种种说法恰恰正是在从"过去"看"未来"，而不是从"未来"看"过去"，其根本原因就在于，他们所说的这个"未来"、所说的这个"百千年后"，实际上仍然只不过是那个"过去"，再过一万年，也永远还是那个"过去"：所谓的"未来"早就已经被根据"过去"的标准量体裁衣、切削成型，它与"过去"了无区别，只不过是"过去"的翻版而已。而在许多人那里，他们所要的也恰恰就是这种翻版，因为在他们眼里，唯有那个"过去"才称得上是"传统""道统"，才是地道的中国文化。由此也就不难想见，我们的"过去"是多么卓有成效地在拖住我们的"现在"甚至我们的"未来"！因

---

[1] 参见马丁·布伯《我与你》，爱丁堡，1937，英译本。

此，我们的"现在"、我们的"未来",常常都并不是一种"真的"(eigentlich/authentic)现在和未来,因为它们的存在并非自身具有意义,而只是为了让那个"过去"苟延残喘;也因此,我们的"过去"也常常并不是"真的"过去,因为它常常"忘记了"它已经过去了,仍然还要年复一年地"复制"自身,从而杜绝了其他任何新的可能性。而最悲惨的是,由于我们生活在这样一种"非真的时间性"(der uneigentlich Zeitlichkeit/inauthentic temporality)中,我们自己的存在也就成了一种"非真的存在",因为我们不是也不能立足于自己本身来处世在世,而只是为了让"过去"的那个"民族文化心理结构"能够有一载体而不致"断裂";在时间的流动中,在历史的行进中,我们只是偶尔地"在场"而已,却并没有真正地"参与"在时间与历史之中,因为我们在时间与历史之中根本占不到一个与我们自己的生存息息相关的"瞬间"(Augenblick/moment),也没有任何一个"此地"(Da/there)是我们自己的立足之所。于是乎我们像幽灵一般,忽而故国神游于"文武周孔"之福祉,忽而又梦魂追寻"后工业社会"之仙境,上下几千年,来去数万里,却就是从未曾知道"自己"当下此刻正处在何时何地!从表面上看起来,"传统"似乎是如此鱼水不可分地与我们内在相联,实际上却恰恰相反,传统与我们完全是外在的关系,因为不管我们存在还是不存在,与"传统"都了无关系,在我们之前,"传统"就已是这样,在我们以后,"传统"也依然如故,所以我们"现在"的存在也就纯粹是一种偶然的存在,唯有那"传统"——过去的文化心理结构——才以其超时间超历史的必然性永恒不变地存在着,如月当空,普照万世。

以上种种,我们称之为"过去式的思维方式"或"过去式的生活态度",其根本特点就是严重地缺乏现实感,缺乏自我意识。阿Q的两句道白实可作为其最高的象征,一句是:"我们先前——

比你阔得多啦！你算是什么东西！"另一句则是临到杀头之际了，还要挣扎着交代一句场面话：老子"二十年后又是一个……"而"二十年后"果然又来了一个，"他叫'小同'，大起来，和阿Q一样"。[1]于是我们就这样"二十年"一个轮回般地循环着，每个人都深信不疑：我儿子今后会阔得多啦！因为从前我祖宗那会儿比现在要阔得多啦！总之，或是夸耀过去的祖宗，或是吹嘘未来的子孙，偏偏自己现在无事可干。这确实正是法国人今日所说的地地道道的"自我欺瞒"（mauvaise foi/bad faith）。这种"过去式的思维方式"或"过去式的生活态度"大概与我们历来的时间观有关，我们将之称为"过去型的时间观"，亦即人们总是习惯于把"过去"这一维当作"时间性"和"历史性"的根基、本质、核心，因此一谈到"传统""文化"这些在时间中和历史中存在的东西，首先就十分自然地到"过去"中去寻找，尽管"过去"实际上早已过去了，但人们总力图在"现在"中把这个"过去"挖掘出来，复制成型，并把这个"过去"再投影到"未来"上，因此，继承传统成了复制过去，光大传统也无非加大投影。久而久之，也就必然形成了一种以过去为中轴的内循环圈，现在和未来都被画地为牢绕着过去作向心运动，在过去这巨大的向心引力下，现在和未来的任何一点新的可能性均被吞噬、碾碎、消化、瓦解，"现在"与"未来"实际上根本就已不复存在，因为它们全都被"过去化了"。这种循环我们可称之为"过去式封闭型内向循环"，其必然结果就是，随着与那个"过去"的时间距离日益加大，其循环旋转也就越来越吃重，越来越费力，越来越缓慢，直至最后终于凝滞固定而不动（不过还可以耐心等待"未来的某一天"再作旋转）。所谓中国封建社会长期停滞这些问题，我看很可以从"过去型时间

---

[1] 鲁迅：《且介亭杂文·寄〈戏〉周刊编者信》。

观""过去式思维方式""过去式生活方式"以及"过去式封闭型内向循环"这类"文化心理结构"来做些分析考察。海外许多学者近年来常常爱用"忧患意识"这个概念,意思是说,儒家文化的起源在很大程度上是与对"郁郁乎文哉"的周代文化竟会衰败没落感到无比"忧患"有关,因此"忧患意识"——担心过去的文化不复再保——也就构成了历来儒家文化的一个重要特点。这个说法我们非常赞成,因为所谓的"忧患意识"恰也就是我们所说的"过去式"思维观和生活观。不过海外许多学者似乎对这种"忧患意识"评价很高,并且也像古人那样非常"忧患"中国在现代化之后,中国文化还能否成其为中国文化;我们却恰恰相反,不但没有这种"忧患意识",也不大理解这种"忧患意识",因为在我们的心目中,中国的过去要是没有这种杞人忧天式的"忧患意识",那么我们现在大概也不必为现代化而"忧患"了。

可以直截了当地说,在我们看来,如果"传统"只不过就等于"过去",那么我们确实只能认为:"传统在思想体系的所有领域内都是一种巨大的保守力量",[1]而且其表现形式也就常常是这样:"一切死亡前辈的传统,好像噩梦一般,笼罩着活人的头脑。……"[2]

与上述这种传统观完全相反,我们认为,"传统"是流动于过去、现在、未来这整个时间性中的一种"过程",而不是在过去就已经凝结成型的一种"实体",因此,传统的真正落脚点恰是在"未来"而不是在"过去"。这就是说,传统乃是"尚未被规定的东西",它永远处在制作之中,创造之中,永远向"未来"敞开着无穷的可能性或说"可能世界",正因为如此,"传统"绝不可能只等于"过去已经存在的东西",恰恰相反,传统首先就意味着

---

[1] 恩格斯:《费尔巴哈与德国古典哲学的终结》。
[2] 马克思:《路易·波拿巴政变记》。

"未来可能出现的东西"——未来的人、未来的事、未来的思想、未来的精神、未来的心理、未来的意识、未来的文化、未来的一切。因此，"继承发扬"传统就绝不仅仅是复制"过去已经存在的东西"，而恰恰是要发前人所未发、想前人所未想，创造出"过去从未存在过的东西"，从我们今日来说，就是要创造出过去的中国人不曾有过的新的现代的"民族文化心理结构"；而所谓"批判地继承"，也就并不只是在"过去已经存在"的东西中挑挑拣拣，而是要对它们的整体进行根本的改造，彻底的重建，以今日而言，也就是要彻底打破中国人几千年来的"文化心理结构"并予以全盘重建。这里顺便说一句，所谓的"民族文化心理结构"实际上并不是什么玄而又玄、一成不变的"形而上实体"，而完全是一种动态过程，随着时代的变迁，必有社会的变迁、文化的变迁，从而也就必有心理结构的变迁，而通常所说的"现代化"，从知识社会学的角度上讲，无非就是指社会变迁、文化变迁的一种特殊形式，因而也就是心理结构变迁的一种特殊过程。说它是"特殊形式"，就是指现代化所造成的"变迁"比之通常的变迁来说是最彻底、最根本、最全面、最深刻的一种变迁，因为它要求社会结构彻底变迁、文化形态根本变迁、心理结构全面变迁。所谓"搞"现代化，就是要求自觉地、有意识地去促进这种总体性的"变迁"。阻碍这种"变迁"也就是阻碍现代化的进程。就我们而言，我们根本就不"忧患"在经过现代化所造成的全面变迁之后中国人还是不是中国人、中国文化还是不是中国文化，因为在我们看来，不管这种变迁是多么剧烈、多么深刻，它都是中国人自己在变、中国文化自己在变，是中国人自己在改造自己，中国文化自己在发展自己，所以不管变迁之后的未来与变迁之前的过去会是如何的面貌全非、大不一样，它都是中国人自己的发展，中国文化自己的创造，因而内在地构成了中国人或中国文化自己的"传统"之一部分。要言之，所谓

"中国人"并没有什么固定不变的样子,似乎非如此如此才叫中国人,我们为什么要把中国的"传统"限制得如此单调呆板,又何苦非要老是无病呻吟式地"忧患"来"忧患"去呢?

根据我们的传统观,传统既然是"尚未被规定的东西",传统既然是永远在制作之中、创造之中,那么我们每一代人自己"现在"的存在就都不是一种可有可无的偶然存在,不是"过去已经存在的东西"之自然延续,不是仅仅作为"过去"的文化心理结构之载体、导体才有资格被"传统"所接纳,而是对"传统"负有着一种"过去"所承担不了的必然的使命,这使命就是:创造出"过去"所没有的东西,使"传统"带着我们的贡献、按照我们所规定的新的维度走向"未来",用当代解释学(Hermeneutics)大师伽达默尔的话来说就是:"传统并不只是我们继承得来的一宗现成之物,而是我们自己把它生产出来的,因为我们理解着传统的进展并且参与在传统的进展之中,从而也就靠我们自己进一步地规定了传统。"[1]换言之,传统、文化、历史都不是什么超乎我们之外或之上的"非时间的"(atemporal)自然持存之物,而是与我们每一代人在每一特定时间中的所作所为内在相联的,并且就是由我们每一代人在每一具体时间内对它们的理解、改造、创造所构成的,用当代解释学的术语来说,它们都是"有效应的历史"(Wirkungsgeschichte/effective-history),[2]也就是说,每一代人都对传统、文化、历史起着特定的作用、产生着特定的结果、效果、效应,从而在这一特定历史时间中有效地影响着、制约着、改变着传统、文化、历史。所谓的"传统""文化"等等,就是这样在每一代人所创造的新的结果、效果的影响下而不断地改变着、发展着,因此"不能得出这样的结论:文化传统应当被绝对化和固定

---

[1] 伽达默尔:《真理与方法》,英文版,第261页。
[2] 伽达默尔:《真理与方法》,英文版,第267页。

化"。[1]反过来说,我们的"心理意识结构"自然也就同样不可能是一种由"过去"已经一劳永逸地塑造好了的先验"主体性"或"主体结构",不可能存在着今日许多人所相信的那种抽象的、一成不变的所谓"中国人的文化心理结构",恰恰相反,心理、意识,同样地是所谓的"有历史效应的意识"或说"历史地活动着的意识"(wirkungsgeschichtliche Bewusstsein/effective-historical consciousness或historically operative consciousness),[2]也就是说,心理结构、意识活动,都不是什么非时间、非历史的始终同一之物,而总是在具体的、特定的时间和历史中存在着、形成着、活动着,所以也就必然在每一具体的时间和历史中都被影响着、改变着、重新塑造着。诚然,心理结构等等是在"过去"就已在形成着的,但这决不等于说,"过去"的心理结构也就是我们"现在"的心理结构,恰恰相反,我们必须首先瓦解、清除"过去"的心理结构(亦即法国人今日所谓的"deconstruction"),以便塑造我们自己"现在"的心理结构,也就是说,我们不能只是被动地顺从于"过去"的心理结构,而必须首先主动地去改造它、重建它;不应使"现在"的心理结构"过去化",而必须使"过去"的心理结构"现在化"。这样,我们就把"过去"纳入了"现在"的范畴,使"过去"进入了"现在"的轨道。

这里的重要之点就在于:必须使"现在"去同化"过去"、以"新的"同化"旧的",而不是反过来用"过去"来同化"现在"、"旧的"同化"新的",这就是我们的传统观与前一种传统观的主要区别所在。因此,我们不是以"过去"的文化和心理结构为尺度来衡量"现在"的文化与心理结构是不是标准地道的中国"传统",而是以"现在"的文化与心理是否与"过去的"有所不

---
[1] 伽达默尔:《哲学解释学》,第31页。
[2] 参见《真理与方法》,英文版,第305、258页。

同来衡量一种"传统"是否具有新生力和创造力,对我们来说,继承发扬"传统"的最强劲手段并不在于死死地抱住"过去已经存在的东西"不放,而恰恰是要不断地与"过去"相抗争,尽力张大"现在"与"过去"之间的差异、区别、对立,甚至不惜与"过去"反其道而行之,只有这样才能使"现在"不致被"过去"所吞没,从而才能为"未来"散开无限广阔的"可能性"。我们前面说,"传统"的真正落脚点是在"未来"这一维,也就是要强调"传统"具有无限广阔的可能性与多样性,而不能被拘囿于一种僵死固定的"模式"或"结构"之中。确切地说,我们所理解的"传统",就是在"过去"与"现在"的不断遭遇、相撞、冲突、融合(新的同化旧的)之中所生发出来的种种"可能性"或说"可能世界"(possible worlds),而这些"可能性"也就是我们所理解的"未来"。由此我们也就可以看到,我们所说的"未来"与前一种传统观所说的"未来"有着根本的不同:一方面,我们并不是以"过去已经存在的东西"这种"事实性"来限制未来应是如何如何,而是以"可能性"亦即"过去不曾存在的东西"来规定未来,所以我们的未来就不是"封闭的"而是无限开放的;另一方面,这种"未来"或"可能性"又恰恰是立足于"现在"与"过去"的相抗争之中,所以这种"未来"并不是什么虚无缥缈的东西,而是由我们"现在"的作为所敞开的。在我们看来,唯有这种既立足于当下此刻同时又敞开着无限可能性的运动过程才是"真的"未来。与此同时,所谓的"现在"也就有可能是一种"真的"现在了:一方面,"现在"具有了独立于"过去"的自身存在价值,它明白自己的任务就是要显现出与"过去"有所不同,并使"过去"服从于自己,用今日解释学的话说,就是要使"一切传统都与任何现在时刻相同步";但另一方面,正如"过去"不应当被绝对化和固定化一样,"现在"也不把自己看成是什么终极的东西,因为它知道"现在"将会变为"过去","新的"终会成为"旧的",因此把"现在"绝对化固定化也就只不过是把"过去"绝对化固定化的拙劣翻版而已。"真的现在"之本质就在于：它能使过去服从自己,又使自己服从"未来",亦即不断把"现在"变成"过去",以新的"现在"与旧的"现在"相对立、相抗争,从而使"过去"和"现在"都不断地走向"未来",不断地敞开、扩大可能性的国度,而所谓的"传统"正就是这样一种"过去与现在不断交融会合的过程",[1]亦即不断走向未来的过程。正因为这样,所谓的"过去"也就能够成为一种"真的"过去了："过去"不再把"现在"和"未来"死死地拖入自身之内,而是相反,它使自己本身不断地超出自身,主动地使自己不断地"现在化"和"未来化"；"过去"不再只是年复一年地简单"复制"自身,而是具有了一种"生产性态度"：不断生产出它自己以往所没有的东西。——过去在这里已经不再是一种僵死固定的现成之物,而是成了不可穷尽的可能性之巨大源泉,这才是"真的过去"之本质所在,这也就是我们的"过去"与前一种传统观的"过去"之根本区别所在。

由此也就可以看到,我们强调传统的真正落脚点是在"未来"这一维,恰恰不是要扔掉"过去",相反,倒不如说正是要强调必须一次又一次地返回到"过去"之中,亦即不断地开发、开采"过去"这巨大的可能性源泉,因为真正说来,"现在"之所以能够为"未来"敞开无限广阔的可能性,正是意味着"过去"本身具有极大的有待开发的潜力和潜能,也就是说,所有这些"可能性"可以说就蕴藏在"过去"本身之内,然而它们在过去仿佛是被"遗忘"了,被"遮蔽"了,因此一直处于一种"缺席"（absence）的位置上——"现在"之所以必须与过去"已经存在的东西"全力相

---

[1] 参见《真理与方法》,英文版,第305、258页。

抗，正是为了使这些过去"被遗忘"的东西苏醒过来，使"被遮蔽者"得以"去蔽"，正是为了使"缺席者"在时间与历史中"现身出场"！所以，"现在"与"过去"越是有所不同，恰恰也就越表明"过去"正在把它自己的本来面貌日益丰富、日益完整地向我们"呈现"出来，因为"过去"在每一"现在"不断"再度呈现"的过程，正就是它不断补足、恢复它自己的"缺席者""被遗忘者"的过程，因此，不断地走向"未来"，恰恰正就是不断地返回于最本真的"过去"！换言之，"过去"的本质正寓于"未来"之中，正存在于"过去不曾存在的东西"之中，而不像通常所以为的那样是存在于"过去已经存在的东西"之中。如果用一个简单的公式来表述，我们不妨说，真正的过去大于"过去已经存在的东西"，而等于"过去已经存在的东西"加"过去不曾存在的东西"之总和；同样地，真正的现在大于"现在已经存在的东西"，而等于"现在已经存在的东西"加"现在不曾存在的东西"之总和；换句话说，真的过去、真的现在，与真的未来实是同一不二的东西，它们都具有一种"超出自身"（Ausser-sich/outside-of-itself）的性质，都具有一种"向着可能性去存在"（Das sein zur Möglichkeit/Being towards possibility）的动态结构——正是在"可能世界"这伟大的国度中，过去、现在、未来的时间界限被完全打破了，它们不再各自固着于自己所处的地平线上，而是彼此交融、你我不分，形成时间性之"地平线的交融会合"（Horizontverschmelzung/Fusion of horizons），亦即构成了一个巨大的共同的时间性地平线。在这种"时间性地平线"上，时间的自然次序似乎被颠倒了：在自然秩序中，时间总是呈现为"历时性"结构，亦即总是从过去流向现在流向未来；然而在我们所说的时间性地平线上，时间却呈现为"共时性"或说同时性的结构，亦即过去、现在、未来都"同时化"在未来这一维中，我们把时间的这样一种"同时化"结构称之为时间的真正"时间化"(zeitigen/temporalize),亦即所有的时间瞬点都被"未来化"了,因而也就可以说时间似乎是从未来走向现在走向过去的。我们把这种时间观称之为"未来型时间观",亦即把"未来"这一维作为"时间性"和"历史性"的根基、本质、核心,总是从"未来"这一维来理解"现在"与"过去";因此,对于"传统""文化"这些在时间与历史中存在的东西,我们总是把它们看成为首先存在于"未来"之中的永远有待完成的无穷大有机整体或有机系统,在这种有机整体中,"过去已经存在的东西"只不过是其中的一个部分或一个要素而已;[1]显而易见,这种"过去已经存在的东西"不但不能规定整个系统亦即整个"传统"或"文化"的意义,不能规定"现在"与"未来"出现的其他部分或要素的意义,而且甚至都不能决定它自身的意义,因为它的意义只能由它在整个系统中的地位所决定,只能由它与其他部分其他要素的关系所决定,这就是说,即使"过去已经存在的东西"本身也没有什么僵死固定、一成不变的"意义"或性质,相反,它的意义是由"现在"和"未来"所决定、所赋予的;随着在每一"现在"和每一"未来"中任何新的因素的出现和任何新的文化的创造,人类"文化"或民族"传统"这种永远有待完成的无穷大有机系统本身也就必然发生变化,从而也就使"过去已经存在的东西"在这种整体系统中的地位必然随之发生变化,亦即使这些东西的"意义"必然被改变。因此,今日许多论者津津乐道的所谓"还孔子的本来

---

[1] 顺便说一句,所谓的"系统方法"今日甚为流行,而且已被广泛地运用到社会科学和人文科学中来,但有必要指出,在"人文学"(Geisteswissenschaften)的领域,"系统方法"必须考虑"时间性"的因素,亦即应该把这类"系统"首先看成是永远有待完成的"系统",从而也就把"过去"的一切都仅仅看成是有待完成的大系统中的一个要素而已,而非本身就已是一个完成了的系统。所谓良性的"解释学的循环"(der hermeneutische zirkel)就是要把各种人文系统都看成是在时间性地平线上不断超越自身的开放循环系统。

面貌""还儒学的本来面貌",在本文看来也就只是毫无意义的语词,因为孔子也好,儒学也好,都没有什么自身不变的"本来面貌",它们的面目都是在历史与时间中不断地塑造着又不断地改变着的,每一代人都必然地要按照自己的要求来重新塑造、修正改变孔子与儒学的面貌:汉代有董仲舒的孔子,宋明有朱熹的孔子,晚清有康有为的孔子,五四一代有鲁迅、胡适的孔子、今日又有李泽厚的孔子……因此,真正的问题就根本不在于孔儒的"本来面貌"是什么,而是在于,孔儒之学在20世纪的中国究竟还能起什么作用?更确切地说就是,孔儒之学能够成为中国现代文化系统的主干和核心吗?今日中国文化还能沿着"儒道互补"的路数走下去吗?20世纪以后中国文化的"传统"还能以儒家文化为象征和代表吗?

我们的回答是断然否定的。在我们看来,如果还是那样的话,那就只能表明中国文化的系统仍然是"过去已经存在的"那个系统,在这个系统中,过去"被遗忘者"仍然未苏醒,过去"被遮蔽者"仍然未"去蔽"、过去"缺席者"仍然未"现身出场"。换言之,一个"现代"的中国文化系统仍然未能形成,因为它缺少足以标志其"现代"特征的新的要素来作为它的核心和主干。毫无疑问,儒道文化在今日以及今后都仍将作为中国文化的组成部分并起着作用,但是问题在于,在今日以及今后,它们在中国文化系统中的意义或地位当与"过去"截然不同:在过去,"儒道互补"大体构成了中国文化的"系统"本身,儒家文化尤可作为这个系统的主体和核心要素(所谓"价值核心"或"价值取向"),但是在今日以及今后,儒、道、释等"过去存在的东西"将不仅不足以构成中国文化的全部,而且它们都不能成为中国文化系统的价值主体和核心要素,只能成为次要的、从属性的要素,因为一个"现代的"中国文化系统必有其"现代的"价值核心与总体特征,这种新的"现代的"成分和核心要素不能也不应是儒学这种过去已有的"现成在手的"（vorhanden/ present-at-hand）东西，而是某种现在"有待上手的"（zuhanden/ready-to-hand）东西，亦即是中国的过去一直"被遗忘""被遮蔽"的"缺席者"。[1]因此，我们现在所关心所注重的，就并不是"儒家文化的前景"，而是今日中国文化必须开拓的新的出路和新的前景；而且在我们看来，中国文化的"传统"在今后将远远大于儒、道、释的总和，而有其更为广阔的天地和更为宏伟的气象，所以即使在"现代化以后"或"后工业社会"的中国文化，也不会是什么"儒家文化的复兴"。（这种说法在我们看来未免太小家子气。）这里有必要强调的是，我们与海内外许多论者的主要分歧，根本不在于是抛弃还是保存、否定还是肯定儒家文化，也不在于是肯定得多与否定得多、注意积极的多与注意消极的多之间的区别，而是在于"如何保存"这个问题上：在我们看来，必须把儒道文化都带入一个新的更大的文化系统中，而不能仍然把儒道文化本身就看成是中国文化的整体系统，然后试图以此为本位来吸取、同化新的文化因素（例如许多人今日幻想的再来一次当年儒学同化佛学的"壮举"），也就是说，我们不能再把儒家文化继续当成"中国文化的基本精神"，而必须重新塑造中国文化新的"基本精神"，全力创建中国文化的"现代"系统，并使儒家文

---

[1] 我们以后或将有机会论述，中国现代文化系统的主干和核心，应是"科学理性精神"。这里所说的"科学理性精神"，并非指自然科学研究中那种单纯的实证主义精神，而是从整个价值系统上讲的，因此在某种意义上也就是相对于中国文化历来的所谓"实践理性精神"这种整体特征而言的。关于中国儒家文化特有的"理性主义"的性质，暂可参见马克斯·韦伯（Max Weber）的《中国宗教》（*The Religion of China*，1951，英文版）一书。近年来西方较有影响的有关论著可推芬格雷特（H. Fingarette）的《孔夫子：以凡俗为神圣》（*Confucius: the Secular as Sacred*，纽约，1972）。国内李泽厚教授近年来在《孔子再评价》（1980）等文中也深刻揭示了"实践（用）理性"是中国文化的总体特征。但我以为，这种"实践理性精神"只是中国文化"过去"的基本精神，不能也不应成为"现在"及"未来"中国文化的本质。

古今中西之争 075

化下降为仅仅只是这个系统中的一个次要的、从属的成分。在我们看来，唯有这样才能真正克服儒家文化曾经起过的消极的甚至反动的作用，唯有这样才是真正光大中国文化的"传统"。然而在许多论者那里却恰恰相反，在他们看来，似乎唯有使"中国文化的基本精神"始终维持儒家文化的基本精神，才称得上是继承发扬了中国文化的"传统"，否则便是"切断""割断"了中国文化的"传统"，便是把"现代化与西化相混淆"——时下对"五四"的种种流行评论正都由这种"传统观"而来。从这样一种传统观出发，论者们自然也就十分合乎逻辑地试图仍然以儒家文化（或儒道并举）作为中国现代文化系统的基础和核心，从而他们的工作重点自然也就十分合乎逻辑地放在力图分清儒家文化中好的、积极的方面与不好的、消极的方面上（其基本套路说到底无非是力图把"内圣之学"与"外王之道"区别开），这种企图的用意不可谓不好，然而在我们看来却未免太天真了一些，其结果也多半是徒劳的，因为文化是一个有机联系的整体系统，一个脱离这整体系统的孤立因素，谈不上什么绝对的好与不好，积极与消极，一切都以它在系统中的地位和作用为转移；在我们看来，只要中国文化的整体系统没有发生根本的变化，只要儒家文化仍然是中国文化系统的主体和基础，那么儒家文化在历史上曾经起过的那些消极反动作用就不可避免地仍然会起作用（有什么样的"内圣之学"，也就有什么样的"外王之道"），在这方面，陈独秀当年的话在本文看来今日仍然是金玉良言：

> 吾人倘以为中国之法，孔子之道足以组织吾之国家，支配吾之社会，使适于今日竞争世界之生存，则不徒共和宪法为可废，凡十余年来之变法维新、流血革命，设国会，改法律，及一切新政治、新教育无一非多事，且无一非谬误，应悉废

罢，仍守旧法，以免滥费吾人之财力。……对于与此新社会、新国家、新信仰不可相容之孔教，不可不有彻底之觉悟，猛勇之决心，否则不塞不流，不止不行！[1]

鲁迅当年反复强调"改造国民性"的问题，也正是从此着眼的："此后最要紧的是改革国民性，否则无论是专制，是共和，是什么什么，照牌虽换，货色照旧，全不行的。"[2]——鲁迅的"改造国民性"，在我们看来也就是要改造中国文化的整体系统。

对"五四"，正应从这种角度来评说。20世纪是中国历史上翻天覆地的时代，几千年来的中国尽管并不是没有变化发展，但只不过是改朝换代式的发展而已，其基本的"社会系统"或"社会结构"并未发生过根本的变化；因此，它的"文化系统"或"文化结构"也不曾发生过根本的变化，尽管孔子、儒学的面貌也确在不断地被重新塑造修正，但确实并不需要彻底改造，而且还有同化异端的能量；同样，中国知识分子的"心理结构"或"人格系统"也不曾也无须作彻底的调整重塑，无非是"修身齐家治国平天下"而已。然而所有这些在20世纪全都变了，中国要走入"现代"的世界，这就不能不要求它彻底地、从根本上改变它的"社会系统""文化系统""人格系统"，在这种巨大的历史转折年代，继承发扬"传统"的最强劲手段恰恰就是"反传统"！因为要建立"现代"新文化系统的第一步必然是首先全力动摇、震荡、瓦解、消除旧的"系统"，舍此别无他路可走，五四这一代人正是担当起了这伟大的历史使命。在我们看来，五四不但没有"切断""割断"中国文化的"传统"，恰恰相反，正是他们极大地弘扬、光大了中国文化的"传统"！因为五四这一代知识分子不但"消解"

[1] 陈独秀：《宪法与孔教》，《新青年》1916年第2卷第3号。
[2] 鲁迅：《两地书·八》。

（deconstruct）了"过去"的中国文化系统，而且正是他们开辟、创造了整整一代辉煌灿烂的中国新文化！五四的文化正就是我们所说的中国"现代"文化形态的雏形！五四这一代中国知识分子，正是中国文化在现代将有一伟大腾飞的第一代"历史见证者"！我们今日摆出一副中国文化正统传人的面孔来对"五四"评头论足，难道不觉得有点滑稽可笑吗？真正的问题根本不在于"五四"这一代人"否定得多、肯定得少"，"隔断了民族文化传统"，而是在于，五四知识分子只是为中国新文化砌下了第一块基石，还来不及也不可能彻底完成建设中国"现代"文化系统的任务，这个使命历史地落在了20世纪80年代中国青年知识分子的肩上，因为中国的现代化今日已经真正迈开了它的步伐，有幸生活于这样一个能够亲手参与创建中国现代文化系统的历史年代，难道我们还要倒退回去乞灵于五四以前的儒家文化吗？！

[天不负我辈，我辈安负天？！]

一九八五年九月初稿，十月修改于北京沙土窝

儒学与现代

兼论儒学与当代中国[*]

(1988)

儒学在现代世界究竟还能否有所作为？如果能，又应该向哪些层面上去开展和运作？这无疑是一百多年来儒学面临的最大难题，也是迄今为止不但没有解决反而日益混沌不明的问题。

本文的基本观点是：认为力图从儒学中"开出"能够顺应或促进工业文明、商人精神、自然科学方法以及民主政制等等"现代"因素的种种努力，未必是儒学在现代的最佳发展路向（且还不论其能否成立），在实践上对己（儒学本身）、对彼（现代社会）也都未必有益（甚至可能两伤）。如果今日到处可闻的所谓"追求传统的创造性转化"无非是指上述这类努力，那么我怀疑它只能成为一个似是而非的命题（pseudo-proposition）。因为在我看来，所有这些努力实际上都是自觉不自觉地在对儒学提出某种强弱不等的功利主义要求，亦即要求儒学对经济发展这类社会现实层面问题必须具有某种实际的"有用性"（usefulness）——能用来促进经济、推动科学等。这种一切皆从是否对社会实际"有用"着眼的观点，确实是某种标准的"现代"心态，[1]但却恰恰与儒学首重"为己之

---

[*] 本文为提交给1988年8月29日—9月3日在新加坡举行的"儒学发展的问题及前景"讨论会的论文。收入杜维明主编《儒学发展的宏观透视》，台北：正中书局，1997。
[1] 参见A. W. Gouldner, *The Coming Crisis of Western Sociology*, New York, 1970, p. 61以下。

学"的基本立场背道而驰。也因此，尽管这些努力从主观上都是想提高儒学的价值（证明其在现代依然有用！），实际上却恰恰是降低以至抽空了儒学自身的独立价值。其根本问题就在于，它们并不是从儒学本身的立场、原则去反观、评价、批评现代社会，而是力图使儒学去顺应、服从现代社会的某些标准和原则。因此问题竟成了这样：似乎儒学只有能顺应或推动工业文明、商业精神、自然科学、民主政制，才能在现代世界有生存的理由和根据，否则就无立足之地。如果说，以往的"中体西用说"尚是一种"守势"反应（它毕竟还要求"守"住儒学的某种领地），那么今日这些表面上高倡儒学的方略毋宁是一种投降主义路线了。因为它实际上是把评判儒学的权力拱手交给了现代社会的某种功利尺度。儒学退到这一步，实际只能说明它对自身的价值已丧失信心，而决非充满自信的表现。今日种种"追求传统的创造性转化"的调子，常常都只能令人想起霍克海默尔那句令人沮丧的挖苦话："传统在今日必须被高唱，这一事实本身就表明：传统已经丧失了它的力量。"

我认为，儒学如果想要在现代世界有所作为，首先就必须克服这种向现代社会种种功利要求认同的心病。这种克服实际上同时也就是要求儒学今日必须克服自身传统中根深蒂固的致命痼疾，这就是：过分地"入世"，过分地向社会现实自觉认同，或如韦伯所言，一味"理性地顺应现世"（rational adjustment to the world）。[1]正是由于这种品格，儒学在历史上曾长期地将"文化系统"与"社会系统"难解难分地扭在一起，从而在中国知识分子的"人格系统"中造成"文化关怀"与"社会关怀"混杂难

---

[1] M. Weber: *The Religion of China*, The Free Press, 1951, Ch.8。另参 J. Habermas, *The Theory of Communicative Action*, Vol. 1, Beacon Press, 1984, pp. 203—213。

分的心态。[1] 但是，如果说在以往中国历史上，主要的问题是在于"文化系统"（又常常过分以社会伦理取向为价值中心）过分地支配以至压抑了"社会系统"的独立发展，从而必然导致社会的道德化（而这反过来又必然造成道德的功利化、政治化），那么，今日以及今后，更令人担心的问题恐怕恰恰相反，即："社会系统"（又常常以"经济亚系统"为中心）绝对地压倒甚至吞没"文化系统"，从而导致文化的商品化、精神的庸俗化以及曼海姆所说的"知识界的无产阶级化"（proletarianization of the intelligentsia）。[2] 这种状况发展下去，也就必然导致哈贝马斯所谓的"生活世界被（社会系统）殖民地化"，其结果是，在文化系统中导致杜尔凯姆所说的"脱序"（anomie），在人格系统中则发生种种"心理障碍症"。[3] 因此，在我看来，今日最重要的问题并不在于如何努力使儒学适应现代社会或批判儒学不适应现代社会，而在于我们必须突出地强调："文化系统"和"社会系统"乃是各自具有高度相对独立性的系统，尤其在现代这种独立性更是越来越强，它们各有不同的任务、不同的原则、不同的运作方式，因此不应要求把前者强行纳入后者的轨道去，也不应要求后

---

[1] 关于"社会系统""文化系统""人格系统"的区分和关系，参看T. Parsons, *The Social System*, London, 1951, 特别是第26—36页等处，以及T. Parsons与E. A. Shils 的"Value, Motives, and Systems of Action"，载*Toward a General Theory of Action*, Harvard University Press, 1962, p. 47以下。但是，帕森斯虽然将"文化系统"置于优先的地位，在实际分析中却仍然是主要从文化对维持社会系统的"功能"的角度来着眼的。因此，他的框架并不是能令人完全满意的。我在下面的行文中将更加倾向于哈贝马斯的构架，即"（社会）系统"与"生活世界"（Lebenswelt）的区分。关于这一区分，可参J. Habermas, *Legitimation Crisis*, Part 1, Ch. 1, Beacon Press. 1975. 但全面的论述则参其*The Theory of Communicative Action*, Vol. 2. *Lifeworld and system: a critique of functionalist reason*, Beacon Press, 1987。

[2] Karl. Mannheim: *Man and Society in an Age of Reconstruction*, New York, 1948. 第99页，以及该书第二部分第二节至第九节。

[3] 参见J. Habermas, *The Theory of Communicative Action*, Vol. 2. *Lifeworld and system : a critique of functionalist reason*, Beacon Press, 1987。

者无条件服从前者,这也就是所谓合则两伤、离则双美的局面。实际上,正如哈贝马斯所指出的,各不同价值领域的彼此分离化(differentiation of spheres of value)正是所谓"现代性"的核心所在,也正是"理解世界的方式"上之"传统"与"现代"的基本分野。[1]这种"现代的理解世界的方式"实际上就意味着,人们并非一定要在所有的领域中都坚持一种一致的立场,而是完全可以对不同的价值领域做出不同的甚至表面上矛盾的反应。例如,在政治上持激进主义态度并不一定就要在文化上也持激进主义立场,反过来说,一个文化保守主义者并不一定就非要在政治、经济领域中也坚持保守主义的立场。这里的关键就在于,现代社会本身就充满着深刻的矛盾(亦即韦伯所谓"形式的合理性"与"实质的合理性"的矛盾。或谓"工具合理性"与"价值合理性"的矛盾)。[2]因此,对于所谓的"现代"采取一种矛盾的立场、矛盾的态度,在我看来要比采取一种唯一性的立场、排他性的态度更接近真理。顺便可以一提的是,哈佛社会学家丹尼尔·贝尔在其近些年来的社会文化研究中所力图发展的也正是这样一种似乎自相矛盾的现代社会观,如他所言:"我在经济领域中是社会主义者、在政治上是自由主义者,而在文化上则是保守主义者。"[3]——贝尔在这几个领域中的立场本身是否可取是一个仁者见仁、智者见智的问题,但他这种基本态度的理论出发点——即认为在现代社会中,各不同领域有着各自不同,甚至彼此矛盾冲突的轴心原则(axial principle)和

---

[1] 参见 J. Habermas, *The Theory of Communicative Action*, Vol. 1, Beacon Press, 1984。第一章第二节,特别第71页以下,以及第二章。
[2] 参见 M. Weber, *Economy and Society*, New York, 1968, pp. 24、85以下等处,并可参见曼海姆, *Man and Society in an Age of Reconstruction*, pp. 51-60,以及上注所引 Habermas 书最后一章。
[3] Daniel Bell: *The Cultural Contradictions of Capitalism*, New York, 1978(第一论文1976), p. xi, p. 10以下。

价值尺度[1]——则是有充分力量的。

根据以上所述，我们可以说，儒学即使根本不能促进工业文明、商人精神、科技进步、民主政制，也绝不意味着儒学的价值就因此而减少了一丝一毫，更不意味着儒学就完全没有价值；反之，儒学即使能有这种促进作用也不见得就使它能由此身价暴涨。因为儒学的基本心思向来就不在于此，今后亦大可不必非向此一方向去开展。事实上，在这些"社会系统"的范围之外，尚有足够广阔的"生活世界"（Lebenswelt）可供儒学驻足，儒学正应该在这一天地中重新确立自己的任务、耕耘自己的领地、坚持自己的旨趣、发展自己的理论。简单地说，在我看来，儒学在现代世界中的位置乃在于：在一个工具理性必然占主导地位的工商社会和技术时代，毫不动摇地继续坚持价值理性的关怀、维护人文文化的传统和活力，并全力向着所谓Geisteswissenschaften（精神科学、人文研究）的方向去开展自己新的形态、新的境界。[2] 这样一种立场，我愿将

---

[1] Daniel Bell: *The Cultural Contradictions of Capitalism*, New York, 1978（第一论文1976）, p. xi, p. 10以下。

[2] 刘述先教授曾批评我将Geisteswissenschaften一词译成"精神科学"，认为"实则此词只能译作'人文科学'或'人文学'，根本不可译作'精神科学'"。（台北《中国论坛》第295期，第65页）这个批评不能成立。因为Geisteswissenschaften这词不仅表示某类科学，而且更强烈地表示一种独特的研究态度和研究方法，这就是与英美分析学派迥然相异的纯粹德国式的首重精神关怀的路向。这一点，只要看一下例如K. O. Apel的Die Entfaltung der "spra-chanalytischen" Philosophie und das Problem der "Geisteswissenschaften"，就会明白在许多场合这个词恰恰根本不可译作"人文科学或人文学"，因为它所指示的决不仅仅是某类学科而已。同时，如果从学科上讲，这个词所包含的学科也并不仅仅是"人文科学"，而且同时也涵盖"社会科学"领域，这从狄尔泰开始一直如此，可参 W. Dilthey, *Selected Writings*, Cambridge, 1976. p. 170。（上述Apel则载其*Transformation der Philosophie*, Vol. 2, Sukrkamp Verlag, 1973. pp. 28-95, 可特别参看其中第三节等。此文并有英文单行本*Analytic Philosophy of Language and the Geisteswissenschaften*, Dordrecht, 1967）。

此外，刘文对我的"从理性的批判到文化的批判"一文（载台北《当代》第20期）所作的主要批评也是不能成立的。刘的批评主要是认为，我把卡西尔与海德格尔的不同思想路向当成了一回事，其实从拙文任何地方都不可能得出这种意（转下页）

之称为"一种具有批判精神的文化保守主义"（这里的"批判"，既是针对所谓"生活世界的殖民地化"现象，又是针对自身的即自我批判精神；这里的"保守"则自然是指"保护"和"守卫"人文文化传统而言）。

这当然不是说，我们就不要工业文明、商人精神、科学技术、民主政制。当然要，尤其在中国大陆，这种需要更加迫切。问题只是在于，没有任何必要非把所有这些硬与儒学拉扯在一起，似乎如果从儒学中开展不出这些层面，则一方面儒学本身难以振兴，另一方面则这些东西也就不可能在中国生根发展。这里应该指出，

（接上页）思。我所指出的仅仅是这两位思想家在某些问题上的共同点，即：第一，两人都认为哲学应该关注人文文化方面，而不能像近代以来那样只注重主要以自然科学知识为对象的褊狭"知识论"。第二，由此，两人都走向注重"逻辑"以外或说逻辑背后的东西。同时我更明确指出二人的根本不同点在于：卡西尔仍"主要是从认识论上进行人文学知识批判的考证"，而在海德格尔等那里，则"首要问题实际上已经不仅仅是单纯为人文学奠定认识论和方法论基础的问题，而是必须首先为哲学本身从而为一般文化奠定一个新的本体论基础，这正是海德格尔、伽达默尔等人超出卡西尔和狄尔泰之处。在卡西尔那里，'先于逻辑的'主要还只是指'在时间上先于'，亦即神话隐喻思维在时间上要先于逻辑思维之形成，而在神话时代过去，逻辑思维发达后，则这种隐喻思维主要保存在文学艺术活动中与逻辑思维相并立；但在海德格尔等看来，神话与人类学领域只是为进入问题提供了一些方便之处，真正从哲学上讲来，却仍是很不充分的，在他们那里，'先于'已主要是'本体论上的先于'，'根据上的先于'……"（见《当代》，第90—91页）——这里对二者的同和异说得够清楚的。刘先生应该具体地说明以上这几点是否能成立，否则笼统地批评我把二者混为一谈，不免缺乏根据。我在该文中还谈到海德格尔与维特根斯坦以及与胡塞尔等的关系，都只是指出他们的某些共同之处，没有人会误解为这就表示他们全是一回事。有些事都是常识（例如卡西尔与海德格尔不是一回事），不必为此多费笔墨。此外，刘文对海德格尔哲学等的看法，也容我不尽苟同。例如，刘文所谈的海德格尔哲学，基本上是50年代英美较流行的那种"流俗的存在主义者"形象，而不是近些年来阐释学分析等水平上的海德格尔哲学。刘文对伽达默尔的了解，也主要只是《真理与方法》第2卷中较表层的东西，而且丝毫没有触及该书最重要的第三卷的内容，即语言哲学方面的论述。而在我看来，现代阐释学主要是某种欧陆式语言哲学为基，因此我那篇文章主要即从语言问题论述，刘文都对此完全未加理会。这不能不使我感到失望。这些都表明，刘教授的着眼点与我的注重点很不相同。这些都只有待以后有机会再共同讨论了。由于一直没有时间写文答复刘文，这里顺便简答一下。

第一，所谓"创新必依据其所本有，否则空无不能创新"（熊十力语）这种说法在逻辑下是难以成立的，在经验上也是缺乏根据的。从逻辑上讲，人们自然可以问："其所本有"又是从哪里来的？不也只能是从"空无"中创造出来？从经验上讲，现代社会的种种事物和现象，不仅在中国传统文化中是"空无"的，而且在西方文化传统中也同样是"空无"的。例如，以"自由"为个人权利这个观念，正如以赛亚·伯林在其著名的《自由四论》中所论证的，在希腊人、罗马人、犹太人、中国人，"以及一切其他古代文明"中都是"空无的（absent）"。[1] 事实上，现代工业文明对于整个人类都是一种全新的事物，根本没有必要要求某一传统文化必须具备现代社会的基本因子。在我看来，现代新儒家（牟宗三等）力图从道德主体中转出认知主体以便奠定自然科学在中国发展的基础，又从认知主体的确立中开出民主政治的道路（所谓道统之肯定、学统之开出、政统之连续），[2] 这整个路子都是误入歧途。这实际上仍是一种"传统的理解世界的方式"，亦即力图把各不同价值领域都硬性统一在一起，说到底乃是一种陈旧的黑格尔主义的"实质统一"路子。其理论上的谬误在于所谓"归约主义"（reductionism），亦即把彼此不可化归的价值领域硬性归结到一个中心领域（即：都从"道德主体"中转出来。"科学主义"则是另一种"归约主义"，亦即企图以自然科学的方法来解决一切问题，实际上也就是把一切价值领域归约为以科学为中心）。这样一种路子，我以为在现代世界是行不通的。事实上，科学、民主、工商文明，完全可以独立于儒学之外而在中国发展起来，正如儒学

---

[1] Isaiah Berlin: *Four Essays on Liberty*, London, 1969, p. 129. 类似的论述还可参见 C. Morris, *The Discovery of the Individual*, N.Y., 1972. 以及 B. Snell, *The Discovery of the Mind*, N.Y., 1960.

[2] 可见牟宗三、徐复观、张君劢、唐君毅《为中国文化敬告世界人士宣言》，收入张君劢《中西印哲学文集》下卷，台北，1981。

也完全可以独立于前者之外而继续保持其生命力一样，完全没有必要硬把二者扯在一起。第二，我愿特别提出，中国知识分子似乎有一个毛病，即总容易被时代、社会的某些响亮的"大字眼"所吓唬住。"五四"时期提出"德先生"与"赛先生"，尚有梁任公直接以"爱先生"与"美先生"与之相对。[1]而今却几乎无一人敢对"科学"与"民主"发出半点微词。似乎只要符合它们的就绝对的好，不然就是绝对的坏。这种态度是绝对不正常的。知识分子之为知识分子就在于他应该不对任何东西顶礼膜拜，对任何神圣庞然大物都有魄力提出怀疑和批评。事实上，工业文明、商人精神是不用说了，它们所造成的那种"物化"（verdinglichung/reification）意识，"商品拜物教"精神，历来为西方有识之士所痛斥，即使今日最响亮的"民主"，也绝不是就不可以批评，绝不是没有任何问题的。"民主社会"这个概念实际上总是与"大众社会"（mass society）这个概念联系在一起，而"大众社会"必然泛滥的"大众文化"（mass culture）几乎必然地使整个社会的精神旨趣重庸俗化、低级化。华兹华斯（Wordsworth）当年在著名的《抒情歌谣集序》（1800）中曾感叹："今日谁还读莎士比亚和米尔顿？"这种社会精神文化旨趣日益低级化的现象在今日任何一个现代民主国家都仍然是一个巨大的问题，以至人们不能不提出，现代民主社会在社会层面上固然造成了巨大的进步，但在文化上却几乎面临着一个"重新野蛮化"（rebarbarization）的倒退局面。此外还可以提出，人们常常以为民主制是官僚制的反面，其实民主政治与官僚政治（bureaucracy）恰恰是不可分割地联系在一起的。[2]凡此种种，都使我们必须时时忆起韦伯当年的那句名言：在从传统社会过

---

[1] 梁启超：《人生观与科学》。
[2] 可参 E. Etzioni-Haley, *Bureaucracy and Democracy: A Politial Dilemma*, London, 1983。特别第七章。

渡到现代社会之过程，"在我们面前展开的，不是夏日那繁花似锦的世界，而是北极之夜的冰冻酷冷的世界"。[1]

今天，中国台湾、香港及新加坡等地都已建立起了工商文明的秩序，在中国大陆，社会现代化的过程也已在不可阻挡地日益加速（近来所谓"生产力发展是社会进步的唯一标准"这种信念已是从官方到知识分子到百姓的普遍共识）。在这样的时候，我以为，已延续一百多年的"文化讨论"的重心应该有所转变了，亦即它不应再继续纠缠于传统文化为何阻碍了现代化或传统文化如何能促进现代化这类问题上了，而应该开始高瞻远瞩地去深思：在现代工商文明这种新社会秩序条件下，如何使"社会系统"（经济、政治）的发展与"文化"的发展尽可能保持一种较为合理、较为健康的均衡态势。这里的根本问题或许存在于，我们必须清醒地认识到，工业文明、商业精神、科学技术、民主政制，所有这些都不应无条件地被奉为衡量现代社会一切事务的绝对标准。恰恰相反，工业文明、商业精神、科技发展、民主政制这些现代社会层面若要维持一种良性的运转，一个重要的前提条件恰恰是：社会本身必须有一种能针对所有这些层面进行"批评"的能力，这正是"文化"的功能所在，也正是作为文化承担者的知识分子的职责所在。目前的危险恰恰是，绝大多数中国知识分子几乎都把现代社会当成传统社会那样的"一体化"社会（实际上恰恰是在以传统社会的心态考虑现代社会的问题），从而为了加速社会现代化的进程而不顾一切地力图把"现代"的社会层面的要求和标准也一体化地捅到文化系统这一个领域，这种做法的结果只能适得其反，因为只有一个声音、一种步调的一体化社会是越来越远离现代化的社会的。如果我们仔细地观察西方现代化的过程，不仅仅只着眼于它在经济层面是如何运作，

---

[1] 见 *From Max Weber, Essays in Sociology*, London, 1947, p. 128。

政治层面是如何运作，同时更注意其文化层面是如何运作的，那就会发现，与经济的进展与政治的进展相伴随，西方同时也形成了一个日益强大的"文化批评"传统。以第一个工业国家英国为例，它既是现代政治自由主义的发展地，同时又恰是现代文化保守主义的发源地。[1] 在我看来，被称为"第一位现代保守主义者"的伯克（Edmund Burke）在其名著《法国大革命反省》中所提出的那句名言，对现在的"文化讨论"乃是一剂最好的清醒剂：

We compensate, we reconcile, we balance.[2]
［我们应该求互补，我们应该作调停，我们要的是均衡。］

儒学在"现代"的作用，正应在这"互补""调停""均衡"的工作上。但是，儒学在现代的全部困难也正在此，即：究竟如何，又在哪些层面上去互补、调停、均衡？这里最重要的是，我们必须时时提醒自己：不要企求一条廉价的、便当的、过于直接性的道路，而应记取"欲速而不达"的古训。

从历史上看，西方在工业文明兴起后欲之作补缺调停改造之事的曾先后有三种较主要的道路：第一，政治保守主义道路——又可分为"强式的"即法国的梅斯特尔（de Maister）等直接诉诸"中世纪主义"，要求全面复辟，以及"弱式的"即英国伯克等企图把中世纪式朴实生活方式与工业文明互相调和的路子，具体实施上都是试图通过"国家政权"来贯彻道德理想；第二，浪漫主义道路——主要为德国赫尔德、席勒等（并通过柯尔律治等传到英国）力图通过"人性改造"（以审美教育为媒介）来达到完美社会的路

---

[1] 参见 R. Williams, *Culture and society, 1780-1950*, Penguin Books, 1963。另可参见 R. Langbaum, *The Mysteries of Identity*, The University of Chicago Press, 1982。特别第二部分。
[2] E. Burke: *Reflections on the Revolution in France*, World's Classics, 1950, p. 187.

子。但应指出，这条路在黑格尔手里以及以后在美国新黑格尔主义（格林、布拉德雷、鲍桑葵等）手里仍又走向诉诸"国家政权"的道路，从而与第一条路（特别是"弱式"路向）相通，正如伯克特别是后来马修·阿诺德（M. Arnold）等同样以促进"人性完善"为国家政权第一要务一样。顺便可以指出，欧洲文字中的"文化"一词正是在这种近代背景中浮现的（Culture, Bildung）;[1] 第三，革命运动的道路（社会主义，特别是法国巴贝夫主义的道路），主张用暴力手段夺取"国家政权"并运用这一强大政治力量来推动"社会改造"（主要以"平等"乃至"平均主义"为鹄的）。——马克思本人就其意识形态层面而言，实际正是把上述第二条道路和第三条道路糅合了起来，亦即以暴力先夺政权，再用政权力量实行社会改造。但最后目标则是一个真正"人性"的社会，即以"个人的全面发展"（克服工业社会"人的片面发展"）为标志的全新社会（恩格斯称之为"人类史前的结束"和"真正人的历史的开始"）。

我以为，儒学在近一百多年的历程中，实际也正经历了与上述约略相似的道路。20世纪初康梁保皇以及袁世凯、张勋复辟之大搞祭孔，等等，是为儒学被纳入（强式）政治保守主义的道路。现代新儒学（从第一代的梁漱溟、熊十力等到第二代的牟宗三、唐君毅、徐复观等）的"道德理想主义"为第二条道路。这条路

---

[1] 我认为，柯尔律治（Colleridge）与阿诺德（Arnold）等在英文中最早使用的 Culture 一词，正与赫尔德（Herder）等在德语中最早使用的 Bildung 相通，其基本意思都是"人性的完善（perfection）"。二者均与儒学的"修养"一词最为相近。此地不能详论其同异了。可参见 M. Arnold 的名著 *Culture and Anarchy*（有1958年新印本），关于 Bildung，则实际正是伽达默尔《真理与方法》一书的出发点所在，参 Hans-Georg Gadamer: *Truth and Method*, 1975，论 Bildung 部分。令人深思的是，近现代以至这几年来中文使用频极的"文化"一词，与上述 Culture 以及 Bildung 之意几乎是不相干。

与德国浪漫派等不尽相同，但实际却相当接近。因为在德国浪漫派那里，审美教育所指向的根本目标实际上正是（个人的和社会的）道德上的完善。而牟宗三等之精研德国古典哲学以及徐复观之突出"中国艺术精神"都绝非无关紧要的外在之事。第三条道路则正是儒学和中国社会主义的结合。海外学者常常认为，中国共产党贯彻彻底的反传统路线，从而造成了儒家文化在中国大陆的彻底衰亡。这种看法忽视了一个重要区别，即：实际上，中共极左路线时期所摧毁的乃是学术层面上的儒学文化，而非社会层面或行动层面上的儒学文化，特别是儒家伦理。谁也不能否认，中共在取得政权以后，一直以来都并不是靠经济上的巨大成就，而恰恰是靠一种标准的"道德理想主义教育"来取得一个政权的维系必须具备的合理性依据、合法性根据和动机支持依据的。[1]扩而言之，世界上所谓"社会主义国家"与"资本主义国家"这两大阵营的基本区别，实际就在于：后者主要是靠经济成就（福利国家）来取得社会存续所必需的合理性根据、合法性根据和动机支持根据，而前者则主要是靠"道德理想教育"（政治化的道德，道德化的政治）来取得这些根据的。因此，对"资本主义"来说，最致命的危机是"经济危机"，而在政治与文化等领域则一般说来无论怎么样都不致动摇根基。相反，对"社会主义"来说，最致命的危机则是"信仰危机"，只要这一危机不发生，即使天灾人祸亦不致

---

[1] 参见哈贝马斯对于这种危机（经济危机、合理性危机、合法性危机、动机危机）的论述，见J. Habermas, *Legitimation Crisis*, Beacon Press, 1975, 整个第二部分。不过哈氏所分析的主要是"晚期或发达资本主义"的危机问题，在他看来，由于资本主义在经济上的成功，已经使一场社会革命所必须得到的合理性支持、合法性支持、动机支持不再存在。但他认为，在"晚期资本主义"条件下，合法性危机、动机危机有可能独立于经济危机而发生。这一思想后来在其《交往行动理论》中即发展为前已述及的"生活世界殖民地化"的理论。哈氏这套框架实际是改造、发展帕森斯框架而来，这种危机相应于在帕森斯社会行动系统中经济、政治、文化、人格四大类系统中发生。

动摇根基（20世纪60年代的三年困难时期丝毫没有影响政权合法性即是最鲜明的例子）。因此，资本主义不能不全力保证经济增长，而社会主义则不能不一再加强道德理想教育，也就几乎是必然的了。

首重经济成长的社会必然是以"工具理性"或说"形式理性"为主导原则的社会，以道德理想为本的社会则正是以"价值合理性"或说"实质合理性"为主导原则的社会。韦伯本人当年也正是以此为据，明确认为社会主义是主张价值（实质）理性的，资本主义是主张工具（形式）理性的。但正如我们所知，韦伯本人的兴趣主要乃在"传统社会"与"现代社会"之分野问题，"形式合理性"与"实质合理性"这对概念在那里也就是"现代社会"与"传统社会"之根本区别所在。因此，在韦伯的思想中实际可引申出：社会主义社会是与传统社会更相近，而资本主义社会与传统社会截然背道这一逻辑推论。我以为这一逻辑在实际历史上是有所印证的：所有社会主义国家（与马克思当年设想全然相反）全都出现在落后国家——即未经资本主义洗礼的"传统社会"中。因此，社会主义与传统社会的共同点、连续性之多之强也就几乎是普遍的经验事实。人们一般多从负面价值的共同处和连续性上来观察这一问题，例如极权主义、思想专制，等等。但我以为这种观察其实比较表层。我更愿意从正面价值上的连续性和共同点来考虑这一问题。因为任何一个社会都绝不可能纯粹靠负面价值来长期支持，它必须具有某种正面价值才能赢得知识分子及一般民众的"默许"，从而得到其合法性根据，并从这合法性根据而转化为整个社会的动机支持，这时这个政权的具体政策法令等才具有了"合理性"的根据。

从这一角度来观察，我们就可以看出中国传统特别是儒家思想与中国社会主义在正面价值上的连续性正是在于：道德理想主义。——国民党与共产党互相反对，但二者都一致反对资本主义，这是相当意味深长的（孙中山先生本人曾多次宣称：三民主义就是社会主义），我认为实际上国民党和共产党都承续了儒家的道德理想主义传统。国民党是明言式的（explicitly）承续，无须多论，共产党则是非明言式的（implicitly）承续，故此常常争论。例如海外学者多认为共产党与儒学断然相反，大陆知识分子则几乎普遍认为二者有血统关系。平心而论，前者主要是一种外在的理论分析，后者则是几十年的内在亲身体会（tacit knowledge）。事实上共产党的合法性根据乃在双重层面上：在"明言的"层面上，其合法性根据必须落在"共产主义理想"上，而决不能是儒家理想上，因为在明言层面上，共产党是代表无产阶级利益，并非代表封建地主阶级利益，而儒家理想则是被定为封建地主阶级的人生理想，因此，明言层面上诉诸儒学伦理，无异于动摇其合法性根据。但是，在"非明言的"层面上，所谓"共产主义理想"和"共产主义道德"实际上又恰恰必须通过中国传统文化，特别是儒家文化早已凝聚的人生理想和道德规范作媒介，才能最快、最直接、最普遍地落实到整个社会，亦即完成其"社会化"和"内化"的过程。换言之，在这一层面，社会主义之合法性根据必须落在传统文化上。而社会主义社会之所以能从传统文化中直接获取其合法性根据，恰恰就在于社会主义与传统社会都是以"道德理想主义"（价值合理性）为本的。换言之，二者有着某种"内在亲和力"。而资本主义则不可能从传统文化获得这种直接的合法性根据。因为它所遵循的乃是与"道德理想主义"（价值理性）截然相反的"经济理性主义"（工具理性）原则，二者不但没有"内在亲和性"，而且直接抵牾。

从实践层面上来看，20世纪50年代初中共的"思想改造运动"能取得如此巨大的成功（百分之九十五以上知识分子，包括金岳霖、贺麟、冯友兰、朱光潜、巴金等学术文化重镇都是绝对"正心诚意"地接受这一改造的），如果不是因为这种"内在亲和力"，亦即如果不是因为知识分子内心深处有某种与之呼应合拍的"种子因素"或"支持意识"，那是根本不能想象的。（冯友兰当年苦心拈出"抽象继承法"，实际正是想把这种"内在亲和性"表达出来。然则书生愚也："非明言的"东西是不能"明言地"论说的，如前所言这是会动摇合法性根据的。冯讨了一顿板子也就毫不冤枉了）。只要读一下王蒙的《青春万岁》，以及张贤亮等人作品，就不难想出，知识分子当时实际是把最美好的人生理想与最高的道德完善都寄托在、投注在共产党和社会主义身上，共产党和社会主义也正是由此而获得世所罕匹的强有力"合法性根据"。同时，50年代、60年代中国道德水准之高也是不争的事实，60年代初提倡"学雷锋"（雷锋这个形象无疑是符合儒学理想的，虽然他的称号是"共产主义战士"），笔者当时10岁上下，却至今仍能忆起当时那种巨大的道德感召力，当时几乎已达"满街是圣人"的气象。

但是，任何一种道德理想主义都有一个内在的巨大悖论：如果没有政权力量的巨大支持和提倡，这种道德理想极难成为整个社会普遍的人生理想和道德实践（基督教长期与王权争夺领导权即是这个原因。前述西方文化保守主义都将"道德改善"寄托于"国家政权"也是为此）。但是，一旦得到了政权力量的巨大支持，则这种道德理想也就必然政治化、意识形态化，从而成为一种"宰制性力量"。换言之，一个社会的道德凝聚力程度与该社会的政治一体化程度往往是成正比的。"文化大革命"期间，这种道德理想主义已经达到其顶点——"狠斗私字一闪念"，"灵魂深处闹革命"（这当然与宋明理学有"内在亲和性"），同时也就是政治意识形态"宰制性力量"达到空前的时候。也正是在这时候，知识分子才能比较清楚地看到，道德理想实际主要已经是某种政治控制力。"文化大革命"的结束，实际意味着"道德理想主义"已经全然失去其魅力了。其正式标志则是1980年左右全国范围持续一年多的所谓"潘晓引起的人生观讨论"。道德理想主义的"脱魅"（disenchantment）实际上正意味着以"价值理性"立本的社会之全面危机。同时也就是"合法性根据"的真正危机。十年来的改革，实际上就是重新争取其"合法性根据"的过程，所谓"改革"，根本的根本集中到一点，这就是：把一个以"价值理性"为基的社会改变为一个以"工具理性"为基的社会，把首重"道德理想主义"的社会改变成一个首重"经济增长"的社会。换言之，"合法性根据"已不像以前那样从"道德理想主义"来取得，而必须诉于"经济理性主义"了。这整个过程，恰恰正是韦伯当年所说的那个根本改变世界面貌的过程——世界的脱魅（disenchantment of the world）！

在这样一个"脱魅"的年代，儒学在当代中国的命运自然也就可想而知了。中国大陆这些年来几乎一边倒的"反传统"浪潮也正是在这里有其充分的根据、充分的合理性、充分的必要性，甚至充分的迫切性。儒学重又被拉出来批判，并不仅仅是像海外学者所以为的那样只是"借钟馗打鬼"，因为根本之根本实际在于：中国今后应该仍然是以"道德理想"为本，还是以"经济增长"为本，是以"价值理想"为原则，还是以"工具理性"为原则？十年来所有的反反复复，实际从根本上都是集中在这一点上（最近国内发生的"蛇口风波"即是明证）。答案自然是清楚的：今日及今后中国必须以"经济增长"为本、以"工具理性"为原则。相反的道路不啻是一种倒退。儒学之落到普遍的拒斥、普遍的批判，自然也就顺理成章的了。

主要在大陆以外发展的"现代新儒学"，在大陆很难得到人们的同情和理解，自然也就是必然的了。因为牟宗三等人在理论上的"道德理想主义"，如果在现在大陆的实践层面上真正落实，不仍然正是回到以往的那种实践道路吗？

所有这些，都可以而且也应该放到整个世界史的层面上来更广阔地透视。在我看来，近些年来所有社会主义国家都前后开始的国际性的"改革"，其根本点实际都在于：从"价值理性"转向"工具理性"，从以"道德理想"为本转向以"经济增长"为本。这就是说，共产党和社会主义的"合法性根据"今后必须在"经济增长"上去获得，而非像以前那样主要靠道德理想来获得。换言之，人们已清楚地意识到，不管你是资本主义还是社会主义，只要你想进入"现代社会"，那就必须以"工具理性"为原则，以"经济增长"为尺度，一言以蔽之，韦伯所说的"世界脱魅"现在正在世界更广大范围进行着。这样一种进程，我们必须能在理论上给予更高的把握。如果我们仔细辨析，那就不难发现，韦伯拈出的"工具（形式）理性"与"价值（实质）理性"，实际上无非正是在社会学层面上重述了德国古典哲学的那对著名概念，即："知性"（Verstand）与"理性"（Vernunft）。黑格尔所谓的"感性""知性""理性"的区分，绝非如人们所以为的那样只是一个认识论的区分（当然也是，但并不仅仅是），而是首先是一个本体论的区分，三者隐隐相对的正是"传统社会""现代社会"以及某种"更高形态的社会"。黑格尔这种纯粹抽象的理论推演在马克思手里转化为一种现实的历史的演进："知性"和"理性"都已经不是抽象的，而是具有一个实际承担者（agent），"理性"现在具体地体现在"工人阶级"这一历史主体（historical agent）身上，来完成其现实的历史的进程（可以参考卢卡契的《历史与阶级意识》，马尔库塞的《理性与革命》等）。但是，无论黑格尔还是马克思，都强调"扬弃"（aufheben）这一概念，即"理性"必须在"知性"的发展中来完成，"社会主义"必须在"资本主义"的发展中来得到肯定。但两人当然都坚信："知性"是必须也必然被"理性"所取代的。"资本主义"是必然要过渡为更高的社会主义的。——现代新儒学（从梁漱溟到牟宗三）在这一点上恰恰又是与之站在同一立场上的：儒学文化（价值合理性）在未来世界必然仍要占主导地位。当然，现代新儒学更近黑格尔，而非马克思，因为它也是一种纯粹的信念，并不诉诸实际的社会历史承接者。换言之，新儒学只是甚至也只能是一种"哲学"，很难化为"社会学"（如要在现阶段化为"社会学"之实际进程，则中国大陆社会主义以往已有经验）。

康德的路子是另一条道路："知性"并不必然被"理性"所取代，而是断然分离——黑格尔的那种"理性"亦即"知性直观"被康德判为只是神所具有，而非人能达成——牟宗三不满康德，认为打不通"知性直观"，实际正是走向黑格尔。同样，尽管李泽厚1980年大叫一声"要康德不要黑格尔"，其实李公之"康德"正是"黑格尔式的康德"，其《批判哲学的批判》全然是从黑格尔来看康德的。道理很简单：李泽厚欲把康德与马克思相勾连，不通过黑格尔为媒介根本办不到。根本差异就在于：康德所谓以"审美"来调和，乃是一个"虚"调和，而非"实"调和，亦即只是在"艺术"中的调和，绝非"社会"实际的调和，在"社会"实际中，"工具理性"与"价值理性"不可能调和（理智直观达不到，黑格尔实际最后只能以"国家理性"来作"实"调和）。

韦伯是站在康德一边的。今日哈贝马斯也把"新马克思主义"从卢卡契式的黑格尔主义转向康德式的：强调各价值领域的分离，而不再追求一个历史的"总体性"（卢卡契核心术语）大解决（由于篇幅，此地暂时不谈霍克海默尔与阿多诺《美学的辩证法》这一文化悲观主义路向以及哈贝马斯的看法）。贝尔的"领域断裂"实际其理论根据早已由康德作好——"三大批判"领域各自独立，各有各原则。

儒学今日必须从这一理论与实践上的双重严峻局面中来重新考

虑自己的出路：从理论上，它必须重新考虑自己与黑格尔式道路及康德式道路的关系。从实践上，它必须正视中国社会主义实践以往的经验教训。今日儒学如果不敢正视这两个问题，只会一味去找各种借口，那就是不折不扣的鸵鸟政策。

正是面对这一双重困境，本文主张：第一，从理论上，切断现代新儒学把儒学与黑格尔主义相通连的道路（尽管老黑格尔是我本人至今喜欢的哲学家），亦即如前所述，不要再幻想从儒学中"开出"工商文明、科技理性而后又"复归"于儒学道德主体这条路。第二，从实践上，切断新儒家使儒学继续一味向"道德理想主义"方向发展的道路（更贴切说，是把这条路暂时"放到括号里去"）。

我阻断儒学"开出""工具理性"的道路，又阻断儒学继续高扬"道德理想主义"（价值理性）的道路，这岂不是宣判了儒学的死刑？非也。所谓"批判的文化保守主义"当另有落脚之处。

我的看法是，儒学今日只有一条路：即把它的全副价值关怀均转入全力发展精神科学、人文研究的方向上去，亦即把其价值关怀寄托在纯粹的学术研究上去。今日儒者的命运也只有一条路，即韦伯所谓"以学术为天职"（Wissenschaft als Beruf）。换言之，如果说以往在中国的情况是：学术层面上的儒学文化受到中阻，而社会层面或行动层面的儒学文化都全然相续，那么今后恰恰应反过来：全力进入学术层面上的儒学文化，暂时切断或说"悬挂"起行动层面即社会层面的儒学文化。确实，儒学的"社会功用"是必然大大降低了。但是，儒学在"文化使命"上的任务却更迫切了。我绝不认为，这就是降低了儒学的地位，削弱了儒学的"价值情怀"，恰恰相反，这实际上是提高了儒学的文化地位，强化了儒学的价值取向。因为，所谓"精神科学"或"人文研究"绝非仅仅是一种无谓的学术之争，"精神科学"与"自然科学路向"的对话，实际正是"传统"与"现代"在更高层次上对话的开展，这种对话，正是在为人类的未来作精神上、理论上的双重准备。

由此，我认为，历来的提法——儒学在20世纪受到"西方文化"的挑战——是个极其含混不清的说法。哪个"西方文化"？事实上，并不是"西方文化"在向"中国文化"挑战，而是人类性的、普遍的、新的"社会"组织形式——工商业社会组织——在向"中国文化"和"西方文化"的历史传统共同挑战，是"工具理性"向"价值理性"的挑战。因此，把问题扭为"中西文化之争"只能把问题搞得混乱不堪。

也因此，我既反对"中体西用"，更反对"西体中用"，我的立场是：以"人文文化"为本（文化层面），以"工具理性"为用（社会层面），并且体用两分，而非不即不离。从这个立场，儒学不是要考虑如何去迎接"西方文化"挑战，而是要考虑如何与"西方文化"——"精神科学"研究的路向——联起手来，共同促进人类的价值关怀。

儒学在"现代"确实只能是少数人的事了，而不会也不能再像以往那样无所不包地笼罩整个社会。但是，这又有什么关系？又有什么可沮丧的？我坚决地相信："社会"的进步是大多数人共同推进的，但是文化的繁荣却从来就是少数人的事。德国古典文化的繁荣有几个人，不就是魏玛那个小圈子的几个人创造出来？艾略特早已指出：随着功能理性的发展，"文化"这一概念即看其是与整个社会相连还是与某个阶层相连而分不同的层次。[1]可以说，在工商社会，与整个社会相连的只能是"功利主义"的大众文化。这是没有办法之事。儒学硬要进入这个层面去争斗，是不会有结果的。而且在实践上讲（至少在中国）还可能阻碍社会进步，因为一个

---

[1] 艾略特：《文化定义札记》。

"现代"社会只能是一个以"工具理性"为原则的社会。儒学应该在少数知识分子（intellectuals而非intelligentsia）手中力争焕发出一个真正的"文化"上的繁荣。这才是儒学在"现代"之路。

儒家在现代是尴尬的。它既不能使自己去迎合"工具理性"（这是投降主义道路），又不能反其道而行之去高唱"道德理想"（这是进攻主义道路），从而把社会往后拉。唯一的路只能是守卫人文文化（保守主义道路）。

现代知识分子尤其是中国知识分子是痛楚的。作为社会一员，他必须无条件支持中国"脱魅"的过程，不管他如何厌恶"工具理性"。这是知识分子的"社会关怀"必须要求他的。但是，作为"文化人"，他将眼看着在整个社会上文化之衰落而痛苦不堪。正如奥韦尔（Orwell）所言，知识分子在今日不能不被撕成两半：一半进入"社会"，一半却只能被"放逐"出社会。

《中国当代文化意识》前言*

(1988)

中国1985年兴起并在随后的两年中达到高潮的"文化热",如今已被海内外普遍看作是继"五四"以来中国规模最大的一次文化反思运动。这场反思究竟会产生什么样的结果和影响,它最终又会把当代中国知识分子引向哪些维度,目前都还远远不到盖棺论定的时候。不过,从那以来毕竟已经三年过去了,从一定的意义上讲,这场文化反思的最初阶段确实也已经结束。在这样的时候,给已经走过的路留下一个小小的路标,以便使人们能进而思索下一步将走的路,或许是适时且必要的。

这里选编的这本《中国当代文化意识》并不打算也不可能包揽无遗地反映这场文化反思的全貌。同时,与通常的做法不同,它也不打算面面俱到地把所谓各家各派的观点罗列在一起。因为事实上,我们必须承认,严格说来这场文化讨论在理论上迄今尚未产生出多少足可一观的东西(这或许要到20世纪90年代甚至21世纪初才有可能)——在这种过渡性的年代中,在中国知识分子普遍学术准备严重不足的情况下,所有的一切思考都必然只能是极度"过渡性",极度不成熟的。因此,重要的不在于这次文化讨论中有哪些"观点",而是在于这场文化运动下面所流动着的一般"意识"及

---

* 本文是《中国当代文化意识》[(香港)三联书店,1989]的编者前言。

其所蕴涵着的可能趋向。我的目的，就是想通过这本《中国当代文化意识》来多少反映出这种"意识"及趋向。根据这种考虑，我把全书分为上、下两编，上编名为"反叛"，下编则标为"彷徨"。

"上编"的目的主要是想通过美术、电影、小说、诗歌、建筑这些最能见出文化情绪和前卫意识的感性文化领域来反映中国大陆的现实文化状况。这些文章大多清晰地勾勒出了"文化大革命"以后特别是近些年来中国思想文化氛围的变化过程及发展路向，从而为我们展现了近年文化讨论的大背景。人们在这里可以清楚地看出，近年来的"文化讨论"实际上仍是20世纪70年代末以来对"文化大革命"进行反省的继续和深入，从这个意义上讲，所谓的"文化讨论"实际上从一开始就具有强烈的社会政治性，更确切地说，它实际上是对长期占统治地位的正统意识形态的"反叛"。但是，应该注意的是，这种文化反思尽管带有强烈的社会政治性，但同时却又恰恰意味着要求超越社会政治性，其原因就在于，人们在思考的过程中日益认识到，几千年来的中国传统文化机制和几十年来的"左"的僵化社会体制实际有一共同的根本弊病，这就是它的强烈的"泛政治化大一统"倾向，亦即要求一切都绝对服从政治，一切都首先从政治的尺度来衡量。因此，在中国当代知识分子特别是年轻一代的知识分子看来，对"文化大革命"及其历史根源的批判反省如果仍然仅仅只停留在社会政治批判的层次上，那么这种批判本身就仍然是一种非批判的意识，因为它实际上仍落入旧的藩篱之中而不得其出。根本的问题乃是要彻底打破"泛政治化大一统"本身，使各文化领域逐渐摆脱政治的过分羁绊，真正取得自身的相对独立性。近些年来各文艺领域普遍出现的"非政治化"倾向，"纯文学""纯艺术"的倾向，以至于常常被批评为"缺乏社会现实感"等等，实际都是这种意识使然。但这里提出的问题实际并不仅仅限于文学艺术领域，而是牵涉更为一般的所谓"文化系统"与"社会系统"之间极其复杂的关系问题。这一问题在今后的文化反思中必将日渐凸显出来，正如它早已是近些年来西方思想界的热门课题（例如福柯的"知识/权力"理论等等）。

我把我自己1985年所写的《八十年代文化讨论的几个问题》一文也收入上编，尽管我自己对该文一直都不满意，但是该文"说传统"部分（曾载《读书》1986年第2期）提出的所谓"继承发扬传统的最强劲手段恰恰就是反传统"这种激进态度，确实可以说几乎是当时青年知识分子们的普遍情绪，大概也是因为如此，海内外一些论者都把该文看成是"一派"的代表之一（一种流行的分法认为李泽厚的"西体中用"说为一派，杜维明等海外"新儒学"为一派，我和其他一些人则为"反传统"的一派，这种分法其实意义不大，而且易使问题简单化）。但是应该指出，尽管"反传统"确实是当时青年一代的基本态度，但这并不意味着我们主张把传统文化统统扔光，更不意味着我们这代人对中国传统文化就没有任何感情瓜葛。相反，正如从我几乎同时所写的《八十年代中国文化讨论五题》（载《瞭望》海外版第8期，1986）这篇短文中即可看出的，我们实际上在当时就相当清醒地意识到，"伦理本位的文化（传统文化）必然是更富人情味的，知识本位的文化（现代文化）则必须削弱人情味……也因此，现代人几乎必然怀有一种若有所失的失落感"。换言之，我们对于传统文化，不但有否定的、批判的一面，同时也有肯定的、留恋的一面，同样，对于"现代社会"，我们不仅有向往、渴求的一面，同时也有一种深深的疑虑和不安之感。我以为，这种复杂难言的、常常是自相矛盾的感受将会长期地困扰着我们，并将迫使我们这一代知识分子（至少是其中部分人）在今后不得不采取一种"两面作战"的态度：不但对传统文化持批判的态度，而且对现代社会也始终保持一种审视的、批判的眼光。如何处理好这两方面的关系在我看来正是今后文化反思的中心任务,今后相当时期内中国文化的发展多半就处于这种犬牙交错的复杂格局之中。

我对"下编"材料的取舍也正是从上述考虑出发的。"下编"力图着重反映出近年来中国青年知识分子对现当代西方文化的研究和思考。这里应该首先指出,在通常情况下,人们往往习惯于把"中国的文化讨论"首先看成是对"中国文化"的讨论;由此,在选编有关文化讨论的文集时,自然就十分顺理成章地仅仅只收集那些直接讨论中国文化的基本性质、主要特点、价值内涵等等问题的有关言论。这种角度并非不能成立,但我以为太窄。因为,近代以来历次"中国的文化讨论"都并不仅仅是对"中国文化"的反省和讨论,而且总是同时甚至首先就是对"西方文化"的认识和思考。说到底,没有西方文化的东渐,也就根本没有必要一次又一次地掀起"中国的文化讨论"。因此,在我看来,要想切实地理解和评价"中国的文化讨论"之进展和成果,也就不能仅仅只看它对"中国文化"的反省和讨论有什么进展,同时还应看它对"西方文化"的认识和思考有什么进展。如果说,以往历次"中国的文化讨论"之主要结果是把马克思主义这一西方文化结晶引入了中国,那么20世纪80年代及以后"中国的文化讨论"之根本任务则是双重性的:一方面,深刻地反省并纠正以往在理解西方文化上的种种不足、偏差和错误,把近几十年来被粗暴地拒绝排斥的近代西方文化的基本价值特别是自由、民主、法制重新下大力气引入中国,并使之立地生根成为中国现代文化的内在组成部分;另一方面,则要深入地思考20世纪以来特别是近几十年来西方文化和学术的发展,以期更深刻地把握现当代西方文化的内在机制和根本矛盾,从而富有远见地思索今后中国文化可能面临的问题。

诚如哈佛著名中国思想史专家史华慈(B. I. Schwartz)教授早在70年代初就已预言的:一旦中国知识分子从"文化大革命"的噩

梦中醒来，重新恢复他们对西方的兴趣时，他们就会发现，今日的西方已不是"五四"人眼中的西方了，因为西方自身正比以往任何时候都更陷入深刻的精神危机和思想危机之中。不消说，这种状况必然会对正在思索中国现代化之路的中国知识分子造成极大的"困惑"，因为它意味着：现代化的进程并不只是一套正面价值的胜利实现，而且同时还伴随着巨大的负面价值。而最大的困惑更在于：至少在西方，这些正面价值与负面价值并不是可以一刀切开的两个东西，而恰恰是有着极为深刻的内在关联的。简单点说，自由、民主、法制这些基本的正面价值实际上都只是在商品化社会中才顺利地建立起来的，但是商品化社会由于瓦解了传统社会而必然造成"神圣感的消失"，从而几乎必然导致人（尤其是敏感的知识分子）的无根感、无意义感，尤其商品化社会几乎无可避免的"商品拜物教"和"物化"现象及其意识以及"大众文化"的泛滥，更使知识分子强烈地感到在现代社会中精神生活的沉沦、价值基础的崩溃。人类在现代社会中所面临的最根本二难困境正在于此。在我看来，近现代以来尤其是20世纪以来西方大思想家的中心关注实际上都是围绕着这个根本困惑而进行的，因此我们对于现当代西方文化的把握必须紧紧抓住这个人类共同面临的中心性大问题即所谓"现代性"（Modernity）的问题，而不在于应用一些"新三论"或"老三论"之类的所谓新方法。本书下编基本上即是想反映出近年来青年知识分子们对"现代性"的困惑之感。所收几篇文章分别论述了马克斯·韦伯、丹尼尔·贝尔、马尔库塞、弗洛姆、本雅明、阿多诺、海德格尔、福柯的思想以及欧陆人文学哲学的基本走向，其中心关注都是在于：力图通过研究这些西方当代大思想家对西方近现代文化的反省和检讨，来更全面地把握现当代西方文化的内在机制和根本矛盾，从而也就是间接地在反思中国文化今后的走向。

然而，就中国目前的状况言，问题的全部复杂性就在于：一方面，现代社会的正面价值（自由、民主、法制）还远远没有真正落实，而另一方面，现代社会的负面价值（拜金主义、大众文化）却已日益强烈地被人感受到了。一个中国知识分子生存在这夹缝之中，真有无逃于天地之感！我在前面之所以说，当代中国知识分子在今后将不得不采取一种"两面作战"的态度，原因也就在此。这里自然就引出了"现代性"问题的另一面：知识分子作为文化和价值的主要创造者、承担者，其自身的终极价值依托究竟应置于何处？换言之，知识分子自身的人格理想和价值认同究竟应该是什么？儒家的路子行不行？道家的路子行不行？儒道互补的路子又怎样？同样，从尼采到今日德里达等后结构主义者的"虚无主义"道路行不行？从狄尔泰到今日伽达默尔等的"诠释学"路子行不行？从早期法兰克福学派到今日哈贝马斯的"批判理论"立场又怎样？从当年阿诺德到今日贝尔的"文化保守主义"路子又怎样？所有这些问题说到底也就是整个社会的价值重建问题。也就是说，在旧的价值信念、旧的理想追求已被证明是虚幻的以后（这是当年的"红卫兵""知识青年"们普遍的痛苦感受），还要不要、能不能建立起新的、真正的价值信念和理想追求。这不但在"文化大革命"后的中国一直是个根本性的大问题，而且在西方也同样是近现代以来特别是近几十年来一直困扰人的大问题。对这一问题的思索，无疑将是一条漫长的、极其艰难的道路。

本书最后以陈来博士的《思想出路的三动向》收尾。因为正如前面所说，这本文集并不是一部"客观的"资料汇编，而是多多少少贯穿着我的某种"主观"思路的。陈来的文章相当客观、平实地介绍并分析了近年来文化反思的几个主要侧面，聊可补充本文集的片面性。

1988年10月于北京

文化中国与乡土中国
后冷战时代的中国前景及其文化 *
(1992)

后冷战时代的中国前景：敞开"非私有化"的可能世界

冷战已经结束，但冷战时代的意识形态远未消散。在今日中、外媒体中随时可见的种种主流论述，例如"资本主义战胜了社会主义"或"私有化是唯一光明大道"等等，尚不是后冷战时代的冷凝思索，而毋宁是冷战时代之残余。后冷战时代的本真历史思维只有在彻底抛弃冷战双方的意识形态后才会发端。只有对冷战"社会主义"之不可行性（infeasibility）与冷战"资本主义"之不合理（irrationality）二者有同样深入的认识，才有可能真正思考更合理也更可行的社会发展道路。抛弃"私有制必然灭亡"的历史决定论，决不意味着必须接受"私有制是唯一道路"的先验决定论。历史从来不承认任何"only way"。

在目前主流论述的支配性影响下，不但海外，而且中国本身的种种信息似乎都试图让人相信：十多年来中国经济改革的巨大成就主要来自私人企业的发展，亦即来自私有化的发展。这不失为一个符合时尚的神话，可惜不是事实。我们宁可相信世界银行以及众多西方学者对中国实地考察后得出的相反结论，即：中国经济改革

---

* 本文为1992年9月提交给在哈佛大学召开的"文化中国：诠释与传播"会议的发言纲要。

最突出之处恰恰在于它不是得力于私人企业和私有化的发展，而是出乎意料地得力于集体企业和集体所有制，特别是乡镇集体企业之飞跃发展。流行的神话实际主要来自将乡镇企业不分青红皂白地统统算作了私人企业和私有制。事实上，正如世界银行的中国乡镇企业实地考察报告（世行1990年出版）所反复强调的：第一，中国乡镇企业的主体乃是"乡土社区"（rural community），如乡（原公社）、村（原大队）、队（原小队）等集体所有的企业，并且主要致力于本乡本土的社区发展；第二，即使乡镇企业中的私人企业，通常也只有依靠乡土社区的扶持才能起步和发展，因此与本地社区的关系同样相当密切。

私有化的神话日益流行的另一原因或许还在于：私人企业的数量确实极大，从而往往使人忽视了中国目前私人企业更根本的特点，即规模小、产值低。事实上，中国乡镇企业中规模较大较成熟的企业中几乎少有私人企业。对中国10省319个县各县前三至五位的较大型乡镇企业调查表明：私人企业在这类较大较成熟乡镇企业中只占百分之二，而乡一级的集体企业占其百分之八十二点五（村一级占百分之十二点五，联户办占百分之三）。因此，在中国乡镇企业中，私人企业与集体企业的关系大抵是：前者数目甚多，但所占产值却甚小；后者数目不多，但产值却大大超过前者。这从世界银行的考察报告中可以看得非常清楚。例如，以中国乡镇企业最突出的样板之一，也是中国农村县中最工业化的无锡县（所谓"苏南模式"）为例，集体企业在全县乡镇企业数目上的比重只占百分之三十六，但在产值上的比例却占全县的百分之九十六。反过来，在私人企业更发达，同时以与香港挂钩密切闻名的南海县（"广东模式"），个体企业在数量上虽然高达全县乡镇企业的百分之六十四点二，但产值上却仅为百分之九。进一步言之，即使在被称为中国最自由化地区的安徽省界首市（相当接近"温州模式"），个体乡镇企业占全县乡企业的百分之七十六点二，但产值上也仅占百分之三十一点二，而乡办企业在数量上虽然只占该县乡镇企业的百分之四点七，产值上却占百分之三十三点三。由此也就不难理解，私人乡土企业尽管星罗棋布，但在中国乡镇企业创造的总收入中所占比例却并不是很高（在私人企业发展迅猛的1984年至1986年，私人乡镇企业在全国乡镇企业总收入中的比例分别为：百分之七点七，百分之十七点五，百分之二十三点五）。

如果世界银行及众多学者们的实地考察结果基本可信，那么，十多年来中国经济改革所证明的恰恰是：非私有化道路的发展（Development without Privatization）有其充分可能。事实上，在1980年至1990年这十年中，中国工业产值增长额总数为人民币18770亿，其中来自私人企业的仅占百分之六点九。

乡土中国变迁："中国现代性"之出场

20世纪70年代末开始的中国农村改革，绝不仅仅是1949年以来共产党体制的改造，而且更是世世代代以来"乡土中国"基本结构的根本改造。农村改革的最深刻之处，实际尚不在于它骄人的经济成就，而是在于它历史性地启动了古老乡土中国创造性自我转化的进程。短短几年内，近一亿农民摆脱了农业生产，这是自盘古开天地以来从未有过的翻天覆地的大事，因为它意味着华夏民族有史以来第一次开始走出所谓内卷（Involution）的恶性生产方式（即以不断投入农业劳动人口来增加农产产量，维持全社会生计，黄宗智所谓"无发展的增长"），从而真正开始告别秦汉以来即已定型的传统乡土中国的格局。正是在这意义上，1978年以来的农村改革实可视为"中国现代性"之真正历史出场。

不同于"西方现代性"，中国农民告别农业社会的方式不是蜂拥挤入城市，不是变成完全丧失乡土的赤裸裸的无产者，而是在乡土中国的广大土地上创造了"离土不离乡、进厂不进城"这一极为独特的中国发展模式。这既不出自经济学家的设计，也非来自政治领袖的意志，而只不过是被乡土中国的生存困境所逼迫而成，从而恰恰无意中（unintended）发挥了格申克龙（Gerschenkron）所谓"落后的优势"（advantages of backwardness, *Economic Backwardness in Historical Perspective*, 1962）。中国乡镇企业崛起的最深刻历史意义或许在于，它为华夏民族从农业社会转向工业社会提供了可以依托的微观社会组织基础。不同于一般把企业建在乡村，中国乡镇企业的发展不是以削弱、破坏，以至最终摧毁原有乡土社区为代价，而是与其母体乡土社区结成唇齿相依、濡沫相济的极为紧密的"共生共荣"关系，从而有力地加强并重建了乡土中国的生活共同体。这似乎意味着，华夏民族从农业社会转入工业社会，或许可能创造不以彻底摧毁乡土社会为代价的历史经验，果如此，这不仅对华夏民族"生活世界"之历史延续具有无可估量的意义，而且将是对人类文明史的莫大贡献。

毫无疑问，中国乡镇企业的这种特点太不符合"西方现代性"的标准。因为根据这种标准，现代性之根本即在经济与社会必须分离，劳动者与生产资料必须分离。中国乡镇企业的特点，从各方面似乎也都更近似西方18世纪产业革命前16和17世纪的所谓"原初工业化"（proto-industrialization）或所谓"工业化前的工业化"阶段，其特点也是劳动者与乡土社会尚未完全分离。[1] 从这种西方现代性的标准出发，自然不难得出这样的结论：集体所有而与乡土母体相连的中国乡镇企业，只不过是中国工业化进程中不得已的特定过渡阶段，迟早而且必须被私有化大生产的城市工业系统所整

---

[1] Cf. Kriedte等, *Industrialization before Industrialization*, 1981；及Berg等, *Manufacture in Town and Country before the Factory*, 1983。

合、取代，不然就是中国工业化和现代化之失败。

同样，根据新古典经济学的教科书，中国乡镇企业几乎不能算是西方意义上的企业。因为根据世界银行的考察和对10省319个县较成熟大型乡镇企业的调查，中国乡镇企业几乎普遍不是以利润最大化为企业经营的首要目标，而是以"扩大乡亲们的就业机会"和"为本乡本土增加福利"为最优先的两条原则。由此自然更不难得出这样的结论：社区集体所有就是不行，只有彻底私有化，才能以利润最大化为第一原则，等等。

总之，从西方现代性及其派生理论出发，中国乡镇集体企业至多只是不得已的、过渡的现象，只表明中国之极端落后。但如上所言，中国乡镇企业本来就是由于乡土中国生存困境所迫而无意中发挥了"落后的优势"的结果。如果不充分着眼于乡土中国种种世界独一无二的条件，硬性按照西方现代性的标准去追求经济与社会的分离，企业与社区相独立，等等，其结果多半不是变落后为不落后，而是将"落后的优势"变成"无优势的落后"。中国乡镇企业所提出的问题，毋宁应该写作：中国现代性对西方现代性的挑战，并正在形成对西方现代化的一种可能（Alternative）。

事实上，西方现代性历史进程中所形成的西方工业发展模式，在20世纪70年代两次石油危机对西方工业的强烈冲击后，早已引起西方理论界和企业界的全面反省和检讨。检讨的中心问题之一事实上正是以亚当·斯密劳动分工论等为基础的这种经济与社会相分离、企业与社区相分离的基本观念。70年代后期，人们主要还只是对这种工业模式提出某种补充性机制，从而有"工业二元论"（Industrial Dualism）等理论之提出。亦即认为，在高度集中、自成一体而与社会相独立的大企业生产系统中，事实上不能不有另一套补充机制，即高度分散、与社区联系密切的灵活小企业的系统。这后一套机制70年后在意大利、西德、法国等的蓬勃发展尤其引起西方企业界的高度关注（Cf. Berger and Piore, *Dualism and Discontinuity in Industrial Societies*, 1980）。然而，1984年麻省理工学院（MIT）现代技术教授Piore和现代社会科学教授Sable提出"第二次工业分水岭"（*The Second Industrial Divide: Possibilities for Prosperity*, 1984），则以其对西方工业发展道路的全面历史考察，更为严峻地指出，60年代以后西方工业的衰退绝非偶然，而是西方工业发展模式的内在脆弱机制所导致，西方正面临"第二次工业分水岭"，从而引起极大反响。他们所谓"第一次工业分水岭"，实际即是指的生产者与生产资料相分离、企业与社区相分离、经济与社会相分离的"大企业、大生产、大市场"道路；而所谓"第二次工业分水岭"，实际即是指的今日西方应在高技术的条件下重新寻回经济与社会的结合、企业与社区的结合、劳动者与生产资料的结合。

从西方工业发展本身的这种趋势看，我们或应更有理由认为：扎根于中国乡土社区之中的中国乡镇集体企业，大可不必非按西方的老路，先过"第一次工业分水岭"，以后再过"第二次工业分水岭"。相反，中国乡镇企业若能逐步与现代高科技紧密结合（中国以促进乡镇企业与现代科技相结合为目标的"星火计划"实应提到更高的层次上进行），事实上不是不可能直接站到"第二次工业分水岭"的高度。

文化中国：以乡土中国为依托

以"中国现代性"为主题、以"中国社会科学"为先导。

源远流长的传统中国文化，与同样源远流长的传统乡土中国，向来构成难解难分的共生体。近代以来文化中国的日渐凋零，亦与近代以来乡土中国的日趋衰败相同步。由此而言，中国文化的创造性自我转化,将不可能完全脱离乡土中国的创造性自我转化。但同样可以认为,一旦乡土中国自我转化的历史契机现身出场,那么文化中国的再获新生或已将为时不远。

十余年来的农村改革事实上已经将一系列的问题提到了"文化中国"研究者们的眼前,例如:乡土中国的这场巨大变迁将会为华夏子孙带来什么样的新的基层生活共同体(Local Communities)?什么样的社会组织和网络(Social Organization and Network)?什么样的"日常生活结构"(Structures of Everyday Life)?所有这些问题都历史性地构成了"中国现代性"的基本内涵,也应成为"文化中国"的主题。如果说,现代西方人所理解的财产关系、权利结构、公民身份、民主参与等等,无一不是历史地生成于西方现代性——以农业西方转向工业西方为发端——的过程之中,并随着西方现代性之开展而不断演化、完善,那么,不难想见,今后中国人关于财产关系、权利结构、公民身份、民主参与等一切问题的理解,也将随着"中国现代性"之历史出场而逐步成型。这种历史契机的出现,无疑一方面使得比较社会文化的研究不能不提到一个全新的高度来进行,另一方面,更使对"乡土中国"的大量经验研究变得分外迫切。我们或可期望,正是这种比较研究和经验研究的双重压力,将使"文化中国"的内涵日益丰满。

诚如人们所知,西方现代性的成就之一是它促发了所谓"社会科学"这一原本不存在之物的兴起和发展。现在人们所说的"社会科学",事实上乃是与西方现代性的历史进展同步而行的。西方社会科学的发展,一方面深受历史深远悠久的西方哲学和西方人文学之熏陶,一方面又以其对西方现代社会的更直接把握和经验研究,而不断给西方当代哲学和人文学的思索提供新的刺激。晚近以来西方哲学、人文学和社会科学的互动已达到相融难分的地步。与此相比,20世纪以来中国哲学和人文学与中国社会科学之间却似远未形成良性的互动关系。今日或有必要适当调整20世纪以来中国学术发展的倾斜，即过分以哲学、思想史、人文学等为先导，却常常无意地使社会科学沦为前者的附庸和工具。下一世纪中国学术的发展或将以中国社会科学的充分发达为先导；而中国社会科学的真正发展唯有建立在对"乡土中国"的大量经验研究之上才有可能。不妨说，当中国社会科学的成熟达到能够基本把握"乡土中国"的历史变迁，而又与中国哲学和中国人文学的传统达到高度的互动之时，那也就是"文化中国"有所落实之时。

费孝通《江村经济》再认识*

(1994)

费孝通教授的《江村经济》一书，原以英文发表于1939年，中文版的问世则已是几乎半个世纪以后之事。多少与此有关，此书在中文世界似乎一直未能引起深入的讨论。本书近来引起我的兴趣主要是由两个方面的问题所引发。一是所谓"社会变迁"的理论问题，另一则是所谓"社会科学形成"（the formation of social sciences）的理论问题。大约两年前，我在一次关于"文化中国"的讨论会上提出，"文化中国"的问题需要从"乡土中国变迁"的角度来重新思考。理由主要是：第一，晚近15年来中国以农村变革和乡镇企业兴起为主要特征的社会变迁过程，已经对现有"社会变迁理论"形成重大的挑战。无论对那些专门研究所谓"社会主义国家改革和转型"的学者来说，还是对那些研究一般社会变迁理论的学者来说，中国的变革都已提出了一系列新问题，而很难单纯从现有理论出发去解释。这也就是说，中国的变革已经为重新思考社会变迁理论提供了极丰富的经验材料。这一点在西方社会科学界已经得到日益强烈的体认。例如芝加哥大学社会学系的"社会变迁"课程近两年都是以中国的变革为主要案例，并将之一方面与苏东欧改革相比较，另一方面与第三世界国家的变迁相比较，并由此检讨

---

* 原载《读书》1994年第10期。

社会变迁的一般理论。尤可注意的是，西方学界一些原先并不研究中国问题而是研究基本理论的一流学者，近来都开始研究中国的变革，其中包括经济学家约瑟夫·斯蒂格利茨（Joseph Stiglitz，现为克林顿经济顾问），研究美国政治制度运作的温格斯特（B. Weingast），以及法学界的昂格尔（Roberto Unger）等。可以预言，西方学界对现代中国的研究今后将会日益突破以往那种"区域研究"（area studies）的狭隘视角。

这里同时也就引出了第二方面的问题，即对现有社会科学即西方社会科学一般理论的重新检讨。我这里说的重新检讨并不是指对现有理论的小修小补，而是指对西方社会科学之一般品格、基本预设、主要范式以至学科划分等各方面的全盘重新检讨。今日学习社会科学的人往往会不假思索地首先就接受许多明言或未明言的预设，例如人们多半会认为今日社会科学各学科的划分乃天经地义，就像是上帝规定好似的。实际情况完全不是如此。今日所说的社会科学即西方社会科学乃是在西方本身"社会变迁"的过程中形成的，它不仅体现了西方人对西方这一社会变迁过程的自我理解，同时也是这一变迁过程中各种复杂社会政治因素的作用结果。例如英国学界晚近20年来就一直在讨论，为什么英国社会科学形成过程中会出现人类学极为发达，而社会学则直到20世纪60年代才起步这种奇怪现象？美国学界晚近10年来则在检讨，为什么社会学和经济学会变得如此互不相干，等等。所有这些都不是单纯思想学术发展的结果，而是牵涉各种社会政治过程。法兰西院士布迪欧（Bourdieu）由此在不久前一次国际社会学大会闭幕词中指出，今日社会学的最重要任务之一是要研究"社会科学的社会学"（sociology of social sciences），亦即追问西方社会科学形成的社会过程，以深入认识西方社会科学各学科的历史局限性。

以上这两个方面在我看来都已为中国社会科学的创造性发展提

供了难得的历史契机。一方面，中国社会的深刻历史变迁无疑已经为中国社会科学的发展提供了最深厚的现实土壤；另一方面，西方社会科学界对西方社会科学的反省和检讨也有助于我们能更以一种批判的眼光去审视西方社会科学的阙失，从而形塑中国社会科学自己的品格。这两方面的有机结合我以为也就是所谓"社会科学中国化或本土化"的基本内涵，亦即一方面要对本土"社会变迁"的进程和机制形成本土立场的理解，另一方面则是对"社会科学"的品格形成中国人自己的批判意识。

《江村经济》一书在这两方面都足以引起我们的兴趣。首先，该书是中国老一代社会科学家力图了解中国"社会变迁"过程的最早尝试之一。我们有必要问，这一尝试是否已经包含着中国社会科学对社会变迁问题的独特理解？

其次，《江村经济》一书同时也在中国现代社会科学的形成中占有一席独特的位置。因为该书事实上是20世纪30年代初吴文藻等中国学术前辈力倡社会科学本土化的一个直接结果。我个人认为，以吴文藻—费孝通为代表的燕京社会学派（马林诺夫斯基称他们为"中国社会学派"）在中国现代社会科学形成史上的地位是应该给予更充分的评价的，这并不仅仅是为了给前辈学者的努力以应有的尊重，而且更是因为，燕京社会学派从30年代起的努力在我看来事实上已经开创了中国社会研究及社会科学本土化发展的一个传统、一个方向，我们因此有必要问，燕京社会学派的努力是否同时也已包含着对"社会科学"基本品格的一种独特理解？

由于篇幅所限，本文只能首先讨论以上第一个问题，即：《江村经济》一书是否已经提出了对中国社会变迁机制的独特理解？

《江村经济》一书以小见大，以中国江南一个村庄农民的"消费、生产、分配和交换"等实际生产和生活过程来探讨中国基层社区的社会结构和社会变迁过程，并试图以此为基础进一步把握中国社会在当代条件下的宏观社会变迁过程以及可能的应付之道。全书的最主要论点或可概述如下：

1. 中国传统经济结构并不是一种纯粹的农业经济，而是一种"农工混合的乡土经济"。

这一基本论点乃是中国社会学派以后分析中国问题的全部出发点所在，从而贯穿于以后的一系列著述中。在1948年《乡土重建》中，这一命题表述如下：中国从来不是个纯粹的农业国家，而一直有着相当发达的工业。可是传统的工业并不集中在都市里，而分散在无数的乡村里，所以是乡土工业。……乡土工业在劳力利用上和农业互相配合来维持农工混合的经济。也只有这种农工混合的乡土经济才能维持原有的土地分配形态……同时也使传统的地主们可以收取正产量一半的地租，并不引起农民们的反抗。[1]

换言之，中国农民单靠农业生产是不足以维持最低生活水准的，更不可能养得起一整个地主阶级并支撑繁荣的城市消费经济。所有这些之所以可能，乃靠乡土工业之补充。因此，一旦乡土工业崩溃，中国社会的各种潜在矛盾必然不可收拾。

2. 近代中国的根本问题乃是中国农民们已无法维持最低生活水准。造成这种状况的直接原因正是乡土工业的崩溃，而乡土工业的崩溃则是因为西方工业扩张进入中国使乡土工业无力与之竞争："土货的市场让给了洋货，在享乐上是提高了买得起洋货者的水准，可是同时却引起了乡村里无数靠着制造土货的工人们的失业。"

3. 乡土工业的崩溃激化了"传统经济里早就潜伏着的土地问题"，因为"中国的租佃制度并不直接建筑在土地生产的剩余上，而间接地建筑在农民兼营的乡村工业上，所以乡土工业的崩溃实在打击了中国'地租'的基础"。一方面，"地主并没有丧失他收

---

[1] 费孝通：《乡土重建》，观察社，1948，第82、84页。

租的权利,……相反的,因为西洋舶来品的刺激,更提高了他们的享受,消费增加,依赖于地租的收入也更不能放松"。但另一方面,"佃户们眼里的收租者却变了,成了来要他最后一颗谷的催命鬼"。中国社会的阶级冲突空前激化。

4. 中国共产主义运动的本质不是别的,乃是走投无路的农民对土地所有者及收租人的仇恨所激发的反抗。

5. 由此,解决中国问题最紧迫而必需的第一步是土改、减租、平均地权。但这仅仅是解决中国土地问题的必要条件,而非充分条件,因为如前所言,中国农民单靠种地无法维持最低生活水准。

6. 最终解决中国土地问题的根本办法乃在恢复发展乡土工业,使之能从传统落后的乡村手工业转化为乡土性的现代工业。

7. 但这一乡村工业的改造转化并不仅仅是一个单纯的技术改进问题,而且是一个"社会重组"(social reorganization)的过程。

8. 中国乡土工业的转化这一"社会重组"过程不能模仿西方资本主义工业化的方式,而应建立在农民们"合作"的原则和基础上,以使经济发展惠及最普通的广大农民,而非集中在少数资产者手中。

中国社会学派在20世纪30年代所得出的这些初步看法,其突出之点在于,它力图从中国传统社会经济结构本身的内在理路——农工混合的乡土经济——出发,去探讨这样一种社会经济结构向现代转化的可行道路。正因为如此,它慧眼独具地抓住了乡土工业这一人所忽视的现象作为分析中国问题的一个中心环节,指出了它在中国经济、政治、社会结构中举足轻重的地位,以及它在中国社会变迁中牵一发而动全身的关系。尤为令人惊讶的是,在当时中国乡土工业几已完全崩溃的状况下,中国社会学派不但没有认为这是什么无可挽回、势所必然之事,反而针锋相对地指出,中国社会经济的转化,最终仍将落实到中国传统乡土工业的改造和发展这一关键环节上来。换言之，中国社会学派在其30年代所跨出的第一步，即已不同凡响地提出，中国走向工业化和现代化的道路或将相当不同于西方大师们所"发现"的历史规律或普遍发展道路。

不消说，《江村经济》毕竟只是中国社会学派迈出的第一步，许多问题在此期都还只是初步提出，尚未得到深入的分析。尽管如此，《江村经济》一书已经充分展示了中国社会学派在社会研究中的高度原创力。我们可以首先注意，所谓乡土工业自然并不是中国独有的现象，而是相当普遍地存在于世界各地包括西方各国。但是，在中国社会学派以前，西方主流社会理论却从未认真对待过西方本身的乡土工业现象，更从未将之作为分析现代社会变迁中的一个基本因素来考虑，而是想当然地认定：乡土工业只能是落后的、必然被淘汰的现象，不可能发展成现代工业。不论是马克思主义理论还是西方非马克思或反马克思的社会理论，全都相信现代工业乃是高度机器化大生产，或所谓"社会化大生产"，岂能与破旧不堪的传统小工业（craft industry）相提并论。说到底，西方主流社会理论几乎无一例外都是以"传统与现代"的截然而分和对立为他们分析现代性的全部出发点的——滕尼斯的"社区vs社会"，杜尔凯姆（Emile Durkheim）的"机械纽带vs有机纽带"，梅因的"身份vs契约"，韦伯（Max Weber）的"传统治理与官僚治理"，等等。在这样一种截然两分的世界上，传统与现代的关系乃是你死我活的关系：蒸汽机之生就是磨坊之死，现代大工业的兴起就是传统小工业的没落，城市的发达必定要以农村的衰败为代价，城市工人阶级的先进性就意味着乡村农民和手工业者的落后性甚至反动性，如此等等。这种基本思维方式直到今天仍主宰着绝大多数人的观念。

但是晚近20年左右西方历史学家和社会科学家们的大量研究，却已经使我们对这些问题可以有相当不同的看法了。事实上，即使在西方，所谓工业化的发展也绝非像以往所以为那样是蒸汽机取代磨坊的结果。相反，传统小工业乃与现代机器工厂长期共存，而且前者对西方工业化发展的贡献并不亚于后者。以英国为例，当代西方史家已不断指出，教科书上的"英国工业革命"乃是一个"神话"。著名经济史家米松（A. E. Musson）更毫不含糊地说，如果以往所说1760—1830年期间是英国工业革命期，那么各种材料都足以表明，那时期仍是"水力的时代"（the age of water power），而非蒸汽机的时代，因为蒸汽机和现代型工厂的扩散乃是非常缓慢之事，至少到1851年多数工业仍是在小工坊（small workshops）中的手工业。[1]事实上，到1851年，伦敦城内近百分之八十的制造业属于雇用工人4名以下的小工坊［关于19世纪伦敦城居民及其与伦敦教育等的关系，可参S. Rothblatt, "London: A Metropolitan University," in *The University and the City From Medieval Origin to the Present*, ed. T. Bender, Oxford, 1988］。A. E. Musson等人之言其实并非全新的发现。早在20年代，英国著名经济史家克拉潘（J. H. Clapham）在其经典性的《现代英国经济史》第1卷中就已反复强调，直到19世纪30年代"没有任何一个英国工业部门完成过技术革命"；当时的蒸汽机本身就很小，而且除了极有限的工厂外，蒸汽机使用得很少。克拉潘的名言是：兰卡郡的纺工并不是当时有代表性的英国劳动者，"那时典型的英国人仍是那种挤满乡间的乡下人"（the man of the crowded countryside was still the typical Englishman. J. H. Clapham, *An Economic History of Modern British*, Vol.1, Cambridge, 1926），但是克拉潘以翔实材料为根据的这些论断却长期被冷落。

法国经济发展的例子更可给人以启示。西方正统看法曾长期认为，法国19世纪经济发展乃是呆滞（stagnation）的典型，没有发生英国式那种"工业革命"。晚近以来的大量新研究已完全推翻了这种看

---

[1] A. E. Musson, *The Growth of British Industry*, London, 1978.

法，认为19世纪法国经济的发展在事实上是最成功的经济与工业增长的例子，并代表了与英国不同的另一条发展道路。这两种正好相反的估计之主要差异在于所使用的标准不同。传统看法的标准是当时法国现代型工厂的增长、城市人口的扩张，以及农业中新机器的使用等。新研究则认为这些本身并不足以成为标准，而应采用更实际的标准即人均实际产量的增长。根据后一种标准，法国经济在当时发展并不亚于英国，而这恰恰证明，经济和工业的发展并非只有靠机器化大生产和城市化加速等来推动。法国的特点之一恰在于其城市化速度较缓、人口增长较缓，但农业人口中从事非农产业的比例却增长甚快，以及国民投资大量集中在小型工业。著名的里昂地区农村纺织业几乎从未经历过蒸汽机时代，而是以传统生产方式直接进入电力时代（蒸汽机与电力的重要区别乃是中国社会学派40年代的重要论证之一），并发展成极发达的工业小区（industrial district）。

以上西方工业发展的现实历史或可使我们进一步认识到，中国社会学派早在30年代即已提出的乡土工业发展问题是何等的远见卓识，同时又是何等的空谷足音，从而难以为崇拜西方理论的人所相信。但事实上，宏伟壮观的西方经典社会理论正因为其过分追求普遍性，不但不切合非西方社会，而且同样并不完全符合西方本身的历史现实，因为它总是这样那样地削足适履，以偏概全；或将某局部现象夸大成全局，或将几世纪之久的过程神话化为一个"飞跃"，并由此做出种种或悲观或乐观的历史预测。但即使在西方，真实世界的社会历史生活也完全无法被硬塞入西方大师的抽象逻辑图式之中——韦伯所说那种高度官僚化管理的企业组织方式从来只是一部分工业部门的组织方式，而非所有工业部门；而自汤普森（E. P. Thompson）的经典研究《英国工人阶级之形成》以来的大量欧洲社会史研究更已无可辩驳地证明：19世纪欧洲所谓工人运动恰恰是由传统工业部门劳动者或类似于今日中国乡镇企业的工人们所发动。真正的问题其实在于，西方主流社会理论一旦转化成一种被普遍宣传和接受的主流意识形态，则不但以往的历史被大大曲解，而且人类的想象力和历史的多重可能性也就常常被无情地扼杀，而迫使人们臣服于所谓历史必然性的淫威之下。

所谓工业发展道路或工业组织形式的问题，并不只是一个技术问题或所谓经济问题，而同时甚至首先是一个社会组织的问题。如何看待现代工业所必需的组织形式，乃直接决定现代社会理论的品格。如我们所知，韦伯正是从资本主义经济组织的形式（所谓理性官僚化）这一所谓必然性出发，进而去追问西方文化传统如何导致这一发展，也是从这一"必然性"出发，他又得出悲观的结论。同样，马克思之所以认为以往所有社会主义都是空想的，也正是因为他相信他把握住了现代工业一定是"社会化大生产"这一"必然性"。从这一基本点出发，人们往往"逻辑"地得出结论：社会化大生产的最高形式自然就是全社会生产的统一管理，即著名的"全社会一厂制"（a single-firm model of socialism）。中国社会学派的高度原创力就在于，它从一开始即已表现出了一种"反必然性的社会理论（antinecessitarian social theory）之品格。《江村经济》所初步提出来的乡土工业重建问题，看上去非常不符合时代潮流，但它所涉及的其实却正是现代性进程中的两个核心问题，即：一、现代工业的发展是否只能是一种高度集中化的大生产方式（centralized mass production），或今日所谓"福特生产方式"（Fordism），还是同时存在着一条分散化（decentralized）工业发展的道路？以及与此密切相关的，二、社会政治的现代转型是否只能采取这种或那种自下而上的方式，还是同时存在着一条自上而下的社会重组道路？如果说，中国社会学派在20世纪30年代或许尚未完全意识到乡土工业重建必然牵涉的这些问题，那么，其40年代的一系列探索已经相当自觉地以这些问题为明确旨归了，不过这将是另一篇文章的题目了。

"社会与思想丛书"两年

(1995)

由牛津大学出版社出版的"社会与思想丛书"从1993年底创办以来，在两年左右的时间已经出版了四十几种书，其中如邹谠教授的《二十世纪中国政治》、黄宗智教授的《中国研究的规范认识危机》，以及德国思想家舍勒的《资本主义的未来》、意大利思想家艾柯的《诠释与过度诠释》等著作，在学界和读者中都获得了比较肯定的评价。另一方面，丛书部分编委成员的观点，如王绍光关于"中国国家能力"问题的分析，崔之元关于"制度创新与第二次思想解放"的提出，也都成为近年来中文学术界争论的焦点。我在这里仅从主编这套丛书的角度引申谈一下有关中国社会科学的发展问题。

晚近以来，中文学术界关于"社会科学规范化"或"社会科学专业化"的口号到处可闻。这种力图发展中国社会科学的心愿是应当肯定的，但在这种比较空洞的口号之下似乎也隐含着一些问题。一是在这种口号下，所谓规范化、专业化似乎本身成了目的，好像中国学术发展的主要问题就是要解决如何规范化、如何专业化；二是这种口号实际上常常隐含着一个非明言的看法，即以为西方社会科学早有一套现成的规范，其内部分工更有科学根据，由此中国学术发展的问题就是如何尽快建立相应的规范和学科分工，从而可以"与国际接轨"。

以上两点都需要加以检讨。首先，我们必须明确，规范化和专业化并不是学术发展的目的，而往往是不得已而为之之事。任何规范和专业分工都是人为的、相对的，因此是可以改变而且事实上也不断在改变之中。我个人认为，如果把规范化或专业化当成目的本身，将会有舍本逐末的危险。尤其在今日中国与世界都处在急剧变化的情况下，任何规范和专业都将随中国与世界的变化而变化，而非倒过来好像中国与世界应按照某种"规范"去变化。西方学界今日有所谓"训练出来的愚昧"（trained ignorance）或"训练出来的无能"（trained inability）的讥语，指的就是那种死抱狭隘专业反不知如何看问题的人。

其二也是更重要的是，事实上不可能有人说得清楚，今日社会科学的规范究竟是什么。至少在西方学界我相信没有一个人敢狂妄宣称他知道什么是社会科学的规范。实际情形毋宁恰恰相反，正如老辈社会思想家吉尔茨（Clifford Geertz）在其广为人知的文章《界限混淆的学科：社会思想的重新型构》（"Blurred Genres: The Refiguration of Social Thought"）中强调：70年代以来西方学术思想的重大变化事实上已导致各学科普遍面临重新自我界定的问题（即今日所谓学科的自我认同危机），各学科之间的界限更是变得日益模糊混淆。今日不会再有人把研究政治看成政治学的专利，更不会把研究经济看成只是经济学的专利，尤其是，今日社会科学早已摆脱了以往以牛顿式自然科学为样板的时代，而普遍转向人文学科"偷拳经"，从而使社会科学与人文学科之间本来就不清楚的界限更加混淆。所有这些变化的实质，在吉尔茨看来，就是拆除以往人为形成的思想篱笆（intellectual deprovincialization）、重新型构社会思想的过程。从以上这种当代世界与当代学术都在急剧变化的状况着眼，我个人认为中文学界不妨有意"混淆"学科界限，亦即更多地强调各学科本身的开放性以及各学科之间特别是社会科学与人文学科之间的相通性和互补性，而不宜把规范化或专业化看成什么金科玉律，从而自缚手脚，人为制造"思想篱笆"。毕竟，重要的乃是如何研究问题，而不是如何规范化和专业化。

"社会与思想丛书"的宗旨之一，如我在丛书前言中所言，即是"希望社会科学领域的研究与人文及哲学领域的研究能够相互渗透、相互促进，通过多学科的合作与跨学科的研究去深入认识中西现代性与中西传统性"。也因此，丛书目前已经出版的几十种书中既包括社会科学领域的研究，也包括人文及哲学领域的著作，既包括对中国的研究，也包括对西方的研究，既包括对当代世界的研究，也包括对历史传统的研究。这当然不是说我们要求每一本书都是中西比较的研究或融贯社会与人文研究，但我们通过有意识地"混淆"学术与领域的界限和不懈坚持社会科学与人文研究的沟通，中国学术界或能更好地因应当代学术的重大变化，以及更重要的，为当代社会科学的发展最终能与历史悠久的中国人文传统相接引而略作准备。是所望焉。

十年来的中国知识场域

为《二十一世纪》创刊十周年作

(1999)

很难相信，《二十一世纪》这份杂志竟然已经创刊十年，令人想起王安忆不久前的一句话："似乎是，没有什么过渡的，一下子来到了十年后。"

回想起来，陈方正兄等当时创办这个杂志，大概是希望在1989年后把80年代内地"文化热"的香火在香港接下来——现在仍然印在杂志第一页上的"为了中国的文化建设"那几个字，在当时其实是颇有那么点悲壮味道的，因为那时无论留在国内还是身在海外的人基本都觉得，在1989年以后，中国内地的思想学术文化恐怕将会沉寂相当长的时期。

如果从这种角度来回顾，则我们不能不承认所有人的感觉都错了。事实是，十年后的今天，中国内地学术著述和学术出版之兴旺，不但大大超过20世纪80年代，而且至少从数量的积累上讲，恐怕已经超过20世纪的任何时期。首先是今日国内翻译著作之盛，实在足以让任何人目瞪口呆，其总体数量只怕已经难以统计，而且可以说西方的任何思潮、学派、理论、方法几乎都已经被大量翻译引入了中国。这种盛况是十年前完全无法想象的。另一突出现象是"中学"方面的出版蔚为大观，各种基本材料无论经史子集都有大规模的重印或新编；各种专著的部头越来越厚，各学科的多卷本编著层出不穷。中学研究在质量上是否有重大突破非我敢判断，但至少就表象上看，90年代似乎"中学"取代"西学"成为中国的"显学"。

诚然，兴旺的背后也不无虚象。例如上述大量翻译的西学著作，有点像一笔尚未动用的银行存款，亦即尚未完全融入中国学界的思考和论述。以笔者未必准确的观察，90年代最有影响的西学著作似乎首推西方的中国研究著作，这大概与上面所说90年代"中学"成为显学有关。这种状况有其隐忧，如笔者较早前曾指出："西方的中国研究乃是西方学术文化大共同体的从属而非主导，其问题意识、兴趣方向以及理论方法大多都不是自生的而是外来的，亦即是西方学术文化大共同体基本旨趣的派生。如果中国学术文化今后的发展一方面高扬中学和中国研究，但另一方面却日益缺乏对西方学术文化大共同体基本旨趣的批判检讨能力甚至兴趣，而只是以与西方的中国研究'接轨'为满足，那么最终很可能恰恰使中国学术文化的整体成了西方学术文化的一个部门性从属。从根本上讲，中国学术文化的自主性有赖于中国学界对于西方学术文化大共同体基本旨趣的批判检讨，亦即有赖于中国学界对于西学和西方的深入研究。"当然，这可能只是我个人的偏见。

与出版业之善于营造学术兴旺相比，对今后中国思想学术发展更重要的或许是已经牢固确立的学位制度（特别是硕士和博士两级学位）。学位制度有利于形成布迪厄（Pierre Bourdieu）所谓的具有相对自主性的知识文化场域（relatively autonomous fields of knowledge and culture），从而有利于促成中国的知识文化活动具有相对的自律性，而并非完全只受外部政治和商业权力的支配。这一知识文化的相对自主性问题，笔者在80年代末时曾专门作过一些论述，此地想借用布迪厄的"知识场域"（intellectual fields）概念，重新提出这一问题。布迪厄批判阿尔都塞（Louis Althusser）把文化领域完全归结为"意识形态国家机器"（ideological state apparatus）

以及福柯（Michel Foucault）把所有知识都只看成是社会"规训"（discipline）的外部决定论，突出地强调知识文化活动有其自身的"场域"即内部过程，从而对其他"场域"特别是政治和经济场域保持相对的自主性。这些论点对于我们更深入地认识改革时代中国知识分子的活动方式有一定启示。我们可以问，中国知识文化场域与改革本身处于一种什么关系？或，面对经济政治场域的大规模改革，知识文化场域是否需要和如何保持自己的相对自主性？

直截了当地说，在改革已经成为社会主流意识形态以后，中国知识文化场域相对自主性的首要问题就在于，必须避免使知识文化场域完全服从于改革的需要，防止知识文化场域成为单纯为改革服务的工具，尤其必须避免以是否有利于改革作为衡量知识文化场域的根本甚至唯一标准和尺度。不然的话，知识文化场域就会纯粹成为改革意识形态的喉舌和工具，失去其自主性。但问题恰恰在于，知识分子出于支持改革的热忱，往往会不由自主地从强烈的改革意识形态出发，把是否有利和促进改革作为衡量知识文化场域的先决标准，从而无法坚持知识文化场域的自主性。我以为这实际是改革时代中国知识文化场域的最大困扰所在，也是造成当代中国知识分子诸多尴尬的根本原因，因为改革意识形态的强大正当性压力往往使许多支持改革的知识分子无法辩护自己的文化主张以及对改革的某种深层困惑，90年代初"人文精神失落"的讨论极为疲软是个明显的例子。

这种倾向事实上早在80年代文化讨论时就已经出现。文化讨论的中心问题是所谓中西文化问题，但这一讨论往往被解释成是所谓借钟馗打鬼，是醉翁之意不在酒，亦即是知识分子不敢触及敏感的政治问题而以中西文化问题来借题发挥，许多人更由此强烈指责这正是中国知识分子软弱性的表现。但这类解释只能是徒然扭曲这场讨论的性质和意义，因为这种解释和指责完全忽视了，对于许多知识分子来说，所谓中西文化问题本身就是真问题、大问题，套用布迪厄的术语，可以说中西文化问题的思考和讨论乃是近代中国知识分子的"积习"（habitus），它由近世西学东渐以来就必然出现，而且在今后仍将长期纠缠中国知识分子。这种思考和讨论有其自己内在的逻辑和要求，并不必然要与改革直接相关，并不必然要为改革服务，尤其不能以是否促进改革作为衡量的尺度。

笔者个人因此一向反对用所谓"新启蒙"来概括从80年代到90年代的中国知识文化状况。因为这种"新启蒙"视野实际上是用改革意识形态来全面牢笼知识文化场域，而且往往强烈地用是否有利改革、有利现代化来规范和裁判知识文化场域的问题和讨论。所谓"新启蒙"在80年代时其实主要是指党内改革派知识分子的论述取向，那时很少有人用"新启蒙"来概括整个知识文化场域的走向。原因相当明显，当时的主要民间知识团体如"文化：中国与世界编委会"以及"中国文化书院"等很难被纳入所谓"新启蒙"的范畴，前者的主要关切在于达成"西学"研究的相对自主性，后者则促成"中学"研究的相对自主性。这两者与"新启蒙"派诚然互有呼应，但它们之间事实上存在着一种潜在的张力：西学和中学研究的相对自主性必然要求知识分子深入知识场域自身的语言，即西学和中学的论述语言，从而必须摆脱"改革语言"，但"新启蒙"派的路向则必然要求不断强化"改革语言"。这种张力可以说就是改革意识形态与知识文化场域相对自主性之间的张力。

但在90年代，用"新启蒙"的角度评论整个知识文化场域却似乎变得相当普遍。从这种角度，当然不奇怪，许多人振振有词地批评80年代引进的西学大多是所谓西方反理性主义甚至反现代化的学说，因此不利甚至有害中国的改革和现代化；根据同样的逻辑，90年代初出现所谓"国学热"时，海内外都有人强烈怀疑这是否在迎合官方意识形态需要，或至少容易为官方利用；再往后又有所谓

"后学"的辩论，很多人强烈认为西方的"后现代主义"等理论不利于中国的改革和现代化，因为中国现在尚未进入现代，等等。

从这种角度来看，90年代在思想意识上的格局似乎反不如80年代来得开阔、舒展和宽容。用改革意识形态来牢笼知识文化场域的要求，自90年代以来似乎变得特别强烈，上面所举"国学"和"后学"的问题，都是明显的例子。无论国学还是后学，当然都应该作批判的讨论，但这种讨论应该以知识场域的语言来进行，以是否有利于对中学西学的深入研究来评判，而不应该用"改革语言"来进行，不能以是否有利改革和现代化来裁判。

这绝不是说知识分子应该躲进象牙塔，不要关心社会政治，恰恰相反，真正的问题在于：知识分子是以知识场域为中介来形塑和开拓政治格局，还是先站定一个"政治正确"的立场并以此狭隘化知识场域的问题。以近年来的所谓"自由派"和"新左派"之争而言，从知识场域的角度看，首先涉及的是双方对自由主义的理解差异极大，如果从这种知识场域内的分歧出发进行辩论，本可以使中国知识分子深入理解自由主义问题的复杂性，从而有助于更深入地讨论中国的政治问题。但近年的实际情况是，许多人对自由主义理论和历史的复杂性并无真正兴趣，而只是急于给自己戴一顶桂冠，从而炮制种种极端狭隘甚至谬误百出的所谓自由主义"定义"。例如朱学勤式的定义说"自由主义的哲学观是经验主义，与先验主义相对立"，可是这类定义与当代自由主义理论讨论乃风马牛不相及，更不必说这种定义先把康德（Immanuel Kant）排除出了自由主义，纯属外行的自说自话。实际上，这种做法是先从自己的狭隘"经验主义"出发来狭隘化知识场域的问题范围，然后再以这种极端狭隘的知识来讨论中国政治，导致知识场域和政治场域的双重狭隘化，结果只能是狭隘加狭隘，越说越狭隘。

由于90年代以来知识分子出现重大分化，各种分歧日益尖锐，更需要知识分子以知识场域为中介来讨论政治和公共问题。如果把任何新问题的提出都首先变成政治场域的立场问题,从而只能用政治标签和政治定性来解决思想争论,那只能导致中国知识文化场域的日益狭隘化、肤浅化、劣质化。

访谈：80年代的现代性批判与90年代转型*

(2006)

80年代：在急需现代化的历史阶段，引进批判现代化的东西

南都周刊：回忆80年代，如今似乎是个热点。三联书店出版了查建英的《八十年代访谈录》引起广泛关注，最近世纪出版集团又再版了您在80年代末主编的《八十年代文化意识》。您觉得人们现在回忆80年代的原因何在，具体价值何在？

甘阳：这个原因我说不上来，要问你们了。也许是大家都觉得现在有点越来越没有意思，倒是20世纪80年代还有点意思吧。

说到有什么价值，我想回忆80年代大概多少隐含着对90年代和现在的某种反省。我个人觉得90年代以来的社会是比较单调，市侩气太重，整个社会只有一个唯一的评价标准，就是是否符合经济改革，是否符合市场效益，用一个标准压掉了所有其他的价值取向。相对而言，80年代整个社会正处于摸索的阶段，思想反而比较活泼，价值取向也比较多元，不同取向之间也更多点宽容，没有现在这么狭隘，这么功利主义。我们今后的社会是否可能更多点文化趣味，更多点人文气，少点市侩气，少点低级趣味，我想这可能是回忆80年代后面的一种期待。

---

* 原载《南都周刊》，2006年8月1日；全文又刊于《书城》杂志2006年9月号。

南都周刊：您在《八十年代文化意识》的"再版前言"中说90年代以后中国进入"经济人时代"，而"80年代是最后的文化人时代"，您觉得以后还会再出现"文化人时代"吗？

甘阳：我不知道，大概不大可能了吧。不过中国人多，总还会有点文化人吧，大家只问耕耘，不求收获，知其不可为而为之吧。

南都周刊：作为80年代"文化热"中的三大丛书之一，您主编的"文化：中国与世界"丛书关注西方从古典到现代的人文主义思潮的引进，尤其重视德法的现象学、阐释学、存在主义、宗教学、法兰克福学派以及各种非理性主义的译介，有学者认为，"文化：中国与世界"从人文主义的价值批判立场出发，对现代化过程中人性、价值和意义世界的失落，充满了文化上的忧虑。请问，在当时急需进入现代化的中国，引入批判现代性的东西，是出于怎样的考虑？

甘阳：不是一开始就有意要去引进批判现代性的东西。最初非常单纯，就是想读自己觉得有意思的书，并不会先去问这书是促进现代化的还是反现代化的。就像陈丹青喜欢画画，就是喜欢画画，没有什么道理好讲，他不会先问画画是否有利于中国现代化，就算不利于现代化，他也还是要画的，阿城喜欢读小说写小说，他也不会去想他写小说是否有利于中国现代化。我们读哲学的那时也一样，就是喜欢读你自己喜欢的书，这个喜欢最初是没有什么道理好讲的，你喜欢的就是喜欢，不喜欢的就是不喜欢。例如我们进北大外国哲学所，都必须上分析哲学的课，分析哲学的老师也都对我很好，但我就是不喜欢分析哲学，如果有人对我说分析哲学讲逻辑重科学因此有利于中国现代化，我一定认为他是神经病，哲学不是这么个读法的。

我想说的是，80年代和90年代的一个很大不同是，我们那时首先是按个人性情、爱好和兴趣去做自己喜欢的事，不会先用一个大道理要自己勉强去做不喜欢的事，不像90年代以后首先要问就业如何，市场如何，国际接轨的可能性如何，而不是自己喜欢什么。现在的人看上去个个都很精明，很会打算，实际却活得一点不开心。我今年在国内大学教学，发现现在的大学生活得一点都不开心，他们小小年纪已经非常世故，心事重重，算盘多多，莫名其妙地去选很多很多课，却很少问自己究竟喜欢什么，想做什么，很多学生告诉我说他们根本不喜欢自己读的专业，包括申请国外大学也不是考虑自己喜欢什么，而是问什么容易申请到，现在的大学生实际活得很累，表面看上去很自由，但实际恰恰没有"自我"，几乎完全是被外在环境所决定。

80年代给我们的最大恩惠可能就在于，我们不是由外在需要和外在市场决定去学这个那个，而是从内在性情出发去选择我们自己想做的事，那时也不能说就没有就业压力，那时也已经有很多同学"下海"，做生意去了，但对我们不会有什么影响。为什么我们偏偏喜欢欧陆哲学，也不是因为这个在大学里好找工作，所有这些当时都很简单，就是兴趣、喜欢，所以最根本的首先是个人的气质和性情问题。

我们以后翻译引进的东西，自然首先就是我们自己喜欢的东西，或我们认为重要的东西，不像今天很多人翻译不是因为喜欢书，而是因为喜欢钱。

南都周刊：不同的人对于80年代，有着不同角度的解读。作为80年代"文化热"中的主将之一，您在与查建英访谈中，几次谈到你们80年代的思路是一种"对现代性的诗意批判"，请问这是您现在回顾的看法，还是80年代已经这么看问题了？

甘阳：对现代性的这种批判意识到80年代后期实际已经非常自觉，最明确的表述是我1988年为《八十年代文化意识》所写的"前言"，这书是1989年首先由香港三联出版，这个"前言"说得比我与查建英的访谈更清楚。这里不妨引用1988年"前言"的原话："我们对于传统文化，不但有否定的、批判的一面，而且同时也有肯定的、留恋的一面，同样，对于'现代社会'，我们不仅有向往，渴求的一面，同时也有一种深深的疑虑和不安之感。我以为，这种复杂难言的，常常是自相矛盾的感受将会长期地困扰着我们，并将迫使我们这一代知识分子（至少是其中的部分人）在今后不得不采取一种'两面作战'的态度：不但对传统文化持批判的态度，而且对现代社会也始终保持一种审视的、批判的眼光。如何处理好这两方面的关系在我看来正是今后文化反思的中心任务，今后相当时期内中国文化的发展多半就处在这种犬牙交错的复杂格局之中。"

南都周刊：为什么1988年您已经会有这样的看法，对现代社会的疑虑和不安是怎么来的呢？你们那时对"现代社会"到底是怎么看的呢？

甘阳：你的这个问题在我1988年的这个"前言"中实际已经回答了。这个"前言"中已经直接提出"现代性"问题，并且指出，现代性问题"必然会对正在思考中国现代化之路的中国知识分子造成极大的困惑，因为它意味着：现代化的进程并不只是一套正面价值的胜利实现，而且同时还伴随着巨大的负面价值。而最大的困惑更在于：至少在西方，这些正面价值和负面价值并不是可以一刀切开的两个东西，而恰恰是有着极为深刻的内在关联的。简单点说，自由、民主、法制这些基本的正面价值实际上都只是在商品化社会中才能顺利地建立起来的，但是商品化社会由于瓦解了传统社会而必然造成'神圣感的消失'，从而几乎必然导致人（尤其是敏感的知识分子）的无根感、无意义感，尤其商品化社会几乎无可避免的'商品拜物教'和'物化'现象及其意识以及'大众文化'的泛滥，更使知识分子强烈地感到在现代社会中精神生活的沉沦、价值基础的崩溃。人类在现代社会中所面临的最根本二难困境正在于此。在我看来，近现代以来尤其是20世纪以来西方大思想家的中心关注实际上都是围绕着这个根本困惑而进行的，因此我们对于现代西方文化的把握必需紧紧抓住这个人类共同面临的中心性大问题即所谓'现代性'（Modernity）的问题"。这是当时对"现代性"问题的表述。

南都周刊：您这个1988年"前言"今天读来确实有点让人惊讶，这个问题意识似乎更能表达今天很多人感受到的困扰。您今天的问题意识仍然与1988年的看法有连续性吗？

甘阳：我今天的基本感受或许仍然可以用1988年"前言"的话来表达，我当时说："就中国目前的状况而言，问题的全部复杂性就在于：一方面，现代社会的正面价值（自由、民主、法制）还远远没有真正落实，而另一方面，现代社会的负面价值（拜金主义、大众文化）却已经日益强烈地被感受到了。一个知识分子生存在这夹缝之中，真有无逃于天地之感！当代中国知识分子在今后将不得不采取一种'两面作战'的态度，原因也就在此。这里自然就引出了'现代性'问题的另一面：知识分子作为文化和价值的主要创造者、承担者，其自身的终极价值究竟应该置于何处？换言之，知识分子自身的人格理想和价值认同究竟应该是什么？儒家的路子行不行？道家的路子行不行？儒道互补的路子又怎样？同样，从尼采到今日德里达等后结构主义的'虚无主义'道路行不行？从狄尔泰到今日伽达默尔等的'诠释学'路子行不行？从早期法兰克福学派到今日哈贝马斯的'批判理论'立场又如何？从当年阿诺德到今日贝尔的'文化保守主义'路子又怎样？所有这些问题说到底也就是整个社会的价值重建问题。也就是说，在旧的价值信念、旧的理想追求已经被证明是虚幻的以后（这是当年的红卫兵和知识青年们普遍的痛苦感受），还要不要、能不能建立起新的、真正的价值信念和理想追求。这不但在'文革'后的中国一直是个根本的大问题，而且在西方也同样是近现代以来特别是最近几十年来一直困扰人的大问题。对这一问题的思索，无疑将是一条漫长的、极其艰难的道路。"

我今天仍然认为，文化价值和文化理想的重建问题，是我们必须思考面对的问题。同时在这方面，西方当代流行的很多东西需要我们作深刻的批判检讨，而不是盲目地跟风。

南都周刊：可不可以这样说，您从80年代阅读海德格尔起，认识到西方批判现代性的传统，一直影响到您今天的关注方向？

甘阳：西方批判现代性的传统，并不是海德格尔一个人的问题，而是西方几代文化人的共同问题意识。现在的年轻辈大概都不读诗人艾略特，艾略特是20世纪上半叶英美世界的公认文化领袖，他的名诗《荒原》与海德格尔的名著《存在与时间》差不多同时，不读艾略特的"荒原"是不可能理解西方现代性的思想文化层面的。"荒原"这个标题的意思就是，西方现代性把西方文明变成了"荒原"，现代性把西方变成了精神的荒原，文化的荒原。这诗的第一句就震撼人心，"四月是最残酷的月份"，什么意思？四月本应是大地回春，万物欣欣向荣的最好月份，但在西方现代性下，四月的大地是一片不毛之地，没有水，没有生命，没有灵魂，有的只是人欲横流而没有羞耻之心的现代人。

因此并不是说从一开始我们就要反现代化，而是读了西方这方面的东西比较多以后，你很自然会去思考，为什么西方最重要的哲人诗人会对西方现代性有如此强烈的批判意识，为什么西方本身有这样一个反现代性的文化传统，检讨批判现代性的传统，以及西方的这些思想文化与我们中国人思考现代性和现代化有什么关系。

南都周刊：可不可以谈一下，西方的这些思想文化与我们中国人现在思考现代性和现代化有什么关系？

甘阳：很简单地讲，就是西方人对于现代的看法比我们深刻得多，他们并不认为现代和现代化一切都好，而是认为现代社会有很多内在问题，而且是问题越来越多的社会，因此要对现代社会本身不断检讨。但我们中国人迄今为止对现代的看法非常肤浅，因为中国人往往倾向于简单地把现代看成就是绝对好的，如果有问题就是现代还不彻底，而不能认识现代社会本身就是有很多问题的社会。例如90年代以来中国社会已经高速进入现代社会，大规模市场经济带来的问题例如贫富差距急剧扩大的问题、文化日益庸俗化的问题，都是资本主义必然带来的典型问题。但我们往往不愿意面对这些现代社会的问题，总是认为所有问题都是旧体制的问题，不是资本主义和现代性本身的问题，这就非常妨碍我们去深化对现代性的认识，实际是错误地以为，一旦现代了，那就所有问题都不存在了。

又如许多人以为我们先搞经济，经济发达了自然就有文化了。根本没那个事！从前香港人说香港是经济发达的文化沙漠，新加坡更是经济发达的文化沙漠，我们今后会不会变成经济发达的文化大沙漠？中国现在的大学生比我们读大学的时候差得多，几乎普遍没文化，没有读过什么书，思想感情都贫乏得很，文字就更不用提了，都是无病呻吟惨不忍睹的小资调调。我很奇怪90年代"小资"怎么成了正面词，"小资"就是小市民，小市民也就是市侩，怎么会大家都以当市侩为荣？但许多人却振振有词地为市侩辩护说，现代就是要庸俗，庸俗才现代，这都是极端肤浅的看法，就是这种肤浅看法的大面积流行使得我们90年代以来的社会越来越俗不可耐，不以庸俗为耻，还以庸俗为荣。这些问题都是需要从现代性的角度去检讨的。

南都周刊：回过头来问一下，为什么80年代会出现"文化热"？当时的文化热似乎并不只是几个文化人的事，而成了整个社会的现象，为什么那时"文化"会成为关键词？

甘阳：80年代可以说是寻找文化的时代，不过实际有几个阶段。第一阶段，"文革"刚结束到80年代初，大家都痛感没有文化。我们知青这一代尤其如此，知青就是没有文化的人，所谓知识青年的意思就是不配叫知识分子，不过是认识几个字但没有什么文化的青年。我们那时都强烈感觉不但自己没有文化，整个中国都没有文化，这个感觉在阿城和陈丹青的访谈中都谈得特别明显。但正因为没有文化，所以大家开始"寻找"文化，不甘心这样没有文化下去。但每人的找法不一样，例如阿城好像很快就找到了他自己的文化之根，中国道家和民俗文化等等，他在80年代初好像就已经完全成熟了，很罕见，大多数人这个寻找的过程比较漫长。当时大多数人是到西方文化去寻找，因为我们与西方长期隔绝，"文革"结束后开始可以看到西方的书了。所以第二阶段则有点像第二次"五四"，也就是很多人认为中国之所以没有现代化，是因为"中国文化传统"有问题，所以用西方文化作对照来批判中国文化传统，成为80年代中期"文化热"的主流。但是与此同时，我们这些人则因为更多从阅读海德格尔等日益发现西方本身的问题，因此我们虽然也有强烈反传统的一面，但更多地则集中在力图理解西方现代性本身的问题上。从我个人来说，1985—1986年是提出"发扬传统的最强劲手段就是反传统"的阶段，但1987—1988年已经不同，我1987年发表的《从理性的批判到文化的批判》着重强调西方对现代性的文化批判，而1988年的《儒学与现代》已经全面肯定儒学与中国文化传统，明确为"文化保守主义"辩护。

因此80年代短短几年的"文化热"实际已经一波三折，经历了好几个阶段。80年代文化热实际并不像许多人通常以为的那样就是一面倒的反传统和全盘西化，一是"文化热"中许多人已经转向中国文化传统，作家中的"寻根派"和学界的亲儒家派已经成型，虽然当时不是主流话语； 二是阅读西方出现两种可能，一种是有些人眼里看到的西方现代全是好的，都是对的，所以比较简单地用这样的"西方"来全面批判"中国"，但另一种则如我们看到的是海德格尔等对西方现代性的批判，这样问题就复杂得多，使我们开始进入对西方现代性的批判问题。不过这种现代性批判在80年代是一种"文化立场的批判"，所以我称为"80年代对现代性的诗意批判"。

南都周刊：《河殇》事件对当时文化讨论的终结有影响吧？

甘阳：《河殇》播出是在1988年吧，当时我们很不满，但是有一个很麻烦的问题，就是官方对它进行批判，用政治化的方式来批判，那我们就不好说了。如果没有官方的批判，肯定会辩论，因为我们根本不同意《河殇》的看法，事实上我1988年在香港演讲时就直截了当地批判了《河殇》。《河殇》非常简单地把中西文明界定为黄色文明和蓝色文明，带有很大的宣传性的效果，不是把讨论深化，而是把问题简单化。

南都周刊：李陀在探讨新启蒙的困境时说，新启蒙当时面临着世界范围内人文思想领域的知识大变动、大更新，比如后结构主义、后殖民理论和女权主义的兴盛，新启蒙的主流基本没有理会这次知识大变动，而把目光转向了经典理论，比如说哲学是康德、尼采、海德格尔，美学是克罗齐，社会学是韦伯，而造成了一个脱节，这种脱节必然带来肤浅。您认为有道理吗？

甘阳：我不知道李陀是怎么说的，但如果认为80年代没有引进后殖民理论和女性主义之类就是什么脱节，那就是不知所谓，这种说法完全错误。我认为80年代的长处恰恰在于,我们当时并不是简单地跟美国走,不是西方什么东西最流行,我们就引进什么。不是美国批判海德格尔,我们也要跟着批判,我们是用自己的脑子想问题。不像今天处处要搞国际接轨,我们那时读西方翻译西方著作,和我们想的问题有关系。80年代中后期海德格尔在中国被翻译出版被阅读的时候,正是美国人开始在政治上批判海德格尔的时候,但我们对美国式批评海德格尔没有兴趣,即使今天我仍然认为不值得重视,那些美国化政治批评海德格尔的都是典型的三流东西,以政治批判来取消海德格尔问题的深刻性,在思想上是拙劣的。

80年代没有引进后殖民理论,更是完全正确,一点问题都没有,根本没有必要引进。90年代初刘禾在美国问我,后殖民理论对中国是否有意义,我当时就直截了当说没有意义,只有对印度、非洲这种西方长期殖民地的知识分子有意义,因为他们已经没有自己的文化,又待在西方的大学里,不知道自己是谁。我现在仍然要强调,我们今天对后殖民这套东西必须有我们自己的批判看法,不要随便跟着走,号称搞后殖民那套的大多数是西方校园里的一点小闹闹,和殖民地人民的生活毫无关系,并不值得我们重视。

作为一个真问题的后殖民问题,其比较深刻的问题原型实际是欧洲19世纪的"犹太人问题"。所谓"犹太人问题"是一个现代性的问题,恰恰是法国大革命从政治上解放了犹太人,第一次给了犹太人公民权后出来的问题,因为这种政治解放的代价是犹太人必须放弃他的族群宗教身份,以"个人"的身份成为现代欧洲国家的公民,也就是要犹太人必须"融入"基督徒主流社会,放弃自己的犹太人身份。第一代现代犹太人接受了这种"文化同化"的命运,热衷于被纳入、被同化,但是卡夫卡著名的"给父亲的信"代表了19世纪后期新一代德国犹太知识分子反抗"文化同化"的强烈文化自觉，卡夫卡提出的"写作的四个不可能"是对失去自己文化传统和自己母语的最沉痛表达，因为卡夫卡这一代犹太人已经不熟悉犹太传统，不能用犹太语言写作，只能用德语写作，卡夫卡因此提出德国犹太人面临的四个"写作的不可能"：不写作的不可能，用德语写作的不可能，写得与德国人不同的不可能，所有这些加起来最后变成"写作本身的不可能"。卡夫卡以后的整整一两代犹太思想家从本雅明到莱维那斯和德里达，都套在这个写作的可能不可能问题上。但今天美国校园流行的后殖民论述，却根本没有任何真正的文化苦恼，更没有60年代非洲知识分子如法农的真正痛苦，而是更多变成西方校园里无病呻吟的小资调调，这些东西不值得我们重视。

南都周刊：80年代对资本主义的诗意的文化批判，它的命运历程是怎样的？

甘阳：90年代开始市场经济全面展开以后，社会生活和文化生活很快全面商品化市场化，一个从文化角度来批判资本主义工具化的立场、视野和问题意识，在中国基本上消失了。1994年的人文精神讨论是最后一次试图提出问题，但一下子就被打掉了，大家说，扯人文精神啊，这是什么年头了嘛？当时的一个感觉就是大家失语了，90年代市场经济很猛然的，全面地对社会冲击，它用一些简单化的标准把很多东西都取消掉了，文化处于一种失语状态。为什么人文精神讨论，会有如此一个了结？原因很简单，在真正的市场经济来以前，大多数人都预想如果全面市场经济了，那就什么都全面性地好，文化上应该有更多的人读文学啊，应该有更多的人向往高尚的生活，人们不认为市场会带来庸俗化。所以90年代很长时间不能对市场有任何批评，批评市场就被看成是反改革反现代，这自然就造成了失语。

南都周刊：90年代有人批评你们引进现代性批判理论是在什么语境下，是1997年论战的时候吗？

甘阳：这个批评倒不一定是恶意的，有些批评是很自然的，可以理解的。例如有人认为，这些东西有什么用，我们要的是现代化，你把这些批判现代化的东西引进来，动摇我们现代化的目标。你们为什么不去做经济呢？但我觉得这样一种思想方法是错误的，90年代的一个特点就是单调，相当一段时间，以经济改革作为衡量一切问题的标准，这是非常简单、功利的，所有不符合市场法则的都要消灭掉，用一个很机械的原则来想象现代社会。这是错误的，因为在现代化的同时坚持文化的立场、人文的立场才能使我们的现代化更好，可以使经济改革和市场、不至于非人性，知道经济利润不是最高目标，经济发展要符合更高的目标，是要造就更好的人类，是为了更公平地分配，提供更好的教育机会，培养更好的有教养的人，这样的文化坚持不但不会造成现代化的倒退，恰恰是良性现代化的必要条件。

90年代：争论不可避免

南都周刊：谈到90年代思想界的变迁，人们似乎总要提起学术和思想的分化，人文精神与世俗情怀的分化，新左派与自由主义的分化。在第一个分化问题上，李泽厚概括为，"学问家凸现，思想家淡出"。请问您怎么理解这个说法？

甘阳：思想和学术并不是对立的，90年代也不是说没有思想，要不怎么会出现新左派和自由派的辩论呢？这个说法描述的大概是在90年代初的知识分子图像，当时我不在国内，不太清楚。严格点说，所谓学术与思想的对立，是个伪问题，真正的学问一定在表达某种思想，不然在干吗呢？真正的思想一定会以某种学问方式来表达，否则就不是思想。不过90年代以后中国的事情不大说得清楚，似乎常常有两种情况，有些人没有思想，因此标榜自己在做学问，虽然可能学问并不怎么样，还有些人没有学问，因此标榜自己做思想，虽然实际根本没有思想，只有一些流俗意见。这类问题没有多大意义，没有必要讨论。

南都周刊：在查建英《八十年代访谈录》那本书里，陈平原说，甘阳说过一个很经典的话：我敢跟第一流的学者对话，而不敢跟第二流的学者讨论问题，因为，第一流的学者谈思想，谈立场，那我们有；第二流学者谈学问，谈学问需要读书，你没读过，就是说不出来。请问这句话是在什么语境下说的？它所反映的90年代思想和学术的关系准确吗？

甘阳：我想不起来是在什么具体语境下说的，不过80年代时陈平原和我过从甚密，他记录的未必是我的某次具体谈话，大概是一个一般印象。这个说法没有什么复杂，也就是所谓隔行如隔山，所谓一流学者通常不会仅仅局限于自己的小领域，不会满足于仅仅做点小课题，必然会尽可能多了解自己相关相近领域的学术和有趣问题，但这种了解必然又是有限度的，一般只会看相关相近领域的一流学者的研究，不必要也不可能去看太多具体研究。这和80年代90年代都没有必然关系，而是任何时候都必然如此。80年代我们少年气盛，说话都比较狂妄就是了。

南都周刊：除了思想与学术的分化，其他重大转折问题对90年代的影响是怎样的？

甘阳：90年代初还有几个非常重要的社会思想转变，其中一个就是知识分子地位的下降。这从最早的几部电视连续剧就可以看出来,《编辑部的故事》第一次开始嘲笑知识分子,表扬小人物。当时我在美国,有一段时间,大家常谈这些漫长的电视剧。还有一部电视剧就是《渴望》,我记得就是查建英带回到芝加哥给大家看的,说不看这个电视剧就不了解现在的中国。大家看了以后,都说它太反映当时国人的想法了,知识分子都是好高骛远,但支撑这个社会的不是知识分子,而是那些最普通的女性,像《渴望》里的主人公刘慧芳那样。

这些现象的出现不是偶然的,实际也与当时知识分子自己对知识分子的反思相关。80年代后期知识分子已经开始反省这些问题。我1989年发表的《自由的理念:五四传统之阙失面》,就是对知识分子进行批判检讨,批评知识分子老是以"人民代言人"自居的虚妄。这篇文章当时提出了一个问题,"近百年来中国知识分子的最大教训或许就在于:他们总是时时、处处把社会、民族放在第一位,却从未甚至也不敢理直气壮地把'个人自由'作为第一原则提出"。

不过知识分子问题是现代社会特有的复杂问题,涉及的问题并不仅仅是知识分子本身如何的问题,许多论述包括西方的一些检讨后来都有从检讨一个极端走向了另外一个极端的问题。作为现代性问题一部分的知识分子问题仍有待重新梳理。

南都周刊: 在《八十年代访谈录》里,您解读了你在1989年提出"两种自由"概念的背景:从德国浪漫派一直到康德、黑格尔,追求的是精神界的自由、意志自由,而伯林对此予以批判,这种精神自由虽然是很高的,但我们更要紧的是要谈更实际的个人自由。当时您发表"两个自由"的文章,是不是也代表着您个人的转型呢?

甘阳: 我在那时候也开始考虑政治问题,考虑什么样的政治社会才是我们真正需要的社会。

南都周刊：那后来，您再回忆起1997年"新左派"与"自由主义"的论战时，有什么感想呢？

甘阳：我觉得这种争论必然会出现，因为任何一个社会在转型期的特点就是大规模的市场经济造成大规模的社会分化，这种社会分化必然伴随知识分子的分裂和论战。如英国的转型期很长，大约是1780—1880年，美国大约是1870—1940年。如果对英美的转型期历史比较了解的话，就会明白市场经济必然造成社会撕裂。市场把所有传统的纽带，道德和纪律的约束都给撕开了。首先表现出来的就是贫富极为分化，这时人群也开始分裂，左与右两种立场的争论一定会出现，一定有一拨人要求约束市场和资本，不能让资本如此不受约束，要以国家来约束市场，而另一拨人则会要求更多的市场自由，更多的资本自由，更少的国家干预。这个问题是普遍性的，不是中国特有的。

这些争论也同样在英国和美国发生，英国和美国面对这些问题时是比较明确问题所在的，他们明白问题就是市场经济带来的，因此解决起来也就针对市场经济带来的问题来思考。而中国的争论中纠缠了其他许多的问题，我们这里老是认为市场是好的，经是好的，只是和尚念坏了，老是认为所有的问题肯定不是市场的问题，这就容易造成有时往往是回避问题，而不是针对问题。我们所要探求的，是怎样调控市场才能比较少地撕裂这个社会。以美国为例，直到1935年罗斯福新政才正式确定了工会的地位，在此次大选之前，劳工组织一直是非法的，因为工会必然要保护劳工权利，必然对资本不利。市场经济需要政府和社会力量来进行调控。而中国人口众多，使这个问题变得更加严峻。

南都周刊：有人说，此次争论感情的因素要多于学理的探讨，尽管双方在"自由"与"民主"、"平等"与"公正"等方面提出了很好的问题，但并没有多少实质性的收获，反而沦为令人遗憾的口水战。虽不能说是两败俱伤，但它确实是一场没有胜利者的战争。旷新年在《风与旗：九十年代的阅读》中曾不无伤感地说："80年代的启蒙主义确实具有忘我的、悲壮的英雄气概。启蒙主义包括今天被所谓自由主义视为'新左派'的批判知识分子，曾几何时他们曾经面对'共同的目标'。"那么在今天，难道就真有什么令他们不得不分道扬镳的理由了吗？如果说，新左派针对的是新权贵，而自由主义针对的是旧体制的话，那么难道他们不知道这两者有着直接的继承关系？请问怎么理解上述说法？

甘阳：我不同意这种看法，这场争论是不可避免的，而且在市场经济的现代社会，这个争论必然会长期争论下去，就像美国仍然一直在争论一样。当然争论中感情因素影响了争论，同时争论本身也非常伤感情，导致很多朋友之间撕裂，是遗憾。朋友之间撕裂是最痛苦的，辩论和相互攻击起来往往会更加疯狂，特别残酷，如果不是朋友的话，没有那么残酷。如果本来就是敌对的人，也就没有什么了。其实平心静气来回头看，1997年的论战，许多问题大家不必如此动怒。但这里面涉及很多相互猜忌，每个人都怀疑，对方在向官方拍马屁，都要拷问对方的灵魂，这就搞不清楚了，这是诛心之论。事情都过去了，我还好啦，没有被人撕成碎片。现在很多人怀疑我是不是新左派，我也不知道我是什么派，我是中国派。

回到论战的本身上，我的看法非常清楚，这不是可以避免的口水战，也不是茶杯里的风波，而是必然要发生的有实质意义的争论。如果对西方的整个历程了解比较多的话，应该知道，市场经济一定会带来贫富大分化，几乎是必然的，唯一的问题就是认识得比较早，可以尽早地调节市场以减少整个社会的撕裂。我在1997年写《自由主义：贵族的还是平民的？》的时候，引起一片哗然，我说自由到底是老板加知识人的自由，还是雇工穷人的自由，但当时人们甚至不愿意承认市场造成巨大贫富差异，认为提出这种问题就是在否定市场改革，否定市场经济。现在大家都比较清楚了，那篇文章如果现在看，大概不会有什么人反对了。

现代社会：文化不能按照市场标准来衡量

南都周刊：八九十年代转瞬已成回忆，而往事并不如烟。现在有一个很流行的看法，认为"80年代是一个西化的年代，90年代是一个回到自身的年代"，请问您如何看待这个说法？

甘阳：我认为这是一个非常虚幻的假象。事实上90年代当然远比80年代更加全盘西化，一切都要与国际接轨，说话都要用英文。我们有一种错觉，好像只要研究中国，不研究西方，就是回归中国问题甚至回归传统了。完全不是这么回事，因为你阅读和研究中国的方式可能完全是照搬照抄西方的，甚至是夹生饭一样地搬过来的。90年代以后非常明显的一个方面，就是所有研究中国方面的问题，西方汉学和美国的中国研究的影响太明显了。全球文化生产体系下恰恰有一个陷阱，就是你们中国人就分工研究中国，实际很可能是按照西方的分工指令在研究中国，不要以为我们只研究中国，就摆脱了全球文化生产体系，这绝对是假象。

同样，我们不能简单地说，研究西方就表明我们不重视中国问题，其实中国人研究西方问题本身就是在研究中国问题，因为我们现在使用的所有概念所有理论几乎全都来自西方，中国人必须通过自己的研究去清理这些概念和理论。

南都周刊：在这次来上海的演讲中，您以"超越西方文化左派"为题，指出晚近30年来西方文化左派把"文化"看作代表了资本主义国家机器对大多数人的排斥，所以他们不断地在拆文化这个堡垒，但他们忽视了文化对于市场的批判性，折了以往意义上的文化，结果恰恰使市场全面占领文化领域。那么具体到中国来说，在转型期形成了社会不公平与两极分化现象，您在前面谈到了国家调控的介入，那么文化又该发挥怎样的作用呢？

甘阳：这个问题比较复杂，在媒体上暂时不容易说清楚。这次我是在一个暑期研讨班上谈这个问题，学员相对有专业准备，大家对西学的了解也比较多，可以讨论这个问题，我称之为"文化的伪平民主义"，就是认为只要老百姓喜欢的就是好东西。这是错误的。老百姓喜欢的未必就一定是好的。现在的问题是媒体竞相出奇招，来吸引百姓，使得现在的大众文化越来越低俗。比如在香港，最近就出现了最有名两个主持人想出新花样，让香港市民投票选举"你最想非礼的女演员"，自然大家蜂拥投票，最后连政府也不能不出面干预，但也只是罚款，稍微一动，香港的粉丝全都跳起来，他们认为，这个有什么不好？但难道我们真的可以同意这种东西没有什么不好？当然非常不好，非常恶心，问题是今天几乎缺乏可以批判这种庸俗的语言和氛围。

其实，文化原本提出了更高的生活方式，超越市场经济条件下人的商品拜物教，从而开展包括个人生活方式的精神上的可能性。但晚近二三十年来，这种要求在西方基本上放掉了，所有的对高级文化的批判和无批判地吹捧大众文化，实际都只是进一步助长了市场主宰文化领域，导致文化领域的日益低下庸俗，因为没有更高的标准，没有正面的价值追求。

南都周刊：这一点，也就是您所说的，自1994年人文精神讨论之后，我们所进入的文化投降主义时期吧？请问如何看待当今的超女等大众文化？

甘阳：超女只是一个单纯的现象而已，本身并没有好特别反对的，但也不值得吹捧，只是大众消费的一种方式罢了。但现在比较奇怪的是，整个社会一哄而上，有些人还硬要把它与民主等观念联系在一起，这就有点偏。我并不是要反对大众文化，只是说大众文化只是一部分，而且大众文化本身的品味有高低之分。

南都周刊：2005年年末，您和刘小枫提出重新阅读西方的说法，并指出，近百年来中国人之阅读西方，有一种病态心理，因为这种阅读方式首先把中国当成病灶，而把西方当作药铺，阅读西方因此成了到西方去收罗专治理中国病的药方药丸，而新一代学人需要摆脱这种病态心理，开始重新阅读西方。你们在三联推出"西学源流"丛书，这和"文化：中国与世界"编委会在80年代引进西方经典，前后的关联是怎样的？

甘阳：80年代的时候，我们在多年与西方隔绝后重新接触西方思想学术，当时着重的是引进西方当代的学术文化著作，也就是二战以后的西方思想、学术流派。而现在，一个简单了解西方的时代已经过去了，现在我们需要更深入地研究西方，我们强调的是追本溯源，重新检讨西方文化的整个传统。

南都周刊：您近年致力于推动中国大学的人文通识教育，是否想通过通识教育的方式重新延续80年代的文化努力？

甘阳：是，我们必须认识到现代社会并不是建立在一个单一原则上的，许多问题都必须分开处理，比如文化不能按照市场标准来衡量，大学不能按照市场经济规律来办。

中编
西方文化左派与全球文化

超越西方文化左派*

（2006）

今天的讲座我主要讲两个问题：一、对于全球文化生产体制的看法；二、全球文化生产体制与西方文化左派的关系。

不管全球文化生产体制是什么东西，我们要打破它却是十分困难的。我们很难将它界定为不好的，恰恰全球文化生产体制是非常有吸引力的。我们要进入具体的机制中去讨论它。比如说：拿奖学金，到西方国家去留学，做访问学者，出席国际会议，进行国际出版等等，都十分有吸引力。因而可以说，抽象层面的文化殖民主义，在个人的层面上却都是好的，能够增进文化交往。其最大的特点在于，全球文化生产体制不是一个强制机构，而是"姜太公钓鱼——愿者上钩"。它是一种软权力（soft power），如文化研究中葛兰西所谓的"hegemony"，也就是我们翻译的"霸权"。当然这翻译导致了很多误解。葛兰西是相对于强制力（coercing）讲的，"hegemony"是让人心悦诚服、心甘情愿的。我们翻译成"霸权"则与"霸道"有关，而葛兰西的"hegemony"几乎是"王道"。我们中国"王道"的说法不是无意义的。因为任何现实政治都是"王""霸"相糅的：也就是一方面是暴力强

---

* 本文是作者2006年6月27日在华东师范大学举办的"全球化文化生产条件下的中国文学研究"研讨会与讲习班开幕式演讲的记录整理稿。

制机制，如警察、法院、监狱等等；另一方面是文化上的甜蜜的"hegemony"，这样的机制才是事实上存在的。将学术上的套话还原到日常语言解释，就是美国"胡萝卜加大棒"的政策，或者如毛主席所说的"一手抓枪杆子、一手抓笔杆子"。美国与跨国资本为主的全球化秩序，分强制性部分（如打伊拉克等军事斗争）、软性部分和介乎软性和硬性部分之间的。因而，全球文化生产体制恰恰是由十分吸引人的、甜蜜的部分组成的，这才是十分困扰的地方。

我要在这里强调两点。第一是：作为美国—世界秩序的一部分，严格意义上讲，全球文化生产体制只有15年左右的历史，是冷战结束以后的产物。关于全球化的起点的讨论有很多，"世界体系理论"认为从16世纪开始，如弗兰克《白银资本》，但这类论述非常可疑。他们完全否定文化的意义，一切以经济结构为考量。在弗兰克这些人眼里，中国几千年来建立起来的文化观念、生活方式完全没有意义。另外，全球化理论还有如17世纪说、18世纪说、19世纪起点说，但这些似乎都造成一种印象：全球一体化是必然的，不可阻挡的；这种历史必然性观点其实妨碍了另外的可能：如果各不同文明各走各的路，是不是更好？是不是文化多元、世界多元应该会更好？我们现在却只有最简单的模式，前提也是给框定的。我以为，对中国大陆来说，目前的全球文化生产体制只有15年，因为中国20世纪90年代以后的文化、思想、教育，与以前是完全不同的。一直到20世纪80年代，中国不在全球文化生产体制之中；而90年代则是一种完全加速度地进入全球文化生产体制，但短短15年，很多人似乎已经觉得这是自古以来天经地义的事情。

从这个角度来看，新加坡与中国香港、台湾地区卷入全球文化生产体制的过程已经有半个世纪，成了体制的一部分，因而他们没有这样的问题意识，如同呼吸一般自然。大学的教授在西方拿学位，论文用英文写作，在西方发表刊物，似乎这是唯一文化可能，我工作的亚洲研究中心就完全是西方的一部分。但中国大陆却完全不同，和全球文化生产体制的关系只有15年。这方面，日本就比较特殊，日本虽然是西方的一部分，受到笼罩性的影响，但是文化上相对较有自主性，日本的学者大都在日本接受完整的教育，而且基本用日语写作，他们在文化学术上相对自成一体。中国应该更多地研究日本、参考日本。香港的学者在英国的大学拿学位，却不研究西方，只研究本地区，其中第一大领域就是中国研究。在全球文化生产体制形成之后，大家都不知道彼此在研究什么，因为香港学术研究的审批权在英国、美国，因为香港根本就没有学术共同体，是横向地专业化地切割的。中国大陆和全球文化生产体制的关系目前比较浅，但这可能产生双重性格：一方面希望避免文化殖民主义，另一方面又特别想进入全球文化生产体制，觉得没有进入其中就特别地自卑。基本上，中国大陆20世纪90年代以后就在进入全球文化生产体制之中，经济和文化都具有高度依赖性。不过最近几年中国科技界有了自主发展的倾向，因为他们发现：凡是受西方控制的重要领域的核心技术，中国反而发展得比较好；相反能够从西方直接买来的，我们的水平却停滞不前甚至"溃不成军"，这样的问题意识很普遍。短期之内需要很强的文化自我意识才有可能，现在文化意识还十分弱。

第二是：突破的困难还在于全球文化生产体制带来的思维方式的改变和问题的开展点上：特别是对时间和空间概念的改变。我们常常说："空间压缩了时间"，这确实是强有力的问题。举社会理论来说：西方经典社会理论本来建立在时间架构上的，就是从"传统到现代"的架构，现在完全改变了。现在好像都没有传统与现代的问题了，全世界都是同时代人，都同样地现代，同样地后现代，具备同时代性。这是一个很有吸引力的说法。西方从事人文社科的学者特别西方文化左派很高兴，因为现在似乎大家都平等了，西方和非西方都平等了，不像从前那样把非西方看成落后的，因此这似乎就克服了西方中心主义；非西方的人也十分满足高兴，非西方和西方都"同样现代"了。世界上所有的都成了同步发生的，全球同时进行，似乎体现所有民族和地区的平等性。但是带来的问题十分严重，各个国家、地区的整体的历史经验都被切割掉了，导致了对自身的历史经验的摒弃。长此以往会绝大程度地扭曲、掩盖不同的历史经验、历史处境，这些恰恰是需要重新来审视的。尤其现在的青少年文化，和语言完全不相干，动作等完全一样，全球一家一般。但这恰恰造成了历史的中断，掩盖了历史的具体过程。

因此，我提出"以时间对抗空间"，可能对我们的文化研究会有所帮助。这次来开会，让我想起了1994年的人文精神大讨论，而1994年的讨论又让我想起了20世纪80年代的大讨论，80年代的大讨论又让我想起了晚清、"五四"的大讨论，其一直贯穿的核心问题就是如何看待中国文化？1994年的人文精神大讨论是一个重要事件，现在重新回过头来思考：10年甚至5年之前我们都在思考一些什么问题？这是抵抗全球文化生产体制的重要方式，如果把所有的经验都抹掉了，最后仍然逃避不了自己的历史经验。

对西方的所有理论同样要放入历史脉络中讨论它的来龙去脉。今天和明天我都会讲雷蒙德·威廉斯这本《文化与社会》，这本经典著作处理非常长的历史经验：1780—1950年的英国文化，他的问题意识和做文化研究的方式都值得我们学习。从他的访谈中可以知道：从1948年写作到1958年出版共写作了10年，因为1948年艾略特出版了《关于文化定义的札记》，1948年艾略特也获得了诺贝尔文学奖，雷蒙德·威廉斯正是受到艾略特的影响。而艾略特的书也正是回应了利维斯1930年的一本小册子《大众文明与少数人的文化》。雷蒙德·威廉斯把利维斯的1930年和艾略特的1948年往前推，一直到1780年。我要把这本《文化与社会》作为一个中间环节，拉到历史的现场去看来龙去脉。问题可能是，人家确定了哪些问题是重要的，那都是从别国的历史处境中生发的，但对于我们可能就是一个假问题。现在有个流行的说法是：80年代中国非常的西化，90年代中国开始非常注重自身的问题。我的看法恰恰相反，80年代虽然表面上非常西化，但却是在中国大陆自身文化脉络中生发的中国问题，但90年代表面上的中国研究，恰恰已经越来越成为西方主导的全球文化生产体制的一部分。不要以为专注中国就是反对全球文化生产体制，这是一个陷阱。90年代以后恰恰受西方汉学的影响十分明显。整个20世纪中国始终在研究并选择西方的理论，但一直到20世纪80年代，都主要是从中国自身经验出发去选择，而20世纪90年代以后，恰恰日益走向为接轨而接轨，日益失去了自己的问题意识。中国只有立足于自己的历史经验才能够比较容易跳脱全球文化生产体制。"文化生产"这个概念本身就已经是全球文化生产体制的概念，背后蕴含了很多对文化和文学的概念，几年前我们还不使用这个词，我们要追问的是：这些词如何而来？

现在我进一步提出这样一个问题：全球文化生产体制与西方文化左派是什么关系？

全球文化生产体制实际主要由西方文化左派所打造。我们来检验一下：我可以几乎断定，大家现在读的书皆西方左派著作，而从来不读西方保守派的书。全球文化生产体制的核心是大学的教学科研体制。20世纪六七十年代以后，整个西方人文学界在西方文化左派的笼罩之下。西方文化左派不仅存在于学院中，其基本主张还体现在商品设计之中。一个著名的例子是"芭比娃娃"，本来只是按照白种人娃娃设计的，但现在设计成各种肤色的。另外如李安的同性恋电影，同性恋在美国是保守派和左派纷争的领域。我们需要追问：全球文化生产体制与西方文化左派是什么样的关系？表象上是经常在批判，实质上却是共谋的关系，问题非常复杂，很难简单断言。我这里讲的西方文化左派，主要指的是60—70年代学生运动之后形成的，在20世纪八九十年代弥漫并成为不可挑战的主流的西方文化左派。到了现在，悖论的是，西方左派越批判资本主义，资本主义就越厉害，越不受约束，这是左派和右派共同造成的。70年代西方左派攻击消灭福利国家，而福利国家是劳资调和的产物，是国家作为仲裁者保护劳方的一整套机制。西方文化左派变成了西方中心最强力的一部分，很多问题都需要检讨。全球文化并不能太乐观，需要追问实际发生了什么。我个人有很多怀疑的地方。美国先锋杂志《界限2》（boundary 2）的主编和我这样谈道：原先西方左派认为，美国老百姓因为不知道美国是帝国所以支持美国政府，如果他们知道美国走向帝国主义也会反对的；但他们在伊拉克战争后感觉，现实是完全相反的，因为就算美国老百姓知道美国对外的不正义也仍然支持美国政府的。我只能说天真的不是美国老百姓，而是这些西方文化左派本身。

我今天着重讲西方文化左派的问题，特别是英国文化左派中关键性的人物雷蒙德·威廉斯，我感兴趣的，是把他放入西方文化左派的脉络中考察。现在文化研究中有些很流行的说法和错误，例如说：法兰克福学派是精英主义的，而英国文化研究是重视大众文化的。这说法不完全错，但历史背景完全没有了，首先，当年法兰克福学派的争论对手是谁？他们为什么要强调批判大众文化的历史背景完全没有了。阿多诺等当时批判大众文化的对手主要是在美国，主要是批判美国文化，他们的对手是美国的主流的社会学家。我们要想这样一个很反讽性的倒转：20世纪四五十年代的时候，美国保守派捍卫、辩护大众文化，而西方左派特别法兰克福学派是批判大众文化的，而到了80年代后则全部倒转过来了，成了西方左派为大众文化唱赞歌，而西方保守派批判大众文化。这里面到底是什么问题？需要讲的是，英国的情况，实际50年代的雷蒙德·威廉斯和霍加特等英国左派是和法兰克福学派一样根本上批判大众文化的。只不过今天的文化研究基本上是伯明翰第二、三代的观点，他们实际已经完全背叛了威廉斯和霍加特当年的路线,却仍然捧着他们的旗杆。霍加特《识字的用途》原先的题目是《文字的滥用》,分为两个部分:被大众文化败坏以前和以后的工人阶级的文化,背景放在英国工人阶级历史文化背景中,批判大众文化实际就是批判美国化,批判美国式大众文化败坏了英国工人阶级。我们不去考察这些早年的文化研究,而盲目照搬现在流行的文化研究理论,就会有很多的问题,全球文化生产体系最大的问题就是使人相信"最新的理论就是最好的",实际情况很可能是,最新的理论是最糟糕的!

现在做文化研究的,往往表面上高抬雷蒙德·威廉斯、汤普森、霍加特三人,但这恰恰模糊了很长时间内这三个人都被年轻的西方新左派所批判。现在英国的文化研究强调英国自己的传统,似乎他们是从威廉斯一脉相承下来的,这恰恰模糊了他们之间非常严重的分歧。雷蒙德·威廉斯等实际强调英国文化研究发端于20世纪三四十年代开始的英国劳工教育,也就是后来全球通用语言所说的"成人教育"。我们可以知道,雷蒙德·威廉斯的这本书是为英国劳工教育所写,在工人夜校里教授。在劳工教育上,英国和美国的传统很不同,英国大学中的工人教育委员会当时非常发达。而今天的文化研究成了高度的学院化,违背了文化研究的初衷,因而雷蒙德·威廉斯强调文化研究是在20世纪三四十年代的工人教育中开创的。如果英国的文化研究是从劳工教育开始的,那么对于我们今后的文化研究有什么样的启示?我想启示或许就在于,中国的文化研究不应该那么学院化,而是应该到大学以外,应该到工人职业技术学院去教书,给工人教书,给农民工教书。

当时雷蒙德·威廉斯正是写书给英国工人阶级讲文学问题,教授英国文学,在英国是一个关键性的问题。《文化与社会》中谈到马修·阿诺德的背景正是"宪章运动"失败后大量工人阶级消失于无形的时候,但这样促使统治阶级考虑阶级调和的问题,要从教育方面把劳工纳入进来。这样一个运动就不仅是左派发起的，而是英国中上阶级和劳工阶级的妥协。这样在1903年成立了劳工教育委员会，系统实行劳工教育。不同于美国的"职业教育"，英国的劳工教育教授的内容是"文学教育"，由英国教育部直接拨款，主要针对劳工。这里也有两方面的困难，一方面缺少"职业培训"，另一方面缺乏工人阶级战斗性。一个教学点有一个大学的代表和一个工人教育委员会代表，队伍十分强大。但是后来50年代开始越来越"美国化"，越来越强调职业培训等等。如何把大规模的劳工阶级整合到社会体制之中，这可以说是英国特有的一个阶级调和的手段，是比较成功的。而反观中国有一两亿的农民工，谈"三农"问题我们也会遭遇教育问题。而我们能否假定：他们天生不喜欢人文教育？劳工是否只要面包教育？这些都是在英国20世纪三四十年代出现的问题：劳工不仅要知识，更要超越性的知识。这些都有一个实践的过程，并且在所有国家都不是大问题，但在中国就是一个大问题，我们还不知道如何去解决这些问题。

另外一方面《文化与社会》这本书作了一个非常大的历史文化梳理工作，为了强调：第一，从英国工业革命以来，英国的保守主义和社会主义共享一套批评资本主义与工业主义话语，即使后来路向不同。这本书对保守主义给予了高度评价，勾勒出了一个共同的传统，正如1948年艾略特提出文化是一个整全生活方式。第二，在书的结尾中提出，他反对有资产阶级文化与无产阶级文化的说法。文化对应的是一个语言共同体，而不是阶级共同体，这就带出了一个问题：阶级文化与民族文化的关系问题，比如说英国工人阶级的文化与英国文化是一部分的关系还是没有关系？20世纪八九十年代后，文化的概念完全改变了。西方文化左派的出现改变了"左派""文化"和"西方"的含义。从前"左派"致力于建立公平合理的社会经济制度，现在则成为全部精力集中到所谓文化上。我们要追溯他们的源头。我希望中国文化研究分成两部分人：一部分研究中国，一部分研究西方。要把西方的文化研究本身作为一个问题来研究，而不是简单把他们的理论和概念拿过来就用。和雷蒙德·威廉斯后期调整适应第二、三代英国文化研究者的观点不同，霍加特后期对伯明翰的走向不以为然，始终认为伯明翰中心不以文化研究为中心十分可惜，隐含了对整个文化研究的路向转向大众文化是有保留和疑问的。雷蒙德·威廉斯强调保守主义和社会主义在对工业批判上有共同的遗产，在不同的变迁和移动中考察这个问题，他反对用资产阶级文化/工人阶级文化的说法。50年代和80年代的文化论战倒转了：50年代的问题是如何评价大众文化？有问题的是大众文化，80年代则反过来了，大众文化没有问题，批判的是高级文化的正当性。西方文化左派是基本瓦解了高级文化的正当性，但在西方尚且有保守派的牵制和辩论，而到了中国就"一边倒"。今天的会议让我想起了1994年的人文精神的辩论，可以说是80年代知识分子文化热的终结，到了现在基本上已经是"文化投降主义"，现在只要是大众的就是好的，丧失了批判力。对西方文化左派的检讨，同时涉及20世纪以来对中国文学文化的检讨，特别是延安文艺座谈会，新中国成立以来整个中国的文艺、文化。抛开细致、细腻的西方文化建构的理论，从倾向上讲，西方20世纪70年代以后的讨论实际重复了中国20世纪50年代提出的很多基本问题：如人民性的问题、文学要从政治标准来讨论等，渗透到所有的领域之中。这段历史需要重新检讨。要跳脱冷战意识形态的陷阱，全盘否定或者是全盘肯定都是不对的。从中国整个20世纪来看，大众、民间本来有很强的正当性，要把下层人民纳入进来。

我特别强调雷蒙德·威廉斯1958年反对以阶级文化作为对抗，并认为文化有两个意思：第一是文学、艺术、建筑等；另一个是整全生活方式。他认为工人阶级对后者有很重要的贡献，要求的是一个文化作为整体生活方式，语言共同体作为一个最大的基准。70年代以后很大的一个变化是：文化成了互相斗争的工具。我们没有整全文化，我们只有压迫的文化。文化不仅是对抗性的，并且是用来做阶级斗争、性别斗争、种族斗争的武器。我们当然不能否认文化可以被挪用，但是文化是否有调和人类矛盾的方面？雷蒙德·威廉斯认为文化重要的是有调和的，而霍加特否认这种可能性，我们认为两方面都有。雷蒙德·威廉斯后来回应霍加特，坚持文化是有不冲突的时候，有矛盾解决的时候，是一个相当强势的辩论。到70年代，抬举阿尔都塞、葛兰西是一个转折点，虽然他们后来被更时髦的理论更新，但为什么在70年代他们占有了一个重要的地位？相对于50年代雷蒙德·威廉斯等全部只谈英国经验，1962年英国《新左派批评》则要全面摧毁英国传统，全面介绍欧洲葛兰西、阿尔都塞、福柯等理论，提出英国工业社会后工人阶级生活改善后不再是工人阶级怎么办？在这个历史条件下全面检讨英国传统。第一否定英国资产阶级革命，屈服于贵族，认为英国只有根深蒂固的保守阶级传统，能够达到阶级调和；第二探讨英国为什么会有这样强烈的保守主义传统？认为主要是由于英国没有葛兰西所谓的"有机知识分子"，因此教育、学校等机制收编进去，这时阿尔都塞、葛兰西的说法就显得特别有说服力，开始全盘否定汤普森的工作。这些都是西方内部的问题。汤普森等比较强调人民性，60年代引入葛兰西时强调知识分子的问题，80年代又转向重新批判知识分子，最后文化荡然无存，现在的文化研究其实出发点就是认为根本没有"文化"这回事，因为一起都是文化，一起也都不是文化。我要追问：文化有没有高低之分？是不是老百姓喜欢的就是好的？不能否认，工人群众是有好的也有不好的地方，但文化研究二十年来导致的是没有文化，都变成了商业推销，越来越低下。对西方而言尚且有保守派在平衡，而在中国像同性恋问题等都没有经过思索，只是因为时髦。这次选择讲《文化与社会》，中心问题是：到底什么是文化？文化有没有高低之分？几千年的文化究竟如何处理？它和我们现在的社会有没有关系？

细读《文化与社会》*

（2010）

2010年8月13日下午

大家下午好，我们今天一起来读一个文本：雷蒙德·威廉斯的《文化与社会》。我想首先讲一下为什么选择这个文本，以及它在20世纪西方思想史上占据什么样的位置。这本书非常有意思，所谓有意思，在于它是一个非常"尴尬"的文本，这种尴尬表现在几个方面：

---

* 本文是作者在中国文化论坛与北京大学批评理论中心合办"第四届通识教育核心课程讲习班"上的授课记录稿（由张静芳整理）。具体课程时间是2010年8月13日下午、8月14日上午。阅读文本：雷蒙德·威廉斯《文化与社会》（吴松江、张文定译，北京大学出版社，1991）。同时在课堂上列出了一份参考阅读书目：
阿诺德：《文化与无政府状态》（1869），韩敏中译（修订译本），生活·读书·新知三联书店，2008；
利维斯：《伟大的传统》（1948），袁伟译，生活·读书·新知三联书店，2002；
T. S. Eliot: *Notes towards the Definition of Culture*（1948）；
Raymond Williams: "Introduction to the Morningside Edition," *Culture and Society, 1780-1950*（1958; New York, 1983）, pp. ix-xii；
Richard Hoggart: *The Uses of Literacy*, Penguin, 1958；
Raymond. Williams: *Politics and Letters: Interviews with New Left Review*, London, 1979；
Perry Anderson: *English Questions*, Verso, 1992, Ch. 1. Origins of the Present Crisis（1964）、Ch. 2. Components of the National Culture（1968）；
Edward Shils: *The Intellectuals and the Powers*, the University of Chicago Press, 1972；
甘阳：《儒学与现代》（1988），收入《古今中西之争》，生活·读书·新知三联书店，2006。

第一，所有人都会承认，威廉斯这本出版于1958年的著作是西方，特别是英国新左派的一个奠基性文本。

但是另一方面，这个文本又非常不符合西方左派的口味，事实上，后来的西方左派非常不喜欢这本书。原因很简单，大家可以先看一下这本书的目录，简单地说，威廉斯在这本书里讨论的这么多的作家、思想家，绝大多数都是西方左派所特别讨厌的。从目录中可以看到，他第一个讨论的是埃德蒙·伯克，埃德蒙·伯克是所谓"头号反革命"嘛。当然"反革命"是一个非常现代的词，是法国大革命以后才出现的，因为先有"革命"，才会有"反革命"。埃德蒙·伯克是第一位现代反革命、反动派，是英国左派绝对不能接受和容忍的人物，他反对法国大革命，反对民主，反对平等，维护贵族阶级、等级制度。威廉斯的这个文本对伯克持高度赞扬的态度，这是让左翼非常难以接受的。

不仅如此，这本书出版于1958年，20世纪50年代对法国大革命的态度同时也隐含了对苏联革命的态度、对中国革命的态度、对越南革命的态度，对一切革命的态度，批判法国大革命的态度是一个分水岭，是左、右的分水岭。50年代前后有很多批判卢梭、批判法国大革命的理论，背后的潜台词则是批判苏联革命、中国革命、越南革命等等。《文化与社会》讨论的第一个作家就是埃德蒙·伯克，所以我们下面要仔细地阅读威廉斯在第一章中对埃德蒙·伯克这一部分的处理。威廉斯这样一个左翼领袖为什么会对这样一个反动派给予如此高度的重视？这是一个耐人寻味的问题。我想推荐大家读一下 *Politics and Letters: Interviews with New Left Review* 这本书，是威廉斯在70年代后期和《新左派评论》的一个访谈，里面第一个问题就是关于为什么首选埃德蒙·伯克，你们去看威廉斯是怎么回答的。

埃德蒙·伯克只是其一，你们看第五章的目录，里面提到好几本小说，特别是《西比尔》的作者狄斯雷利，这是马克思最讨厌的人，英国保守党的首相，但威廉斯对他也是有高度的评价。还有第六章讨论的阿诺德，等等，这些都是左翼无法忍受、无法接受的人。

所以说这是一个非常尴尬的文本，一方面所有西方左派仍然承认它是西方左派的奠基之作，但另一方面，很少有左派喜欢这本书，这是第一个尴尬之处。第二，从一个学科的角度讲，《文化与社会》同时也被看作文化研究的奠基性著作之一；但同样的，现在做文化研究的人很少会看这本书，看了也觉得无所得，现在流行的文化研究根本没有走在他这条路上。这个原因稍微复杂一些，需要对70年代以后西方整个文化理论有一点了解，我今天稍微讲一下。什么叫文化？在70年代的西方左派看来，文化不就是"文化霸权"么？"hegemony"这个词，我们翻成"霸权"其实是不太准确的。什么叫"hegemony"？让你去耶鲁留学，给你一份奖学金，你去不去？这叫"hegemony"，你是心甘情愿的。比较贴切的翻译或许是"糖衣炮弹"，就是今天说的"soft power"，我很反感"soft power"这个词，这就是美国人对文化的态度：文化是一种用来征服你的power。我们在读这本书的时候，要看到soft power这个逻辑隐含在这整个过程当中。

在70年代的学生运动之后，文化研究真正的对象就是文化本身，阿尔都塞的概念叫"资产阶级意识形态国家机器"。国家机器从前指的是军队、警察、监狱这些很吓人的东西，他认为这不是资本主义国家的本质，资本主义国家最有效的统治其实是学校、教育、新闻、媒体传播这一整套文化的东西，只有文化这个东西才构成了上层阶级、统治阶级对于下层阶级的真正统治，因为如果是一个赤裸裸的、铁棍的、皮鞭的统治，非常容易令人产生反抗意识。给你一份奖学金到耶鲁、哈佛去读书，你是不抵抗的，被同化进去了。所以——回到我刚才的问题——为什么后来做文化研究的人基本不会去读这本书？因为读起来味道很不对，因为20世纪60年代以后，西方文化研究的对象就是威廉斯在这本书里给予如此高度评价的一种文化。这里面有一种极端不同的看法，对于威廉斯来讲，所谓的资产阶级文化是人类的共同文化遗产，工人阶级并没有创造独立的文化，而是如何承继这笔遗产的问题，以自己的批判的创造性的信仰力，有选择性地来继承这笔文化遗产，而不是说有没有工人阶级文化的问题。什么是资产阶级文化？他认为这个词非常具有误导性。

威廉斯这个文本的有趣之处就在于，任何一本介绍文化研究的书都会提到他这本书，但也就是提及书名而已。1958年这本书出版以后，实际上成为西方左派批判的对象，但是批判过后，又给它挂上了一个奠基性著作的名头，这是西方很有趣的一点。我讲这么多，所要强调的就是：这是一个左派文本，但并不是左派所喜欢的文本；是文化研究的奠基之作，但以后的文化研究完全走在它的反面。

第三点，也是和第二点相关的，为什么后来做文化研究的人基本不会看这个文本？因为问题意识已经完全不同了。关于七八十年代美国的文化研究通常有个说法：文化研究的对象是一个"铁三角"——性别、种族、阶级。女性主义对这本书是极端不以为然，你压根就没有提过性别的问题嘛。威廉斯每次做报告，底下的女性主义者都会问他：为什么你的书里没有提到性别的问题？威廉斯只好说：我历来都非常尊重女性。这是一个非常不学术的回答。种族问题也没有提及，还有一个最大的问题，也是这个文本真正的一个缺陷：讲1780年到1950年的英国，从头到尾没有提英国作为一个帝国的问题，这是一个非常大的问题。

1988年，威廉斯去世前不久，他和爱德华·萨义德有一个对话。从这个对话的文字稿来看，萨义德对威廉斯非常尊敬，从头到尾以前辈相称，他们是在一种非常礼貌的对话中进行交锋。萨义德说他一直在消化威廉斯的《文化与社会》提出的一些问题，最后，他对威廉斯说：如果今天你自己重读《文化与社会》，你会有一个不同的感觉——因为威廉斯在整本书里面只有we，只有"我们英国"，没有they，没有一个他者——萨义德说，你如果今天再读这个文本，你实际上会意识到，背后有一个隐含的they，就是大英帝国的殖民地的人民。萨义德后来写了一本《文化与帝国主义》，我们要注意到这几个文本实际上是相对的，这本书出版的时候威廉斯已经去世了。《文化与帝国主义》背后隐含的一个文本是《文化与社会》，处理的时代是差不多的，但在威廉斯这里，整个是在英国社会文化背景下来谈所有这些作家，而萨义德是把它扩大为一个帝国的范围。《文化与社会》《文化与帝国主义》，还有阿诺德的《文化与无政府状态》，这几本书是可以联系在一起来读的。《文化与社会》背后隐含的问题相当复杂，如果摊开来看的话会非常有意思。

《文化与社会》1982年美国版的导言非常好，威廉斯谈了两个问题：第一点非常自嘲和反讽，他说：近几年，大家把这本书看作是新左派的一个奠基之作，但是我记得1968年的说法不是这样的，1968年他们说这本书只是重弹浪漫派对工业社会批判的老调而已，现在又说我这本书是西方新左派的奠基之作。……这短短两句话，用一种非常文雅的方式表达了他心中多年的愤慨；当然也表明到80年代，威廉斯的日子已经好过一些了，之前他是长期处在一个左右两边都不讨好的位置，非常孤立。

第二，实际上跟我刚才说的帝国的问题有关，他回答了一个问题：为什么这本书只处理了英国的经验？他的切入是非常明显的，在19世纪的传统里，所有英国作家都强烈地受到德国思想的影响，受到歌德、席勒、《审美书简》的影响，再晚一点，是受到黑格尔、谢林这些人的影响。这些威廉斯也都提及，但都没有处理，他把这个孤立在一个英国文本当中。他在这里所要回答的，就是对他的一个批判——说他是英国民族主义者。这是20世纪60年代，不仅对威廉斯个人，也是英国左派内部一个非常大的辩论。我在参考书目中特别列出了佩里·安德森的《英国问题》（*English Questions*）这本书，他不是单独以威廉斯为批判对象，而是批判威廉斯这一代的左翼，而且非常明确地批判他们完全是英国民族主义者。这里的民族主义和今天理解的不太一样。我认为威廉斯的辩护是成立的，他在1982年导言里说，英国是第一个工业革命的国家，第一个资产阶级国家，第一个经历了剧烈的、断裂式的社会分裂的国家，这个时候人们需要找到一种新的语言，来表达他们的感觉。所以他说，原书上，比如在原导言中提到的五个关键词——工业、民主、阶级、艺术、文化——都不是原先的意思，这是因为随着新社会的出现，人们以往的感觉经验已经完全不能把握这些东西，需要用一种新的方式来表达对新出现的工业社会——即早期资本主义——的一种感受，而这个时候，第一代亲身经历资本主义的人究竟是怎么感受的，是一个非常重要的问题。这一点我认为非常非常重要。

  我们现在也经常在用西方这些语词，但我们都是直接拿来就用，从来没有想过在我们自己经验当中生出来的感觉是什么样的，这些语词是否真正表达了我们的感觉结构？这是我们中国人特别需要问的一个问题。我们把一个非常抽象的语词拿过来，比如说什么是民主，你真的懂吗？什么叫资本主义？什么叫文化、艺术？这些语词，我们现在用的概念都是在西方两百年左右的时间里逐渐积累、转变而生成的，不是从我们自己的经验、感觉结构中凝练提取出来的。站在这个角度上讲，威廉斯的这本书对于今天的中国读者特别重要，特别是第一编"19世纪的英国传统"，如果把英国背景拿掉，用来描述1980年以来的中国完全是可以对证的，1980年以后的中国发生了大规模的资本主义、大规模的市场经济，只有1780年左右的英国可以相比。我们完全惊慌失措，完全缺乏这样一种真正的知识精英的反应，这是我选择这本书的一个目的。

在进入文本之前，我还需要讲一下英国新左派。威廉斯和佩里·安德森，这两代人相差20岁左右，威廉斯这一代在1920年左右出生，佩里·安德森这一代在1940年左右出生，基本上是两代的新左翼。这个历史和西方左翼最重要的一本杂志《新左派评论》的历史有非常大的关系，《新左派评论》最早是由50年代的两个英国杂志合并而成，正式创立于1960年，在1963年发生巨大危机，包括财政危机。实际上是佩里·安德森个人把它买下，变成了《新左派评论》的所有者，也全面夺取了新左派评论的主导权。

我在参考书目中列出了理查德·霍加特《文学之用》（*The Uses of Literacy*）这本书。霍加特是伯明翰当代文化研究中心的第一任主任，和威廉斯是同代人，两个人的经历和风格有相当接近之处。威廉斯、霍加特，再加上E. P. 汤普森，他们三个人被看成是第一代新左派，三个人的特点都是完全集中在英国经验当中，深埋于英国的传统之中。但是1964年以佩里·安德森为首的新的批判，认为整个英国传统就是一个彻头彻尾的保守主义传统，导致英国工人阶级的传统本身就是保守的，甚至反动的，所以根本上是要对英国传统，包括工人阶级传统做一个彻底的批判。

你们可以去看1964年前后的《新左派评论》《工党的性质》等等，英国确实很特别，它的社会主义运动是和工党紧密联系在一起的，威廉斯这些人都和工党政治有密不可分的关系，而1965年到1968年左右的这一代，对整个英国传统发起了全面否定的攻势。比如他们的第一篇文章，说现代危机植根于英国17、18世纪革命的不彻底，英国工人阶级除了工人贵族，整个工人运动完全变质，这当然是马克思很早就说过了，但是到佩里·安德森那一代，对英国传统的内部，对从前的工党的左翼传统，对以往所有的工人阶级运动,几乎都是持一种全盘否定的心态,认为从根本上就是保守的。这样一来,任何对英国传统的肯定式的,像威廉斯这样一个初衷,当然就要批判,因为这样的总结本身就是不彻底的,而且他们认为威廉斯也好,汤普森也好,确实他们是没有理论的。你们看威廉斯《文化与社会》原本的导论,他最后强调,他们确实有非常深的英国经验论的传统,反对理论。你们看第21页(指中文译本,以下均同)第二段,威廉斯说:

> 我所采用的方法不是考察一系列抽象的问题,而是考察一系列由各个个人所提出的论述。这不仅是因为,我的气质和素养,使我发现考察这种由个人亲自论证过的论述,比考察系统的抽象问题更有意义。

所以佩里·安德森他们第一步就是大量引进欧洲的,特别是法国的理论,而且特别是阿尔都塞的理论。用理论与历史脱节,才有更强的批判力度,这是他们的一个倾向。所以,这整个的背后都有左翼的一个大辩论在里面,这是文本本身很有意思的一个特点,其实它给我们展示了好几个传统,可以让我们去思索。

首先从文本本身来说,它是一个西方左翼非常严肃、认真地整理的英国保守主义的传统,特别是第一编"19世纪的传统"。我在这里还可以提出一个潜在的文本,就是我们中国。我们知道中国引进西方是从严复开始,严复引进的也是所谓英国的思想,钱锺书后来批评严复,说他见识少、才气低,只能欣赏比较粗糙的东西,比如赫胥黎,说他对那些细腻的、深刻的东西缺乏体会,这个批判本身是对的,虽然不大公平。但是我们可以说,中国在引进西学的时候,由于处在一个特殊的历史时期,有选择地引进了一部分理论,而忽视了西方文化背后的远为复杂、远为宽广、远为深厚的内涵,这本身可以带给我们一些思考。这是第一个问题，而且我们特别要注意：为什么对威廉斯来说，这个保守主义的传统同时应该是左翼的传统？同时应该是左翼批判性地吸收、消化、转化的一个传统？这是非常有意思的一个问题。

第二点当然是在威廉斯的基础上，我们需要重新考察1970年以后西方左派的思想，包括文化研究整个学科的思想。我们绝不可以把现在的文化研究、西方左派当作现成的真理接受下来，在我个人看来，七八十年代以后的西方左翼和西方文化研究问题极为严重，甚至我们可以说，到底威廉斯是对的，还是后面的文化研究是对的，这本身又是一个非常重大的争论，可以派生出无数的问题。

这些都是这个文本特别有意思的地方，让我们带着多重性的问题去思考80年代以来中国大规模市场经济下的30年的历史，重新考察19世纪以来中国最早接受西方思想的历史。另一方面，中国处在全球化的背景中，处在各种西方学术思想的笼罩之下，我们怎么去面对这样一些占主导地位的学术主流？不管是罗马研究也好，后结构主义也好，还是女性主义也好，中国学者都需要用自己的眼光去看，从他们内在的理路去看他们这些问题是怎么来的，这些问题是不是我们自己的问题，或者是否他们的问题在根本上就是错误的。这些都是需要我们思考的问题。

下面我们开始进入文本。这个书名的翻译有一个缺漏——"1780—1950年"，这个非常重要，书名上不可以忽略，因为文化不是一个超时间、超地点的抽象概念，而是在特定历史、地点、时间产生的，如果没有这一点，这本书本身就不成立，所以绝不能省去"1780—1950年"，而且中文版上还应该补上"英国"，也就是说，中文书名应该是"文化与社会，1780—1950年，英国"，这才是完整的翻译。这里的前言是1963年版的前言，我们看第13页一开头：

文化观念和现代各种常用的文化一词，是在被称为工业革命的时期进入英国思想的。本书即以此发现作为本书结构的原则。

文化这个问题从一开始就和资本主义处在一个关系当中，它的根本性问题是文化和资本主义的关系，脱离资本主义问题去谈文化问题是无的放矢，这是它的一个关键，是"文化与社会"的一个基本问题。威廉斯这本书的中心是19世纪以来英国社会变迁的一个反映，这是文化这个概念出现的原因。所以我们每拿到一本书，一定要看它是哪一年出版的，要把它放在一个历史背景中去理解，每一本书都隐含着批判某一个东西，或者回应某一个东西，如果不放在上下文中来解读，你的理解可能完全是错的。

下面我们来看15页的导论，这一篇是1958年版的原版导论，需要注意的是20页，导论主要讲的是我之前提到的五个语词——民主、工业、阶级、艺术和文化，这些语词在1780年前的含义是不一样的，都在工业革命时期被赋予了新的意义。关键的地方在20页第二段的中间部分，他想扣紧文化的概念加以考察，结果越讲越大，是一个非常大而普遍的思想运动。这一段第9行：

> 这个过程以极其复杂的方式融合了两种普遍的反应，第一种反应是，承认某些道德活动和知识活动实际上区别于那些推动一种新社会的力量……

意思是说，推动资本主义、工业革命这样一个社会改革运动以外，还有另外一种道德与思想的活动，是与这样一种推动新社会的改革力量不同的、分离的。这让我想起1980年的中国，那时候有两大阵营，改革派和反改革派，所有的人都是改革派，当时我和刘小枫、张旭东他们在做一些文化的翻译,经常有搞经济的人上来拍拍肩膀说:哎,我们都是改革派。我总觉得我跟改革没什么关系,那时候我对经济改革是一点兴趣都没有。

威廉斯这段话就是说,在这样的改革运动以外还有其他的道德的、知性的活动,这是文化的第一种意思;第二种意思,此处翻译"作为吸引人类兴趣的一个领域"不准确,原意是:作为人类的上诉法庭——这是一个非常西方的用词,康德《理性的批判》说,理性是唯一的人类上诉法庭的最高裁判者——文化才是判断社会改革、经济改革的裁判,它高于社会改革,而且是改革之外的另一种途径。这样一来,问题就复杂化了,下面两句话比较要紧:

> 在上述这两种意义上,文化就不只是针对新的生产方法、新的"工业"的反应。……如果文化观念只是对工业主义的反应,事情就比较简单了,但是十分明显,它也是对新的政治和社会发展、对"民主"的反应。

也就是说,以文化的名义来批判资本主义,在英国这样一个社会,绝大部分人都不会有太大疑义。那么问题在哪里?问题在于,文化同时隐含对民主的批判。这个问题就大了,就会引起巨大的争执。

威廉斯这本书的第一编"19世纪的传统"主要处理的问题是文化与资本主义的关系,第二编"中间时期"和第三编"20世纪的见解"更多的是讲文化与民主的关系,或者更确切地说,是文化与平等的关系。文化与平等的关系可能是人类最复杂、最深刻、最难处理的问题,因为文化意味着某种审美标准、文化标准,这里隐含着不平等。如果以平等的观念要求文化的话,那就是20世纪70年代以后,认为一切文化都是霸权,都是上层统治阶级用来同化、麻痹、消解下层反抗的一个最重要的堡垒,这实际上就是以平等的名义来反对文化。另外，在这本书里威廉斯讲得更多的是用文化的名义来反对民主、反对平等，威廉斯力图处理这个问题，我们来看他是不是给出了一个比较合理、充分的解释。这个问题的复杂性我们慢慢就会看到。文化与资本主义的关系，文化与民主或者说平等的关系，这是威廉斯这本书的两个中心问题。这是整本书的导论，一般来说我们看完全书后再回过头来看导论，会看得更清晰，因为导论通常写于整本书完成之后。

下面我们来看正文，第一编第一章，第一句话是：

> 工业革命时期，英国的气氛是一种充满对比的气氛。

这里的"对比"指的是将工业革命前的英国和工业革命进行中的英国进行对比。接下来威廉斯引申到了第二个有意思的对比：

埃德蒙·伯克被称为是"第一位现代保守主义者"，威廉·科贝特则被称为是"工业无产阶级第一位捍卫者"。

保守主义传统的奠基人和左翼传统的开创者，威廉斯这本书有意思的地方就在于这两大传统始终扣在一起讨论。24页，他说虽然这两人看上去水火不容，但其实他们有很多关联，包括有一些个人关系。24页上有一句翻译我必须纠正一下：

> 在英国，在争取政治民主的斗争和工业革命的发展所引起的动荡中，许多人墨守旧英国的陈规，严厉谴责这些新发展。

这是非常中国化的翻译，在我们中国人看来，旧的都是不好的，而对英国人来说，旧的才是好的，"旧英国"应该译为"老英国"。在英国有个习定用法，叫Merry England，美好的老英国，从前的英国都是好的。英国宪法跟美国宪法最大不同在于英国没有成文宪法，英国宪法在哪里？在遥远的不可追溯的从前的从前，一切政治宪政体制奠基在历史中、传统中，而不是抽象的文本中，英国没有什么宪法，从理论上就拒绝成文宪法。历史、传统是宪法，这是英国宪法的特点。

威廉斯说，以老英国的语词和语调来批判新的工业革命和新的民主革命，在这一点上，伯克与科贝特这一左一右是一样的，这两个人开创了现代西方社会批判新民主、批判资本主义的强大传统，所以威廉斯一再强调"tradition"，文化与社会的本质是一个"tradition"。这两个人的立场完全不同，无产阶级在伯克心里当然是没有地位，而科贝特是工业无产阶级第一位辩护人，但是在批判资本主义、批判民主革命方面，两个人是一样的。

你们可以先看一下190页的第一段，这里讲的是罗斯金他们的"传统"：

> "有机社会"这个概念是保守主义和社会主义共同的核心概念，他们都是在"有机社会"的这个概念上抨击工业资本主义，抨击洋洋自得的中产阶级自由主义，于是，一种保守主义的思想家和一种社会主义的思想家似乎是用同一种措辞来批判放任主义社会，并且表达了一种更优越的社会概念，这种情况一直持续至今。现在，在这种保守主义和马克思主义思想中，"有机"都是一个中心术语，共同的敌人是自由主义。

现代西方工业革命以来，出现了三个大的流派——保守主义、自由主义或资本主义、社会主义。社会主义和保守主义都是批判资本主义、批判自由主义。批判的中心问题是：把社会变成了一个孤立的原子化的个人的社会。两边都是以有机的、社会的、坚持情结的概念来批判资本主义的个人的、市场的、原子化的社会。所以威廉斯在整本书里面，特别在19世纪这部分，都在强调保守主义和社会主义的共同性的批判方面，而且保守主义强调文化的传统，同样也是19世纪的英国社会主义的基本认同。

我们再回过来看第一章。24页最后，伯克这章要特别注意，伯克批判了法国革命和整个世界可能出现的其他革命，以及这背后隐含的社会变动，伯克认为这个变动是阻挡不了的：

> 邪恶已经出现……我们必须随遇而安，去等待比我们高明的上帝之手，在英国和其他地方的实践中，将这种制度加以完善……

这是伯克的一个出发点，他并不认为可以倒转历史车轮，他只是说什么样的人该做什么样的事情，虽然阻挡不了。我们现在来看，威廉斯重视伯克的什么东西？27页威廉斯引用了伯克一段很长的话，在引用之前他首先说：

> 伯克支持波旁王朝而反对国民议会，我们没有必要与伯克持同样的政见，也能领会下面的真知灼见。

什么样的真知灼见呢？伯克说：

> 当我们破立的对象不是砖石木材而是有感觉的生灵时，慎重与细心当然就成为责任的一部分。突然改变这些生灵的状态、条件、习惯，可能会使千百万民众陷入惨境。

你们有没有想到现成的例子？90年代一片废除国营企业，国营企业好像就是砖厂、机器，难道没有想到国有企业的工人是有感觉的生灵？以一种非常高的市场改革的名义，导致数千万人下岗，现在想起来都让人后怕。伯克的意思是当你要处理这么多生命、价值、财产时，任何改革都得小心翼翼。

> 真正的立法者应该有一颗充满敏感性的心灵。他应该热爱并尊重人类，并且自我畏惧。

而我们的说法是"改革就要大无畏"，大无畏可能导致千百万生灵涂炭。看到这句话我就会想起90年代我们发明的一个非常妙的词——"下岗"。今天谁也不敢干了。在引用了伯克这段话之后，威廉斯接着说：

> 形形色色的改革者认为这段话是在鼓吹保守主义，这是再愚蠢不过了。保守主义如果以为这是反对社会改革的论据也同样愚蠢。

再看29页第一段最后一句，中文翻译不准确，正确意思是：

> 即使改革再正义、再伟大，也要受这样的限制。

不要以任何名义来进行莽撞的、涉及千百万人的社会改革，这会导致无数人处于一种完全被剥夺的状态。这是伯克的智慧，是保守主义的全部智慧所在，威廉斯认为不管你是哪一种政治立场，都应该记在心中。

通过29页下面这一段，我们最能看出为什么威廉斯对伯克有如此评价：

细读《文化与社会》　177

后来的人把伯克的观点推到了一个极端的地步，这是伯克本人完全不能接受的。他们将伯克的观点推出两点结论：第一，个人受到群众压迫；第二，一般来说，美德来源于个人而受到大众社会的威胁。伯克虽然没有现在的大众社会的经验，但他根本不接受这种立场，因为伯克是一个根本反对任何个人主义的人。他的观点毫不含糊：唯我独尊的个人是邪恶的；一切人类美德都是社会创造的……

这就是威廉斯所重视的，也是左翼所主张的，即社会的、群体的利益才是个人美德的生长地。它不是一个个人主义的东西，强调的是"体现并确保人的适当本性的是具有历史源流的共同体"，因为人生活在历史文化共同体中，个人需要受到历史文化共同体的制约，而这个被限制的权利是人权的一部分，这是伯克的观点。这就是30页最上面一段引文的意思，最后一句说道：

人所受到的抑制以及他们的自由都算是他们的权利。

这是伯克，也是西方保守主义的一个中心论点。这整个传统，我认为是我们中国人不太了解的东西。

30页，威廉斯继续在讲这个问题：

针对个人主义的民主，伯克提出民族（a people）的观念。

我们会发现这个"people"到后面的时候会有一个演变。接下来是引用伯克的一段话：

一个人民就是一个共同体的观念，共同体并不是由一代人，而是由数代人所形成的。任何共同体都是一个共同的协议，协议的性质是由某一社会已形成的形式集合而成的。

英国社会有英国社会形成的历史轨迹，法国有法国的，中国有中国的，不能离开历史的特殊性去谈这个社会，这叫历史文化共同体。所以威廉斯下面又讲：

> 人的整个进步，不仅是取决于抽象意义的历史共同体，而且取决于人所生于其中的特定共同体的性质。没有一个人能游离于这个共同体，而共同体也不是任何一个人所能随意修改的。

因此，一个特定共同体有它特定的文化、特定的气质、特定的传统。伯克提出了他的社会契约论，下面引的是伯克最有名的一段话：

> 不仅是活着的人之间的合伙，而且是活着的人、已死去的人以及未出生的人的共同体。

祖宗在哪里？不是根据自由、民主这些抽象的概念来制定一个历史共同体，而是死去的祖宗和现在的人和将来的人形成的一个历史文化共同体，各种各样的特定的规则决定了你这个共同体的性质，这是伯克所强调的一点。社会和国家是并存的，社会的确是个契约，但不是两个人可以随便订立的那种契约，社会契约是无法解除的，除非这个社会彻底消灭，除非这个民族完全消失。伯克特别反对的是，不仅仅是卢梭，也包括霍普斯、洛克这些抽象的社会契约论。保守主义有一个特点，就是反对理论。保守主义的论述是一个历史性的、文化性的论述，是嵌入于他的历史共同体的一个论述。用任何一个抽象的概念和理论来论说社会应该如何如何,都是保守主义坚决拒绝的。所以伯克强调,特定的社会都不是偶然的。

33页这段引文基本上是把我刚才讲的内容做了一个总结。伯克的这个反驳在英国人心中奠定了一个传统,不断批判工业主义、自由主义的传统,而且在保守主义、社会主义早期的20世纪70年代以前,国家是这样一个共同体的核心。他强调的是一个有机社会,是一个历史文化共同体。

> 国家不是一种局部范围的观念,也不是个人暂时的联合……不是一朝一夕的选择,不是一群人的选择,也不是乌合之众混乱轻佻的选择,而是经历了数代人深思熟虑的选择所形成的。

所以这样一种选定不是一个偶然的东西,由此形成的一个宪政,"比个人所谓的选择自由要高明千万倍",因为这样的政体"植根于人民的独特环境、场合、气质、性格以及他们的道德、文明和社会习性"。伯克反反复复强调的就是这一点。那么,都是强调共同体,保守主义和社会主义的差异何在?保守主义的共同体是一个现存的共同体,在左翼眼里当然就是一个反动的共同体——女王、贵族院所领导下的整个乡土社会。社会主义的共同体是即将形成的共同体——社会主义、共产主义、工会、工人运动。这两个共同体,一个诉诸以前,一个诉诸未来。以一个共同体的概念来批判原子论的、个人主义的、自由主义的、资本主义的共同体,这也是威廉斯如此强调埃德蒙·伯克的一个原因。

接下来是关于科贝特的内容,你们自己读一下就可以了。坦白说,威廉斯也承认,科贝特绝对不是可以和伯克相提并论的,他说科贝特充其量不过是一个大众新闻记者,特点就是感觉特别灵敏。

但是这里提到一点，早期的社会主义、工人运动并不是强调未来。大规模的工人阶级运动，在抽象理论之外，工人的性质本身已经变质了，不再是从前那种纯朴的乡村的工人。在这一点上汤普森和霍加特这两个人特别明显，威廉斯和他们不一样，他后来在《乡村与城市》这本书里对这方面的问题有所论及。威廉斯和霍加特一样，都是工人阶级出身，这是非常重要的一个因素。西方左翼，比如佩里·安德森，他不是中产阶级，而是上层阶级，极端富裕，所以他可以买下《新左派评论》。一个特点是，出身越富裕、越上层，越激进。这个是有道理的，一方面可能有点原罪，另一方面可能更实际，因为他什么都有，那种比较低级的社会主义目标对他来说没有什么意思。我们后面会谈到青春期社会主义和激进主义。

与此相对应的，工人阶级出身的左翼反而比较温和，像威廉斯和霍加特。霍加特 *The Uses of Literacy* 这本书很值得看，全书分为两部分，第一部分带有个人传记色彩，他所理解的他童年时代的纯朴的劳工，第二部分是随着资本主义扩张、有了工人政党以后的工人阶级，特别是被大众媒体、文化工业所败坏的工人阶级。霍加特也是一个非常奇怪的类型，他是伯明翰文化中心的创任主任，很多人都打着他的旗号，但实际上下面的人走的路和他根本不同。汤普森和霍加特他们是诉诸大规模有组织工人运动以前的工人阶级的传统，这恰恰是与马克思不一样的地方，某种意义上来说也是他们对马克思主义的一种批评，这是英国劳工传统中很值得注意的一个问题，当然它的前身在这本书里面也有涉及，即基尔特社会主义，行会社会主义。

所以在42页，威廉斯讲到"有两个科贝特"：

> 眷恋一种不同生活方式的乡下的科贝特，以及鼓励方兴未艾的劳工运动的劳工捍卫者科贝特。

也就是说，科贝特身上同时具有左翼的这两个传统。

到19世纪，保守主义和社会主义有更大的共同性，都是把中世纪理性化，这也是英国的古今之争，这里的"古"是指中世纪以修道院为中心的纯朴的乡土社会的一个理想化图景，因此对照18、19世纪工业革命以后的英国，认为后者是如此的丑恶、黑暗、没有人性，认为中世纪的英国比18、19世纪的英国要有人性得多，阶级矛盾要缓和得多，所以要建立一个公社式的社会来取代个人主义。在这一点上，早期的保守主义和社会主义有相当的共同点。

综上，威廉斯在第一章第一节中用伯克和科贝特这两个人，引出了社会主义传统和保守主义传统在批判新兴资本主义方面具有共同性的地方。所以在44页，威廉斯下结论说：

> 把伯克和科贝特这两个名字放在一起非常重要，这不仅是为了对比，更因为我们要了解对新工业社会的这个批判传统，就必须认识到这一传统是由差异极大、甚至对立的成分混合而成的。

其实他在后面整本书中谈的都是这两者逐渐出现分歧，但在批判资本主义、批判工业社会，包括批判民主方面，仍然有很多共同性，这是他全书的一个问题。

第一章的第二节讲的是骚塞与欧文。骚塞是英国知识分子不能容忍的一个人，是浪漫派诗人里面才气比较差的一个人，虽然大家后来都转向保守与反动，但他是反动中的反动，被女王封为"桂冠诗人"，所以被认为是一个卖身投靠的家伙。但是你们看，威廉斯又在给他说好话。

欧文大家都比较熟悉，我们以前都读过他的《国际共产主义运动》，他是空想社会主义的奠基人。

　　欧文和骚塞都属于英国以至欧洲的基督教社会主义传统，但这个传统有两个不同的方向：欧文走向社会主义与合作社，而骚塞则和伯克、柯尔律治一样，走向新的保守主义。（47页）

　　接下来威廉斯谈了很多关于骚塞的内容，比谈欧文的篇幅还要多，比较值得注意的是强调政府作用。1990年中国爆发所谓自由派和新左派的辩论，中心的问题是市场和国家政府的关系问题，事实上这是中国新左派辩论的第一个问题。一个大规模的市场推动以后，第一个问题必然就是政府有没有权利以公众的名义干预市场。从一开始，社会主义和保守主义都同样强调政府必须要干预，但是强调的重点并不相同。
　　我们来看50页上的一句话：

　　骚塞补充了这项批评，坚持政府应具有积极的功能。

　　我们要特别注意positive这个词，之前谈到的两种自由——肯定自由和否定自由，或者说积极自由和消极自由——就是positive freedom和negative freedom。所谓的消极自由就是政府尽量不要去干预，积极自由就是指政府要保证某个方面的自由。保守主义强调的并不仅仅是平民工人的物质经济条件的改善，同时强调他们的道德完善。家长制的政治概念一直是保守主义一个非常重要的传统。

　　如果任何人因缺乏关怀和文化而堕落，那么他们这些穷人、无教育的人所处的社会就有一个疏忽的罪责。

如果没有政府，社会的关怀如何表现出来？这是他们的问题。这里的很多问题我们在第二章浪漫派诗人那部分都会涉及。我们先转到53页，威廉斯讲到欧文，我刚才讲过保守主义和社会主义所强调的并不仅是下层劳工阶级的物质经济生活的改善，而且同时是道德上的完善。隐含的意思是：穷人并不等于好人。所以，你们看欧文的这一段话：

> 雇主把雇工看成只是牟利的工具，而雇工则养成一种粗野的凶残性格……

在资本主义社会中，扭曲的不仅仅是资本家，工人也被扭曲。这个问题非常重要，下面会不断谈及，一直到萧伯纳，萧伯纳是著名的劳工阶级的同情者，但他说"最重要的是赶紧把无产阶级消灭掉"，说无产阶级是没有教养的、粗野的。

我们现在的社会出现了一个问题，和1997年、1998年很不一样，那时候说关心穷人，意思是要谴责市场；现在似乎每个人都在关心穷人，包括穷人的犯罪、穷人的杀人，都是可以辩护的。杀人都是好的，舆论一片赞扬声。这对吗？我们在读这本书的时候要反反复复想这个问题，是不是有一个基本的人性道德的要求？现在谁杀人谁就被叫好，一大堆人上去帮他维权。这很不正常，我认为这是道德低下的表现，是缺乏最基本的道德判断的表现。这样下去的话，所有的人都将变成欧文所说的"粗野的凶残性格"，杀人犯会越来越多。欧文接下去说：

> 如果没有公正的立法的措施以遏止这种性格的发展，并改善这个阶级的状况，这个国家将迟早陷入可怕的甚至不可救

药的大灾难状态。

这也就是以后出现的所谓道德世界和无政府状态之间的抉择，如果资本主义没有文化的补充，那么这个社会将会走向无政府。无政府并不仅仅是政治上的意义，同时也是社会上的意义、个人上的意义。

57页，同样讲到政府积极干预的作用：

> 欧文认为新的道德世界要由积极主动的政府和国民教育制度来创造。

教育的问题在这里开始浮现。我们都读过马克思吧，他说教育者首先要被教育，那可麻烦了，谁来教育？我们毛主席说"接受工农兵再教育"，所以整个是循环逻辑。这个问题极端复杂，但是非常有意思。

综上，威廉斯在第一章谈了两组人——骚塞是偏保守主义的，欧文是社会主义创始人；伯克是保守主义的，科贝特是无产阶级的辩护人——两个传统在第一章里同时并进。

"浪漫派艺术家"我本来想跳过不讲，但是现在的80后、90后可能很少有人读过这些作品，我想这是文化上的一大缺陷，所以这一章我还是要稍微讲一下。

威廉斯力图要纠正对浪漫派的一些误解。法国大革命初期，欧洲知识界一片欢呼声，当时黑格尔、谢林、赫尔德林同时在神学院里读书，三个人兴奋地植下一棵自由之树，等到暴力运动出来以后，全部转向了保守，这其实反映了他们对这些问题非常深刻的思考，既不是简单的革命派，也不是简单的反革命派，虽然谢林经常被称为是反动派。英国也一样,刚开始的时候,华兹华斯、柯尔律治、骚塞都种了自由树,和德国差不多,暴动以后全部转向,都从青少年时代的不同程度的革命热情演变到成年时代不同程度的伯克式的保守主义,重心点不是政治批评而是更广阔的社会批评,也就是说他们的关心点并不仅仅是法国大革命,更是英国工业革命的问题,对英国工业革命的根本含义极端忧虑,这是他们最坚定的观点,也正是这样一种对英国工业革命的反应,成为文化概念最主要的来源之一。

这里面有一点我认为特别需要讲一下,61页下面一段,讲的故事是我们大家都非常熟悉的,就是说近现代以前欧洲的作家都是贵族所赞助甚至豢养的,然后转向市场,我们现在通常把这看成是全面的解放、全面的自由。错!你们看威廉斯怎么讲:

> 贵族资助制度变成订购和出版制度,进而演变成现代的一般商业出版。……比较幸运的人在独立性和社会身份方面……但这种变迁也意味着"市场"成为作家、艺术家的裁判者。

"市场"成为一个新的暴君。而且还有一个幸运与不幸的问题。威廉斯讲得非常客观:

> 在贵族资助制度下,作家与一个贴近的读者圈至少有一种直接的关系,无论是出于谨慎世故或心甘情愿,无论是为了自我标榜或为了表示尊重,他都习惯于接受这个读者圈的批评,或者依其批评行事。

这里的潜台词是说:贵族的文化修养可能是较高的,作家是比较愿意和他们建立关系的,但并不是说所有贵族的文化修养都是比较高的，运气好的艺术家可能会找到一种文化圈子的感觉，运气不好的也可能碰到一些纯粹附庸风雅、并不真正尊重艺术家的人。事实上也是如此。而当贵族资助制度转向市场裁判之后，威廉斯说：

> 由于掌握市场，作家获得独立，社会地位也得到提高，但他也受到喜怒无常的左右，而且必须取悦于人，只是这些喜怒无常或许不是来自他认识的个人，而是来自一个基本上似乎与个人无关的机构。作为作家与读者关系的典型的"文学市场"的成长，造成了许多根本态度的改变。

此时，作家所要取悦的不是贵族，而是那些他所看不起的、完全不懂文化的人。市场后面是什么？是一大堆无知的读者。我们今天非常明白这一点。威廉斯接下来讲的就是，面对这样一些由市场、金钱调动下的低级趣味、低修养的读者的时候，作家怎么反映自己的愤怒。你们看62页：

> 在此之前，作家当然也经常表现出对"公众"的不满，但是19世纪初，这种感觉变得尖锐而且普遍。济慈说："我对公众丝毫没有卑谦之感。"雪莱也说："不要接受头脑简单的人的见解。时间会推翻蠢人的判断。当代的批评不过是天才不得不与之抗争的愚蠢的总和。"

20世纪90年代韩少功他们那一代的作家就是面对这样一个市场，让人不能忍受，都是庸俗文学的要求，庸俗文学占领了市场，严肃文学作品卖不出去，越庸俗的作品卖得越好。所以我说我们1980年到2010年这三十年，这本书里的东西基本上可以套过来，只不过我们晚了一二百年而已。我们听到的评论都是市场化对作家如何好，都是片面的。

威廉斯接下来又引了华兹华斯的话：现在的人竟然把市场的、像苍蝇嗡嗡叫一样的媒体看作"公众"，把没有头脑的人看作"人民"。"人民"是一个历史文化共同体，一个长久形成的历史文化共同体会浮现出来一个文化水准比较高的文化读者群体，所以他说，具有哲学特色的"人民"和现在市场下一时的"公众"是完全两回事，作家真正要倾听的不是当下市场的要求，而是我们这个历史文化共同体所曾经有的、对文化有最高要求的这批读者，可能是死去的，可能是潜在的，可能还没有出生。不取悦当下、不讨好公众，这是浪漫派作家非常强调的一点。这一代浪漫派作家并不是孤芳自赏，他们对读者有一个最高的标准，就是历史文化共同体意义上的"人民"。

63页第三段：

> 华兹华斯也继续坚持一个"理念"，作为优秀的标准，认为一个"人民"的知识，其"具体精神"优越于事件的实际进展，优越于实际的市场行情。……本世纪里，文化——"人民的具体精神"、优秀的真正标准——逐渐成为决定真正价值的上诉法庭，以抗衡市场和社会其他交易所建立的"人为"价值。

这些都是以一个更深的历史文化共同体所潜在的文化标准，来抗议当前市场对作家、艺术家所提出的庸俗化的要求。我们现在读起来会更加有感觉，因为从前我们只是在理论上来领会，80年代以后，我们才对这种东西有一种切肤的感觉。当然，我们也看到大多数人都是走的"投降路线"，我们现在的中文系都在做什么样的文学批评呢？

威廉斯接下来又引用了亚当·斯密的话，亚当·斯密说了，写一本小说和生产一双鞋子是一样的，都是商品。艺术家们怎么能够忍受呢？他们当然要反抗。可见，以文人自居的人接受资本主义，是非常可笑的事情。

我这次破例把我自己的一篇文章列为参考书目之一，80年代文化热中曾经出现的一个早期现代性批判是一个文化立场的批判，你们去看一下刘小枫的第一本著作《诗化哲学》，这本书的立场基本上是一个浪漫派诗人的哲学，我这篇文章《儒学与现代》也是有这样一种情结在里面，虽然当时是朦朦胧胧地感觉到的一个东西。这篇文章对市场和民主开始有明确的批评的点出，我比较珍视的是80年代我为什么会有这样一种情绪，我认为我并不是在事后故意夸大这个东西。当时我们这些人喜欢的都不是怎么推进市场经济改革的东西，我们本能地感兴趣的都是欧洲批评现代社会的东西，这是由本能和趣味所决定，这种东西我觉得仍然没有被认真分析。我认为这个原因其实并不难找，中国文化本身有一种人文传统，对这本书里反反复复批判的机器的、工业的东西本能地有一种反感。

在20世纪80年代的中国，为什么还有一部分人对这些东西这么感兴趣，这是从文化的角度批判资本主义的一个非常重要的问题，也是威廉斯在这本书里着重讨论的一个问题，也就是英国的一个特点，在所有西方发达民主国家中，英国是没有古典社会学传统的，这也是佩里·安德森他们都指出的一个问题。现代社会学的第一个奠基人是德国的韦伯，第二个是法国的涂尔干，然后20世纪30年代到20世纪50年代，美国的社会学非常庞大。英国没有像韦伯、涂尔干、马克思这样的人，英国的社会学恰恰是以文化与社会作为一个进入点，从文化的角度对现代社会进行强烈的反应，而不是用社会科学的观念去分析，这恰恰是英国的特点所在——从文化、文学、艺术的角度去关照这个现代社会、去批判这个工业资本主义——这也是威廉斯特别重视这个传统的原因。英国大学在很长时

细读《文化与社会》　189

间里是没有社会学系的，60年代以前只有人类学系，吉登斯是英国第一位社会学教授，他实际上是在努力地从英国的角度补英国的社会学传统。他的做法和美国的帕森斯一样，都是首先总结欧洲的社会学理论的传统，他其实不经意地重新改写了帕森斯的社会学理论的传统，因为以后的欧洲社会学传统是由帕森斯所写的，大家基本上都是按照帕森斯的理论来理解欧洲的古典社会学理论传统。帕森斯的理解是韦伯、涂尔干和意大利的帕累托，他没有提马克思；吉登斯做了一个比较了不起的工作，就是用马克思替下了帕累托。这是吉登斯一个比较有意思的贡献。他首先总结这样一个传统，然后发展英国的传统。这其实也是中国知识界应该做的事情，首先独立思考和认真总结西方传统，再发展中国对现代社会的思考，而不是人云亦云。帕森斯也是这么做的，美国从前是没有文化、没有学术的，他也是首先总结欧洲的传统，再发展美国的学术和思想。

所以，威廉斯这本书实际上是以英国的特殊性总结了英国古典社会学理论，这个理论的特点是文化和文学，而不是社会学的外在批判，着重的角度是内在人性是否能够发展。

67页，威廉斯特别引用了布雷克的一首诗，这首诗的意思就是说：英国应该怎么办？因为法国已经放弃了文学、艺术，而完全以外在的力量来征服；如果英国不走文化的道路，那么法国将恢复它的文化道路，"在不列颠国土上更新艺术，法国必将膜拜顶礼"，相信文化的力量才是一个民族的真正价值所在。当时英法战争持续多年，法国是英国的头号敌人，法国的拿破仑军队长期侵扰英国，极为可怕；布雷克的意思即是说，这并没有那么可怕，我们英国只要有文化就行。这是非常有意思的。

在浪漫派诗人这一部分，我们看到的是文学家、艺术家对早期资本主义的反应，他们感觉到资本主义和文学、艺术格格不入，资本主义是对文学、艺术的最大妨碍。威廉斯对此体会非常深：艺术家之所以对资本主义如此深恶痛绝，恰恰表现了他们的绝望之深，他们面对的是一个他们根本无力对抗的社会。你们看70页：

> 艺术家要求之高，正是他们绝望之深。他们强调地界定他们的职业高尚深远，然而他们之所以作这种定义和强调，是因为他们相信新社会的组织原则与艺术的必要原则之间格格不入。

这是浪漫派的一个基本感觉；另外，威廉斯也强调了早期浪漫派诗人并不是后来所说的只是个人天才，他在71页特别引用了华兹华斯在《抒情歌谣》序言里的一段话，强调诗歌是植根于人民之中的。这里的"人民"仍然是我们之前讲到的伯克意义上的历史文化共同体的"人民"，也就是华兹华斯所说的，这样一种艺术所诉诸的官能，"如果没有沉浸入各民族的精神"，是不可能得到提升的。所以他始终强调这不是一种个人主义意义上的艺术家的路线，艺术、文学是深深植根于历史文化共同体的"人民"之中的。

74页，威廉斯总结了浪漫派诗人的倾向，一方面，它具有文学本身作为批判资本主义社会的传统，它并没有放弃社会；另一方面，当他们日益感觉到无法反抗这个社会的时候，浪漫派就很有可能走向一个自我标榜、孤芳自赏、为艺术而艺术的传统，也因此，人们对后期浪漫派诗人的理解往往是他们脱离了对资本主义、工业主义的批判，似乎艺术家就是沉浸于一个小圈子的天才。中国20世纪80年代所谓诗化哲学、诗人哲学家的倾向，基本类似于后面这一种比较消极的态度，包括我个人，抱着一种退离社会的心态，感觉到这个社会非常庸俗、龌龊，好像要在艺术文化中寻找一方净土。但是威廉斯在这里要强调的是，浪漫派诗人始终是植根在英国的土壤上，始终是和英国的社会现实，特别是对英国早期资本主义的批判紧密联合在一起的，文学、艺术本身是批判资本主义的一个内在的传统，甚至最重要的一部分，这是威廉斯一再强调的。在后面几章，我们会看到消极的一面越来越多。

第三章是重点，特别是关于柯尔律治。《穆勒论边沁与柯尔律治》这本书好像已经有中译本，导言是利维斯写的。这一章里面威廉斯其实是处理了两个问题：

穆勒是真正的19世纪自由主义的集大成者，所以由穆勒来总结边沁和柯尔律治——一个是自由主义的代表，一个是保守主义的代表——是非常有意思的。穆勒在19世纪中后期已经意识到自由主义的很多内在缺陷，希望用保守主义来补充自由主义，这是他的一个出发点。穆勒有一个非常有名的父亲——詹姆斯·穆勒，世界上第一本印度史的作者，印度的历史首先是由英国人写的。詹姆斯·穆勒本人具有很强的功利主义意识，他认为所有的现行教育都是荒唐的，所以小穆勒是在家里受的教育，完全没有进过学堂。詹姆斯·穆勒完全按照他自己的模式来教育小穆勒，省掉了一切他认为没有用的东西，什么文学、艺术都是不教的，所以小穆勒说他没有童年，从来没有游戏，也没有读过诗，他所接受的教育只有逻辑、数学这些方面。但是穆勒成年后碰到一次非常大的感情危机，他突然读到了华兹华斯的诗歌，突然感到灵魂震动，突然觉得功利主义的东西讲的都是外在的东西，没有内心的东西。当然穆勒本身是一个悟性极高的人，他从个人推展出去，开始重新思考自由主义。功利主义是自由主义在19世纪的一个主要代表，功利主义并不像一般想象的那么庸俗，我们现在比较好的也无非是功利主义而已，强调最大多数人的最大幸福，是一个物质分配的问题。

在那次灵魂震动之后，穆勒写了几篇文章谈柯尔律治和边沁，83页上有他对这两方面看法的总结，一方面是他对以边沁为代表的自由主义的看法：

以人类获益于文明多少的问题为例，一位观察者对于舒适物质生活的与日俱增十分敏感，知识的进步与扩散，迷信的衰退，交往的方便，礼仪的融洽，战争与个人冲突的没落，弱肉强食的暴行逐渐受到的限制，众多的合作在全球取得了伟大成就：他于是成为一种常见的人——"我们这个开明的时代"的崇拜者。

另一方面是他对以柯尔律治为代表的保守主义的看法：

另一位观察者更注重的是这些好处的沉重代价：个人能力与勇气的松弛；自重自信自主的丧失；使人类的大部分成了人为需求的奴隶；一见到困难的征兆就怯懦畏缩；他们的生活尽是呆板不振的单调，性格乏味而没有热情，没有鲜明的个性；依固定规则执行固定工作的生活产生狭隘的机械式理解力；……财富与社会地位的不平等产生危害道德的后果；文明国家的大批群众辗转受苦，并不比启蒙以前的群众生活得更好。

穆勒认为这两方面都只有一半的真理，他希望能有一个综合，下面他点出了一个古今之争的问题，这里的"古"首先指的是中世纪的"古"。我在这里顺便要讲一下另外一个隐含的文本，古希腊的地位也是在这样一个背景下才被重新提了起来，在19世纪以前，古罗马的地位远远高于古雅典，即使对于古希腊，也是斯巴达的地位远高于雅典，一切都在19世纪末发生了改变，而这种改变和这本书处理到的文化、文学批评有非常深的关系，即，在建立文化、文学批评的标准时，人们立即发现罗马没有什么文化，于是转向古希腊，转向雅典。西方世界出现的第一本古希腊史是穆勒鼓励他的一个朋友格鲁特写的。这些都是19世纪中叶以后的事情。所以并不是说古希腊历来如此，西方每个时代的古典标准都是在不断改变的，我们必须用历史性的眼光看待西方，看他们的标准、品味，包括科系建构有一个怎样的变化脉络。英国从前没有社会学，只有人类学，因为英国是帝国，他们的人类学首先就是用来处理第三世界国家的。

85页，民主的问题出现了。穆勒总结了他那个时代出现的一个问题，工业革命意味着大量工人阶级开始进入历史舞台，从前这些人都在乡村，现在进入了城市——关于这方面，恩格斯的《英国工人阶级的状况》是经典之作，大家最好读一读——这就引来一个问题，"人民大众迫切需要由智力与德行都比他们高的人来统治"。穆勒当然是希望两个极端都往中心靠，这是他的一个基本想法。

87页，穆勒从他个人的感受出发，做出了对于自由主义——我们可以引申出对于社会科学的——一般的批评，即边沁对人的感受性方面了解极少，对人的内心世界一无所知，认为人只要喂饱了、住好了就行了，哪有什么内心世界？我们现在也是这样，工资提高了，房子越住越大，肉吃得多一点，不就如此吗？

你们再看91页，这都是穆勒比较深刻的地方，以后延伸出了对于马克思主义的批评。

> 像边沁这种哲学……是只能教人组织并规定社会事务的事业这方面的那种手段……对于社会的精神利益毫无帮助。

在某种意义上社会科学都是如此，认为只要把社会改造好了，贫富差距都解决了，那就什么问题都没有了。他们没有想过内心世界怎么办的问题。

接下来引了柯尔律治在《教会与国家政体》中提出的著名问题：

> 国家的福利、人民的幸福与快乐有没有随着环境繁荣的进步而进步？富人数量的增加，难道应该理解为国家的富裕吗？

穆勒此时已经意识到文化不是一个可有可无的点缀性的东西，文化、文学、艺术是涉及人内心深处需要的一个问题；但是在资本主义社会中，它没有得到一个正确的地位。穆勒力图把这两者结合起来。

94页，威廉斯非常深刻地点出了穆勒立场和柯尔律治立场的区别：穆勒的立场是，对文化的强调是扩大功利主义传统的方法，也就是说，从前的功利主义、自由主义太狭隘，所以要用文化来补充它；柯尔律治的立场是，文化远远高于市场，高于社会改革，文化是最高法庭的裁判，改革是否有意义，要靠文化来裁判，"文化是一切社会安排都要服从的上诉法庭"。

我们衡量一个人之所以为人，一个文明之所以为文明，标准是什么？仅仅是因为富裕吗？仅仅是因为兵强马壮吗？GDP增长就是最高成就吗？柯尔律治说，全部的衡量标准就是你造就了什么样的人，是不是有精神素养的、有教养的人，这是柯尔律治的问题，关于最高标准的问题。你们看95页最后一段引言：

> 国家的长久存在……国家的进步性和个人自由……依赖于一个持续发展、不断进步的文明。但是，这个文明如果不以教养为基础，不与人类特有的品质和能力同步发展，那么文明本身如果不是一种具有很大腐化作用的影响力，就是一种混合低劣的善，是疾病的发热，而不是健康的焕发，而一个以这种文明著称的国家，与其说是一个完美的民族，不如称之为虚饰的民族。

这是柯尔律治认为的一个现代社会应该追求的东西。我在这里也必须讲一下，这是博雅教育真正的来源所在，也是第六章纽曼谈大学教育时所秉承的一个理念，大学是抵抗资本主义的堡垒，是塑造文化人性的堡垒，这是纽曼大学理念的核心立场，也是整本书一以贯之的立场。

纽曼理念的前身是柯尔律治所谓的国家教会的问题。柯尔律治认为一个文明的维护需要一个有教养的文明阶级。98页第二段：

> 柯尔律治提出一个由国家资助、以"普及教养"为责任的阶级，这个建议值得注意。他称这个阶级为知识阶级或国家教会。

柯尔律治强调这个"教会"不是原有的教会的意义，而是一个文化阶层的教育，必须是国家所养而不是私人所养。他提出"三个阶级"的概念，第一阶级是地主，第二阶级是商人，第三是文化阶级，也就是他所称的"国家教会"。这样一个立场在纽曼那里变成了一个大学理念的问题。他们的中心理念是完全一致的，就是要有一个制度、一个机构、一批人来维护文化的标准，维护文化艺术的发展，而且中心的问题并不仅仅是文化艺术，而是对全社会有教化作用，使整个社会、整个民族成为有高度修养的民族。

第99页第一段引言：

> 要有比较少数的一批人来保持人文学科的本源，培养传播原来已拥有的知识，守卫物质与道德科学的利益……这整个阶级的目标和最终用意在于保存并保护过去文明的宝藏，以此联系今天；使过去的文明完美增色，从而连接今日与未来；但是，最重要的是，把必要的知识的质和量传播于整个社会以

及每一位应该遵守法律并享受权利的国民……

其实这方面早就有社会实践了，就是我们中国的士大夫政治。我特别把我的老师席尔斯（Edward Shils）的 *The Intellectuals and the Powers* 列在参考书目中，这本书里有两篇文章都是谈20世纪50年代的英国知识分子，我这次没有时间来讲这一块，希望大家自己找来读一下。席尔斯对英国了解非常深，他认为柯尔律治的这套东西在中国儒家士大夫传统那里早就实践过了，即是以文化阶级作为整个社会的领导阶级，最重要的是，文化的力量渗透于整个社会的各个角落，我们中国人称之为教化的过程。但是我们反而会看到，这在新的民主的问题上会变成一个很大的问题。

如果没有这样一个文化阶级会怎么样呢？92页：

> 我们将被油嘴滑舌的经济学家组成的可鄙的民主寡头政治主宰，同这种寡头政治比较起来，最恶劣的贵族政治也要高明得多。

对比我们自己的情况，我们不就是曾经被油嘴滑舌的经济学家组成的寡头政治所主宰吗？这是20世纪90年代全世界的通病，一大批经济学家把我们都俘虏了。

97页，威廉斯指出，柯尔律治对文化的强调和后来的意见非常不同，柯尔律治认为文化和教养不是一个个人的问题，不是一个个人主义路线的问题，而是一个社会制度问题；后来谈的文化教养好像纯粹个人的事情。威廉斯不断地提醒，以往的要求要高得多，是整个社会走向高度教养而不仅仅是少数个别人：

> 柯尔律治和他之前的伯克一样，坚持认为人需要机构来

肯定并构成他个人的努力。教养虽是一种内在过程，但绝不只是一种个人过程。

也就是说，教养本身必须同时改造社会，如果一个社会完全是"金钱至上"，是不可能形成教养的。这也是威廉斯一再讲到的"19世纪的传统"，他们的理想非常高。当然，20世纪以后对社会改革越来越幻灭，越来越成为一种个人性的小资情调的东西，这不是威廉斯所赞同的路线，所以他一直强调19世纪的传统是文化、教养、博雅教育，同时是一个社会改造的过程，是一个双方不断相互改造的过程。

97页到98页，威廉斯比较了柯尔律治和伯克之间的差别，他们同样在讲政体，不同在于，伯克的保守主义可以说是更反动，他认为这样一个社会的上层阶级已经存在，就是现在的君主、贵族院，这就是现在社会的领导阶级；而在柯尔律治看来，现存的统治阶级并不可取，需要重新打造一个文化阶级。在这之后，知识分子这样一个命题会逐渐出现。

我建议大家仔细看一下柯尔律治这一章，因为后来的很大一部分传统都是从柯尔律治这里过来的，所以穆勒说柯尔律治是一个"种子心灵"，所有人都从柯尔律治这里抽取不同的结论。柯尔律治当然是最伟大的诗人之一，他的诗数量很少，但质量极高，在英美文学界他的地位已经超出华兹华斯。

讲卡莱尔，非常精彩。卡莱尔的作品中国翻译的不太多。在这一章里，威廉斯是在竭力纠正卡莱尔的形象。卡莱尔最有名的形象，也是中国人对他的理解，即是他那本《英雄和英雄崇拜》；而威廉斯强调这不是卡莱尔的主要一面，而是卡莱尔在衰落期的一种绝望的表现。卡莱尔真正的贡献在于，一方面，"工业主义"这个词是他发明的，很多概念都是他首先提出的，比如你们看108页的第一段引文：

如果我们需要用一个专有名词来形容我们这个时代，我们忍不住要用的不是英雄时代，不是虔诚时代，不是哲学时代或道德时代，而是机械时代（Mechanical Age）。

"机械时代"这个概念也是卡莱尔提出来的。马克思特别称赞卡莱尔的这个方面，马克思对资本主义的批判相当一部分都是引用了卡莱尔对英国资本主义批判的内容。但是，威廉斯强调，卡莱尔走向了另外一个方向，不是马克思的方向，而是文化的方向。之前我们提到，穆勒批判边沁只注重外在社会的改造，而不注重内在心灵的需要。在这一点上，马克思也是一样，马克思有一个非常乌托邦的想法，认为一旦社会改造完成、共产主义建立了，人性自然而然就会发挥出来。所以在某种意义上，文化在马克思本人那里是欠缺的。20世纪，文化成了西方马克思主义最重大的关注所在，但直接可以从马克思本人那里抽取到的东西并不多。对于阶级、政治、经济的分析，马克思才华绝伦，但是他认为所有的问题都取决于社会制度改造，人压迫人、人剥削人的不平等关系都解决以后，人自然而然就变成自由的人，可以充分发展。卡莱尔与马克思的不同在于，他继承了之前的"文化与社会"的方向，而走向阿诺德的"文化与无政府"；也就是说，他强调外在的社会改造和内在的文化培养同时进行，这是他的一个基本观点。卡莱尔的语言非常精彩，机智绝伦，所以英国人特别喜欢引用他的话，虽然他的思想并不是最深刻的。19世纪人们曾经认为卡莱尔是最伟大的思想家，到19世纪结束时就他称不上最伟大了。

你们看110页的一段引文：

细读《文化与社会》　199

> 如今人们最感兴趣的一种是纯属政治的安排……法律、政府就绪，便万事大吉；其他一切自然水到渠成！我们全心信奉这条原则，而且机械到怪异的地步，一种专门以此为根据的新勾当就此崛起，这种新勾当叫做"法则编纂"。

这里的"法则编纂"是指《拿破仑法典》，之后整个欧洲进入了一个编法典的时期，商法、民法……所有法典都编好了，人类社会好像就万事大吉了。

> 机械论的根现在已经深入人的最深处、最基本的信念来源，正在它的整个社会生活和活动中萌发出无数会结出带毒的枝条的果实。……对任何对象，我们的第一个问题不是"什么"，而是"怎么"。

美国最有趣的一点就是到处都是how，一切都非常机械。
从110页到111页威廉斯引用了好几段卡莱尔的话，然后他分析说：

> 当我们用内在要求的观点来看，以上所有都是外在执着的一个角度。

他接着引用卡莱尔的话说：

> 对内在或动力领域的不适当培养，将导致闲散、虚幻、不切合实际的途径。……对外在领域的不适当培养，……必然导致摧毁作为其他一切力量之源的道德力量。

如果没有内在的培养，一切都只是外在安排，那就是无源之水、无根之木。这是威廉斯一再强调并认同的一个传统。

我之前讲过，威廉斯出身劳工阶级，又是剑桥大学英文系的学生，所以在他身上表现出两种基本认同之间的冲突——一方面是他对于工人阶级的绝对的忠诚和热爱，另一方面是对于高级文化的热爱和忠诚。在他所处的时代，这两方面经常发生冲突，而他本人则是在不断地试图弥补这样一种冲突。卡莱尔与之不同的一点在于，他并没有完全否定工业革命的进步，所以马克思喜欢他也是有一定道理的；但是后期他又变得很悲观，就去搞英雄崇拜了。

116页到118页我只能基本点一下，卡莱尔是一个非常善于捏塑概念的人，116页上提到卡莱尔又提出了著名的"英国状况"（condition-of-England）问题，恩格斯的《英国工人阶级状况》（*Condition of English Working Class*）就是从这个词来的。"英国状况"是整个西方的一个问题，它意味着一个新的工业社会到底是一个怎样的世界，"英国状况"就是曼彻斯特，又脏又乱，贫穷不堪。

117页最后一段引文，卡莱尔说：

> （工业革命）就是我们的法国大革命：请上帝开恩，让我们用比较温和妥善的办法来处理好这场革命吧。

英国工业革命所带来的社会问题的严重性，一点都不亚于法国大革命所造成的那种断头台的恐怖。如果不找到一种温和的办法，那么英国社会也将同样走向这样一种非常混乱的解体的地步。这里面就有一个民主的问题了，卡莱尔坚决拒绝民主，认为民主不能解决任何问题。工业革命、资本主义的发展，意味着一大批工人进入了新的社会历史舞台，这帮人该怎么办？他们在社会上应处于什么位置？比如参政权的问题，他们是不是有政治发言权？民主是一个问题。118页第一段引文：

> 凡是稍有眼光的人，都能看出民主并不是最终的解决办法；即使完全赢得民主，也并不算赢得什么——赢得的只是一种空洞的东西，以及大家彼此自由倾轧的机会。

卡莱尔把民主看成是放任市场经济的一种政治表现，认为民主是要取消秩序和政府，使人自由追求个人利益。在此，威廉斯断然表示：

> 今日读来，任何对民主的这类批评都会立即受到成见的迎击……然而这种批评有它的公正之处……无论什么时候，如果民主只是纯属政治上的摆设，那就应该受到卡莱尔的这种指控。我们这种社会里的民主精神，实际上大部分就是放任主义精神：对新的利益放任自由，从而造成各种新的社会问题。

威廉斯的上述这段话是接着卡莱尔讲的，他认为卡莱尔的批判具有深刻意义。

> 卡莱尔呼吁的是治理而不是民主，他说这是英国劳动人民的要求，他们要求的是更多、而不是更少的治理；要求的是更多、而不是减少的秩序。在本质上，他又说对了，而且一直是对的——英国工人阶级虽然要求民主，但他们要求的民主是更多的政府管理、更多的秩序、更多的道德控制。

在20世纪50年代，美国有罗斯福的新政自由主义，本身就强调政府干预，英国也都是强调政府干预，所以威廉斯说英国工人阶级所要求的始终不是更少，而是更多的政府干预。但是到后面我们会看到，在工党执政以后，这样一种信念开始出现动摇，政府是否干预的问题，包括道德管理、文化管理的问题都出现了。当然这是后来的事，这里讲的还是19世纪的传统。

在19世纪，有一个相当普遍的看法，我们之前已经提到过，即是在民主呼吁很高的时候，在人权呼吁很高的时候，伯克说，受历史文化共同体对自由的制约本身就是人民的权利之一。卡莱尔接续着这个观点说：

> 在所有"人权"之中，最无可争议的一项权利当然是无知的人有权利将自己交给比较有智慧的人来指引，让有智慧的人温和地或者强迫地使自己去走真正的道路。

这当然是从柏拉图以来的一个非常强的传统。

> 如果自由有什么含义的话，就是意味着能享受这项权利；享受了这项权利，也就能享受其他所有的权利。

也就是说，如果你不接受有智慧的、更高教育的人的治理，那么你的其他所有的权利都有可能会丧失。一旦让一帮暴民选了一帮愚蠢的人来治理，把社会搞得一塌糊涂，到时候所有其他权利都会丧失。这是在19世纪里面不断出现、不断强调的一个问题。

接下来，威廉斯同样分析了卡莱尔和伯克的差别所在：

> 伯克认为已经形成了一个有充分能力的统治阶级，现成的统治阶级就是足够好的统治阶级；而卡莱尔则认为现在的统

细读《文化与社会》 203

治阶级——贵族院、女王——都是在玩忽职守,根本没有起到作用。他呼吁掌权阶级应妥善运用权力,使自己成为一个主动、负责的统治阶级,并且清除自己的"无为主义"。

有意思的是,卡莱尔的这个呼吁并没有受到贵族阶级的响应,反而是受到中产阶级,也就是英国自由党的欢迎,后来英国自由党就走向了这样一个路线,倾向于更多的政府管理等等;这个呼吁也受到后来的保守党首相狄斯雷利的注意。

中心的问题是,卡莱尔一方面反对放任主义,同时也反对激进主义革命。这其实是一个非常深的英国传统。最有意思的是,卡莱尔说这更多的是英国劳动人民、英国工人阶级本身的要求,而且威廉斯说这是对的,历来就是如此。我们读到20世纪后期的时候会再来看这个问题。

120页到121页,强调政治最重要的职责之一是推广国民教育、全民教育,并不是让下层阶级简单地享受物质利益就够了,而是要在文化上把下层阶级同化进来,这是英国政治的特点,所以说英国政治一直有一个非常强的文化政治的路线。实际上,虽然这些作家、艺术家、思想家的主张并不是完全性地被采纳,但是这样一种精神确实体现在英国政治中,我们下面会讲工人教育委员会的问题。英国是第一个工业革命的国家,如何对待大规模的工人阶级,如何避免社会动乱,这是统治阶级不得不考虑的问题。他们的手段并不仅仅是面包,同时还有教育。

122页第二段:

> 把文化看成是一个民族整体生活方式的概念,在卡莱尔手中得到了新的强调。他以此抨击工业主义,认为构成一个适当含义的社会远不只是以"付现金为唯一关系"的经济

关系。

任何一个社会都不可能靠经济关系来定义，否则这样的社会是非常低级的，也是难以长存的，没有文化的社会是不可能受到尊重的，光是物质上富有并不说明问题。

威廉斯最后又为卡莱尔做了辩护。卡莱尔认为这个社会非常混乱，需要强有力的权威来统治社会，但是，他最后强调的仍然还是文化的权威，也就是"文人英雄"的概念，这也就是《英雄与英雄崇拜》非常有名的第五章的内容：最根本的英雄是文人英雄，因为他们才能树立最终的标准，其他政治的、工业的、财团的英雄最后都应该向文人英雄低头。这也是威廉斯所特别强调的，即使在这本卡莱尔最糟糕的书里，他仍然没有放弃文化的概念。这就是卡莱尔。他的语言和我们现在的社会应对性非常强，因为在某种意义上，他描述的就是我们中国的现在。

我简单地讲一下。在"工业小说"这一部分，我们会注意到一点，那些有良心的、批判资本主义的人，这些本来将矛头指向资本家和工厂主而对劳工报以同情的人，开始越来越多地惧怕劳工。这种对工人的恐惧、对工人暴力的恐惧，在这些小说里面表现得很多，狄更斯的《艰难时世》是一个典型。狄更斯非常深刻，他最根本的文学意向是"孤儿"，资本主义的特点是"孤儿"，所以我觉得从前的译名"孤心泪"非常好。资本主义造成的个人就是一个"孤儿"，这就是历史文化共同体完全被切断的一个表现，但与此同时，狄更斯的作品也反映出英国的一个特点，即最后总是妥协，故事最典型的结尾就是孤儿得到一笔遗产。所谓孤儿就是无父无母，没有家庭，资本主义完全摧毁了人间最亲密的家庭关系，这是狄更斯作品隐含的意向，也是很多工业小说所隐含的意向；另一方面，工业小说的另一个典型特点就是以阶级妥协、阶级调和为结局，工人的女儿嫁给了企业主，诸如此类。

威廉斯在这一部分强调的则是另外一点。138页，他讲到了狄斯雷利的《西比尔》，又名《两国记》。"two nations"是什么意思？英国是一个国家还是两个国家？"two nations"即是指富人和穷人。我们要知道，狄斯雷利后来成为英国保守党的首相，英国1876年的民主改革是在狄斯雷利手里完成的，尽管他仅仅当了一年的首相。这次民主改革使大量工人进入了选举，这是保守党而不是自由党完成的。《两国记》写于1845年，当时狄斯雷利大概40多岁。小说一开始就以对话的形式谈到"两个英国"，一个是富人的英国，一个是穷人的英国。中国现在也是这样一个状况，穷人的中国和富人的中国是完全不同的中国。值得注意的是，威廉斯非常敏锐地点出了狄斯雷利小说的结尾预示了英国政治真正的走向——不是劳动人民和保守派的结合，而是地主和企业家的联姻。

这也是佩里·安德森1964年那篇文章所指出的非常重要的一点：英国的所谓资产阶级革命从来都是不彻底的，贵族从来没有真正被打倒过。贵族是以土地为保障的，有土地就必然有农民，他们在相当长的历史时期中又必然形成很多的亲属关系，所以这又是一个温情脉脉的共同体。这就是英国贵族政治的复杂之处，一方面它是高度的不平等，另一方面，相对于资本主义赤裸裸的金钱人际关系，它又是一个人情社会。所以，贵族制的乡土社会是一个非常特别的东西，在它的背后又有着我们所说的乡土劳动者的群体，这两个东西往往会混合在一起。

狄斯雷利1876年民主改革导致了民主的另外一个走向，即托利民主，托利党就是保守党的意思。所谓托利民主，是指自上而下的民主，是在君主、贵族院领导下的民主，这是狄斯雷利的中心意思，实际上英国也是这么走的，其条件是工人贵族的出现。我们要注意一点，狄斯雷利时代的两大对立政党是保守党和自由党，今天的英国保守党仍然叫托利党，而自由党已经没有了，也就是说，保守党把原先的自由党纳入进来，变成了土地贵族与金融资本、工业资本的融合，所以它本身即有内在冲突。英国的历史非常值得注意，它是一种非常不典型的资本主义的历史，极为复杂。

你们看142页，威廉斯分析狄斯雷利《两国记》的最后一段话：

> 结婚钟声的敲响，并不是庆祝一个国家的组成，而是庆祝马尼和毛布雷两家财产———一家是农业，一家是工业———的结合：一宗象征实际政治发展的联姻。……通过这种手法，他所表现的变成了一个实际的政治结局。

实际情况就是，英国从前的土地贵族逐渐转向银行业、金融业，工业等则由新兴资本家掌控。而且英国的一个特点是，资本主义新贵们都特别崇尚贵族文化，都希望自己被贵族文化所纳入。所以一方面，富裕的工业家们特别希望能和破落贵族家庭联姻，提升他们的文化地位；另一方面，穷贵族们又非常需要资本家的钱，这在英国历史上是一大社会现象。你们看144页威廉斯引用的金斯利的一段话，托利民主的路线已经基本呈现出来了：

> 我相信，只要王权、上院及报纸仍然存在（感谢上帝），参政活动的每一次扩大都会是安全的、而不是危险的新来源……

也就是说，工人阶级可以不断被吸入、有投票权，但前提是王权不能被打倒，贵族院不能被打倒，这是关键。所以这是在一种秩序之下的民主扩大，这是英国一个很大的特点。

乔治·艾略特的《费立克斯·霍尔特》这一部分我就不讲了，

威廉斯在这里基本强调的就是原先对劳工的关切越来越多地转为对劳工的推避和恐惧。

下面是第六章"纽曼与阿诺德"。威廉斯对于纽曼讲得比较少，他主要是讲阿诺德。纽曼的大学理念基本上是柯尔律治"国家教会"的一个延伸。他是在45岁时才从新教转为天主教，然后被教皇任命为红衣主教。他之前是牛津运动的领袖，关于牛津运动，你们可以去读一读辜鸿铭那本 *The Story of a Chinese Oxford Movement*。

所有的路线最后集中到了阿诺德的《文化与无政府状态》，对资本主义的批判和抨击已经越来越多地伴随着对工人阶级的恐惧，对下层阶级的恐惧。工人阶级从农村来到城市，没有受过什么教育，该怎么办？按照一种理想主义的定义，民主意味着理性人利用理性对公共事务进行理性的判断。如果按这个标准来看的话，文盲是不可以参加民主的，因为他不可能运用理性来做理性的判断。这是阿诺德的一个理论根据，他反对大众民主，认为民主不是简单地举个手、投个票，投票是要经过头脑分析的，否则毫无意义。

156页中间一段，威廉斯引了麦考莱的一句名言：

> 我们必须教育我们的主人。

民主意味着人民统治，所以人民是主人，但是这个主人必须被教育，这就又回到了"谁教育谁"的问题。教育、文化是极端复杂的一个问题。

对工人的担心是一方面；另一方面，又是英国的特点，即并不仅仅在物质财富的分配上力求使工人有较好收益，而且也力图把工人纳入文化和教育层面，于是出现了劳工学院（Working Men's College）的问题。这是非常重大的一个问题，而且和威廉斯、E.P.汤普森这些人有非常大的关联。

你们看156页最后一段引文，金斯利对于建立新的劳工学院的建议：

> 不是要用资助来侮辱他们，也不是要用任何方式干涉他们的宗教主张和他们的独立，他们（剑桥大学成员）只是本着一种共同人性，去帮助培养这些我认为是最不幸，同时也是最危险的阶级的人……他们组成了一个一半由他们自己、一半由大学的先生们担任指导的志愿团体：即一个为剑桥所有人而设立的纪律、忠诚与文明的核心。

他说劳工是"最不幸，同时也是最危险的阶级的人"，最不幸是因为他们生活在资本主义社会的最底层，最危险是因为他们最粗野，他们的不满情绪很可能会演变成暴力破坏社会、危害社会。建立劳工学院是英国历史上一件非常惊人的事情。你们再看157页最后一段引文，这是摩利斯1859年在另一所劳工学院演讲中的一段话：

> 我听到一个又一个有智慧的人承认说："十年前我们的想法不一样，但是从那时起，我们都感觉到了我们与工人阶级的新关系。"……我承认，这确实引起了我们的恐惧，但这不是对我们的财产和地位的恐惧，而是对我们自己未曾尽到教育责任的恐惧，这些责任比地位和财产赋予我们的责任更为重大。

你们觉得他是在唱高调呢，还是真心的？我觉得两者都有。你可以说他是自我辩护，但我认为两种因素都有。当时的文化阶级可能真是有强烈的意愿要教导工人阶级，把工人阶级整合到文化中来。

细读《文化与社会》 209

我想特别讲一下英国工人教育的问题,因为这和威廉斯本身有非常直接的关系。1854年成立工人学院的时候,它是一个非常独立的运动,但后来面临一个大的分歧,就是要不要跟牛津大学、剑桥大学发生联系。1873年在剑桥,1876年在牛津,都建立了University Extension Class,也就是校外教育,主要对象是工人,这个传统一直延伸到20世纪60年代。1903年成立了WEA(Workers' Educational Association),它是全国性的,在各个地方都有分支,在剑桥和牛津大学都设有专门的部门,派人到这些分支去。他们的经费是由英国教育部专门拨款,直接由中央政府出钱,而且强调的是liberal education,文学占了很大比重。这是英国一个重要特点。威廉斯本人1946年毕业以后,一直到1961年,都是牛津大学WEA的教师,他的《文化与社会》的讲课对象就是工人。E. P. 汤普森的 The Making of the English Working Class 也是如此,霍加特也一样,他们三个人都是完全参与工人教育。佩里·安德森这种人当然从来没有做过这种教育工作。在1960年前后,英国有一个非常大的辩论,就是关于这种教育的问题,后来转向成了职业教育。也就是说,之前是强调对工人进行liberal education,20世纪60年代以后基本上变成了美国化的职业教育,就像我们现在办的很多职业技术学院,都是强调教给人技能,而不是用大脑去思考。英国以前始终是一半大学的人、一半WEA的人坐在一起讨论上哪门课,由双方共同决定,这是英国曾经有过的一个非常了不起的传统,最鼎盛的时候,女王也要装模作样去讲一两堂课。

英国上层阶级在这样一个文化批评的传统上,非常自觉地意识到要在文化上把下层阶级整合进来,培养他们对英国宪政的忠诚。对英国宪政的忠诚就是对女王的忠诚,对贵族的忠诚。英国宪政是三位一体,女王、上院和下院,缺一不可,应该说它是高度成功的,也是佩里·安德森他们这些左翼所极端愤怒的——工人阶级社会，包括工党，都是如此地忠于统治阶层，如此地被他们以文化霸权吸纳进去，以致英国根本没有任何社会革命的可能性，英国左翼尤其自卑、懊恼的是60年代学生运动没有英国什么事儿，美国、法国都闹得很厉害，英国是没有什么事情的，这对英国左派来说简直是一种耻辱，表明英国是没有革命传统的。结果是越闹不起来，他们就越要闹，也就越来越激进。

这里面还有一个小插曲，1970年左右德国的一个学生运动领袖申请到剑桥大学读威廉斯的博士——威廉斯1961年返回剑桥大桥当教授——英国当局经过慎重考虑，对他做出"有条件地接纳"，条件是不准参加任何政治运动，不与任何政治组织来往。结果威廉斯的这个博士生一年之后就被驱逐出境，因为他参加了一两次政治组织的会议。威廉斯非常愤怒，认为英国完全没有自由。英国是一个非常值得研究的国家，很多方面都非常特别。我顺便很不客气地说一句，凡是中国人写的关于英国的书都一概不要看，完全不靠谱。

希望大家把阿诺德这一章读一读，这是一个重点，中心问题是如果不以文化来整合社会，特别是同时教育上层阶级、资产阶级和劳工群众，那么这个社会将走向无政府。当然，这个无政府不是我们理解上的无政府，"archy"在希腊语中是基石、原则的意思，"anarchy"就是没有任何基石，所有东西都会分崩离析。阿诺德的《文化与无政府状态》在分析社会的同时也是在做阶级分析：上层阶级如何，资产阶级如何，工人阶级如何，哪个阶级足以担当英国的文化领导？这是《文化与无政府状态》的重点所在。

今天的课就上到这里，明天我们继续讲《文化与社会》。

2010年08月14日上午

今天我们继续来读雷蒙德·威廉斯的《文化与社会》。这本书在1958年出版后相当广泛地被采用为大学教材，可以讲一个学期，也可以讲两个学期,因为它里面涉及西方思想史上赫赫有名的一些人物。我们这次要在六小时内讲完这本书,确实有点费劲,但我还是希望尽可能地把这本书过一遍。昨天我们读的是第一编"19世纪的传统",讨论了一百年左右的时间里英国思想的发展脉络,中心内容是在讲英国作为第一个工业资本主义国家,随着早期资本主义的进展,同时发展出一个对资本主义批判的传统,威廉斯将这个传统命名为"文化与社会"。也就是说,"文化与社会"这个书名,同时是他对英国批判传统的一个命名,我们会特别注意到,首先他强调的是,这个传统是由立场、倾向、气质、性情极不相同的各种人所组成的,从大的方面来讲,它是由两个传统——保守主义传统和社会主义传统所组成的。

顺便补充一下,在写作这本书的20世纪50年代,威廉斯是一名社会主义者,但并不是马克思主义者,70年代后他似乎也转向了马克思主义。他在这本书的最后讲到了马克思主义,全书语调最激烈的可能就是这一章了,他主要讲的是英国马克思主义对文化问题的梳理,当然威廉斯本人对马克思和恩格斯是高度尊重的。在保守主义、社会主义、自由主义这三股势力同时出现的情况下,他的"文化与社会"隐含的是社会批评,而不是政治批评。英国一个非常大的特点是,所有这些批评家,包括社会主义在内,都从来没有提出过要推翻英国的现存政府,虽然对女王、贵族院有非常多的不满,但并没有提出过要推翻他们。我们在接下来的内容中还会看到这个问题,这是英国的一个特别之处,在某种意义上我们可以说,英国统治阶级虽然不断经历危机,但它的统治是牢固的,这是世界史上一个罕见的例子。

如果我们回到晚清时代,康有为的整个改革路线其实是一个英国模式。推荐大家读一下康有为的《欧洲十一国游记》,他对欧洲各国,特别是英国、法国的差异的了解是非常令人吃惊的,远远超过我们今天的理解水准。康有为之所以要保皇，就是因为他要走英国道路，他坚定地希望避免法国大革命的道路而走英国的道路，即在保存君主制的前提下实行自上而下的改革，这是康有为的基本路线，并不像后来那种简单的批判的那样，我觉得这整个历史需要重新审视。这是康有为从来没有变过的一个基本看法。他认为一旦推翻君主制，必然陷入法国大革命那样一种激烈的革命过程，很多结果将无法控制。

昨天我们讲到第六章"纽曼和阿诺德"，这部分我再补充讲一点。阿诺德这本《文化与无政府状态》在英国文化史上特别有名，书名本身就非常典型地概括了我们前面讲的整个19世纪以来的一个基本问题：文化，还是无政府？这里的"无政府"并不仅仅是指政治的无政府，或者社会的无政府，同时包括个人内心的无政府，即精神生活的无所归依，完全是一种混乱状态。你们看164页倒数第二段：（阿诺德）看出后果表现的两个方面：当个人的看法成为唯一标准的时候，会有精神上的无政府之忧虑；日趋兴盛的阶级发挥其力量时，则社会上就可能产生无政府的担心。

整个社会没有一个基本的文化道德标准，每个人都自以为是，这是他所说的一个问题。所谓日趋兴盛的阶级，包括新生的企业家阶级，也包括无产阶级。

阿诺德的这本书在当时的英国引起一场非常大的辩论，当然阿诺德本身是一个有名的诗人，也是一个教育家，在当牛津大学诗歌讲座教授之前，他是一名中小学教育巡视员，相当于我们现在的省教育厅长，所以他对教育有很深的了解。这也是威廉斯在这里一再强调的，即要联系着阿诺德的实际工作来处理他对教育的看法、对文化与无政府的看法。英国的一个特点是，所有这些作家都同时深深地陷入于社会事务当中，阿诺德实际上是政府公务员。

当然，阿诺德的这本书也有一些毛病，他的语气有点轻佻，所以非常使人烦躁。他说：我们老说贵族阶级、资产阶级、劳工阶级，这些名词都听厌了，还是起两个好记一点的名字，所以他给三个阶级重新命名。什么是贵族阶级呢？他说贵族阶级就是野蛮人，他认为贵族并不代表他所主张的文化。他说贵族阶级的一个特点是热爱个人自由，这种自由与特权联系在一起，贵族特别担心失去他的特权，也就是失去他的自由。我们在《文化与社会》一开头就讲到埃德蒙·伯克，埃德蒙·伯克有个非常有名的说法：谁是最热爱自由的呢？是美国南方的奴隶主，因为奴隶就在他身边，他非常知道失去自由意味着什么。伯克在美洲革命的时候是非常坚决地支持美洲革命的。

另外阿诺德讲贵族的部分，威廉斯没有在这本书里谈。阿诺德对当时英国的三大阶级做了一个分析，如果文化是大家所认可的一个社会目标的话，到底谁是文化的担当人？他说三大阶级都不是。他说贵族是野蛮人，所谓野蛮人也并不是贬义，贵族特别注重体育和户外活动，所以他说贵族注重的是外在的一套文化，举止的优雅、身体的健康等等，对文化没有什么领会，这是他对贵族阶级的一个评定。那么他对中产阶级或资产阶级是什么看法呢？你们看162页：

> 持这种信念的是"市侩"。
>
> 文化说道：细想一下这些人民，他们的生活方式，他们的习惯，他们的举止，他们说话的口气，看看并注意他们，观察他们阅读的文学，他们引以为乐的东西，他们嘴里说出来的字眼，他们心里装的思想；如果拥有财富就变成这等模样，那么，还值得拥有财富吗？

我前不久看到一组图片，讲的是一位山西煤矿老板在一家酒店消费了20万，但是身上只带了10万元现金。这家酒店也很奇怪，非要现金。那么他怎么办呢？他打了个电话，叫人运来了20万，都是1元面额，几十麻袋运过来，统统倒在酒店大厅里，你们点吧。酒店只能把所有的工作人员都叫过来数钞票。"看看这些人，看看他们的生活方式，看看他们的习惯，看看他们的举止……"大家都想去念商学院，都想当这样的人。英国当时也是这副德性。这样一些人怎么办？以财富作为社会的榜样，把最有才华的人都变成这样的人，这就是它的问题所在。

阿诺德既没有讨好贵族，又说老板们市侩，那么工人阶级呢？也不行。他把工人阶级称为"平民"。你们看171页上他对工人阶级的描述：

> 他们正在开始肯定并实践英国"人人自由"的权利，即他们随处游行、随处集会、随意进出、随意叫喊、随意恐吓、随意捣毁的权利。所有这一切都走向无政府。
>
> 他们人数极多，又是原始粗野……没有确立的秩序和安全，我们的这个社会根本无法生存和发展，随着秩序感和安全感的正在消失，对我们的威胁似乎也开始了。

我们现在的社会也差不多如此。

从伯克到柯尔律治，再到阿诺德，都是认为文化要由国家和政府来支持，而不是私有，不是由市场产生，对他们来说，市场是绝对不可相信的。但是阿诺德认为三个阶级都不可信，那就必然会有质疑：你说的文化、国家到底在哪里呢？阿诺德认为这并不是难题，他认为在三大阶级的每一个阶级里面，都有一些这样的人，可以超越本阶级的偏见、利益，从一个公共的、共同的人性角度来考虑问题。

在阿诺德这章,我们同时可以看到威廉斯的一种强烈反弹,这是他在整本书里第一次出现比较强烈的反弹:对于阿诺德对贵族阶级、资产阶级的描述他都没有异议,但是阿诺德对工人阶级的描述使威廉斯大为反弹。从中我们可以看出威廉斯作为一个工人阶级家庭出身的学者的基本立场。

你们看172页,威廉斯说:

> 我们看到阿诺德陷入他那个阶层的一个"陈腐固定的概念或习惯"。无论怎么说,那个正在组织自己、时而进行示威的工人阶级都不是在寻求摧毁社会,而是在寻求改变当时流行的社会秩序排列的方法。他们寻求的往往只是补救某种冤屈的方法而已。

173页第二段:

> 他的偏见克服了"正确的理性",情感上的巨大恐惧遮暗了光明,从他的"叫嚣、咆哮、恐吓、粗野、捣毁"等用语中,可以看到这一点。

接下来,是威廉斯自己对英国工人阶级的一个表述:

> 英国工人阶级自起源于工业革命以来,最显著的事实就是工人阶级运动有意识地、认真严肃地避免普遍的暴力而相信有其他的前进方法。英国工人阶级这些特征,往往不受它更为浪漫的拥护者的欢迎,但是这些特征是一种真实的人类力量,也是一份珍贵的遗产,因为它代表的是一种积极的态度:这不是

怯懦的产物，也不是麻木不仁的产物，而是道德信念的产物。我认为这恰恰是英国工人阶级对"追求完美"的更大的贡献。

"追求完美"是阿诺德对文化的定义。这段话可以从两面来看，对于佩里·安德森来说，这恰恰是工人阶级保守性的明证：没有革命性，不值得表彰。从这一章以下，劳工阶级、左翼会逐渐变得强势。

尽管威廉斯对阿诺德有如此之强的反弹，但还是一再强调他的正面性。比如他说有些人常常批判阿诺德不注重社会而只注重内心，他引用了好几句话来说明阿诺德的中心意思是强调文化，并不是一个个人修养的问题，而是整体社会、全体同胞的一个进展，如果仅仅是孤立的个人文化，这种文化不可能发展。阿诺德没有个人主义的倾向，这是威廉斯所一再强调的，也是他对阿诺德给予高度肯定的原因。

文化的作用有赖于国家政府，唯一的问题是国家政府如何做。我们之前讲到，工人教育委员会1903年成立以后，和牛津大学、剑桥大学进行合作，这完全是由英国中央政府直接拨款的。这实际上体现了他所说的，国家和政府对于整个社会的文化教育应该如何去着力。这方面在英国是有所体现的。

第七章"艺术与社会"是19世纪的结尾，谈了三个人——普金、罗斯金、莫里斯。罗斯金是建筑设计的宗师，莫里斯是工艺美术方面的宗师，都是非常不得了的人物。威廉斯把19世纪归结在莫里斯这里。我昨天一开始就讲到，这本书里讨论的大多数人物都是左派不喜欢或者讨厌的，唯一会接受的是莫里斯，因为莫里斯是一个坚定的社会主义者。但是莫里斯在这一章里面处理得并不是特别详细，原因可能在于，在这本书之前，汤普森有一本书是写莫里斯的。

这章讲的，我们前面引用过的，社会主义的传统和保守主义的传统共享一些最基本的术语、用词和批判的着力点，就是"有机社会"这个概念，在莫里斯、罗斯金这里都非常明显地表现出这一点。但是这样一种批判可以导引出两个不同的方向，一个走向保守主义，一个走向社会主义。

他首先讲的是普金。我们曾经讲到英国的"古今之争"，"古"是指英国的中世纪或欧洲的中世纪，普金所强调的是用一个过去的、消逝的乡土社会、农村共同体——贵族总是和土地联系在一起，因为贵族总是有封地的，光有一个厂房成不了贵族；而土地又必然和人民有比较密切的关联，所以这种农村共同体比较含混，到底突出的是它里面的农民、乡土工人还是贵族，有时候比较含混——来对比现在的英国、工业革命以后的英国。

你们看180页的最后一段，会让人想起福柯：

> （普金）这是从建筑的判断扩大为社会的判断，在实际对比中更有精彩延续，如对称的版画对比。……一方面是边沁式的功利主义圆形监狱，看守的狱长带着皮鞭和脚镣，监狱规定的面包、麦片粥和马铃薯饮食单，死去的贫民正被运出去供人解剖；另一方面是中世纪的修道院，与周围的乡村环境处于自然的关系，有仁慈的院长、衣着舒适的贫民、宗教的葬礼，以及牛肉、羊肉、熏肉、啤酒及奶酪的饮食单。

这样一个"过去与现在"的主题不断地出现。毫无疑问，中世纪的乡村是一个理想化的图景，虽然这种理想化有它一定的基础，我们到下面还会看这个问题。紧接着他把1440年的一个天主教小镇与1840年的同一个小镇进行对比，今不如昔。在中世纪里面，"有机共同体"的概念是一个核心。也就是我们一再讲的，无论社会主义的批判，还是保守主义的批判，中心是一个"有机共同体"的概念。对保守主义来说，这个有机共同体就是以前曾经存在过的乡土社会。这样一个保守主义倾向在罗斯金身上发展得更为突出。

罗斯金经常会被说成是社会主义的先驱人物，因为在19世纪，社会主义的批判和保守主义的批判常常是重叠的，特别是在运用"有机社会"这个概念的时候。但是保守主义，像罗斯金，强调的是一个等级秩序的社会，他在反对民主、反对资本主义关系的同时，支持的不是社会主义社会的概念，而是强调等级特权。他认为如果没有等级特权，必然会变成一个分解的、原子式的个人主义社会。他们批判的中心都是工业社会、资本主义社会里面人与人之间完全没有内在关系，只是商业市场上的个体之间的关系。

我想再读一遍190页上威廉斯的一段总结，工业资本主义与自由主义所主张的人与人之间的唯一关系就是现金交易关系，在对这一点的批判上，保守主义和社会主义是完全相同的：

> 一种保守主义的思想家与一种社会主义的思想家，似乎使用同样的措辞来批评放任主义社会，并且表达了关于一个更优越的社会的观念。这种情况一直持续至今，现在，在这种保守思想和马克思主义思想中，"有机"都是一个中心术语，共同的敌人是自由主义。

这是威廉斯在19世纪终了的时候对两大传统的并立，基本上可以看出保守主义与早期社会主义有更多的共同性。

关于罗斯金，我们再看一下193页最后一段引文：

> 政府与合作是……生存的定律。无政府与竞争是死亡的定律。

这又是和阿诺德的"文化与无政府"的主题是一样的。

罗斯金有一个很大的特点,虽然他基本上延续了文化的传统,但是罗斯金把全部的矛头对准了市场社会的经济制度。在这点上他和阿诺德很不一样,阿诺德似乎更为圆滑,避免直接的、过分的攻击,着重谈的是文化问题,阿诺德的《文化与无政府状态》在杂志上是连载刊完的,而罗斯金的文章直指经济制度,对资本主义的批判太为猛烈,刊到一半就被中止了。当时的人认为,罗斯金在经济方面大放厥词,试图改变这个工业资本主义制度。

威廉斯以莫里斯作为19世纪的结尾,莫里斯最大的特点是,他在批判早期资本主义方面与罗斯金他们一脉相承,但是罗斯金不再相信一个曾经存在过的中世纪的乡土共同体,而是认为希望在于一个新兴的劳工阶级。莫里斯是最受罗斯金这些人影响的,矛头直指资本主义经济制度本身,但是另一方面,他认为希望并不在于恢复到过去,也不在于少数人的文化,社会改造的真正希望是在未来的有组织的工人阶级。也因此莫里斯的《乌有乡消息》成为空想社会主义的一个重要源泉。

按照威廉斯的看法,莫里斯的主要对手之一,其实是阿诺德。莫里斯认为资产阶级在文化上根本不可能被改造,他也不认为少数人的文化能够起到作用。206页上莫里斯的一段话非常挖苦,某种意义上是他对于阿诺德的一个反弹:

> 尽管有一小群人有意识地、极为努力地致力于艺术的复兴,世界各地仍然日益丑恶和庸俗。

我们可以看到这里面隐含的一个共同思想前提是艺术、文化并不仅仅是自我完善的问题,而是能够使社会变得更好、更美,而不是日益庸俗和丑恶。

他们的努力与时代的趋势如此明显地脱节，没有教养的人既未听说过他们，有教养的人也把他们视作笑谈，甚至连他们自己也开始感到厌倦。

莫里斯并不认为这是一条出路，所以他是反对"为艺术而艺术"的。我们马上就会看到，到19世纪末的时候，阿诺德他们逐渐开始一种"为艺术而艺术"的倾向。

威廉斯的总体倾向是：只有在未来的工人运动里面，才可能同时有社会改造和文化改造的希望。在19世纪这一编的结尾处，威廉斯强调，莫里斯的整个社会改造的中心仍然是以文化为最高的依据、最高的目标，而不像接下来会讲到的费边社会主义那样，仅仅关注外在的社会改造、社会分配的问题。费边社会主义已经放弃了以文化为出发点和目标的传统。

第二编"中间时期"我们简单讲一下。

这本书的开场是1780年，到中间时期开始的1880年，整整一百年已经过去了。对于1880年到1914年的这样一段中间时期，威廉斯所要强调的是，它既不同于19世纪的传统，也不同于威廉斯这一代20世纪20年代出生人的感觉。在这个中间时期有一些非常深刻的变化，19世纪那种高目标、高追求的传统逐渐在下降，对社会改造的理想日益幻灭，于是便会出现很多问题。

首先讲的是马洛克，这里面有些问题是承袭原先的，少数人和多数人的问题当然是自柏拉图、亚里士多德以来的西方政治哲学的中心问题。但是，在工业资本主义条件下，多数人的问题比以往任何时候都更加复杂，也更加突出，因为这是一个不可回避的问题。在19世纪时，英国思想中有个潜在的东西，即多数人可以在文化上被提升到和少数人一样的程度，这是当时社会文化改造的一个总体方针。但是到这个时期，你们看217页上马洛克的两段话：

> 少数人无论为文明添加什么可能的东西，多数人都必须根据他们的才能与之分享。

这是马洛克要讲的第一层：只有少数人能创造真正的文化。而这又是以多数人接受少数人的领导为前提的，这是他的第二层意思：

> 除非多数人服从具有超人能力的少数人的影响和权威，否则将没有多少人能够享受到诸如物质上的舒适、机会、文化以及社会自由这些利益。

少数人统治的寡头政治是一个不可更改的政治原则，民主只是一个托词——这是19世纪末、20世纪初转型期间非常普遍的一个看法。当然，英国是比较特殊的，因为在意大利或其他地方，社会基本处于混乱状态，这种看法只是空头理论，只是理论家的看法；而在英国，这些想法和现实政治完全联系在一起。马洛克的《纯粹民主的界限》这本书，就是反对这样一种民主。

218页上有一段马洛克非常有名的话，表达他对"平等"的看法：

> 机会平等的欲望——地位上升的欲望——以古今各国具有典型道德的人的实际经验而论，是说人人（他自己也包括在"人人"中，但他本人认为自己是个杰出的人物）要有机会取得某种不是与别人平等、而是比所有人的才能所能获得的地位或条件更优越的地位或平等。

这即是说，纯粹民主本身是个幻想，人人都要追求平等，但其实人人追求的又不是平等——我追求的不是和你一样，而是要比你更好，比你得到的更多。这是一个恶性循环。所以他认为平等的问题本身不是一个外在的问题，而是深植于人性之中，市场、民主不过是助长了每个人超过他人的心态，社会秩序会完全陷入混乱当中。

这是中间时期的一个重要特点，即对于19世纪那种对理想社会的追求，日益感到不现实、无可能。所以从中间时期开始，我们会明显感觉到字里行间的情绪越来越低，读起来也越来越没劲。19世纪有一种高扬的东西，是在早期资本主义出现时，英国社会最优秀的思想家、作家、艺术家对于人类的看法，即探讨如何改造这样一个资本主义社会，感觉仍然有可能去争取一个更好的社会。而在世纪末的时候，这种追求、理想变得越来越暗淡。这也直接导致了"新美学"的出现。

"新美学"这一节我今天不讲了，里面主要讨论的是王尔德，基本理念是"为艺术而艺术"，和19世纪相比是一个变化。19世纪的浪漫派，一直到阿诺德、威廉斯一再强调的是，文学艺术是与追求一个更美好、更理想的社会联系在一起的，即有一个社会目标，文学批评、艺术批评本身是一种社会批评。而一旦社会理想开始幻灭，必然会走向"为艺术而艺术"，艺术开始与社会脱节，不再指向社会改造、追求一个更好的社会。这是威廉斯在"新美学"这一节所要讲的问题，虽然他也强调了王尔德并非仅仅如此，而是仍然隐含着19世纪传统的某种东西。

"吉辛"这一节我会重点讲一下，虽然他今天已不大为人所提起。吉辛的小说是表现社会理想幻灭的一个典型，从中可以看出文学所面临的处境，即文学已经受到大众媒体的严重威胁，文学已经不可能存在。吉辛写于1891年的小说《新格拉布街》，以对比的形式写了两个不同的作家，一个是老派作家，完全不能适应市场，另一个是新派作家，他的创作出发点是捕捉市场需要什么。你们看229页上的这段引文，这位新派作家得意扬扬地说：

> 他赶不上时代了，他卖稿子的样子简直就像他还住在约翰逊博士时代的格拉布街一样。可是我们今天的格拉布街变了样：它有电报传播设备，它知道世界各地需要什么样的文学食粮，无论街上的居民怎样寒酸，他们都是精通生意的买卖人。

所有文学作品都是商品，大家都在交易；经过20世纪90年代转型期的很多中国作家对此大概有切肤之感。在企业家看来，文化、文学、艺术都是商品，和鞋子、袜子是没有区别的，只不过是哪个更赚钱的问题。你们看230页上的引文，描写的是《新格拉布街》中那位企业家的想法：

> ……这些人在火车上、公共汽车和电车上都要有一些读物来消遣。除周刊外，他们通常是不喜欢看报纸的；他们要的是最轻松、最明显的花边新闻——片段故事、片段描写、片段丑闻、片段笑话、片段统计、片段愚蠢杂感。……在我的报纸中，每篇文章占的版面都不要超过两英寸长，每英寸都至少必须分成两段。

在1880年到1900年的英国，即所谓世纪末，所有的严肃文人都感觉非常怪，就像1990年到2000年的中国。文章越来越短，图片越来越多，好像页码很多，其实没多少文字。

所有这些新的社会现实导致了一种幻灭感，暴露了青春期社会主义、青春期激进主义的幻灭感。你们看232页上的最后一段引文，吉辛的小说非常具有表现力，这段话是《失去阶级地位的人》中一位青春期社会主义者的自我描述：

> 我常常以撕碎以前的自我而自娱。在忙于猛烈的激进主义、工人俱乐部演说以及类似事情的那些日子里，我并不是一个自觉的伪君子；我当时错在太不了解自己。为受苦的群众而发出的那股热情，只不过是一种为我自己饥不择食的激情而迸发的热情的伪装。我穷困而濒于绝望，生活没有乐趣，未来似乎无可指望，但我全身洋溢着剧烈的欲望，我的每一根神经都像是一个呼喊着要吃饱肚子的饿汉。……我认同于贫苦与无知的人；我不是把他们的主义引入自己的主义，而是认为我自己的主义就是他们的主义。

大家尤其要注意最后两句话，这是今天西方左派最典型的青春期社会主义的特点：他们关心第三世界的人民，但不是把第三世界人民的所想所望引入他们的主义，而是要把他们自己的主义引入第三世界人民的主义，然后他们就会失望。

这实际上是出于个人心态的某种无所着落，而去认同比自己更惨、更苦的阶层，以满足自己的心理需求：似乎我很有正义感，有高贵的追求，似乎我是那么同情受压迫、受剥削的群众。你们看威廉斯的总结，233页：

> 这种消极的认同，造成了大量的青春期社会主义和激进主义，尤其是正在脱离本阶级的社会标准的青春期社会主义和激进主义的原因。这些叛逆者在反叛的心情中似乎有个明显的主义可以代表被社会驱逐的人。他认同这个主义，而且经常是

狂热的认同。但是这种认同将会涉及实际的利益关系,在这个时候,叛逆者即面临着新的危机。

接下来这几句很关键:

> 问题不仅是他通常不会情愿接受那个主义的纪律,而且更为根本的是,他一向认为被驱逐阶级是高尚的阶级,其实完全不是这么回事。被驱逐者阶级的成员非常混杂,既有很好的成份,也有很坏的成份,而且这些人的生活方式和他自己的生活方式根本不同。……在通常的情况下会导致产生幻灭。那个主义不会正好是他所要追求的;受压迫的阶级有他们自己的意图、执着和缺点。

也就是说,劳苦大众本身也不该被理想化,否则你一旦接触他们,就会发现他们并不是你想象的那样,有时也确实表现出不好的品质。一方面造成自己理想的幻灭,另一方面对社会改造产生不实际的目标,最后导致双方的绝望。

从233页到234页,威廉斯大做文章,实际上是在批判英国当时与他同代或者年龄比他更小的左派:

> 例如我们自己这一代的情形:在30年代认同于工人阶级,现在则转而认同于受压迫的殖民地人民。

他们在第三世界的被压迫的殖民地人民那里找到了一个新的主义,因为他们发觉英国工人阶级不需要他们了。他们需要找到一个新的被压迫阶级,来使自我的正义感得到满足。威廉斯在这里是极端的讽刺。因为威廉斯出身于劳工家庭,他认为相当多的左翼,那些出身于中产阶级家庭甚至非常富有的家庭的左翼,实际上对劳工并不了解。他们经常把各种人群理想化,一会儿把同性恋理想化,变成社会改造的急先锋,一会儿把学生理想化,其实最后发现人都是一样的。

一旦社会理想幻灭,就会有两种趋向:一种是继续寻找新的同情对象,新的受压迫阶级,如果西方世界没有,那么就转向第三世界;还有一种就是寄托于艺术,也就是说,艺术与造就更美好社会的理想已经脱节。236页上,威廉斯转到了下面会不断出现的一个主题,即被驱逐、自我流放。

> 与继续在演讲厅和街头的如此喧闹相比,在人类的其他事业中,有一种工作……在世界的混乱之外,寻求精神理想、让灵魂被美好俘虏的一些人的工作。

威廉斯对此还是比较同情的。他接下去讲的是,吉辛本人要在世界的混乱之外,寻找另外一方净土。到哪里去寻找呢?吉辛本人又回归于乡土社会,回归于没有被工商主义腐败的老秩序,回归于对工业的不信任,对科学的不信任(他认为科学是"死不悔改的人类敌人")。他的信心在哪里呢?对于这样一种老秩序,为什么吉辛认为它可以仍然存在下去呢?因为他认为英国人热爱常识,不信任抽象的东西,所以英国从前的那种老秩序仍然有可能存在下去。

威廉斯对吉辛的结语是,你们看237页:

> 这是一个令人信服的结论,还是一个极其敏感而又极为孤独的人在世界的混乱中所作的一种绝望的合理化呢?我想这是见仁见智的事。

威廉斯本人在50年代到60年代经常处于思想上很孤立、与左右两边的关系都颇为紧张的一种状态，所以对于那样一种孤独，他往往会比较同情和理解。

接下来是第四节"萧伯纳和费边主义"。萧伯纳对二三十年代的中国影响非常大，对民国时代的很多文人、思想家都有影响，他也来过中国，和鲁迅等人都有交往。萧伯纳之所以那么有名，首先是因为他非常同情、关心劳苦群众，不懈地为劳工争取利益。但是你们看这一节的第一段引文，237页，这是萧伯纳《一个老革命英雄之死》里的一段对话：

"我面前不就是工人阶级那位不折不挠的老朋友乔治·伯纳·萧么？你好，乔治！"
……那时候我并不老，对工人阶级的感觉也只是一心想把他们消灭，用通情达理的人民来取代他们。

这段话非常典型，一方面他很同情劳工，另一方面又想着如何用文化教育来使他们摆脱劳工的状态。萧伯纳有一个问题就是总是冷嘲热讽，挖苦话说得太多，也难免令人厌倦。你们看237页的最后一段引文：

伦敦的社会主义运动唱着艺术与文学爱好者的调子时……大家认为只需要把社会主义教给群众，就像是把良种播在气温适宜的处女地上，只需要等着种子自生自长就可以了。但是无产阶级这片土地，既不是处女地，气温也不是特别适宜……

意思是说，从劳工阶级、无产阶级这片土地上是生长不出文化

和教养来的。接着他又说:

> 现实的情况是,被虐待的人民比被妥善对待的人坏:归根结底,这就是我们为什么不应该让任何人受到虐待的唯一有力的理由。……我们之所以应该拒绝将贫穷当作社会惯例来忍受,不是因为穷人是社会的中坚,而是因为"穷人终归是坏人"。

如果不断地制造穷人,就是不断地制造坏人,不断地制造败坏的社会秩序。这段话非常非常尖锐,所有人听了都会跳起来。当乡土社会、乡土共同体的纯朴逐渐消逝,我们实际上发现穷人陷入一个比较糟的状态,他的心态会变得非常极端,由于不断受到社会压迫、社会剥削,往往倾向铤而走险,用杀人放火的方式来伸张自我。杀人似乎变成了伸张正义的唯一手段,是这样吗?这是一个社会应该有的态度吗?我觉得这是我们现在的社会一个十分严重的问题,需要大家认真地讨论和思考。

接下来威廉斯分析说,萧伯纳认为平民的本质是恶,但这种信念不能被歪曲来看,这种信念寓于萧伯纳一种根本的、更为深刻的感情之下,也就是接下来的这段引文,萧伯纳说:

> 在资本主义下,人类总的来说是可憎的。……富人和穷人一样可憎。就我来说,我恨穷人,巴不得他们消亡。我有点可怜富人,但也同样一心希望他们消亡。工人阶级、商业阶级、职业阶级、有产阶级、统治阶级,一个比一个可厌,他们没有权利活下去。如果我不知道他们不久就会死亡,而且没有必要让像他们那样的人来取代人民,我真的要绝望极了。

萧伯纳还是认为社会需要一种改造,所以他转向了费边主义。

我们需要仔细地去想，在19世纪末，他为什么会有这样一个反应；而且我们一定不要忘了，萧伯纳本人是以同情、帮助劳工运动而著名，如果不是因为如此，他也不敢这么放肆地讲这段话，否则要被乱棍打死的。英国的社会主义传统非常广泛，费边主义的社会主义、基督教的社会主义，都是社会主义。凡是比较优秀的、比较有良心的人物都是社会主义者，这是英国的一个特点。

萧伯纳既然对整个资本主义如此不耐烦，既然不相信革命，那就必须找另外一种可能性。239页：

> 萧伯纳始终都未能摆脱这种进退维谷的境地，但是有一段时间，尤其是80年代与90年代，他遵奉的是一种特殊的、以费边主义为顶峰的英国传统。

萧伯纳没有走莫里斯的路，他并不赞同把希望寄托于莫里斯意义上的那个工人运动，而是寄托于费边社会主义。"费边主义直接继承了穆勒的精神"，我们之前讲过，穆勒曾经批判边沁只知道外在改革，试图用文化来补充社会改革。这是萧伯纳个人与费边主义的关系。韦布夫妇的改革是不考虑人的内心世界的，只是着力于社会改良、福利社会的逐渐引入。萧伯纳本人则更接近于穆勒，以文化来做补充；但是萧伯纳常常表现出一种灰心。240页上他说：

> 这些热心人觉得，真理如此明确、冤屈如此难忍、幸福如此可信，他们一定能把全体工人——士兵、警察以及所有的人——召集在人类皆兄弟与人类应平等的旗帜下，从而一下子把正义推上她应坐的宝座。不幸的是，正如蓟草长不出葡萄，在19世纪文明孕育的人类中也招募不到这支光明的大军。

萧伯纳总是希望与绝望并存。

关于费边主义，威廉斯讲得并不多，因为像威廉斯这样的左翼并不认同费边社这种温和的改革。当然，实际情况是，在费边社的推动下，工党竟然成为一个执政党，这是非常罕见的一个特例。英国工党是一个明确的工人阶级的党，党纲上写着社会主义的目标是国有企业，党纲的第四条第四章就是关于国有企业的，一直引起辩论，最后在布莱尔时代被取消。

顺便讲一下，我们现在把法国的执政党翻译成法国的社会党，其实它的名字叫法国社会主义党，只是因为我们原先的意识形态不承认他们的"社会主义"，所以把它变成了社会党。英国工党也是工人阶级政党，是社会主义政党，明确地以社会主义为宗旨，以国营企业为经济改造的中心，所有这些都长久不在我们的视野当中，以致我们把改革以后的选择变得非常狭隘。我们有必要重新以一种更广阔的视野去看西方的社会主义，包括费边社会主义。

第五节"国家的批评者"其实讲的是基尔特社会主义，即行会社会主义。费边社会主义的一个特点是实际上继承了整个19世纪以来强调国家的这个传统。在245页上，威廉斯非常简短地谈了一下费边社的问题，他承认：

> 劳工运动的政治行动总的来说是在费边社的指导下进行的；在某些方面，我们如今是生活在一个韦布式的世界中。认为社会主义与国家行动一致，这就是韦布费边主义的显著结果。

也就是以国家的力量来制约资本的力量。在20世纪50年代，英国的国有性非常之高，一直到撒切尔夫人的保守主义革命。而且英国工党的这样一个传统在经济纲领上同时也为保守党所采纳。但是在世纪末的时候，作为另一种选择的行会纲领被提出。这个时候仍然是诉诸以往的中世纪的乡土社会。在1990年，我曾经有两个月时间非常着迷于基尔特社会主义，当时对乡镇企业特别感兴趣，两个月后幻想破灭。乡镇企业似乎给我一个幻想，就是行会、地方更主动的精神会有一个更好的发展；但实际上，在一个大规模的市场经济中，唯有国家才有重新调整资本的可能性。乡镇企业最后完全消失，这其实是很值得研究的。

基尔特社会主义对于费边社的批评，使我们想起穆勒对于边沁功利主义的批评。你们看249页：

> 费边主义的纲领是"太多智力而太少人性，以至于永远抓不住现实的生活"，这种纲领的支持者的心理使他们寻求"一种外在秩序"，因为他们缺少"任何个人的组织原则"。

但是在行会社会主义里面，我们会马上发觉，它所讲的内心的东西，和19世纪强调的文化不同，它强调的是乡土社会共同体的朴素的人际关系。我们会在劳伦斯那一章中特别讲到这个问题。

下面我们进入全书的第三编"20世纪的见解"。

第一章讨论的是D. H. 劳伦斯。劳伦斯的小说在20世纪80年代初是禁书，因为劳伦斯代表一个字：sex。当然这种禁止只是很短一段时间。威廉斯在这里特别强调，劳伦斯的中心问题并不是性本能，而是共同体本能。劳伦斯这一章特别体现了威廉斯本人的很多关切，这源于一个基本背景，即劳伦斯是一个矿工的儿子，威廉斯对劳伦斯有一种同情的理解。他说劳伦斯是一个矿工的儿子，而又如此才华出众，很容易被统治阶级赏识，因而也很容易被同化、被纳入那个阵营。劳伦斯最大的问题是如何能摆脱这种同化，我想在这当中，也表达了威廉斯本人的一种感受，因为威廉斯也是这样的人，他的父亲是一名铁路信号工，而他也是才华出众，进入剑桥。

如何能保持本阶级的东西而不被主流社会所同化，对他们这样的人来说是一个非常大的挑战。这样一种体会，其他出身于社会中上阶级的人是不会有的，他们似乎本身就属于那个中上阶级，只不过是有一个自然的反叛，有很多是赶时髦。

你们看263页最后几行：

> 出身于工业工人阶级的人只有靠艰苦的战斗，而且是在一个有利的阵线上战斗，才有可能逃过为工业主义效力的功能。劳伦斯在形成他的基本社会观点时，无法肯定自己能够逃过这样的劫难。他的天赋格外出众，这就使得这个问题格外复杂。

只有威廉斯这样体验极深的人才会有这样一些感觉，因为整个社会的人，不但在日常事务方面，而且在个人感觉上，都在不断调整自己以适应工业主义的纪律和秩序。他说劳伦斯不是这个过程的局外人，所以他对整个过程非常清楚。下面他引了劳伦斯的一段话：

> 在我那一代中，和我一起上学的孩子们，如今的矿工们，都被打倒了，被絮絮不休地鼓吹物质繁荣高于一切的寄宿学校、书籍、电影、传教士、整个国家与人类意识所打倒了。

虽然他们是矿工，但是已经完全被主流意识形态所同化，劳伦斯指出，要抵抗这些是多么困难。

在这之后，威廉斯转到了文化的另一个层面。他对劳伦斯有个批评，265页第二段：

> 劳伦斯太专注于如何摆脱工业制度，因而从未认真地触

及如何改变工业制度的问题。

劳伦斯的倾向是个人如何不被这个主流所同化，这也是对劳伦斯产生很多误解的原因。266页，威廉斯说：

> 这种"共同体的本能"在他的思想中极为重要：他论证说，比性本能更深刻、更强大。……他摒弃的不是社会的要求，而是工业社会的要求。

这里面涉及一个问题，从前希望改变工业社会的那种追求，日益变成采取一种个人逃离主义的路线，这个问题我们在奥韦尔这一章里会有更多的处理。威廉斯其实是在强调，劳伦斯和奥韦尔并不一样，劳伦斯只是否定资本主义社会，而不是否定社会本身；而到奥韦尔那里，任何社会都是丑恶的，任何社会必然是金钱制度，所以他是拒绝社会。

267页这一大段内容需要大家特别注意，这里所表达的，是威廉斯这样一些工人阶级家庭出身的人，对工人阶级的理解，这是一种从个人生活经验出发的理解，而不是中上层阶级对劳工阶级的外在理解，不是把劳工阶级理想化。这一段非常令人感动：

> 劳伦斯具有生活在工人阶级家庭的丰富童年经验，他的积极命题大多由此产生。这种童年经验给予他的并不是宁静和安全，甚至连快乐也谈不上；但是它给予劳伦斯的比这一些都重要：即对亲密活跃的人际关系的感觉，这比其他东西都重要。这种感觉是一座小房子里的家庭生活所产生的积极结果；这种家庭生活中没有子女和父母分离的心愿，例如离家上学，把孩子交给佣人照顾，或者交给育婴堂或游戏室这类的分离。

接下去的几句话尤其显出其个人的体会之深，而且我们中国人对此也会有很深的体会，即过于密切的人际关系有它的负面：

> 通常对这种没有分离的生活的评论都强调其较为混乱扰人的因素：经常出现在大庭广众之前的吵架；发生危机时互曝隐私；衣食需求有小量盈余而导致的相互之间的怨恨。劳伦斯孩提时代并非没有受过这些苦。应该说，在这种生活中，受苦与舒适、共同的需求与共同的补救、公开的吵架与公开的言归于好，都是一个持续不断的生活的一部分，无论好坏，都造成一种整体性的互相依恋的感情。

我想这才是对日常生活体验之深的感觉，而这里面就有文化的另一层含义，即文化作为日常生活。工人阶级有非常亲密的人际关系，但这种亲密关系并非都是正面的。人类的生活不是一种理想化的只有正面、没有负面的东西，但也不是只有负面、没有正面的东西。人类本身就是欢乐和痛苦并存的，这才是对人类生活一种比较实际的理解，而不是很多左翼思想家所想象的那种理想的、完美的生活。没有痛苦，哪来欢乐？整个这一段表现出威廉斯对生活的体会之深、对劳伦斯的体会之深。所以他接下来说道：

> 劳伦斯从这种经验中感受到同情的不断流动与回报，在他的作品中，这一向是根本的生活过程。他关于亲密的、自然的生活的观念就是在这个基础上形成的，而且从来无意把它理想化为对幸福的追求。这一切都是如此切身的体会，他从来不作任何的抽象化。此外还有一个重要的意义：工人阶级家庭是一个显著的、互相合作的经济单位，直接包含着权利和责任。

这也是威廉斯自己的体会，他强调的是，虽然大家都在追求物质，但并没有导致人际关系的彻底分离。

> 这一点，对于那些以等级制、分离性、含有付款代工因素的家庭为其社会模式的人来说，只能在抽象中理解。

那些中上层家庭出身的知识分子，他们本身就生活在一种分离的人际关系中，对工人阶级的生活往往是抽象地理解，因此也就往往将其理想化，一旦接触到那种"大吵大闹"，顿时感觉无法接受。

而劳伦斯的童年就生活在这样的家庭中，当他母亲去世的时候，当所有的这种亲密关系解体的时候，对劳伦斯来说就是整个世界的毁灭。他所熟悉的、眷恋的、认同的一种亲密的人际关系随着母亲的去世而开始分离。中国的很多家庭也有类似的情况，通常父亲是一个权威、一个纽带，一旦父亲去世，这种亲密关系就开始解体，当然也有仍然保持亲密关系的家庭。

下面讲到劳伦斯对于平等的理解。我们先看273页，在对劳伦斯的长篇引文之后，威廉斯说：

> 我认为这似乎是我们当代描述平等的最好文字。

即是说，威廉斯本人也认同劳伦斯对平等的理解。劳伦斯讲的是，平等或不平等的问题只是存在于物质经济关系当中，只有物质关系中的平等，个人才能的差异、文学素养的高低等等，都不是平等的范畴，平等只涉及一个问题，即273页引文的最后两句：

只有我们之中的一人离开他自己完整的自我而进入物质的机械世界时，才发生比较。这时平等与不平等立即开始。

威廉斯对此似乎也是认同的，他说，一方面，并没有用个人才能的差异来否定物质平等，另一方面，也没有以平等的要求延伸到其他方面，比如对文化平等的要求等等。这个问题会越来越复杂。因为如果彻底平等的话，这个社会无法正常进行下去，你们的考试分数都会一致，也没有办法高考，这些都是不平等；但这个不平等之后又有个某种意义上的形式平等，大家的考题是一样的。后面会反反复复讲这个问题，即到底如何理解平等。但是恐怕大大忽视了文化不平等对于其他不平等所造成的可能性，包括心理上的自卑感的产生。文化可能会造成一种"势利眼"的东西，好像有文化就如何如何，形成非常虚伪的一套东西。所以文化这个东西极端复杂，我们既不能因为有这样一种势利眼的东西而否认文化本身的价值，似乎文化只能产生这样一种功能。

昨天下午我收到北大一位博士生写给我的信，非常强烈地批评我的通识教育，信写得非常好，很有道理，不过有点片面，实际上跟我今天讲的东西有点关系。这些问题确实非常复杂。我推动通识教育的四五年时间里，经常有朋友跟我讲，客观上对贫寒家庭子弟是不太公平的。这个问题的确很难解决，虽然在形式上是公平的，虽然我们强调进入大学后同样应该得到最好的教育，但是在强调经典阅读时，家庭背景比较好的城市子弟，和以往中学时代资源比较少的农村学生，两者确实存在一种不公平。但这些问题需要在实践中不断地去解决，并不能以此否定用教育提升人的可能性。这个问题我们下面还会讲到，关于平等，最大的问题会在文化的问题上。

274页上，威廉斯仍然是在强调，劳伦斯并不是主张个人逃离社会，他引了劳伦斯的一段话：

> 只有在有生机的家乡，而不是在漂泊与分离之中，人才是自由的。
>
> 只有在归属于一个活生生的、有机的、有信念的共同体，积极地实现某种尚未实现的、或许尚未被意识到的目的时，人才是自由的。

威廉斯一再强调的是——也是他本人所认同的——劳伦斯拒斥的只是现存的共同体，而不是社会。这个现存的资本主义共同体，完全破坏了亲密的人际关系，是不能接受的。但劳伦斯并不认为人类不可能有这样一个亲密的共同体，他自己曾经生活在这样一个亲密的共同体之中，他也没有放弃这样的希望。这一章实际上隐含着与全书最后奥威尔一章的对照。

第三编的第二章讨论的是托尼，英国首席经济史家，而且为人仁厚，在英国的文化地位非常高。托尼是比较能被自由主义者所接受的，同时也被社会主义者、保守主义者所接受。他和以往的19世纪批评者有一点不同，对早期的启蒙运动，对最早主张经济改革的人，他是给予肯定的。你们看281页上的引文：

> 它是个人主义的，这并不是因为它把评价财富作为人类的主要目的，而是因为它有高度的人性尊严意识，并且希望人们能自由地去实现自我。

他对18世纪最早的经济改革者是持肯定态度的；但他马上又讲，继承这种遗产的19世纪个人主义则是处于另一种状态：

它似乎是在重复一个时代濒临死亡之际产生的词句，而且是不知不觉地这样做着。因为自从那些大师造出这几个词句以来，时代的大洪流已经改变了经济社会的面目，使这些词句只是徒有其名了。

即是说，当初具有解放性质的观念，没有经过批判就被带入新的社会，并把财富、金钱作为新社会的教条，以致把绝对的财产权和经济自由权变成整个社会组织、社会制度的唯一的、最高的价值，这和18世纪是非常不同的。你们看283页上的第一段引文：

它将工业看成是唯一的最重要的事情，并且把工业从人类兴趣与活动中应该占据的附属地位提高到作为判断一切其他兴趣与活动的标准的地位。

这与18世纪不同，18世纪是努力恢复经济生活的应有地位，认为贵族以外的阶层同样拥有经济权利，而没有把经济活动视为整个社会的最高价值。但是19世纪的整个放任资本主义都走向了这个方面，而且他认为，现在的两党在这方面并没有什么区别。

所以托尼认为，这种贫富差距导致英国社会成为一个分裂的社会，导致英国没有一个共同文化，不同阶层的人不能共享、认同一个共同文化；而且，托尼的一个特点是，他认为一个共同文化的基础在于经济，而不是像阿诺德认为的在于文化教育，托尼认为在根本上是经济制度导致的不平等的问题。

你们看289页上，第一句话就是关于"平等与文化"的讨论。我们会发现，第一编是文化对资本主义的批判，这是保守主义和社会主义都比较能够接受的，而到第二编，一旦转到平等与文化的问题，左翼和保守主义的分歧就会越来越大。在这个地方，托尼本人

是更偏向左翼的,你们289页上的倒数第二段:

> 托尼关心的不是要维护文化以反对工业主义,而是要建立一个"共同文化"。对于建立共同文化,贝尔的反对意见具有代表性:文化取决于一种标准,而这种标准取决于少数有教养的人;一个有教养的少数派的存在,与对平等的追求是不能并存的,这是因为这种并存只能把大家都降低到一个平庸的水平。

这是非常强有力的一个批评,虽然在社会观念上非常难以接受,但在文化观念上是个不可否认的事实。托尼似乎并没有对这个问题做出回答,你们看291页上的第一段引文,托尼说:

> (富人)并不见得比人民群众更愿意在艺术、教育或精神事业方面大方地花钱。

这当然是一个事实,但是威廉斯评论说:

> 正如阿诺德那样,我们同样可以作个令人信服的观察,将命题倒过来问:平民是不是艺术这类活动的可能的守护者?我们可以说,对文化的辩论本身并不足以成为赞成经济不平等的理由,但是,要推崇一个共同文化,只会说"你也一样"是不够的。

这是威廉斯的一个看法。接下来他说,托尼本身也陷入这个困境,下面一大段引文,托尼的基本意思是:一方面,没有严格的精确的学识和欣赏的标准,就不可能有真正优秀的东西;另一方面,文化如果只从本身吸取养料,而不从人类的共同生活中吸取营养,就会停止生长，即意味着生命终止。到后面我们会看到，这也成为艾略特非常根本的一个命题，实际上也是威廉斯的一个命题。

再看292页中间：

> （托尼）认识到一个文化必须成长与希望保全"现有的优秀标准"之间，存在着一个尚未解决的矛盾。

这个问题会越来越凸显，即在资本主义社会中，文化本身会逐渐被市场所败坏，但同时，也会被用作反过来论证其他不平等的根据。这两方面的问题都会暴露出来。

接下来的两章，威廉斯比较奇怪，他把艾略特放在前面，利维斯放在后面，实际上按照年代或者问题，都应该是利维斯在前面。

我在参考书单上列了利维斯的《伟大的传统》和艾略特的《关于文化定义的札记》。艾略特1948年获诺贝尔文学奖，是20世纪50年代西方公认的文化界的领袖。他的诗歌是现代诗歌不可逾越的顶峰。不读他的《荒原》，几乎就是文盲，他的地位非常不一样。也就在他获得诺贝尔文学奖的同年，艾略特发表了威廉斯在本书中讨论的《关于文化定义的札记》，很小的一本书。艾略特是非常反资本主义、反现代的一个人，他的《荒原》——书名严格意义上应该译为"废土"——隐含的意思是，从前产生农业文明的这块土地，在资本主义社会变成了完全不结果实、不可能生长任何东西的废土。这是我们必须了解的中心意思。整个西方文化世界从19世纪以来，就有一个对工商资本主义文明进行坚决批判的传统，这一点是必须搞清楚的。而不是像我们这样，以为文化也是要去顺应市场、接受市场的标准，这就不会有真正的文化发展，而只可能有低俗的、庸俗的文化。这是保守主义的一个重大的贡献，也是威廉斯这本书的贡献，去认真地讨论左翼的这个传统。而在后来的访谈当中，威廉斯非常清楚地讲到，他之所以想到写《文化与社会》这本书，是受到艾略特《关于文化定义的札记》这本书的影响，因为他完全能理解艾略特的关切，但他并不同意艾略特的很多看法，这就是保守主义和社会主义的差异所在。

在讲艾略特之前，我们先看一下利维斯。利维斯是威廉斯的老师，在整个英国文化史上只有两个人被称为doctor，一个当然是大名鼎鼎的约翰逊博士，第一本英文词典的编者；另外一个就是利维斯博士，可见利维斯在英国文化史上的地位不同一般，虽然他的作品现在也很少有人读。

在这一节里，我们会看到威廉斯对自己的恩师有高度的评价，但是也有不能认同的批评。简单地说，在利维斯这里，文化，原本包涵各个社会层面的活动的广大的文化，被完全窄化成了文学，尤其变成了对字词句的语言层面的把握，窄化，但是也更加精细。某种意义上，威廉斯之所以会做"关键词"，本身就是利维斯的传统，即通过某些特定的语词在历史文化脉络中的含义变迁，来把握整个文本，或一个文学传统，这本身就是利维斯的传统。

1930年利维斯出版了《大众的文明与少数人的文化》一书，文明与文化，蕴含了一个基本的张力和冲突。也就是我们之前讲到的费边社会主义、工党等等，所有的社会改革都只是针对人的外部需要、肉体感受，人的内心需要已不在所有的政府改革的关怀之中，导致少数人越来越专注于自己。但是我们要注意，威廉斯一再强调，利维斯始终是以一个社会关怀的立场来考虑这些问题的。

你们看325页下面的引文：

> 在任何时代，具有洞察力的艺术欣赏与文学欣赏依赖于极少数人：只有少数人才能够作不经提示的第一手评判。能以真正的个人的反应并认可这种第一手评判的人，虽然人数略多

了些，但仍然是少数派。

即是说，文化是一个少数人的事情。326页上的引文：

> 只有依靠这少数人，我们才有能力从过去人类经验的精华得到益处；他们保存了传统中最精巧和最容易毁灭的那些部分。

文化是非常脆弱的，如果没有人去维护就会死亡，就像我们中国文化，其实基本处于死亡状态，从前如此伟大、精细的中国文学传统，有多少人在致力于维护它，使之成为全民的基本教养呢？没有。

> 只有依赖他们，一个时代才会有安排更为美好的生活的固定标准，才能意识到这个价值胜于那个、这个方向不如那个方向可行、那个中心是在那里而不在这里。

只有当你对美好的东西、高尚的东西有一种向往和追求，你才会在社会层面上去追求一个比较美好、高尚的可能性，才能意识到价值的高低，不是由市场决定，不是卖得好才是价值高。这实际上是回到了最早柯尔律治所说的，文化是最高的人类上诉法庭，由文化来判断整个社会的方向是否真正符合人性的发展。

接下来几句话非常具有利维斯风格：

> 在他们的保存中……是语言，是随着时代而变化的习语，美好的生活以这些语言和习语为基础，没有这些语言和习语，精神的特性就会受到阻碍而变得不连贯。我所说的"文化"，指的就是对这样的一种语言的使用。

表面来看，文化越来越窄化为文学，窄化为对字词句的把握，这是文学新批评派的一个最基本的源泉。虽然新批评派以后被所谓结构主义、后结构主义等打倒，但是所有这些派别都继承了新批评派的close reading，即细读文本，这是利维斯所建立的。后结构主义等等，对文本都是close reading，只不过想读出什么东西、想读到什么程度，因应各人的意图而有所区别。细读文本是一贯的，直到今天依然如此，而这个传统正是利维斯的传统。

327页第一段，对柯尔律治来说，所谓少数派并不限于文艺阶级，而是在各个领域、所有学问中的少数派，但是对利维斯来说：

> 少数派本质上是一个文学上的少数派，其功能是保持文学传统和最优秀的语言能力。……主张以文学上的少数派为"中心"的呼声是软弱无力的，这一点已越来越明显。

你们再看同一段里的下面几句话，威廉斯说：

> 我同意利维斯的观点，正如我同意柯尔律治、阿诺德和伯克的以及持这样观点的共同导师——如果一个社会赖以生存的只有它自己直接的、当代的经验，那么这个社会的确是个贫乏可怜的社会。

也就是说，一个社会如果不将它以往的文化传统、文学传统、艺术传统包纳进来，这样的社会是极为贫乏的。这就是我们今天的极为贫乏的社会。

> 但是，我们能汲取其他经验的道路是很多很多的，不仅仅是文学而已。如果我们要汲取记录下来的经验，不但可

以借助丰富的文学资源，也可以借助历史、建筑、绘画、音乐、哲学、神学、政治理论和社会理论、物理和自然科学、人类学。

这个批评稍微有点勉强，但是涉及下面我们会讲的威廉斯与其他人的一个分歧，就是说，新的大众媒介，包括报纸、广播、电视等等，一方面可能造成庸俗的、低级的文化，另一方面，如果媒体掌握在正确的人手中，是否有可能成为传播优秀文化的载体？这是威廉斯以后的最重要的工作所在。正如《漫长革命》所表达的，他所期望的是这些新技术的发展本身是中性的，既可以用于传播庸俗文化，同时也可能使优秀文化的传播更为广泛、抵达更广大的人群，这是威廉斯本人以后的最重要的一个工作方向。
327页最后一行，他说：

> 文学极其重要，因为文学既是正式的经验记录，而且每部作品都是文学以不同方式保存下来的共同语言的契合点。

这是文学的特点，所有其他记录，无论历史、传记、政治理论，都要用语言来记录，而语言的最精髓部分是由文学所保存的，这是文学处于相当突出地位的原因。

承认文学作为所有这一切活动的主体，承认文学是作为保存这些活动并使这些活动进入我们的共同生活的方式的主体，这是一种可贵和适时的认识。但是，其中却永远存在着一个危险：这样的认识不但会成为一种抽象，而且在实际中可能会受到孤立。

下面这句话很要紧：

> 英语的确是所有教育中的一件中心大事，但英语显然不等于整个教育。

从前英国所谓的高级文化教育主要是在古典系——希腊语、拉丁语，到19世纪后期，英语是一个新的东西。我们常常把西方很多东西当作从古以来即是如此，总是照样模仿，而不去思考这个东西在西方社会中担当的是什么功能。我们已经讲过工人教育的问题，整个英国的上层阶级，包括知识阶层，包括腐败的统治阶层，为了自己的利益，都在考虑如何用文化来把工人阶级纳入自己的阶层。希腊文、拉丁文这些东西太过遥远，整个的中心在英国文学，以英国文学作为整个教育的中心，英语系成为中心的中心。英语系所扮演的作用，绝不是现在普普通通的一个科系，而是关系着英国整个文化、整个传统能否在社会中得到最大程度的普及和提高。英国的这个传统非常不同寻常。

英国的大众媒体在一定程度上达成了威廉斯的期望：BBC把莎士比亚所有的剧本都拍成了电视剧，明显是为课堂教育用的。英国文学中几乎所有的小说都被拍成了电影、电视剧，所有这些都极端地普及于英国社会。因为事实上，在绘画、音乐等领域，哪里有英国的地位？英国最值得骄傲的就是他们的文学，而且相对来说，文学比其他东西更容易为普通人所欣赏，从中小学开始耳熟能详，有高度的文化认同。这也是利维斯的地位如此之高的原因，英语系是核心的核心。当然我们也要强调，英语系同时也成为大英帝国推行殖民统治的最强有力的工具。香港从前的殖民地高官，大多出自港大的英语系。殖民地英语系扮演的是培养大英帝国殖民地统治者的角色，要求他们认同大英帝国，认同英国女王。不是直接的、政治上的认同,而是通过文化的、软实力的认同。所以从一个批判的角度来说,就是一个资产阶级文化霸权的高度传播率。英国的这个特点极为不寻常。英国女王符合哪一条现代价值?符合哪一条普世价值?她不符合民主、不符合自由、不符合平等,她是特权,更不可思议的是,如此多纳税人用钱养着她,凭什么?要批判它非常容易;但是倒过来,你要看到另一方面,不要认为女王对英国政体是可有可无的,女王一崩溃,英国整个宪政制度就会分崩离析,因为英国的整个政治认同寄托在文化认同之上,而文化认同集中在女王这个符号之上。现在的女王1952年登基,这是西方史上极为重大的事情,社会学的意义极大。我的老师有篇最有名的文章是讲加冕的意义。二战之后大英帝国已经衰落,所以英国整个统治阶层用最大的投入去制造女王登基这个事情,制造一个文化认同。

我给你们讲一个笑话,因为这个认同不仅是英国的事情,还是整个大英联邦所有殖民地的文化认同。我在美国的第一位室友是个新西兰人,他很得意地跟我说:我们新西兰人在女王登基的那一天登上了珠穆朗玛峰,把女王的相片、大英联邦的旗帜插在了珠穆朗玛峰上。这是女王最为得意的一件礼物。大不列颠旗帜高扬在珠穆朗玛峰上,象征着他们大英帝国没有衰落。像这样一些东西是非常值得分析和思考的。

在人类文明史上有两个政治体制是高度的文化政治。第一个是我们中国的传统士大夫政治,英国是一个第二等的、比较接近但各方面都要比中国差一点的血统贵族的统治,而且它远远不如中国的士大夫政治发达。所以我们需要从另一个角度重新思考中国的传统政治制度,现在的全盘否定是根本错误的,动辄指责中国传统政治制度是"专制"是根本错误的,而且并不能简单地以我们今天的政治学、经济学这些个方式去分析中国的传统政治、社会结构,必须以一个文化政治的观念去分析,因为中国传统的政治体制建立在文化之上，如果不抓住这一点，不可能理解中国文化政治。我之所以对英国感兴趣，是因为英国提供了一个很有意思的参照。

329页，实际上是威廉斯对他老师的一个辩护，即利维斯并不像一般人认为的那样只是把所有文化的东西窄化为文学：

> 利维斯与阿诺德不同，他面对的是20世纪报刊、广告、流行小说、电影、广播的发展，以及他以米特尔为象征的庸俗小市民的整个生活方式。……1930年的利维斯不但面对这一切，而且面对的是由于强大的机构产生了将他与其他人所珍视的思想与感觉方式打翻的威胁，面对这些机构所体现的思想与感觉方式。

工业主义已经不仅仅是机械、工厂，而且是文化工业，这种文化工业打着文化的旗号直接威胁到他所最珍视的文化遗产。所以他只有进一步退缩，把文化弄到商业机构很难触及的地方，就是把它精细化、专业化，其危险就是会越来越孤立。

威廉斯不断地在为他的老师辩护，335页第二段讲了利维斯毕生的主要成就：

> 他一方面全力鼓吹持锲而不舍的防御行动，另一方面在批评中致力阐述提倡可能的再创造。这是他毕生工作（虽然没有完成）的主要成就。他对流行报刊、广告、电影的批评已由其他人所接替，这种批评现在几乎已成为一种老调了。最为可贵的是，对于那些取代流行报刊、广告和电影的"更好的"报刊、"更好的"书籍，利维斯也继续进行批评。他超越一个防御性少数派的观念，在理论上积极致力于实际而普遍的社会经验。

在不断为老师辩护的同时，威廉斯也有一个批评，336页上有他对利维斯的一个总评，讲到有可能导致一个消极的倾向：

> 以一个有教养的少数派的观念与一个"反创造"的群众相抗衡，容易形成一种有害的高傲和怀疑主义。以一个完全有机的而且令人满意的过去与一个解体的而且令人不满的现在相抗衡，则可能导致忽视历史而产生否定真实的社会经验的趋势。

我们回过来再看333页，随着文化工业的出现，利维斯他们这些人对于现代文明有种更深的厌恶感，所以导致了：

> 工业主义者或都市人所特有的怀旧——这是一种后来的中世纪主义……

这是威廉斯以后和霍加特很不一样的地方，霍加特的整个倾向是非常中世纪的，虽然他的中世纪不是贵族中世纪，而是乡土农民的中世纪。

> 是对一个"经过调整"的封建社会的留恋。如果对"有机共同体"有什么定论的话，那就是它一去不复返了。

到底什么时候开始消失的呢？有人说是17世纪，有人说是18世纪，有人说是19世纪，威廉斯说：

> （我要补充说明，因为我出生于乡村，生长于一个世代务农的家庭）它到20世纪30年代还存在着——或者说引文中所提到的那几个方面还存在着，诸如世袭的工艺、慢条斯理的传

细读《文化与社会》　249

统言谈、工作与闲暇交替的持续不断。

这是威廉斯的个人体会，既不像有些人想象的那么美好，也不像有些人说的那么糟糕。后面有一句话非常重要：

> 在谈论所谓的有机社会时，如果将其赤贫、疾病、高死亡率、无知、受挫伤的智力等成分都排除在外，去制造一个人为的理想共同体，那将是愚蠢和危险的。

这个乡土共同体有其正面的地方，就是在劳伦斯那里讨论过的亲密的人际关系，也有其负面的东西，就是疾病、无知等等。威廉斯的看法越来越趋向两方面的平衡，这会成为他的结论里面比较主要的一点。

第五章"马克思主义与文化"，我稍微提一下358页到359页，这个看法在后记部分还会讲，威廉斯非常怀疑所谓资产阶级文化和社会主义文化这样一个提法。358页上他首先在批评考德威尔对文学完全不懂，从未对一部作品有过细致的分析，完全是理论推演，他说考德威尔把15世纪以来的现代诗歌都描述为"资本主义诗歌"，威廉斯认为这是很不知所谓。

> 将过去300年英国人的生活、思想、想象简单地说成是"资产阶级"的，将现在的英国文化描述为"濒临死亡"的，这些都是用牺牲现实来成全公式。

359页第二段：

> 要是你已经习惯于认为，一个资产阶级社会单纯直接地

产生一个资产阶级文化,那么,你就会想到,一个社会主义社会也同样会单纯而直接地产生一个社会主义文化。并且你会觉得有责任说出社会主义文化是什么样的文化。事实上,大多数有关未来的"社会主义文化"的推测都证明是一种"乌托邦式"的习惯,不能对它太当真。

这个问题我们到最后还会讲,他在后记里面着重讲的也是这个问题。

我们现在回过头来看艾略特这章,我觉得写得不是最好。威廉斯这本书写了十年左右,来回应艾略特的《关于文化定义的札记》。把这两个文本放在一起讨论,实际上可以讲半个学期。

艾略特实际上是在纠正我们刚讲的利维斯的特点,即把文化日益简化成文学,虽然艾略特本人是当时文学,特别是诗的顶峰,这是无人有争议的。他认为,一种高级文化如果不能植根于一个广大的社会土壤,这个文化是不可能有生命力的,也不可能真正得到发展的。

我们先来看,威廉斯对艾略特的重视点在什么地方。即是在于,艾略特对资本主义的批判是非常彻底的。威廉斯首先引用的是艾略特的《一个基督教社会的观念》这本书,你们看297页上的第一段引文,从中可以看出艾略特对于现代社会的一个批判:

> 利益动机膨胀成一种社会理想,对自然资源的利用与对自然资源的掠夺如何区分,对劳动力的利用与对劳动力的剥削如何区分,初级产品的生产者和商人之间不公正的利益增长如何区分,财政机器的错误导向、高利贷的不仁不义,以及一个商业化社会诸如此类的种种面貌,都必须放在基督教的原则上来审视。

这本书不是简单鼓吹基督教,他说他不是主张任何一个教义,当然后来他皈依了天主教,他本身是美国人,后来加入英国籍,因为他对美国不能忍受,认为美国完全是个资本主义机器,太庸俗。

> 我们正在意识到,除以私人利益之外,还有以破坏公众利益为基本原则的社会组织正在导致人性被漫无节制的工业主义扭曲变形,正在导致自然资源的枯竭,而且我们的物质进步中有一大部分是以我们的后代可能必须付出的惨痛代价来换取的。

这句话在今天仍然非常实用。这是艾略特对工业资本主义的一个批判,那时候的资本主义已经不是早期资本主义了,20世纪50年代的资本主义已经相当发达。下面这段话很有意思,他认为基督教世界比较适应的是农业社会,现在这样一个工业社会,实际上基督教是不太能适应的。所以威廉斯也公正地说,艾略特在这本书里不是要鼓吹某种教义,而是要表达,西方社会总是声称自己是基督教社会,但这其实是一个虚伪的社会,因为它完全不是建立在基督教原则上,以利益膨胀为社会理想是完全不符合基督教原则的,这是他后来会皈依天主教的原因,因为天主教是建立在一个以往的乡土社会的基础之上的。

威廉斯之所以特别注重艾略特《关于文化定义的札记》,第一在于艾略特强调文化不能是简单的文学,而是"整个生活方式",这是威廉斯所完全认同的。第二,301页最后一段:

> 它努力区分"精英分子"与"阶级",并且对"精英分子"的理论进行了入木三分的评判。

303页，威廉斯引用了艾略特三种文化的含义：一种是个人的文化，也就是文学艺术意义上的文化；一种是团体或阶级文化，也就是阶层文化，贵族文化、资产阶级文化、劳工阶层文化等等；一种整个社会文化的发展，就是以整体社会作为一个文化，整个社会是一种文化生活方式。艾略特最有名的说法是，睡觉的时候都体现了一种文化。绝大多数时候，文化是作为一种无意识状态存在于大多数人心中，所谓少数的文学家、艺术家只是自觉地把潜意识中的文化用文字等形式表达出来。文化一定是整体性的，如果没有这样一个整体性的文化，少数人的高级文化是产生不出来的。这是艾略特一个非常强有力的结论。当然在这点上，威廉斯是非常同意的。

你们看304页上的引文，艾略特实际上是在强调两点：第一，不能以整体社会文化为名去否定团体和阶层的文化，也不能以团体和阶层的文化为名，去否定个人文化。这三种层次的文化各有不同功能；第二，也是更为重要的，个人的文化不能孤立于团体的文化，团体的文化也不能游离于整个社会的文化。所以威廉斯接下去讲，这样一个文化概念自然会排除"少数派文化"观念的极端形式。

艾略特在讲精英主义的时候，实际上一定程度上是在批评阿诺德，另一方面则是更为强烈地批判当时英国、美国非常流行的所谓精英主义的理论。这个批判稍微有一点复杂，我们曾经讲到，阿诺德认为文化既不寄存于贵族阶级，也不在于资产阶级或劳工阶级，而在于各个阶级中都有这样那样的一些人，能够超越本阶级的偏见，这一点就会成为精英主义的一种前驱。也就是说，这个精英主义似乎是脱离社会各个阶层而自我形成的，最有名的就是曼海姆，也就是后来的"知识分子定义"，知识分子是一个飘离性的东西，不依附于社会任何阶级，这是艾略特所坚决反对，也是威廉斯所坚决反对的。但是每个人所诉诸的阶层会不一样。艾略特认为：每一个精英都是附属于每一个阶层，否则就会变成游离分子，就会造成极大的分离性效果。一方面，精英不再是有共同文化基础的团体，有政治精英、文学精英、企业精英，各个行业都有精英，没有一个共同社会的东西。实际上艾略特在《关于文化定义的札记》里面就讲到，英国的一个特点是资产阶级并不是把自己看成最高，它本身极为向往一个更高的阶级，即贵族阶级，女王、君主、贵族制在英国从未消失过，上议院本身就是贵族的团体，上层资产阶级以能够进入上议院为荣耀。每一个阶层的人都隶属于他的阶层，又向往更高的阶层。

305页这一段，实际上是在强调，每个阶层都有它自己的功能，即维护社会的全部文化中与他本阶层有关的那部分文化：

> 我们必须努力记住，在一个健康的社会中，这种对一个特定层次的文化的维持，不但对维持该层次的阶级有益，而且对整个社会也有益。意识到这种事实，我们就不会认为一个"比较高级"的阶级的文化对整个社会或大多数人是多余的东西，也不会以为这个阶级的文化是应该由其他所有的阶级来平等分享的东西。

这样一个等级制的东西是威廉斯所批评的。艾略特的特点是强调了少数精英文化和整体社会文化是有机联系在一起，如果没有下层的潜意识为基础，上层的东西不可能发展，所以上层的，特别是专业的文学家、艺术家，只不过是专门化的、有意识地发展上层文化，这种发展一定是为整个社会所共享。威廉斯在批评艾略特的时候显得相当吃力。

下面我们要直接跳到威廉斯全书的结论部分。结论部分很长，今天没有太多的时间来讨论。奥韦尔这一章只能跳过了，你们自己去看，关键的问题是与劳伦斯对比起来看，奥韦尔不是不认同资本主义社会，而是不认同任何社会，他认为他自己最高明。最有意思的一段话是，369页最后一段：

> 奥韦尔的社会主义变成了一个流放原则，他要不计代价保证这原则不受侵犯。实际上，这种代价就是片面地放弃他自己的标准：他必须常常疯狂地咒骂，把别人赶走，避免同他们纠缠不清。他不是抨击社会主义——社会主义在他心里安然无恙，因为社会主义就是他——他抨击的是其他社会主义者，他们可能会把他卷入到他们中去。他抨击社会主义，是针对其原则的，所以在这个基础上，他终于将抨击的矛头集中到了共产主义。……对于放逐者来说，社会本身都是极权的，他无法把自己交付给任何社会，只能置身于局外。

371页：

> 在这种情况下，作家自己必须一分为二：一半卷入世界，一半逃离世界。

这实际上也是我在1988年那篇文章《儒学与现代》当中所采取的一个立场，引用的也是这句话。

> 他无法相信世界上存在着个人的个体性可以获得社会承认的任何安定生活方式。

他实际上否认了任何共同体，我认为这是70年代以后西方左翼日益走向的一个方向。爱德华·萨义德的《东方学》非常重要，可以成为一个站得住的经典，以后的东西我并不太欣赏，尤其他那本《知识分子》，他就是原则，他就是唯一的正确，每个知识分子都如此标榜。他既介入巴勒斯坦解放组织、又不能容忍巴勒斯坦解放组织，任何牵扯社会实际的东西都是他所不能容忍的，因为都是不纯粹的，这是可以想见的，一定包含着很多不能接受的东西。

这些都是奥韦尔原则的东西，威廉斯是不能认同的。威廉斯与以后的左派，这个分歧其实一直存在，因为他们这一代的社会主义者，即是威廉斯以后变成马克思主义者，仍然是希望自己深深扎根于英国劳工实际的事务中，所以他和工党政治总是还有某种关系。所以他说：

> 奥韦尔身上记录的是一个牺牲者的经验：他排斥了原子社会的后果，本身内部却深深地留存着原子生活独特的意识模式。在比较容易的层次上，把社会形容为一个骗局，就可以缓解这种紧张；一个人甚至可以参加骗局。

"知识分子"这个词是非常需要检讨的一个词。英国严格来说相当长时间是没有"知识分子"的，因为像阿诺德等人，他们同时也是公务员，参与到社会实际事务之中，而不是一个飘离于社会之外的人。这也是中国士大夫的特点。

下面进入结论部分。398页第二段，威廉斯说：

> 我想谈谈"工人阶级文化"这个概念，因为我认为这是当代的一个关键问题，而且是一个包含了会引起相当大误解的成文的问题。我已经指出，把新的传播手段所产生的大量东西描述为"工人阶级文化"，这本身是不公平的，也是没有用处的。因为这些东西既不是专门为这个阶级而生产的东西，也谈

不上是这个阶级自己生产的东西。……不能把"工人阶级文化"理解为现在存在的少量"无产阶级"的著作和艺术。这类作品的出现是有用的，……但是应该把它视为一种可贵的异议成分，并不应该把它视为一个文化。

这样一个好像和以往的文化传统没有关系的东西，威廉斯是反对的，而且他也不大同意诉诸工业革命以前的乡土文化。

> 由于工业革命所造成的断层错误，英国传统的通俗文化如果不能说是已经被消灭，至少也已经是支离破碎、萎靡不振。

好像把少数民族的东西收集起来，就是找到了没有被现代社会所污染的东西，现在很多人都在做这种工作。

> 遗存下来的以及在新的条件下新制作出来的，数量极少，范围也很狭隘，这虽然值得尊重，但绝不能说是另一种可供选择的文化。

因为它实际上只不过是主流文化的一点调料，好像我们多么尊重多元文化，实际上那些都只是点缀而已。

399页：

> 一个文化的范围，似乎常常与一个语言的范围相对称，而不是与一个阶级的范围相对称。……把我们现有的文化描述为资产阶级文化，会在多方面引起误解。……他们会认为，标准取决于使一个文化专门属于这样一个阶级，因为这个阶级产生了这个文化，所以只有这个阶级才能理解这个文化。……

400页是他的关键点所在:

> 另一方面,那些以新兴阶级的代表自居的人,如果接受了"资产阶级文化"的命题,将会情不自禁地忽视人类共同的文化遗产。

因为他把所有这些文化遗产都当作"资产阶级文化",可以抛弃、可以拒绝、可以颠覆。

> 使用一种共同语言的人也共同继承了一笔知识和文化传统的遗产,随着经验的每次改变,这笔遗产必然会不断地被重新评价。人为地制造一个"工人阶级文化"以对立于这个共同的传统,纯属愚蠢之举。

这是他作为左翼最不寻常的一点,他非常反对后来的以工人阶级、或者以被压迫人民、或者以同性恋、或者以女性主义否定以往的文化,以往的都是男性中心产生的文化,女性要产生另外一种文化,这都是纯属愚蠢之举。

> 在一个工人阶级成为支配阶级的社会中,当然会产生新的评价和做出新的贡献,但是由于这笔遗产所具有的复杂性,产生新的评价和做出新的贡献的过程将会是极其复杂的,把这种复杂性削减为一个粗糙的图式,毫无益处可言。

接下来的一段,讲到共同语言的问题:

俄国社会的特点是少数的统治者把共同语言排斥了，而且排斥的程度相当重大。

俄国贵族、统治阶层讲的是法语。就像印度一样，统治阶层讲的是英语，但绝大多数印度人是不懂英文的，从前有统计说印度只有2%的人是讲英语的。

但是在英国社会从未出现过这样的分离，这是因为英语始终是英国社会的共同语言。

威廉斯强调一个共同文化的关键在于共同语言。而我们中国，本来有一个共同的语言作为共同文化的基础，现在却想要把大学变得全部英语化等等。文化的对应面不是阶级，而是语言，这是威廉斯所强调的，他实际上是强调重新评价被继承下来的传统。传统当然是在不同的阅读中被不断地重新解释，但是这种重新解释不应该从一个教条的、理论的、抽象的公式出发，而是要从自己本身的经验出发。

还有一点，因为艾略特已经讲，整个文化应该是一体性的；你们看402页到403页，威廉斯提出一个非常诚实的问题：

在某个阶级、因而共同语言的某种特殊用法占支配地位的社会中，一大部分文学由于包含了一批重要的共同经验，会被吸引到这个占支配地位的语言模式。同时，一个民族文学（例如英国文学一直都是一个民族文学）在包含了这层关系的同时，也包含了整个文学与语言的整个成分。我们如果想了解一个具有选择性的传统的过程，我们要思考的就不单是文化的范围，而是变化不定的依附和相互作用的过程。

他总是有两面。402页上他关于工人阶级的一个说法，我觉得不是十分可信。他说：

> 工人阶级不会因为拥有新产品就变成资产阶级。

我觉得工人阶级就是在向往上层阶级的东西，一旦变成有钱人，是否还会保持纯朴，我不知道。接下来的几句话，又是和劳伦斯呼应的：

> 对"纯朴的穷人"的敬意并不是一件新鲜事，但是，除非是作为一种不顾一切的合理化，否则在穷人当中是很难找到这种敬慕之情的。

403页第二段，威廉斯在讲，工人阶级文化是什么样的文化：

> 如果把文化作为一批知识与想象的作品来思考，我们可以看到，随着教育的扩展，这种文化的分布日趋平均，同时新作品正在传播给比单一阶级更为广泛的公众。但是，文化又不只是一批知识与想象的作品而已；从本质上说，文化也是一整个生活方式。

他认为工人阶级的主要文化是生活方式，并不是说工人阶级创造了多少优秀作品。我觉得这是非常诚实的。他说：

> 资产阶级文化与工人阶级文化的首要区分应该是整个生活方式的区分。

我们再看405页：

>工人阶级由于他的地位，自从工业革命以来还没有产生清楚地意识到的文化。它所产生的文化是集体的民主机构，诸如工会、合作化运动或政党，认识到这个文化是重要的。工人阶级文化，以其一直在经过的阶段而言，基本上是社会性的，而不是个人的。

所以他认为工人阶级的文化应该是一种人群中的紧密联系，是反对个人主义的、原子式生活的一种文化，这生活层面上的文化，而不是说工人阶级可以创造一个新的、不同的文化，他认为这是不真实的。

所以威廉斯最后归结到一点，一方面是劳工阶层所创造的一种真实的人际关系，而不是一种原子式的互相分离的关系，所以工人运动、合作社运动、工会运动都是加强人与人之间关系、在一个共同理念基础上的人际关系；另一方面，这样一个人群如何继承以往的文化遗产，不能简单地将原先的文化当作资产阶级文化来摧毁、颠覆等。

威廉斯与艾略特的区分在于，他强调了工人阶级文化作为一种生活方式的重要性，作为一种劳工文化，下层阶级文化在人际关系的密切度上，在人与人关系的问题上，对于整体文化有重大的贡献，而这不是少数派的文学文化所能做到的，少数派的文学文化并不能改变实际生活中人与人之间的关系。

也因此，威廉斯以后的工作主要是在思考，大众媒介是否能够被用于传播比较好的作品，使之普及到更多群众身上，这也是他所谓"漫长革命"的基本出发点。

拉长时间对抗"空间化"*

(2006)

谢谢主席,谢谢各位。我因为昨天晚上刚从北京赶回来,很匆忙参加这次会议,实在没有时间做充分准备,今天说的基本上是一些很不成熟的想法。

我的题目"中西绘画要拉开距离",大家很多人都知道这是潘天寿先生的一句话。所以我想从这句话发挥讲一些想法。从中国美术界来讲,潘天寿先生这句话是一个背景,基本上20世纪的中国美术虽然林林总总有很多派,比较大的两个趋势,一个是可以称为"中西融合论",主要以徐悲鸿先生为代表,还有林风眠先生等。另外一派则以齐白石、黄宾虹等为代表,比较坚持中国传统美术的道路,而理论上特别鲜明、特别自觉的表述是潘天寿提出来的,就是"中西美术要拉开距离",我们不妨称作"中西距离论"。

这两个分野,这两个取向,当然并不是中国美术界所特有的,基本上也可以说是20世纪中国广义的总体的思想文化学术界都可以看出这样一个两分法。比方说从一般的思想文化的倾向上来看,可以看到,比如梁漱溟为代表,比较强调中国文明和西方文明的异义。另外一方面比较多的人则强调中西融合论,可能最有名的代表是钱锺书先生,所谓"东海西海,心理攸同",强调的也是一种融

---

* 这是作者2006年5月在"现代性与20世纪中国美术转型"跨学科研讨会上的发言。

合论。这样的融合论当然比较多，我们看20世纪中国的历程，不管是美术也好，还是其他文化艺术也好，基本可以想见中西融合论是压倒性的主流。理由很简单，因为20世纪，基本上中国人对自己所有的传统都是采取全面否定、全面排斥、全面批判的一个路向。所以凡是坚持传统的，虽然也有一定的生存空间，但是基本上说，所有和中国过去相连的东西，被看成是封建的、反动的、落后的。这种情况在1949年后并没有得到改变，中共掌握政权以后，实际上"中国画"曾经被取消过。记得没错的话，江丰当中央美院的院长时曾明确提出，中国画不科学，所以国画系很多都被取消了，国画系和油画系合并，实际上是被排斥。相当一段时间中国画的地位几乎跟中医一样都被看作所谓"不科学"。这样一个倾向，我想在20世纪的脉络里是比较明显的，就是说中西融合论是主流。如果以美术界来讲，中西融合论本来也有两大流派，一个是徐悲鸿的流派，比较强调融合西方写实主义的传统，另一边可能是以林风眠为代表，比较强调现代主义、野兽派、抽象派这样一些东西，但是基本倾向仍然是融合论。

当然我想强调一点，在20世纪的过程中，无论中西融合论，还是中西距离论，两者都对中国现代文化有很大贡献。

但是现在的情况有点不同，90年代后的全球化运动环境下，中西融合论可能会有另外一个变化。因为以往的，无论是钱锺书或者是徐悲鸿、林风眠，融合大体是指"融合进来"，比方说把西方的绘画技巧，或者是西方文化思想融合到中国思想里来，这种融合论是从明确的中国文明自主性出发的。但90年代到现在，大概更多的是追求被融合出去，追求"被融合"，这种融合论的背后已经没有中国文明自主性的坚持。美术界又是相当鲜明的代表，现在的表现主要是看怎么被卖，国际拍卖行。所以现在你说画的好坏，谁说了算？那是国际拍卖行说了算。我想我们从一个有健康常识的角度来说，大概都会承认，卖得好并不等于就是好画，卖得好的东西未必就是好。但实际上我们并不能否认，卖得好就等于好画。因为它实际上就会被人承认，还有什么东西在今天比金钱更有说服力？他那个画，卖到几十万几百万一张，你还敢说他不好？你这个画卖不出去，你还有什么发言权。

所以艺术的标准现在不在艺术，文化的标准不在文化，而在金钱，艺术界只不过是因为涉及的金钱额比较大，表现比较突出而已。我上两个月都在北京，和北大艺术系的朱青生谈的时候，我问他最近拍卖行有好几幅画拍得价钱非常高，你觉得正常吗？他说他也认为不正常。我相信艺术界的人（正好今天高名潞也在）大概都有一种矛盾心理，就是一方面他们都很赞助支持一些国际拍卖的事业，以便提高中国的绘画也好，艺术品也好，在国际市场上的价格；另外一方面，就是再赞成的人，心里也会有一种担忧，认为中国的美术艺术会完全被金钱所腐蚀，而且导致标准很难维持。这种矛盾心理我想是可以理解的。

但是我想，在这样一个新的加速全球化的时代下，我觉得潘天寿他们这一代比较少数派提出的"中西绘画要拉开距离"，或许会有一个特别新的含义。我个人认为"中西距离论"或许可以扩大到对整个中国人文学术事业的一个总体性原则，它在21世纪应该得到特别强调。一个原因是在目前情况下再谈中西融合，很可能更多的只是庸俗化的融合论，实际也是主要融合庸俗化的东西，越融合越庸俗，越庸俗越能融合，整个全球化基本上是一个全球金融市场、金融化、货币化带来的全面庸俗化倾向，这是无法否认的东西。

但是在谈所谓的"中西绘画要拉开距离"的时候，我们需要对它有一个比较确切的了解。这不是片面的要用中国绘画来排斥西方绘画，或者用中国文化来排斥西方文化。不是的，因为潘天寿他们当时提出"中西距离论"的同时实际上还有另外一个原则，另外一个基本原则就是所谓"中西文化两端深入"的原则。这两个原则——中西拉开距离,中西两端深入——是和潘天寿他们民国二三十年代在杭州国立艺术专科学校教学实践经验有很大的关系。

"两端深入"就是中国和西方两端都要做深入研究,但是两者要保持距离。这是二三十年代杭州国立艺专的一个非常明显的特点,一方面中国画方面有黄宾虹、潘天寿,另一方面西画油画方面有林风眠。他们所走的路线是截然不同的,潘天寿他们是完全强调中国画从技巧技法到所有方面,致力于研究和开发中国传统绘画的古典绘画的可能性空间;另外一方面林先生致力于研究和扩大油画和西画的空间,但是同时他们都是很好的朋友。潘天寿先生是一直比较反对把油画中国化,比较反对把西方文化中国化,同时主张中国文化要拉开距离以保持自己的特长。我不久前看了潘公凯先生在十年前的文章,大概是1996年,谈当时浙江美院教学科研的方针和方向的时候,曾经谈"两端深入"的问题。这个和我个人的想法很相近,因为最近一年多我基本上比较关注中国大学的通识教育的可能性和设置问题,这个学期在清华也是在试验通识教育。我觉得"两端深入"的原则应该作为一个不但在美术界,而且在中国大学基本教育方面的原则,是可以通过通识教育而把它贯彻和发挥的一个可能的原则。这样一个所谓"拉开距离""两端深入"的思路,我下面把它发挥成几个方面来讲:

第一点,拉开时间的长度,以抗拒、抵抗、抵消全球化带来的空间距离的消失。

这个问题我待会儿会讲一下,因为我对目前美术界谈的所谓"当代性",我猜想它是对西方美术界、艺术界所谓"contemporaneity"概念的一个翻译,我对此有相当大的保留和怀疑,我基本上是反对的。不过当然我首先强调,我对美术界最近情况的了解非常有限。反正潘先生也在,高名潞也在,可以纠正我。我待会儿会讲这样一个问题，即全球化带来的最大的一个问题是空间距离的消逝，这会带来很多问题，我认为这样情况下不是要盲目拥抱空间距离的消逝而大谈什么"contemporaneity"，而是应该反其道而行之，要拉开时间的长度，扩展时间的距离，来抵消空间感的被缩短。这样的拉开时间长度的做法，在实践上意味着拉到尽可能长。

比方说，大学的人文通识教育应该强调中国和西方两边的古典和经典。这是我最近一两年来一直在想，和很多高校的同人朋友一直在谈的问题，也就是以古典来抵消过分的当代化、当代性，以古典文化的深度和长度来抵消过分当代化的庸俗性和浅薄性，这是第二点。

第三点，我想这里实际蕴含一个拉大少数人和多数人的距离。我相信，这样一个取向，无论是拉开时间的长度还是强调经典阅读的投入，基本上会是一个比较少数人的事业。可以想见，大多数人当然是追随最现代最当代的潮流，大多数人不会觉得最新的就是最肤浅的，而是觉得最新的就是最好的，最好的就是现在的"moment"，这一刻是最新最好的。这种倾向基本上有一个非常大的全球商业广告在推动，这种强调短平快、方便面式的一次消费似的东西，对大多数人是不可抵抗的。

我觉得刚才林毓生先生讲得特别好，说韦伯的"disenchantment"应该翻译成"不再迷人"，也就是说韦伯等西方思想家认为现代社会是一个"不再迷人"的社会，而中国许多知识分子却肤浅地觉得现代社会特别迷人。不过我个人觉得，这问题可能并不在于中国和西方的差异，而是少数人和多数人的差异。像韦伯这样感到现代世界不再迷人，不再可爱，在西方也是少数人。大多数人都觉得很幸福，这和中国没有什么区别。因为现代社会的一个特点就是为大多数人所设计的，很舒服的、很自由的生活，比较痛苦的是少数人，少数人之所以痛苦，因为他有一个历史文明的视野，他感觉到一种历史文明的消失，这才认为痛苦。大多数人并不认为这有什么好痛苦的。

第四点，我觉得就是在文化和思想的领域上，要看到所有这些无论当代性、现代性、后现代性的说法，所有这些最终的辩护，在西方说到底无非都是民主化，亦即思想文化也开始民主化，所以人人大谈艺术和生活没有区别，艺术家和一般人也没有区别。但我想，这里恰恰应该旗帜鲜明地提出，在思想文化上反对民主化，反对平民化。我十年前曾经发过一篇文章，《自由主义：贵族的还是平民的？》，引起很大的争论。那篇文章讲的是社会经济生活的民主化，强调平民性。这一点我仍然坚持，在社会经济层面上，在物质生活资料的分配上，要强调民主化和平民化。但是在思想文化上、艺术上，要强调贵族化，反民主化，反平民化。我认为这两点并不矛盾而是互补的。

最后一点，如果回到中国文化的脉络上，这实际同时意味着在中国要重新建立"成年人的文化"，来抵制青少年文化。我想，某种意义上中国古典文明基本上是一种中年人的文化。我曾经在北京和潘公凯先生有一次很长的谈话，也就是这次谈话使我改变行程，来参加这个会。我想有一点非常有启发，就是以国画而言，确实是青少年不大会欣赏的，这是一个事实。油画五彩鲜艳，小孩儿一拿到就很高兴；对于中国国画，青少年不大会欣赏。同样，虽然你可以说唐诗宋词小孩也能读，但是我觉得真正比较有领会的恐怕也是要中年人。我觉得基本上中国古典文明无论在哪一个境遇里，它基本上都是成年人的文化。我觉得当代无论中国，包括香港在内，一个很大的危机是成年人文化的完全失落。

因为我大概各个领域涉及得比较多，这里可以谈一下一个社会学的问题：中国现在某种意义上是没有"父亲"的。现在父亲都不像是父亲，父亲并没有资格教育你的儿子，而是你的儿子来教育你。这个很简单，因为儿子玩的肯定是最新的、最先进的东西，而且代表西方文明最新发展，那么你怎么可以说他呢？现在五六岁的小孩玩的各种游戏、各种东西，大人都不懂，他们觉得很羞愧，自尊心是完全没有的。社会学界有几个人在做调查，我觉得这是一个非常严重的问题。因为父母亲自己没有好坏的标准，父母亲什么都不敢说，任何东西只要它是流行的，一定是好的。这样你就完全放弃父母的责任。这是一个比较严重的问题，这样导致的结果不仅是中国，而且大概所有非西方社会，和西方社会会有一个差异，这个差异在于，西方虽然也是青少年文化非常蓬勃，但是西方的成年人文化并没有崩溃，所以在青少年文化之上，仍然有一个成年人文化在支配着，或者至少平衡着，没有让青少年文化支配全社会的趣味和话语。

但中国这里的表现却不同，越来越成为青少年文化支配，我们可以看见，中国现在整个社会都变成"青少年化"，而且年龄是越来越小：作家年龄越来越小，画家年龄越来越小，"超女"的年龄越来越小，现都在办五六岁的"超女"了。我最近在北京待了两个月，大吃一惊的地方，是家长都趋之若鹜要把小孩子送上去做"超女"。我们如果从香港来看也一样，看最近十年好了，我们发现歌星年龄越来越小。TWINS大家都知道的吧，十五岁出道的吧？下面肯定还要早，十三岁、十二岁，然后越来越小，以后可能是五六岁；而且淘汰率极快，不可能耗得很长的，一年左右就报废，以后可能只能红半年就完了。娱乐圈如此，我们的大学也好不到哪里去。我1999年刚刚到香港大学的时候，香港一般来说拿到一个项目做三年研究，以后变成两年，现在都是一年，有些研究项目现在甚至是6个月和4个月，钱刚刚拿到，还没有捂热，已经要交研究报告了。这都算什么研究，都是快餐速食店。

这种现象在现在是弥漫性的，我觉得这些现象的弥漫性要找到一些根源。我觉得我们都有一种极度无力感。我们无法抵制。很大的体制力量，全球化力量，在推动着所有这些东西。我觉得，最近一年多我基本上觉得，唯有一个可以着手的地方，就是教育。重整中国教育，特别是大学教育，因为中小学教育你也管不了，这个已经是没有办法的了。大学教育是不是有可能，因为这会直接牵扯到学者和知识分子可以用力的地方。如果能够重新纠正这样一种极端性的、一切只讲"当下性"和"当代性"的倾向，中国的学者也好，艺术家也好，是不是还有可能重建一个中国自身的学术文化共同体。全球化之后所有的东西都是发散性的，支离破碎，互相之间没有共识，因为每个人忙于应付自己的小小专业中一点点的所谓研究项目，实际上是越来越鸡毛蒜皮化的东西。

我觉得通过通识教育，这样的可能性也许能够改观。这次和清华大学合作，我觉得中国的通识教育应该简化，不要这么多五花八门的、学什么"哈佛方案"的等等。你看美国20世纪的通识教育的历史，从哥伦比亚大学的模式来看实际上比较简明。我和很多的朋友在谈的问题是，中国大学通识教育可以简化，贯彻"两端深入"的原则，建立西方文明和中国文明两个科目作为通识教育主干。当然这个马上受到台湾朋友的批评，认为我仍然没有"杂多文化"的观念。这个问题，我有我自己的看法，因为在我看来美国学院里流行的所谓"杂多文化"，根本就是一个虚象、假象，在美国哪里有什么"杂多文化"？根本就只有一个文化，就是"美国文化"。我的老师布鲁姆（Allan Bloom）就曾经尖锐批判西方学术界近年来大谈非西方文化的时髦即所谓"杂多文化主义"（multiculturalism），认为这种"文化民主化"时髦其实根本就没有向非西方文化学习之心，而只是把美国流行的"文化研究"特别是性别研究、种族研究或同性恋研究这类"政治正确的学术"输出到非西方国家,恰恰是一种"恩赐"心态,是一种"伪装的新帝国主义"(a disguised form of a new imperialism)和文化上的"美国和平队心态"(the Peace Corp mentality)。在他看来,今日以"文化研究"为名研究非西方文化的学术工业越发达,所有非西方文化也就越被加速美国化,结果只能是"杂多文化成为美国校园文化,而美国校园文化成为全球知识分子文化"。[1] 我很同意他的这个批判。因此我的基本想法是,中国大学的通识教育不能仿效现在美国特别流行的表面上的杂多文化主义,杂七杂八什么都来一点,而是应该一方面以中西文明两方面作为主干,另外一方面是以经典文本阅读为中心。假定有这样一个可能性的话,可能会比较有利于重新建立一个比较长的历史文明视野。[2]

我现在就回到我刚才讲的第一点,稍微作些发挥。我觉得全球化的最大的问题,而且很多人比较标榜的,是空间化这个概念。空间化概念某种意义上并不是我们日常经验所理解的空间距离,相反,它意味着空间距离完全消失。最明显的是在社会理论方面,西方社会理论原本的基本构架是一个时间概念,就是传统与现代,传统社会与现代社会,传统文明与现代文明,是以时间向度作为基本构架的。全球化之后,20世纪90年代以后,所有社会理论都是在强调所谓空间化。所谓空间化就是说因为我们航空距离的缩短,电子信息等所有网络系统进一步导致空间距离消失,因此所有的地方,所有的人,所有的东西都是同时性的当代性的,没有也无所谓"传统",也无所谓相对传统而言的现代,大家好像都在同一起跑线,都是一个全球化标准时间。这样大家似乎都很happy。但这样一来其实造成了一个非常大的问题和假象,因为它使得所有文明的历史维度、深度统统消失,整个世界变得日益空洞化。

---

[1] 参见甘阳《政治哲人斯特劳斯》,香港:牛津大学出版社,2003。
[2] 参本书收入的《大学之道与文明自觉》一文。

我刚才说我比较怀疑美术界的"当代性"概念，我觉得"当代性"概念背后——这一点可能高名潞可以纠正我，背后实际上是全球化带来的一个空间化的概念。虽然我们都知道，这样一种概念，所有的人最初都比较焦虑，从西方学界开始都是比较焦虑，因为它意味着一切都越来越一体化，越来越单一化、同质化，所以你看到现在很多人谈所谓差异。但是我们今天必须承认一个非常古怪的现象：这就是越谈差异，越没有差异；越谈所谓杂多文化，越没有杂多文化，都是一样。你再看青少年文化，你再看广告文化，完全单一化，完全是单调性的。而且同样，表面上看好像越来越个性化，越谈个性其实越没有个性。你去看看博客网上的大学生，全都一样的，实际上千篇一律的。这是表面上的个性化，而实质恰恰是没有个人自我。

这样的东西，到底如何纠正？我刚才提出一个想法，就是拉长时间维度和历史视野，中国文明数千年，西方文明也比较长，如果拉长时间距离和历史维度，或许可以抵制这样的当代性同质化，我强调要同时拉开中西文明的距离，而不是在全球化时代继续追求中西融合论。包括中国人研究西方，同样要和西方人研究西方拉开距离。中国人研究西方有自己的考虑，有自己的文明背景和视野，有自己的问题意识。而他考虑的问题在深层背景上往往和中国学者研究中国方面可能更一致，虽然他们用力方向不同，我觉得这就是所谓的"拉开距离、两端深入"可以开展的地方。当然，我觉得这点非常困难，几乎不可能，尤其在现在的时刻，中国的一个吊诡，在于经济发展到最高的时候，恰恰是中国文明底气低到无以复加的地步。什么时候底气能够稍稍有点恢复？最近作家余华说：已经落到底了，总要有点儿回复吧。大家都希望如此，但是，虽然落到底部了，它还可以横向继续蔓延，它可以在面上蔓延。所以你还恢复不起来，它还要往下沉。我想大概还要10年、15年以后，才会有点希望。但是我想，在这个情况下，我对一些朋友提出了一个建议：在全球化的情况下，要勇于做反动派，中国文化最大的问题是不敢做反动派。所以整个20世纪很少有反动派，都是现代派。我觉得如果有一大批人敢于做反动派，那么中国文明可能还有点希望，还有点儿救。

谢谢大家。

评　论

潘公凯（中央美术学院院长）：

甘阳先生是在国内、在很大的范围内有重要影响的学者，他刚才提出的这些东西，我觉得对我个人的启发非常大。他在借用潘天寿的"拉开距离"的这样一个说法，提出了一个非常重要的、策略性的思考。比如说要拉开时间的长度来抵消空间的缩小，而且要拉到尽可能长，避免过分的当代化，以及要拉大少数人和多数人的距离，反对平民化，要区别于青少年文化，同时提出了要建立我们自己的学术文化共同体和恢复经典文本的阅读等等。这些问题我个人觉得是非常具有当代性的。在我看来，这是对中国目前正在发生的情况的最敏锐的一个反应，最敏锐的一种策略性的反应。

我自己也是这么想的，正像甘阳先生自己做通识教育的尝试一样，在我们的中央美术学院里面，我一方面想强调对于传统文化深入的研究。在这种研究中，我希望不必要夹杂太多的融合因素。我在80年代跟名潞一块争论的时候，就提出能不能够在20年或更长的时间中，使中国画保持它的相对封闭性；如果中国画不能保持相对封闭性，中国画的未来发展是无从谈起的。当时我是这么一种观点。一直到现在，我的主张不太有人拥护，封闭性说了半天封闭不起来。所以说实在的，现在中国画的发展几乎已经失去了标准。

就像刚才甘阳先生讲到，就是没法评判了，大家都在平面化，水平普遍都提高了。现在的大学生能画出来的技巧，以前50岁的人可能都不一定画得到，但是大师没有了。谁能说谁是一流画家？谁都说不了。这个平面化的现象是非常明显的，整个文化现象确实是在往青少年化的方向发展。我是很赞成刚才甘阳先生提出来的这种策略性的思维。我在中央美术学院里面既强调美术史系和中国画方面要保持传统，要把传统做深了，不要搞些稀奇古怪的新玩意儿，我觉得没有多大意思；同时又在中央美术学院外面建立了一个小小的分院，是以设计教学为主的城市设计分院。我对分院提出了非常年轻化的发展方向：一个叫作城市，一个叫作青少年，一个叫作时尚。这个分院做的就是最时尚最前卫的东西。在这个大家都非常国际化，大家都非常全球一体化的情况下，我们中央美术学院如何做出特点呢？我说你们要比他们更加平民化，更加年轻化，年龄段，针对17岁——我明确地对分院的教学提了这么一个要求。在做的过程当中，我跟甘阳先生虽然没有密谋过，但是想法好像是非常一致。有一部分人，你就去做传统文化，做深做透，中国画说白了是老年文化，到了40岁才能有所理解，20岁的年轻人跟他怎么讲都讲不通的。然后我也不否定，也非常赞成"博客"和"超女"，有一个学校专门去研究"超女"，专门去研究"博客"，我把它分开。这都是拉开距离的思路，是不是操作上能行得通，我们都在试着做。

华人大学理念九十年*

（2003）

问：你在《华人大学理念与北大改革》一文中提出，中国大学的使命是要坚持和加强中国人在思想、学术、文化、教育上的独立自主，而不是要成为西方大学的附庸藩属，并且认为，中国大学改革的总体目标是要尽快结束中国的留学运动，以中国大学自己培养的人才构成中国高等教育的主体。这些论点引起不少争议，有些批评者认为中国人根本没有资格谈这种"华人大学理念"。你怎么看待这样的批评？

答：这种批评当然并不奇怪，所谓"燕雀安知鸿鹄之志"也。自清末留学运动以来，中国出国留学的人一向可分为两类人，一类是文化自卑者，一类是文化自强者。文化自卑者自然认为"华人大学理念"匪夷所思，但文化自强者则必然以这个理念立志。其实"华人大学理念"至少已有90年的历史，其起点可追溯到胡适在留学时期写下的《非留学篇》（发表于1914年的《留美学生年报》与1915年10月的《甲寅》月刊），而且胡适的表达远比我激烈。《非留学篇》开头就说：

> 吾欲正告吾父老伯叔昆弟姐妹曰：

---

*　原载《读书》2003年第9期。

留学者，吾国之大耻也！

留学者，过渡之舟楫而非敲门之砖也；

留学者，废时伤财事倍功半者也；

留学者，救急之计而非久远之图也。

胡适随后逐点说明他这四个论点。首先，"以数千年之古国，东亚文明之领袖，曾几何时，乃一变而北面受学，称弟子国，天下之大耻，孰有过于此者乎！吾故曰：留学者，我国之大耻也"。

其次，中国人留学的目的，原本是要"以他人之长，补我所不足，庶令吾国古文明，得新生机而益发扬光大，为神州造一新旧泯合之新文明"；但实际结果却是，甚多留学生只不过求"一纸文凭，可以猎取功名富贵之荣，车马妻妾之奉矣"，亦即不过当作新的"敲门之砖"而已。胡适因此叹曰："嗟夫，持此道而留学，则虽有吾国学子充塞欧美之大学，于吾国学术文明更何补哉！更何补哉！"

其三，留学乃"废时伤财事倍功半"。所谓"费时"是因为中国学子为了留学首先得在国内用多年时间学习西方语言文字以作准备，而到了国外仍要在西方语言上花费无数时间，因此同等智力的西方学子和中国学子在学习同样的东西时，中国学子却不得不消耗掉数倍于西方学子的时间精力，等于同等智力已被打掉一半折扣，也就必然"事倍功半"，更不要说许多人最后学出来还可能只不过是个会说洋文的木瓜而已。因此胡适说，"夫以四五年或六七年之功，预备一留学生，及其既来异邦，乃以倍蓰之日力，八倍之财力，供给之，然后造成一归国之留学生，而其人之果能有益于社会国家与否，犹未可知也。吾故曰：留学者，废时伤财事倍功半者也。"但尽管留学有如此之弊端，现代中国人却不能简单地废留学，因为那只能是因噎废食。因此胡适的最根本论点落在其第四

华人大学理念九十年 275

点,即"留学为可暂而不可久"之事,是"救急之计而非久远之图"。他大声疾呼地发问,难道中国人真要"视留学为百年久远之计矣乎?"正是在这里,胡适明确提出了"留学当以不留学为目的"的主张,即认为中国人留学的目的就是为了尽早结束中国的留学运动:"留学者之目的在于使后来学子可不必留学,而可收留学之效。是故留学之政策,乃以不留学为目的。"

问:如此说来,你提出要"尽快结束中国的留学运动",与胡适提出"留学当以不留学为目的"乃一脉相承?

答:是要重新提出这个目的或目标,因为这个目的今天似乎已经被人遗忘了!中国自改革开放以来的新留学运动已经20多年,这次留学与清末民初胡适时代的留学一样意义重大,但我们也同样有必要像当年胡适那样追问:"吾国人其果视留学为百年久远之计矣乎?"尤其在今日中国各大学纷纷以创办"一流大学"为口号而进行改革之时,我们不能不问,中国大学改革的总体目标,究竟是要尽快结束中国的留学运动,还是要把留学运动进一步地制度化和永久化?

我在批评北大方案时指出,假如北大改革的方向只不过使北大走向一代又一代的"留学近亲繁殖",那么北大恰恰注定永远不可能成为"世界一流大学",而只能千年万年地成为一流的"留学预备北京大学"。这也是胡适90年前早就提出的警告,如他所言:"今日之大错,在于以国内教育仅为留学之预备。是以国中有名诸校,都重西文,用西文教授科学。学生以得出洋留学为最高之目的,学校亦以能使本校学生可考取留学官费,或能直接升入外国大学,则本校之责已尽矣。此实今日最大之隐患。其流弊所及,吾国将年年留学永永为弟子之国,而国内文明终无发达之望耳。"

我们今天之所以需要明确提出"尽快结束中国的留学运动",

实是因为今天这种"吾国将年年留学永永为弟子之国，而国内文明终无发达之望"的危险几乎比90年前还要严重！

我们可以注意，胡适写作《非留学篇》是在1912年。当时的中国还根本谈不上有任何现代大学可言，而且当时中国的总体状况如胡适所言乃一无是处："以言政治，则但有一非驴非马之共和。以言军事，则世界所非笑也。以言文学，则旧学已扫地，而新文学尚遥遥无期。以言科学，则尤可痛矣，全国今日乃无一人足称专门学者。"但就是在这样一种中国的一切都极端落后、极端衰败、极端令人沮丧的环境下，胡适这一代中国学人却以凌云之志而高瞻远瞩地提出"留学当以不留学为目的"的目标！反观今日，我国大学无论与世界一流水平还有多少距离，毕竟已经有现代大学的相当规模和实力，其具备的条件和水平与胡适时代的中国大学乃不可同日而语，但今天的人却不但没有"留学当以不留学为目的"的文化自觉，反而在听到"中国大学改革的总体目标是要尽快结束留学运动"时，竟表现得大惊小怪，好像多么不可思议！

我以为今天的问题不是中国的大学水平有多低，而是中国人今天的精神有多低、气质有多弱的问题。可以说胡适那一代学人中占主导的是志在高远的文化自强者，而今天则有太多心态猥琐的自卑自贱者。这些自卑自贱者如胡适当年所言："一入他国，目眩于其物质文明之进步，则惊叹颠倒，以为吾国视此真有天堂地狱之别。于是由惊叹而艳羡，由艳羡而鄙弃故国，而出主入奴之势成矣。于是人之唾余，都成珠玉，人之瓦砾，都成琼瑶。及其归也，遂欲举吾国数千年之礼教文字风节俗尚，一扫而空之，以为不如是不足以言改革也。"今天的致命问题就是这"入奴之势"似乎越来越弥漫，以致许多人心有奴意，面有奴相，言有奴音，身有奴气，这样的人不管留学不留学都只能成为一个终身"学奴"而已，绝无可能成为一个堂堂正正自主自立的"中国学人"。

问：《非留学篇》是胡适写于留学时代的作品，或许是属于少年胡适的不成熟看法。胡适成年以后是否改变了他对这些问题的看法呢？

答：当然不会变。《非留学篇》的基本立场和取向并非只是胡适个人的一时看法，而是他那一代中国学人以及几代中国老辈学人共同的主流志向。抗战胜利后，胡适出任北京大学校长，正是在任北大校长期间于1947年发表了他著名的《争取学术独立的十年计划》，提出要建立"国家学术独立的根据地"，其意图正是我所说的"中国大学的使命是要加强中国人在思想、学术、文化、教育的独立自主，而不是要成为西方大学的附庸藩属"。胡适的"国家学术独立"主张值得在这里详加引述：

所谓"学术独立"必须具有四个条件：一，世界现代学术的基本训练，中国自己应该有大学可以充分担负，不必向国外去寻求。二，受了基本训练的人才，在国内应该有设备够用和师资良好的地方，可以继续做专门的科学研究。三，本国需要解决的科学问题如工业问题、医药与公共卫生问题、国防工业问题等等，在国内应该有适宜的专门人才与研究机构可以帮助社会国家寻求得解决。四，对于现代世界的学术，本国的学人与研究机关应该和世界各国的学人与研究机关分工合作，共同担负人类学术进展的责任。

胡适当时从这一"国家学术独立论"出发所提出的十年计划，就是希望"在十年之内，集中国家的最大力量，培植五个到十个成绩最好的大学，使他们尽力发展他们的研究工作，使他们成为第一流的学术中心，使他们成为国家学术独立的根据地"。不难看出，胡适这个建立一流大学的主张，与今日许多人说的建立一流大学，恰代表完全不同的两个方向：今天许多人所谓建立一流大学压根儿没有"国家学术独立"的概念，反而试图以"留学近亲繁殖"使中国成为"年年留学永永为弟子之国",结果必然导致中国对西方的"学术依赖"更加制度化永久化;而胡适主张的则是要建立"国家学术独立的根据地",从而强调中国对于西方的"学术独立",力图做到不但中国学子的基本学术训练"不必向国外去寻求",而且艰深的科学研究同样可以在国内大学继续进行,由此克服"出洋镀金的社会心理"。但这里当然需要指出,主张学术独立并不等于主张学术孤立,并不等于主张中国学术不要与国外学术交往,更不是不要中国人出国留学。这里讨论的问题是中国大学的发展方向和目标问题,特别是中国是否应该长期甚至永远地依赖国外大学来培养中国一流大学的教授和研究人才,还是中国必须致力于自己培养本国一流大学所需要的人才。胡适在这篇文章中因此特别强调必须改变"大学"的概念,亦即只有本科的大学不能算真正的大学,只有朝"研究院"方向发展的大学方能成为"国家学术独立的根据地"。因为很显然,如果中国大学只有本科,没有发达的研究院,那么中国学子仍然得走留学之路,从而仍然无法改变"年年留学永永为弟子之国"的状况。

问:但这种希望"国家学术独立"的强烈主张是否中国人所特有?美国人从前曾长期留学德国,他们是否从不担心美国会成为"年年留学永永为弟子之国"?

答:许多人大概没有读过美国文明史的一个必读经典,这就是爱默生的《美国学者》(The American Scholar)。这是爱默生于1837年在哈佛大学向当年的"美国大学优等生联谊会"(The Phi Beta Kappa Society)年会发表的著名演讲,以后《哈佛经典丛书》的爱默生卷将此篇列为第一篇并非偶然。为什么这个演讲题为"美国学者"?因为爱默生要提醒这些美国优秀青年学子,他们今后不是要成为在美国的德国学者、英国学者或法国学者，而是要成为立足于美国生活的"美国学者"。他向这些美国青年学子指出，美国人倾听欧洲的时间已经太久了，以致美国人已经被人看成是"缺乏自信心的、只会模仿的、俯首帖耳的"（to be timid, imitative, tame）。他希望这些有资格成为"美国大学优等生联谊会"成员的青年学子树立一种强烈的自信心：未来将属于"美国学者"。这个演讲开头的一段话最为有名，以后不断被美国人所引用："我们依赖的日子，我们向外国学习的漫长学徒期，就要结束。我们周遭那千百万冲向生活的人不可能总是靠外国果实的干枯残核来喂养。"

爱默生的这个讲演后来常被说成是先知的预言，预言了美国学术和大学终于执世界牛耳的地位。但在当时其实这个演讲同样是空谷足音，至多被人看成是一种良好愿望，因为当时美国在文化上根本不可能与欧洲相提并论，因此当时的美国人正纷纷去德国留学，而且这种留学德国的过程一直要到第一次世界大战前夕才最后结束。可以说爱默生演讲时美国人"向外国学习的漫长学徒期"不但远未结束，而且方兴未艾。但是，如果美国人只是像日本人、印度人那样"年年留学"，却没有心存爱默生呼吁的结束"依赖时代"、结束"向外国学习的漫长学徒期"的高远自我期许，那就绝不会有以后的"美国学者"时代。

今天的有些中国人最喜欢谈美国如何如何，但因为这种谈论往往出于一种自卑心态，因此恰恰永远学不了美国文明最基本的立国精神，这就是"独立"的精神。美国文明本是一场"独立战争"的结果，但仅仅有一场军事上的独立战争虽然可以使美国在政治上独立于英国，但却并不足以使美国文明自立。美国开国初期更深远更长期的独立战争乃是要使"新大陆"在精神上文化上心理上独立于"旧欧洲"。因此《联邦党人文集》的作者们在呼吁北美十三州联合成一个统一的政治共同体时指出，欧洲长期以来支配了亚洲、非洲和美洲，已经习惯于以全世界的主人自居，甚至认为欧洲的狗都比美洲的狗高级，因此"美国人应该抬起头来为全人类的尊严而教导欧洲人放谦虚点"！这就要求美国人应联合为一个强大的统一的美国，从而今后有可能最终迫使欧洲列强按照美国的条件来与美国打交道。

问：美国人用了近百年时间留学德国。中国人留学西方如果从清末算起已经百年，不算中间中断的三十年也已有七八十年，中国人还要多少年才能结束中国的留学运动？

答：首先需要说明，从兴趣和问学出发的留学永远都会有，即使今后中国大学都达到世界一流水平，也仍然会一直有国民从个人兴趣和学术需要而出国留学，例如研究法国文学的去法国，醉心意大利艺术的去意大利，喜欢莎士比亚舞台演出的去英国，着迷海德格尔思想的去德国，练瑜伽的去印度，打茶道的去日本，这样的留学是纯粹个人选择的事，以后永远都会有，而且多多益善。

如张旭东已经指出，我们希望尽快结束的"留学运动"是指那种"洋科举"式的留学心态，这就是《围城》中所说的那种不留学就觉得自卑，因此"留了学可以解脱这种自卑心理，并非为高深学问"。如此社会心理下，"出洋好比出痘子、出痧子，非出不可"。心态比较正常的人还好，"出过洋，也算了了一桩心愿，灵魂健全，见了博士硕士们这些微生虫，有抵抗力来自卫"；但心态不太正常的人则就老是"念念不忘是留学生，到处挂着牛津剑桥的幌子，就像甘心出天花变成麻子，还得意自己的脸像好文章加了密圈呢"！这种"留学麻子"现在远比《围城》时代多得多。这种畸形社会心理现在对我国大学的发展造成严重的负面影响，许多大学生入校后第一年第二年或还能专心读书，但第三年开始就已为准备各种"洋八股"例如托福考试、GRE考试，还有申请信、推荐信等等忙得不亦乐乎,有些人还未毕业就已经被这些东西折磨得快成了神经病,如果弄了半天还没有被外国大学录取,说不定就自暴自弃,精神崩溃。

问:这次北大改革似乎也是想解决这个问题,但校方认为这主要是因为北大现在的教师是二流的,因此一流的北大本科生不愿意读北大的研究院,而要出国留学。改革方案特别第一稿的基本精神显然是认为,如果多多聘请留学博士来北大任教,一流本科生就愿意读北大研究院而不留学了。你似乎认为这个思路是错的?

答:这种思路说得好是天真,说得不好就是自欺欺人。今日大学生纷纷要留学的状况并不一定与具体教师的质量好坏有必然关系,即使教师水平非常好,学生从这教师那里很有所得,学生们很可能仍然要去奔洋八股,去留学。这里的问题远不是学生能否从国内教师学到东西那么简单,而是"出洋好比出痘子、出痧子,非出不可"这种普遍社会心理在强烈影响大学生的价值评判,而这种社会心理之所以会如此普遍,则是因为目前的社会评价标准与社会奖惩机制在有力支持这种社会心理。任何社会都建立在一套奖惩机制上,这套机制不仅分配经济利益,同时更分配"荣誉"。从前的中国社会奖惩机制把最高的荣誉和经济利益都分配给"科举",因此"万般皆下品,唯有科举高"。现在的奖惩机制则已经越来越强烈地倾斜给了留学,因此"万般皆下品,唯有留学高"。在这种情况下,即使北大教师都是一流的,也将无法改变北大本科生不取北大研究院而仍然优先考虑留学的倾向,除非这种奖惩机制本身被改变。

北大改革方案不但没有改变这种奖惩机制,反而使这种奖惩机制变本加厉地倾斜。打个比方,假如现在社会上普遍的奖惩机制是将利益荣誉的六成分配给留学的,四成分配给国内的,北大方案特别第一稿则力图将分配比例提高到八成给留学的博士,二成给国内的博士。换言之，北大方案的实质无非是要更加超额奖励留学博士，同时也就是变相惩罚了本校和本国培养的博士。这样的奖惩机制怎么可能诱引北大一流本科生今后不去留学而来读北大的研究院？借用《围城》的语言，北大方案是想多请"留学麻子"来取代没有出过天花的教师，以为既然教师中的"麻子"多了，学生的免疫力就加强了，今后学生就不会"出痘子、出痧子"了。这不是笑话吗？因为实际结果当然只能是恶性循环：教师中的"麻子"越多，学生就越要拼命地"出痘子、出痧子"，也非变成"麻子"不可，因为大家都明白学校和社会的奖惩机制现在强烈偏好"麻子"！如此，则聘回来的"留学麻子"即使原先是一流教师也同样变成二流教师，因为他们同样根本不可能改变一流本科生不读国内研究院的趋势。

问：所以你认为如果要诱引我国一流本科生读我国一流大学的研究院，单纯提高教师质量并不够，更根本的是要改变目前的社会奖惩机制使其天平更多地偏向国内培养的博士，从而逐渐改变社会心理？

答：这里的关键仍然是胡适所谓"救急之计"还是"久远之图"的问题。我国各大学近十年来都已延聘了不少优秀的留学人才，今后一段时间也仍然有此需要，这都是完全正确而且非常重要的举措。但所有这些都只能是我国大学的"救急之计"，而不是中国高等教育的"久远之图"。正如胡适当年在《非留学篇》中早已指出的，如果中国的大学不是把着眼点主要放在自己培养国内人才，而是把着眼点放在回聘留学生上，那就是反客为主，本末倒置，最后的结果必然是连回聘留学生的效果也大打折扣，因为如果"国内大学不发达，则一国之学问无所归聚，留学生所学，但成外国入口货耳"。胡适因此提出："欲革此弊，当先正此反客为主、轻重失宜之趋向，当以国内高等教育为主脑，而以全副精神贯注之，经营之。留学仅可视为增进高等教育之一法。"正因为如此他反反复复地强调："留学当以不留学为目的。是故派遣留学至数十年之久，而不能达此目的之万一者，是为留学政策之失败！"换言之，中国高等教育的"长远之计"是要以中国大学自己培养的人才构成中国高等教育和研究的主体，逐渐减少回聘留学生的需要，争取尽快结束我国的留学运动。如果中国的一流大学以其奖惩机制为杠杆一味寄期望于回聘留学生，而总是轻视本校和本国培养的博士生，那就是舍本逐末，"其流弊所及，吾国将年年留学永永为弟子之国，而国内文明终无发达之望耳"。

没有人会否认，我国大学水平与国外大学还有相当差距。但我以为，从长远看，为了尽快结束留学运动，我国大学今后自我提高的最可行也最有效方式，并不是回聘留学博士，而是制度化地为国内年轻学者提供出国研究的机会，例如原则上保证每个新聘教师的前两年甚至前三年到国外一流大学去研究进修，相当于做一个博士后研究，但同时这种在国外的进修研究要有严格的学术管理，例如每年必须向系里提交学术进展报告，回来后要向同人做学术报告，而且这个报告的水平应该作为他是否可以续聘第二个合同的主要根据。现在很多大学实际都有甚多这样的出国进修机会，但如果能制度化地用于新聘年轻教师到国外作博士后研究并与他们的续聘升级考核结合起来，可能就会发挥更有效的作用。我相信如果我国大学长期坚持这种一方面主要面向国内博士招聘，一方面提供他们出国研究的充分机会，那就有可能吸引一流的本科生优先考虑读国内的研究院，同时有利于大学形成学术传统和内在精神凝聚力。

问：但你是否过高估计了我国目前年轻博士的水准，甚至对我国大学的现状过分乐观了一些？

答：我国大学现在无疑有太多令人丧气的现象和问题，特别是王绍光指出的"学术腐败"的问题，其中变相买卖文凭，招生和招聘中的拉关系走后门等，最是让人无法容忍，这些问题同时往往与孙立平等指出的"大学的官本位衙门化"等问题有关。这些问题如果永远不能解决，我国大学就永远不会有希望，这一点我想是所有人的共识。而且这种问题不解决，回聘留学生的过程同样可能成为新的腐败温床，最近理工科方面不断揭发出"弄虚作假的海外人士"的丑闻，就是例证。此外，还有不少所谓的教授和博导水平极差，只会弄虚作假混饭吃，这也是众所周知的事。

但另一方面，我们不能以偏概全，以为我国大学只有乌烟瘴气的现象，这对于我国大学中无数人品正派学术优秀的学者是极端的不公平。无论我国大学现在有多少问题，我们不能否认20年来中国学术已经有长足的进展，尤其我国大学已经牢固建立的博士硕士两级学位制度无疑为中国学术的发展提供了重要的制度基础。理工科方面我没有发言权，但就人文社会科学而言，我以为总的看可以说我国博士硕士的水平一年比一年好，而且进展的速度相当快。以我个人的观察，国内一些年轻学者的水平和潜力非常可观，如果给他们比较宽松的环境和出国进修的机会，他们是可以有大作为的。因此我所希望的并非仅仅只是国内大学只要简单多聘国内博士，而且更希望我国大学应特别注意为国内年轻学者提供比较好的条件，包括到国外做系统研究的机会。目前我国大学当局往往把注意力主要放在成名教授上，这是缺乏远见的，真正的潜力和希望是在国内年轻学者。

问：你在开头提出"文化自强者"与"文化自卑者"的分野，是否这是决定能否"结束中国留学运动"的关键？

答：确实，我必须强调，所谓"结束中国的留学运动"，绝不能扭曲为是要以国内学者来排斥留学的学者，更不意味要以中学来排斥西学。我很反对现在人为制造所谓"海龟"与"土鳖"的对立，这并非因为我自己也曾留学，而是因为这种人为的对立完全扭曲了真正的问题，真正的对立是文化自信自强反对文化自卑自贱。

"结束中国的留学运动"往往首先是留学者中的文化自强者所提出，并为国内的文化自强者所认同，因此这种文化自觉历来是海外学人与国内学者中文化自强者的共识。就长远而言，我国大学有必要将机制主要转到制度化地保证国内博士到国外做博士后研究，这将一方面有可能改变"洋科举"的社会心理，吸引一流的本科生优先考虑读国内的研究院，另一方面，到国外做博士后研究的国内青年学者，或许要比那些在美国学院读博士的人，较有可能获得思考的自由和审视的距离，从而更有可能形成对西方学术的批判审视眼光。我希望看到今后的年轻代"中国学者"，不是唯唯诺诺只会跟着西方走的人，而是对西方思想学术和制度都能形成自己批判看法的中国独立思考者。

伟大的大学必有其精神，但这种精神并非凭空而生，而必然植根于一个政治文化共同体强烈要求自主独立的精神之中。西方现代大学的起点公认为始自于1809年创立的柏林大学。但试问柏林大学从何而来？它来自德国人的战败耻辱感——1806年拿破仑在耶拿击败普鲁士，并于1807年逼迫普鲁士签订辱国和约，这一战败国命运强烈刺激费希特同年在普鲁士科学院发表"致德意志人民"的著名演讲，大声疾呼德国只有靠文化与教育的伟大复兴才能真正自立。随后洪堡尔特出任普鲁士内政部新设的文化教育专员，费希特出任新建柏林大学校长，全力推动德国的文化教育复兴，在短短时间内，德国这个以往欧洲最落后的民族居然一跃而执欧洲学术文化之牛耳。无论德国以后发生了什么事，没有19世纪德国学人的精神，就没有柏林大学的典范，也没有什么现代大学制度。

我们自然知道西方左翼学者早就指出大学不是纯而又纯的精神殿堂，而是与民族、国家、权力、资本乃至战争有千丝万缕的联系。但今天的中国学者切勿拿着鸡毛当令箭，把人家"批判的武器"拿来就做"武器的批判"，西方左翼都是口头革命派，并没有要摧毁西方的大学、民族、国家。至于那顶老在晃来晃去的民族主义帽子，不妨先还给西方的右派。中国人今天需要的既不是西方左派的教导，也不是西方右派的巧言，而应将所有的左派幼稚病和右派幼稚病都一扫而空，才能真正直面自己的历史与命运。中国现代大学的精神起源毫无疑问地植根于90年前胡适那一代留学生刻骨铭心的感受："以数千年之古国，东亚文明之领袖，曾几何时，乃一变而北面受学，称弟子国，天下之大耻，孰有过于此者乎！吾故曰：留学者我国之大耻也！"今天贫血弱质的学人或许会感到羞于如此的直白，但中国现代大学的真精神和真生命乃全在于对这一大耻的自我意识中。这不是狭隘的自我中心论或文化排外论，而是对一个伟大文明能够独立自主并获精神重生的正大光明的自我期许。认同这种独立自主性和精神文化自我期许的人，必立足于伟大的中国语言文字，必期待未来将是"中国学者"的时代。无论这个目标今天听上去如何不可思议，优秀的年轻代"中国学者"当有这样的自信："我们依赖的日子，我们向外国学习的漫长学徒期，就要结束。"

大学人文传承与中国学术独立
清华大学人文学院成立贺词[*]

(2012)

清华大学百年校庆时,胡锦涛总书记提出了一个新的说法,叫作"文化传承与创新"。我个人对这句话有比较深刻的印象,因为在我的印象中,以往很多年,我们中国只讲创新,不讲传承,带来的偏差之大,已到了误导性的地步。可是,"文化传承与创新"这个概念的提出,对大多数人来说,应该成为一种启发。误差太大的方向标是时候重新调整了。

我们首先需要明确,人文学科与自然科学乃至社会科学其实具有非常大的差异性,我们不能忽视这种差异性。自然科学基本上向前看,向未来看,今天没有一个人需要去看欧几里得的几何学,也没有人需要去读牛顿的力学;社会科学则基本上生活在当下,主要是研究当前的状况及其条理;人文学科的重要特点却是不断回到源头,通过这种回归来发现新的本真性所在。对于一个大学,乃至一个国家来讲,人文学的核心任务在于加强我们厚重的历史感,让我们在这样一个转瞬即逝的时代,不至于那么单薄,也不至于那么虚无。因此,厚重感可以说是人文学最根本的特性。人文学并不仅仅是创新,首先是传承。

清华大学成立二十周年的时候,当时任教于清华大学的陈寅恪

---

[*] 本文是作者2012年10月20日在清华大学人文学院成立典礼上的嘉宾致辞。

先生曾经写过一篇非常有名的文章，叫作《吾国学术之现状及清华之职责》，1931年发表在清华大学二十周年纪念册刊上。我们今天实在有必要重温一下陈先生在80年前提出的问题。他开头就说："吾国大学之职责，在求本国学术之独立。"这句话非常重要。一般人似乎都知道陈先生的另一句话，即"独立之精神，自由之思想"；但我们更要知道，陈先生重视"独立"，并不仅仅止于说个人的独立，更重要的是民族的独立，是中国学术的独立。我们必须不断拷问中国民族及其学术是否具有独立性。我们看陈先生在提醒吾国大学之职责之后，开始列举当时中国所有学科的现状，发现基本都是简单地把西方的东西搬过来，他表示非常痛心疾首。在文章的最后，他说："夫吾国学术之现状如此，全国大学皆有责焉，而清华为全国所最属望，以谓大可有为之大学，故其职责尤独重，因于其二十周年纪念时，直质不讳，拈出此种公案，实系吾民族精神上生死一大事者，与清华及全国学术有关诸君试一参究之。"他把中国学术是否具有独立性提到中国民族精神上的生死大事这样一个崇高的高度来看待。

现在，80年过去了，我们认为他当年提出的问题，仍然是非常迫切的一件事情。尤其是在所谓的学术全球化时代，是不是需要提出中国学术思想独立性的问题，我认为关系到中国人文学界能不能有重大发展的前提。如果没有独立性的追求，就不可能有人文学界思想的真正意义。

最近这几年，我不断强调，中国人向西方照搬照抄乃至简单学习的时代应该过去了。30年来，我们共同见证了中国人文学界的发展。这么多年来，我们花了很大的力气介绍西方的东西，我相信中国学术的开放性可独占鳌头，在全世界都是独一无二的。今天中国的国际学术会议不是太少，而是实在太多；国际交流不是太少，而是实在太多。我个人认为，这样的会议应该适当减少，因为学问应该安静地做，发展学术不是成天开国际学术会议，也不是成天跟国际接轨，而是要关起门来两耳不闻窗外事。我们现在太过注重形式上的国际交流，什么国际来往，什么国际接轨，反而忘了强调人文学界内部发展最基本的东西。之所以提出这个问题，与我个人回到内地三年来的感受有很深的关系。我1999年回到香港大学，在那里待了十年。1999年香港大学没有那么热闹，可是后来国际学术的活动越来越多，多到光是吃饭就吃不完，因为来往的人实在太多，多到根本没有时间做学问了。因此，我们有必要提问自己，我们今天是不是不要过于进一步地再来加强国际接轨，不要开越来越多的国际学术会议，这样的接轨和会议能不能减少一点？

当然这只是形式上的问题。根本性的问题，是我们更有必要提问自己，究竟什么是世界一流大学的标志，如何又能达到这种标志？还在好几年前，我不断强调胡适先生于1912年——距今已经整整一百年了——提出来的《非留学论》。当年胡适先生就开始从国家的角度提出一个疑问：中国的留学到什么时候结束？现在中国的留学，早已经不是个人爱好留学的问题了，而是只有留学才能够在中国学术界站到前台来，才能够首先进入中国最好的大学。胡适先生当年说，中国留学的目的是要结束留学，而不是永远世世代代留学下去，否则我们就不可能有真正的思想独立性，中国的大学也不可能成为世界上的一流大学。因为在真正的一流大学里，绝不可能出现这样一种情况，即自己学校的教师几乎都是留学回来的人员，这等于说真正的人才都是别人培养出来的，而我们只是现成利用而已。打个比方说，假如在中国最好的学校里，教师都是哈佛博士或者耶鲁博士，那么，这仅仅意味着，哈佛是世界上的一流大学，耶鲁是世界上的一流大学，但我们的学校则绝不是世界上的一流大学。世界一流大学的根本标志是自己培养出来的学生成为全球热销的教师，也只有自己培养出来的学生能够成为最好的教师，这样的学校才够资格称为世界一流大学。

人文学界发展到今天，我们有必要提出几个最基本的问题重新思考了。我们需要在这样重新思考的基础上形成某种学术共识。假如长期持续缺乏某种最低限度的学术共识，那么，中国人文学术作为一个整体很难得到真正的持续性推进和发展。

北大的文明定位与自我背叛*

(2014)

作为80年代黄金时代曾在北大（三院，六院，25楼）度过几年无拘无束日子的人，我们从前一直认为北京大学是世界上最好的大学。以后我们到过欧美很多著名大学，但我们至多认为它们和北大一样好，从不认为北大比任何大学差。北大就是北大，北大只能从其自身的文明属性和文化气质来内在衡量，以任何外在的比较和量化指标来衡量计算北大，只能毁掉北大的傲气和灵性。

"英文北大"？

可是，在我们先后回国以后，我们十分沮丧地被不断告知，我们曾经就读的北京大学其实是根本不入流的三流大学，我们尤其惊诧地发现，对北大最不满，认为北大太差太烂而必须动大手术以致休克疗法的，不是别人，正是北京大学行政当局。我们随后发现，北大行政当局对北大的全部不满，其实集中在一点，那就是：北京大学居然至今仍然是一所讲中文写中文的土鸡大学，这怎么可以！不是英文大学，怎么可能成为"世界一流大学"？从2003年的北大聘任制改革，到2014年的所谓燕京学堂，其实贯穿的是同一条改革

---

* 本文写就于2014年7月23日。

思路，想达到的是同一个改革目标，那就是：英文！英文！英文！必须下死决心把北京大学彻底改造为一所英文大学，如此才能真正与国际接轨，如此方可与新加坡大学、香港大学竞争亚洲第一（君不见，英文的新大港大被西方评为第一第二亚洲大学？君不见，中文的北大怎么与英文的新大港大相比？君不见，现在是大学国际化时代也就是英文化时代，不转英文怎么成？）。

要把北大改造成一所英文大学，谈何容易！最大的障碍自然首先是现有的北大教师，因为他们大多只讲中文不讲英文。于是，2003年的北大改革倾全力集中于聘任制改革，目的就是想大换血，希望用最严酷的聘任制尽快把北大的教师都换成说英文写英文的教师，当时的北大行政当局公开放出狠话："北大是一流的学生，二流的教师！"为什么北大教师都是二流呢，不就因为他们不说英文，不写英文嘛，不就因为他们不与国际接轨嘛！但2003年的北大改革由于吃相过于难看，水平又过于低下，最后落得灰溜溜的下场。[1] 如今2014年的北大改革多少汲取了2003年的教训，知道正面强攻不如迂回，于是绕开土鸡们，先在北大内部建立一个鹤立鸡群的校中之校。这个把土鸡们都踩在脚下的超级豪华学堂凭什么牛呢？两个字：英文！不仅是英文学堂，还是英文住宿学院！整个改革的关键词仍然只有一个：英文！除了用英文取代中文以外，北大当局其实不知道大学还应该做什么。在中文的北大心脏挖出一个英文住宿学院，有如当年上海天津划出"租界"，这无论如何是太有想象力的改革创举！正是以这种划出一方租界的方式，北京大学终于迈出了走向英文化大学的第一步，改革真来之不易啊！

不幸，2014年改革激起的反弹已经大大超出2003年，尤其是北大学生的强烈反弹远远超出2003年。为什么？因为这个鹤立鸡

---

[1] 参见甘阳2003年的《北大改革四论》，收入氏著《文明·国家·大学》，生活·读书·新知三联书店，2012。

群的校中之校分明告诉北大人：不但北大的教师是二流，北大的学生也是二流！只有"租界"内的豪华学生才是一流，他们都来自所谓"世界顶尖名校"，说的都是呱啦呱啦的英文，哪像北大这种不入流土鸡大学的学生还在说中文。"租界"内外，代表两个不同世界，两种不同价值："租界内"说的是英文，这是国际日常语言，还是国际学术语言，代表"文明"和"进步"；"租界外"说的是中文，既非国际语言，亦非学术语言，代表的是"野蛮"和"落后"。简言之，"租界内的英文北大"代表北京大学已与国际完全接轨，提前摸到了"世界一流大学"的门槛，而"租界外的中文北大"则代表北大的陈腐过去，必须被彻底淘汰。北大当政自许的"担当"，似乎就是要以"租界内的英文北大"为据点，逐步改造以致彻底淘汰"租界外的中文北大"——只有彻底以英文取代中文，只有"英文北大"完全取代了"中文北大"，北京大学才可能真正成为"世界一流大学"。正因为如此，北大会把任何研究型大学都不当回事的一个一年制硕士项目提到北大战略发展的最高地位，反复宣称，这个一年制硕士项目是北京大学进入新世纪以来最重大的改革举措，事关北大的命运、北大的未来，甚至关系到中国梦是否能实现。

何以一个小小的一年制硕士项目对北大如此举足轻重，竟然能承担如此重大的历史使命？这一点，北大说不清楚，也永远不可能说得清楚。因为"租界学堂"的最终目标即用"英文北大"取代"中文北大"这一点，北大官方不能说，只能做。但无论支持还是反对校方改革的人对此都看得一清二楚，正所谓司马昭之心路人皆知。例如，支持北大校方的北大国关应届毕业生罗同学就用实名在网上发文挑明："这个事情，很多北大人都看得很清楚，碍于情面，讲不出来。我反正离开北大了，我来讲，任何改革都会有哭泣者，北大要与国际接轨，成为世界一流的研究型大学，当然要淘汰无法用英文做研究的学人。"这位支持校方的同学还特别举出辛德勇老师为例，认为虽然辛老师现在"已经变成公认的北大良心"，但"根据辛的学术履历，恐怕很难达到与国际学人同行对话的英文资质，那他就可能是北大改革方向的牺牲品"。

"租界英文学堂"？

用英文矮化北大教师，用英文矮化北大学生，用英文矮化北大本身，这大概就是2003年到2014年的北大改革轨迹。这股不可抑制的英文冲动或自我殖民冲动，推动北大不断自我矮化，最终形象地表现为一个鹤立鸡群的"租界英文学堂"把整个北大踩在脚下。"租界"内外的关系，非常典型地象征着"国际化＝英文"对于"中国本土大学"居高临下的宰制性关系，也非常典型地象征着北大的自我异化与自我扭曲。遗憾的是，北大主事人不仅毫无反思地接受这种宰制，甚至还千方百计主动寻求被宰制，不惜让北大处于毫无尊严的臣服地位。在北大主事人心目中，英文等于国际化，只要是用英文教学的大学就高北大一头。正因为用英文等于有学术，租界英文学堂的硕士当然一年学制足矣！北大主事人想当然地认为，"租界英文学堂"的学生来自国外名校，水平当然大大超过北大学生，这些英文脑瓜学一年"英文中国学"当然抵得上甚至远远超过三年学制的中文北大硕士，甚至超过四年学制的中文北大博士，给他们的奖学金自然应当十倍八倍于北大的土鸡硕士博士，甚至应该高于北大土鸡讲师的工资！须知"租界学堂"讲国际学术语言，岂可与非国际非学术的中文相提并论？三年学制的中文北大硕士算什么，四年学制的中文北大博士又算什么，你们读得再多也是中文，写得再多也是中文，又不是英文！只有英文是学术，只有英文是思想，只有英文出精英甚至出领袖！一切非英文莫能！今后北京大学王牌的王牌,就是北大"租界学堂"出身的一年制"英文中国学硕士",用北大主事人在《人民日报》刊登的宣传广告说法,这些"英文中国学硕士"代表北大"用中国学构建中国文化主体性"的努力,以后要靠他们去实现中国梦。

迄今为止,北大主事人从未说过这些"租界学生"除了会说英文以外,还需要什么样的资格和条件入学,例如,他们以前必须有过什么突出表现或贡献,特别是参与过哪些促进全球正义或改革全球不平等的公益活动,必须已经修过多少关于中国的课程并取得过怎样的成绩,必须至少读过多少英译中国典籍并通过什么考试。北大主事人从未想过这些问题,正如他们从未想过,也根本不敢提出"租界学生"是否应该至少通过初级中文考试。在北大主事人心里,怎么可以对人家提出学中文这样的要求呢,他们能够来北大就已经很给北大面子啦,例如奥巴马的女儿,巴马奥的儿子,巴巴巴的外孙,奥奥奥的女婿……倘若他们肯来北大,那是我们北大多大的荣耀啊!学制当然不能超过一年,要人家正儿八经来读三年书,那怎么行,谁还来啊,我们北大毕竟是土鸡大学,是求人家来啊,重要的是把人家招待好,住宿制是必须的,食宿必须超一流嘛!面对这些想象中的"租界学生",北大显得低三下四,要求降到最低,待遇提到最高,今日北大怎么会沦落至此?

"英文中国学"?

不可思议的是,"租界计划"遭到北大内外普遍反对以后,北大主事人开始大谈"担当",甚至大谈"中国梦"。坦白说,如果不是北大主事人如此唱高调,我们本无意介入。如果北大主事人老老实实地说,北大不过挂羊头卖狗肉搞个噱头,做个一年制项目弄点钱,也勾兑点国际人际关系,大家别那么较真,也就罢了。毕竟，想让奥巴马的女儿来北大混一年，或者送这些国际政要子女一个不值钱的一年制硕士学位，甚至搞搞国际裙带关系什么的，我们都懒得理会。但当北大主事人在《人民日报》上高调地把这些不入流的事情称为是"一流大学的一流担当"，并用大字标题堂而皇之宣称，这是北大"用中国学构建中国文化主体性"，还标榜"租界英文学堂"是"为了复兴中国梦"时，我们不禁哭笑不得，这不是公然愚弄中国吗？

试问，"一流大学的一流担当"就是办一个一年制硕士项目？就因为是英文的？还是因为它专为国际权贵服务？代表堂堂北大说话，怎么可以如此不自重？一流大学就是专门经营毫无学术价值的速成培训班？"一流担当"就是恳求国际权贵子女来参加速成班？北京大学走向一流大学的最重大举措就是巴结国际权贵子女？这也能拿得上台面？

其实，北大主事人在《人民日报》上对全中国人民说的话非常不诚实。他们应该说，他们想的是"用英文中国学构建中国文化主体性"，用"英文学堂"来"复兴中国梦"。一旦说出实话，这类牛头不对马嘴的语无伦次就立即暴露无遗。什么是"中国文化主体性"？一个看不起中文只崇拜英文的大学怎么可能有中国文化主体性？难道不正是因为毫无中国文化主体性意识，才会想得出"用英文构建中国文化主体性"？"中国文化主体性"竟然可以靠一个一年制的"英文中国学"速成班来构建？一个中文大字不识，一句中文不会讲的"英文中国学硕士"本身就已经是国际笑话，他们何以还能成为"中国文化主体"？北大主事人似乎真的相信，"租界英文学堂"每年招收65个国际权贵子女，只要经过一年"英文中国学"速成培训，不需要学中文，这些国际纨绔子弟就被打造成了"速成中国文化主体"，而且是全球最精英的"英文中国文化主体"，用他们的话说，这些"一年速成英文中国学硕士"将成为

"真正懂得中国、热爱中国的人才",是"能够站在国际舞台上发出响亮的中国声音的人才"。北大不怕成为全世界的笑料吗?

我们不能不问,北大的这个"英文中国学硕士"究竟是个什么东西。全世界任何地方办"中国学硕士"至少装模作样也要学点儿中文,只有中国北大高调宣称自己办的是"英文的中国学",不需要学中文。更妙的是,他们同时又强调,这是"中国的英文中国学",不同于"西方的英文中国学",不是盲目照搬西方的中国研究和西方汉学,是"用英文讲的但又不同于西方的中国本土英文中国学",目的是"构建中国文化主体性","复兴中国梦"。试问为什么"复兴中国梦"必须是"英文的中国学",而不是"中文的中国学"?难道只有英文才能救中国,不讲英文就没有中国文化主体性?或者此英文又不是彼英文,是可以打造中国文化主体性的英文?

我们实在听不懂,只能认真建议,北大"租界学堂"的招生广告应该明确标明,这是"Chinese English Chinese Studies",为了对学生负责,还应特别说明,这不同于英国或美国的中国学即"English English Chinese Studies/American English Chinese Studies"。即便如此,我们仍然非常希望搞清楚,北大的"中国的英文中国学"到底和"西方的英文中国学"不同在什么地方?是因为北大的"英文中国学"坚持中国主体,中国视野,中国立场,中国传统,中国学问?还是什么?尤其是,我们特别希望搞清楚,北大主事人根据什么标准全球招聘"中国的英文中国学家",而不是"西方的英文中国学家"?是不是"西方的英文中国学家"只要聘到了北大租界学堂,就摇身一变自动成了"中国的本土英文中国学家",从而有资格"构建中国文化主体性"?或者,有些人在西方混了很多年结果没拿到终身任职(tenure),没混成"西方的英文中国学家",只好转到北大租界学堂,一个华丽转身就成了"中国的本土英文中国学家"?如果这样,是否在西方拿不到终身任职的

"西方的英文中国学家",只要还能写英文,都可以立马成为"中国的本土英文中国学家"?再问一次,"中国的英文中国学家"的标准到底是什么,与"西方的英文中国学家"究竟有什么区别?

说穿了,北大的"英文中国学"不过是想把西方的中国研究和汉学大规模移植到北大。他们所谓全球招聘"中国的英文中国学家",不过就是招聘西方的中国研究和汉学培养出来的"西方的英文中国学家",不然还能是什么呢?本来,这种招聘可以是常规的,多年来985大学各院系都有在海外招聘,回来的学者大多很快融入中国学术共同体,主要以中文讲课和写作。但北大现在的"英文中国学"全球招聘恰恰不正常,因为,建立"租界英文学堂"的目的,就是要这些招聘来的学者只用英文讲课和写作,建立地地道道的"租界学术"。这一"租界学术"只是英文学术共同体的从属,与中文学界无关,但却暗暗希望凌驾并统治中文学术界。这里的根本问题就在北大主事人从心里看不起中文,看不起中文学术,看不起中文学术界。他们要的就是北大克隆一个和西方一模一样的英文学术单位,从而成为西方学术界的"附庸藩属"[1]。这种"租界学术"将会产生非常恶劣的深远影响,这就是告诫中国学者特别是年轻学者放弃中文学术写作,完全转向英文生产,就像中国香港地区和新加坡一样。

本来,中国的北大有大批最优秀的中文中国学家,最有实力成为全球最强的"中国学"教学和研究共同体,但北大主事人看不上,他们根本不认为中文学术是学术,所以要另起炉灶打造所谓"中国的英文的中国学"——号称要在校内聘三十个"中国的英文中国学家",全球招聘二十个或四十个"中国的英文中国学家"——我们可以断定北大校内其实找不出三十个"中国的英文

---

[1] 参甘阳《华人大学理念与北大改革》《华人大学理念九十年》,收入《文明·国家·大学》。

中国学家",因为优秀的中国学者根本不齿当"中国的英文中国学家",同样可以断定,全球招聘来的所谓"中国的英文中国学家",当然不过就是西方的中国研究和汉学而已。说到底,北大主事人心目中其实只有一种"中国学",那就是英文的西方中国研究和汉学。

中文北大的文明定位

在英文面前抬不起头来,认为只有英文是国际语言,只有英文是学术语言,这种"中文自卑心态"和"英文至上主义"几乎成了北大主事人的宗教信仰(据闻北大新的聘任考核制要求:每次考核必须要8个境外同行评审,无非要人人明白只有写英文才能留在北大)。这种弥漫性的语言自卑症,这种深入骨髓的文化自卑主义,实际恰恰已经成为阻碍中国思想学术文化创造性发展的致命痼疾,成为"实现中国梦"的最大障碍。北大主事人似乎不知道,中国思想学术文化的创造性发展归根结底要用中文来创造,他们甚至不知道,中国文化主体性当然首先是中文的主体性,所以异想天开要"用英文中国学建构中国文化主体性"!更严重的是,北大主事人似乎不知道,北京大学是什么?北京大学不是什么?他们从来没想过,如果北大成为英文大学,北大算个什么?

我们以为,中国的大学改革走到今天,实在已有必要认真反思,在大学国际化的今天,中国的大学,尤其北京大学,究竟应该如何自处?国际化的重要性人人理解,但如果把大学国际化简单等同于英文流水生产线,甚至在人文社科领域把英文抬高到凌驾于中文之上的宰制性地位,势必对中国大学和中国思想学术文化造成灾难性后果。这里必须强调人文社科与理工科的根本差异:从理工科的角度看,北京大学全盘英文化或许没有什么关系,理工科的基本语言不是历史文化语言,而是数理语言,英文和中文对其都不过是辅助工具而已;但对人文社科来说,中文和英文意味着截然不同的历史文化。因此从人文社科的立场看,北京大学如果全盘英文化,不仅是北大的自杀,而且是中国文明的自杀!这不是什么危言耸听:一个有悠久历史传统的文明不再用自己的母语思考写作,那就已经不再是一个文明,就是文明之死;一个国家的顶尖大学不用自己的语言文字表达思想学术,那就表明这个国家没有自己独立自主的学术传统,表明这个国家不是什么文明大国。

强调母语思考写作的重要性,强调中文学术的独立自主性,丝毫不意味要妄自尊大排斥英语或任何外国语文和文化,恰恰相反,我们不仅珍惜中文作为历史文化语言的不可替代价值,同样高度重视古希腊语、拉丁语以及现代英德法语等历史文化语言的价值,我们自己30年来的学术工作主要研究西方从古希腊罗马直到现当代英美和欧洲的思想学术,并尽我们所能把西方文明的精华转化为中文学术的资源。但我们历来强调,中国学人对西学的研究是中文学术共同体的内在部分,其目的是中国思想学术文化的发展。中国学界尤其人文社科的真正国际视野和文明使命,是以母语思考写作的深度海纳百川地整合中西思想资源,从而最大限度地发展中文思想学术文化,而绝不是鹦鹉学舌地发表毫无价值的所谓英文论文,更不是要拘囿于英文中国研究和汉学的小天井中。鼓吹英文发表至上,恰恰反映了北大主事人完全不理解中文学术界真正的国际视野和文明使命,对中文学术界在西方学术和中国思想两个方面的真正目标和艰苦积累都毫无所知。而实际上,今日的"英语至上主义"根本不是对英语思想学术传统的尊重和研究,只不过是公文化程式化的英文制作而已——这次对北大英文学堂最深刻最激烈的批判,恰恰首先来自北大英语系多位优秀学者,很能说明问题。

简言之,如果中国学人无论研究中国还是研究西方,都必须以英文写作英文发表，那就意味着中国将没有自己的中文思想学术文化可言，当然也就根本谈不上还有中国文化的发展，更不用说什么中国的文化软实力了。在大学国际化／全球英文化的时代，这种危险非常现实甚至已经非常迫近——各大学隐性的变相的诱逼学者专事英文生产（例如每次考核必须要8个境外同行评审，只承认英文发表才是"一流"成果，等等），客观上就是在阻碍甚至斩断中文思想学术文化的生机。

正因为如此，必须强调，中国的崛起必然意味中文权利的伸张，而非英文霸权的强化；中国文明的复兴必是汉语表达的复兴，而不是贫乏的Yes/Ok/Wow。简言之，中国梦必然是中文之梦，不是英文之梦！不管理工科背景的大学校长们能否理解这一点，如果他们真的认同中国梦，他们就必须警惕并自觉抵制中国大学的全盘英文化。如果他们真的希望中国文明复兴，他们就应该看到，在中国的大学中贬低中文的学术地位，否认中文学术的正当性，无异于中国大学的"去中文"化乃至"去中国化"——"去中文"正是最彻底意义上的"去中国化"。如果北京大学带头走向"全盘英文化"和"全盘去中文"，中国其他大学也纷纷仿效，那就意味中国大学在走向"全盘去中国化"——这种"去中国化"远远比"台独""港独"的"去中国化"更为致命、更具颠覆性，因为这等于中国文明的彻底自我颠覆、自我殖民化，还谈什么中国文明的复兴。因此，北大的全盘英文化改革方向，绝非什么要不要"国际化"的问题，而首先是要"中国化"还是"去中国化"的生死之争。

我们只能希望，北大主事人只是"国际化"情急，应该还不至于糊涂到主张"复兴中国梦"必须用英文，"构建中国文化主体性"必须"去中文"。我们只能希望他们能理解一个常识道理：一个文明的根基和灵魂乃在其语言文字，中文就是中国文化的命脉。中国文明的主体性首在"中文的主体性"，离开了中文，还有什么中国文明？还有什么中国主体性？还能"构建"什么"中国文化主体性"？"中国的中国学"或"北大的中国学"当然必须用中文，这难道还需要论证吗？北京大学作为中国文教的庙堂所在，不言而喻必须是"中文北大"，如果北大放弃中文而变成"英文北大"，北京大学还是北京大学吗？

北大之所以为北大，在于她是一个象征，从京师大学堂起，她就代表中国文教传统的精神传承，代表中国文明依托现代大学机制自我复兴的努力，北大命定以中文讲授和中文著述的方式担当中国文明的继往开来！北大不是也永远不应是西方英文大学的"附庸藩属"。北大对中国文明的担当，首先就是对中文的担当！北大的傲气，首先来自中文的自傲，北大的灵性，植根于中国语言文字的灵性。在北京大学，中文的地位必须高于英文！如果没有了中文，北大在精神上还有什么可自傲的？如果没有了中文，北大还会有什么灵性？在北大，如果把英文抬高到凌驾于中文之上的宰制性地位，那就是对北大文明属性的自我背叛！如果推动北大走向全盘英文化，试图把北大转换成英文大学，那就是在根本上阉割中国文明！

"燕京项目"应该废弃

北大办燕京学堂从头就是一个错误。众所周知，这个项目是被隔壁的苏世民项目逼出来的，而且让我们这些校友郁闷的是，北大颇不光彩地亦步亦趋模仿邻居：人家是一年学制，北大也一年学制，人家六个领域，北大也六个领域。北大主事人对这个项目明显缺乏任何深思熟虑，更没有起码的科学论证（例如"中国的英文中国学"到底是什么？）。这个项目真的不应该为了校方的面子再勉强上马，而应从北大的根本利益出发彻底废弃。

我们必须问：北大要办燕京英文学堂的最根本理由到底是什

么？在受到校内外的普遍质疑以后，北大主事人在各种场合反复讲同一个故事，作为北大办英文学堂的最大理由："去年秋天哈佛大学校长在新生入学时的讲话，我们听后特别有感触，她说，欢迎同学们，你们来自全世界110个国家，哈佛这一届有多少个学生呢？1600多人，却有着如此丰富多元的国际和地域背景，我们什么时候能赶上人家，这个雄心要有"。这话听上去充满雄心壮志，充满担当，北大赶上哈佛，多么有志气！但这个故事到底要说明什么呢？

如果这是希望北大生源应尽可能具有丰富多元的国际和地域背景，我们非常赞成。让我们一起想象这样的北大愿景：2020年或2030年，北大招生3000人来自200个国家，至少一半学生母语不是中文。我们非常乐见这一愿景。唯一的问题是：那时的北大，全校法定语言应该是什么？是中文，还是英文？我们认为，北大主事人有必要对北大人，对全体中国人诚实地回答这个问题：在他们心目中，作为愿景的未来北大的法定语言应该是什么？中文，还是英文？或者说，在北大主事人心目中，未来的中国学生应该说什么语言？中文，还是英文？

同样，北大主事人说："我们实现中国梦，如果没有一两个和人家平起平坐的大学，那么这个中国梦就不圆满"。这话我们非常赞成。但是，我们同样希望北大主事人能够诚实地回答一个问题：中国大学要"和人家平起平坐"，是否意味中国的大学必须转为英文大学？中国的中文的大学是否就不可能也不应该"和人家平起平坐"？

我们非常希望北大主事人能够开诚布公地说出他们内心深处的想法。如果对上面两个问题的答案是：未来北大的法定语言应该是英文，因为只有一个英文大学才能"和人家平起平坐"，那么，北大开办英文学堂是有理由的，是为今后北大全面英文化作准备。

但是，如果北大主事人的回答和我们一样是：北大的法定语言当然永远是中文，北大的目标就是要以一个中文大学的身份"和人家平起平坐"，那么，我们必须说，作为北大愿景象征第一步的所谓燕京学堂，其语言当然应该是中文，怎么可以是英文呢？谨始以正开端，既然这个学堂是为以后北大学生国际化多元化作准备，既然未来不管北大学生多么国际化多元化，中文都是所有北大学生的法定语言，那作为北大国际化第一步的新学堂竟然用英文不用中文，岂非莫名其妙？这个学堂到底为什么目的而办？

大家当然都知道，哈佛学生虽来自110个国家操数十种语言，但他们全被哈佛要求必须听说读写美国人的母语，这正是哈佛对美国的担当！如果哈佛有一天放弃了英语而要求所有哈佛学生都必须听说读写中文，那就意味着哈佛背叛了美国，投靠了中国！北大主事人从哈佛到底学到了什么？应该学到什么？难道北大主事人的意思是想说，因为哈佛说英语，所以北大也应该说英语？哈佛是要对美国有担当，那么北大呢？北大应该对美国有担当？还是对中国有担当？

我们不免担心，在北大主事人的心目中或至少下意识中，是否多少认为只有英文的大学才能"和人家平起平坐"，因此觉得北大未来的法定语言也应该改为英文，所以，北大进入21世纪的最重大战略发展举措，就是应该先办燕京英文学堂作为先导。但，这是一个北大校长应有的理念和抱负吗？如果这样，中国的北京大学还有什么希望？我们只能希望我们的担心是多余的，我们只能希望，北大主事人与我们一样坚决主张，北大校长的担当自然是"中文北大"的担当！也和我们一样坚决主张：任何人如果没有"中文北大"的担当，反而怀抱"英文北大"的担当，那就没有资格担任北大校长。我们希望，北大主事人与我们一样坚信：北大对中国的担当，北大对自身的担当，就是要以一个中国人的中文大学身份"和人家平起平坐"！北大的法定语言当然永远是中文，不管今后北大

北大的文明定位与自我背叛

国际化的程度多高，所有进入北大的学生，不管来自哪个国家说什么语言，都必须听说读写北大人的母语，中国人的母语——中文！

但如果这样，北大还有任何理由要办一个英文燕京学堂吗？

"中国学"还需要依赖西方进口吗？

事实上，现在已经可以预料，在校内外一片反对声中，北大的"租界学堂计划"必将被迫步步后退，最后名存实亡。后退的第一步是"租界"被迫退出静园。百分之九十北大学生强烈反对占领静园，这对校方是巨大压力，众怒难犯，退出静园乃必然之事；后退的第二步是被迫降低"租界学生"豪华奖学金，以免教育极端不公平之抨击；后退的第三步是很可能不得不延长"租界学堂"学制，这关乎北大学术尊严。后退的第四步，是北大校方将被迫对北大教授们承认，这个一年制硕士项目并不是任何意义上的学术计划，更不是重大学术发展计划，本来，一个一年制硕士项目怎么可能承担学术之重？后退的第五步，是北大主事人今后再不能说，这个非学术硕士项目是"北大进入新世纪以来最重大的战略举措"，毕竟这本来就荒谬。

名不正则言不顺，言不顺则事不成。在这五步后退之后，所谓"燕京计划"实际已经名存实亡，更多成了北大主事人的"鸡肋"。为了面子，迁到勺园等处勉强开办也只能是北大非学术的"继续教育项目"之一而已。但既然如此，我们必须郑重指出，北大原来宣布的要以哈佛教授薪酬标准全球招聘20到40个所谓"中国的英文中国学家"，是绝对不可以，绝对不允许的——为一个非学术一年制硕士项目特聘几十个最高薪酬教授，不仅是巨大的资源浪费，而且是对学术的极大嘲弄，是对北大现有教授们的公然糟践。

更根本的问题还在于，在所谓"中国学"领域，中国还需要依赖西方进口吗？在"中国学"领域，难道我们没有充分理由要求，全球所有从事中国研究的人都必须首先中文过关，能够用中文与中国学者交流，否则他们有什么资格做"中国学家"？北大不坚持中文作为中国研究的基本要求，反而搞什么"英文中国学"，这不是自我糟蹋自我作践吗？全球招聘"中国学家"要求英文而不是中文作为基本资格，岂不是最野蛮地践踏基本学术规范和准则吗？如果不是被"英文崇拜"鬼迷了心窍，怎么可能有中国研究也必须用英文发表才算"一流"的荒谬潜规则？怎么可能有必须先到西方去招聘"中国学家"的预设？怎么可能有"西方的中国学家"一定比中国学者高明所以要高薪聘请的道理？中国学家难道不应该首先在中国招聘？以我们的了解，北大和其他985大学近年培养的中国文史方面的博士很多都非常出色，尤其在功底扎实方面远超西方大学培养的同类博士，为什么不优先考虑中国自己千辛万苦培养出来的优秀人才？所有这些如果不是因为"英文霸权"，有什么理由？

与理工科不同，在所谓"中国学"领域，中国与西方只有差异，不存在差距，根本不存在中国学界需要赶超"世界一流"这回事！在中国研究方面，西方学者与中国学者平等交流早已非常频繁，北大的做法恰恰以薪酬不平等方式强行把学术平等关系变成学术不平等关系，毫无根据地想象西方学界一定高于中国学界，这根本是对今日学术大势极端无知的表现。事实上，在中国研究领域，除了特殊情况，北大和985大学今天已经没有什么必要聘请西方中国研究和汉学领域的学人，在这方面，西方学界并没有任何优势可言，除非你认为英文就是优势。在中国研究方面，辛德勇教授现在广为人知的名言（"哈佛有一个教授算一个，我们都可以和他们平起平坐"）并非口出狂言，而是许多有学问有见识的中国学者的普遍共识。老实说，在中国研究领域，西方学界除了少数确实优秀的学者以外，多数学者的特点也就是英文娴熟，很多不过是转述或转译中国学问的常识而已。而众所周知，在对现当代中国的研究方面西方学者更是充满文化政治各种意识形态偏见。至于那些满篇套用各种新潮理论术语的西方论文和著作，通常恰恰是最差的而且很多不过是垃圾，新术语新理论更多是用来掩饰学术训练不足，功底薄弱和思想空洞的门面而已。只有那些自己没有学问的人才会对这些垃圾顶礼膜拜。

中国大学要"结束留学运动"达到世界一流大学，第一个应该而且已经可以结束留学的领域，第一个不需要再从西方进口的领域，自然就是"中国学"了。北大如果在"中国学"方面都没有自信可以不再依赖西方进口，反而不假思索地以为在这个领域仍然需要年年进口，永远进口，那么，试问，北大还有什么希望可以成为世界一流大学？以自己永远不如人家的心态去追求一流大学，一万年以后也仍然只可能是三流大学。最近网上广为流传的一则帖子是："当某些学生放弃港大选择北大的时候，某些北大领导正致力于把北大变成港大。"这真是一语道破天机。我们之所以不得不写这篇文章，也是因为我们担心，北大主事人的北大改造目标，不是要把北大办成中国的北大，甚至也不是把北大办成中国的哈佛，而是将把北大变成"北港大"或三流英文分校。

"中国学者"时代

2003年北大改革时我们曾发表《华人大学理念九十年》。十年过去，2014年正好是胡适发表《非留学篇》一百年，我们十年前提出的问题不但依然有效，甚至更加迫切了。让我们以十年前的期盼继续呼唤"中国学者时代"的来临：

伟大的大学必有其精神，但这种精神并非凭空而生，而必然植根于一个政治文化共同体强烈要求自主独立的精神之中。中国现代大学的精神起源毫无疑问地植根于九十年前胡适那一代留学生刻骨铭心的感受："以数千年之古国,东亚文明之领袖,曾几何时,乃一变而北面受学,称弟子国,天下之大耻,孰有过于此者乎!吾故曰:留学者我国之大耻也!"中国现代大学的真精神和真生命乃全在于对这一大耻的自我意识中。这是对一个伟大文明能够独立自主并获精神重生的正大光明的自我期许。认同这种独立自主性和精神文化自我期许的人,必立足于伟大的中国语言文字,必期待未来将是"中国学者"的时代。优秀的年轻代"中国学者"当有这样的自信:我们依赖的日子,我们向外国学习的漫长学徒期,就要结束。"。[1]

---

[1] 甘阳,《华人大学理念九十年》。

访谈:"我宁愿改革速度慢一点"*

(2008)

以甘阳其人其文近些年引起的争议,他实在应该入选本刊的"30年争议者"。但他又佩服小平的"不争论","不争论其实是让大家度过情绪期,不纠缠在过去的问题上"。他相信他的一些初看刺激人的言论,5年之后会成为社会共识。

这20多年来,甘阳的立场几经波折,然而正如他所说,关切的问题却一以贯之。如模拟英国思想家伯林的著名比喻,我们或者可以说,甘阳给出答案时是多变的"狐狸",提出问题时却是专注的"刺猬"。无论20世纪80年代在大陆,20世纪90年代在美国,还是最近10年在香港,萦绕他心头的,总是这样的"天问":

如何理解西方,如何理解中国,中国文明的自我期许是什么?

在他看来,理解西方是理解中国的重要基本功。100多年来急切变化的中国社会总是根据对西方的理解衡量中国,对西方看法的改变必影响对中国看法的改变。他觉得中国对西方的认识仍远远不足,所以始终不忘提醒要"重新阅读西方",对中国和西方反复看。

深有意味的是,20世纪80年代以来的诸多文化事件中,甘阳每每以"意见领袖"自任,而纵观他20年的文章言论,前后不同

---

* 原载《南方人物周刊》,2008年7月9日,采访者:墨未白。

阶段又颇有左右互搏之感。他的"反复"引致诸多诟病。但我猜想，甘阳可能比对手更清楚自己转变的得失。或许他既欣然于问题一贯，也满足于观点无定。在散文集《将错就错》里，甘阳几次提到梁启超，说"唯有梁启超天性最为敏感，无法安定于任何一种成说"。恐怕，他是心有戚戚焉。

我喜欢孔子的名言"吾从众"

南方人物周刊："政治技术"是政治人物必需的。学者发表观点，恐怕也有"理论技术"，否则不容易被接受。您本人的技术怎样？

甘阳：我现在的"说话技术"可能比从前好点吧，20世纪80年代我看什么人讨厌说不定就骂将过去了，现在看到很可笑的人也就笑笑。很多人没自知之明，骂了也不长进。

南方人物周刊：能不能列出几个您比较尊重的论敌，您尊重他们的理由？

甘阳：我觉得我在国内谈不上有什么论敌，即使我卷入某些争论，也很少会想到某个具体人物，一般都是针对某种比较流行的东西，但鼓吹这些流行东西的人，说实话我都不大会尊重，我不会把他们当成论敌。

我心中真正的论敌是当代西方的自由派和新左派，我尊重他们有些代表人物，例如罗尔斯和福柯，但对他们的思想很有保留。不过我对西方更大多数的自由派和新左派学者或许就不大尊重甚至很不耐烦，他们说的也基本都是些流行话语而已。现在很多中国人只要一看是洋人的文字，就以为一定有什么道理，其实很多都是屁话、废话。

南方人物周刊：有些学者认为，和政治合作，会使得知识分子丧失独立性。

甘阳：这要看"政治"两个字什么意思，或许这里改用"权势"更好。我很主张学术和思想要独立于权势，但今天很多人意思比较窄，主要指政府，这不诚实。今天这世界最有权势的未必是政府，而是市场、大公司、媒体，特别是西方媒体、西方舆论、西方流行话语。今天思想学术独立于政府其实是比较容易的，独立于市场，独立于大公司，独立于媒体，才是真正难的。因此最好不要自我标榜，要诚实地问自己在标榜批判的时候，是否实际是在依附某种更强大的权势。这个问题今天必须提出，现在有太多不诚实。

南方人物周刊：公众的选择不一定理性，假如您说对了，却因违背"常识"而不被公众接受，是否会作妥协，改出"修订版"？

甘阳：我喜欢孔子的名言"吾从众"，比苏格拉底高明。现在有些人非把孔子变成苏格拉底那样的"牛虻"，无非是将孔子扮成现代意义上的"批判知识分子"，这是把孔子现代意识形态化。施特劳斯最深刻的一个看法是，柏拉图全部对话和色诺芬全部著作，实际是要修正对苏格拉底的流俗看法，亦即苏格拉底并不总是要反对一切常识一切习俗，而是维护常识和习俗的正当功能。苏格拉底并不是知识分子。

没有保守主义不可能建立法治

南方人物周刊：如果思想界有派别，您怎么定义自己的派别？

甘阳：有个招牌可能是新左派。大家都认为你是新左派，我也不想否认，虽然我心里怎么说是另一回事。其实我自己定位，大概会觉得我身上更多保守主义倾向。我认为中国非常需要保守主义。

社会总有不理想的情况，有非正义，有不合理，但不一定是靠推翻可以解决的。有时你必须容忍。这在西方是一个常识，而中国一百多年来都是激烈变动的社会，基本认为改就是好，总比不改好。

但我特别强调一点：没有保守主义是不可能建立法治的。法治的前提，不是在于法律如何完善，恰恰在于即使是不合理的法律甚至恶法，只要没有通过法律程序废除，也是法，也要遵守。法治的根本不在于外在有多少法律条文，而在于公民守法的习惯和心态。你可以批评某法条，提出修正，然后力图以法律方式来修改法律。法律修改方式意味着什么？意味着一定非常漫长。我们中国人很没有耐心，我们要立竿见影。美国的宪法修正案，200年一共只通过27条。为什么？本身就是一种延缓的策略，把你最情绪化的时间耗掉，避免在社会压力很大的时候轻率改革。

但我们中国人不大能够容忍这样，通常要求立即"给个说法""给个公道"。假设发生一个案子，民众怀疑干部贪污，在西方包括中国香港会进入一个非常漫长的调查、取证、开庭辩论最后判案的过程，公布结果的时候，大多数人已经根本不关心了。我们这里只要一报道，大家都认定他一定有问题，群情激愤要求解决。

这是中国相当特定的情况：要求法律不以它自身的节奏和逻辑来解决问题，而是迅速达成效果。以这样一个心态，很难建立法治社会。法治是在人心中有制度，建外在法律很容易，人心里是不是把法当法是法治的关键。这和保守主义传统有很大关系。英国、美国的保守主义传统都很强大，保守主义就是反对轻率改革，这个传统和自由传统并不矛盾，有保守主义才能保证自由。

我觉得保守的态度有良性作用，包括生活方式上的保守，不成天追求日新月异。其实我们从做人可以看出，一个人成天追求新奇我们并不觉得是个特别好的人，我们会希望人有一些稳定的素质。不仅仅是文化，包括政治、经济、社会，我都倾向采取一个更保守主义的态度而不是急于求成。我宁可改革速度慢一点，但是稳定地改革，方向更好一点，效果更好一点。

西方比我们的意识形态复杂得多

南方人物周刊：对您来说什么问题是根本问题，不解决就难以心安的？

甘阳：对我来说，20多年来一以贯之的，就是如何理解西方和如何理解中国。这是一个非常非常大的问题，我始终认为，理解中国很重要的基本功是理解西方。一百多年来，我们都是根据我们对西方的了解来看中国，所以对中国的看法背后一定有你对西方的看法，对西方的看法改变了，对中国的看法也会改变。马克思主义的西方是这样一个西方，20世纪80年代以后，市场经济的西方是那样一个西方，你以为这就是西方，然后用来衡量中国，老是在检讨中国的问题。但是我觉得，我们对西方的认识远远不足，西方比任何这样一个简单的意识形态要复杂得多。

比如我一再问的问题，你如何理解美国近三四十年的中心线索——美国自由主义和保守主义之争？如果不了解这个线索你根本不可能了解美国政治。小布什上台以后，我们说，哦，美国是保守派执政。到底什么意思？这和它三四十年来的政治变化有极大关系。哪些问题上有大的争论？实际上我们仍然不了解。

我去年在清华讲两门课。给法学院研究生讲美国违宪审查制，内容就是研究美国的宪法案例。你必须读重要案例的判词，特别是比较重要的案例，美国最高法院往往是5：4判决，亦即大法官们本身就意见不同，要仔细读赞成者说了什么，反对者说了什么。了解关于案子的争论，包括最高法院的争论、法学界的争论，才能真正了解美国法律。否则三言两语一说，又是自由胜利了民主胜利了。

不是那么回事。

然后另一门课我给本科生讲美国自由主义和保守主义。所有人都听得非常吃惊：我所讲的美国不是他们平常所了解的美国。当然我讲的是更符合现实的美国，这个我非常自信，而且我都是有文本的。我们想当然认为我们都是天生的自由派，同性恋是好的，为什么美国如此反对？为什么美国反对废除死刑？这是保守主义非常重要的立场，背后隐含着对政治秩序、社会秩序以及道德秩序的看法。保守派认为，那些变化（同性恋等）都是在败坏美国社会原先健全的道德机制。这些争论对我们其实是很有意义的。

我对美国保守派或美国所谓"社会文化保守派"是比较同情的。并不是说赞同他们所说的一切，但你必须了解为什么他们有这么多的支持者。而且在政治上看非常清楚，现在的民主党，希拉里他们有些话，换成20年前说，都会被定义成右派，也就是说现在整个自由派的语言已经大大保守派化了。这个是保守派三四十年来的重大成功。

我的话五年以后就没有人觉得是刺激

南方人物周刊：您有一个说法，认为一流学者不必要也不可能做太多具体研究，有人因此认为您并不了解中国社会现实。

甘阳：我有很多不了解的东西，但是总体的发展脉络，我基本了解，甚至在美国时我都觉得我比较了解，我没怎么"洋泾浜"化。对中国的了解有很多层面，每个中国人都知道中国很多很多事，但怎么理解？我们经常因为知道一些事情就以为了解，其实我们不了解。

出国前，我什么西方学术著作都看，就是不看人家研究中国的东西。我想当然认为中国问题就不用看西方的研究了，这些肯定是西方学界边缘的三流以下的人物，咱们只看一流学者的东西。到了美国以后开始看，非常吃惊，特别是他们对当代中国的了解。比如有个研究是关于中国一项水利工程的决策过程，官方有意识地开了一部分口子，他们都是美国政府的顾问，经中国政府的允许接触了很多部门，研究得非常具体非常细致。实际上，就是从一个工程看中共政策决策的过程。我看了非常吃惊：都不知道！我就发觉中国的事情很怪。你在中国并不怎么知道，反而他们对中国的了解非常厉害。

南方人物周刊：我对您《将错就错》里讲的在香港上下班时间等人感觉自己在"挡道"印象很深，我想很多急于推动社会"进步"的人也会觉得您持保守立场是在"挡道"。

甘阳：据说北京年轻学人对我有一个形容，特别形容我90年代，说甘阳是思想界的扳道工，火车本来开这头，他一扳却开那头去了。

其实你去看，正面批评我的文章不多。我基本上知道哪些地方他会不同意，哪些地方他会特别受刺激。但我的话极有可能5年后就没有人觉得是刺激，都认为我讲的是对的。不谦虚地说，大多数他们想的问题基本都是我早想过的，我想得比他们早，知道哪些地方他们跟不上。

90年代我最刺激的文章是《自由主义：贵族的还是平民的？》，当时刺激了很多人。现在来看，我谈的问题应该说是社会共识，没人认为这个问题不存在，但当时都跳起来了。实际上我说的就是把"市场意识形态"绝对化后导致的一个非常严重的问题：大家都以为找到新的真理了，和从前找到共产主义一样。

结果是知性上往下走道德上也往下走。你本来不能容许的问题现在有一个大的意识形态帮你解决了。比如腐败、一切向钱看，一个文人怎么会同意呢？作为文人，意味着文化是他最高的价值，不是说他不在乎钱，但决不会把钱看作最高价值。

最近几年我最"刺激"的文字大概是《中国道路：三十年与六十年》，强调不仅仅是30年改革，而且新中国成立后60年的道路要整体地看。很多人对这文章很不高兴，但我相信再过5年"三十年和六十年"的说法就是常识了，本就没有什么好反对的。

我最关心的就是中国的自我期许

南方人物周刊：重印的《古今中西之争》的结尾，特别用大字体突出了"天不负我辈，我辈安负天"这句话。怎么理解这个"天不负我辈"？现在来看你们这辈人的作为，是否可以说"不负天"？

甘阳：我对我们这辈人总体上并不是很满意。中国是个急切变化的社会，在中国需要不断想新的问题，不断更新、调整自己，对西方和中国都要反复看。

目前中国的学术，包括媒体的话语，基本上是90年代形成的固定的话语和基本的想法。而90年代的话语和想法是最不可靠、最值得检讨的。但很多人已经既不能也不愿检讨，把自己弄得很忙，没有闲暇。没有闲暇是不可能思考的。一定要有闲暇，然后你才能想一些基本问题。

80年代、90年代每个人都做了一些贡献，77、78级的人应该说贡献比较大。但90年代并不那么理想。我希望大家都能重新来看，因为那时形成这些想法有特殊原因，有一些对人影响比较大的事情。80年代是探索型的，不断在想新的问题，活跃得多，90年代逐渐定型。定得比较好也可以，问题是定得很不高明。

而且我担心的是这个"气"。一代又一代知识分子他有一个基本的底气，这个底气是对中国文明的一种自信。中国文明不是新加坡式的小国，自我期许必须比较高，你要相信，你这个文明是有潜力的。新加坡不可能也不需要有太高的自我期许，只是"跟"就可以了，它对人类文明没什么责任。中国人应该想原始性问题根本性问题。这口气一直到80年代都有，90年代以后越来越消逝了。这是比较奇怪的事情。没有气你做什么事呢？那真的不要做了。

你问我最关心的问题，我最关心的就是中国的自我期许是什么。你作为一个中国学者，你的自我期待是什么？中国文明整体性的一个自我期许是什么？

下编
返回"文明—国家"的中途

从"民族—国家"走向"文明—国家"*

（2003）

问：21世纪中国面临的中心问题与20世纪中国是基本相同，还是将有所不同？

答：有所不同。中国在上世纪的中心问题是要建立一个现代"民族—国家"（nation-state），但中国在21世纪的中心问题则是要超越"民族—国家"的逻辑，而自觉地走向重建中国作为一个"文明—国家"（civilization-state）的格局。事实上凡认真研究中国的西方学者大多都指出，中国不是一个通常西方意义上的所谓"民族—国家"，而只能是一个"文明—国家"，因为中国这个"国家"同时是一个具有数千年厚重历史的巨大"文明"，因此西方政治学界最流行的说法是，现代中国是"一个文明而佯装成一个国家"（A civilization pretending to be a state）。诚然，在许多人看来，中国的巨大"文明"是中国建立现代"国家"的巨大包袱，这基本也是20世纪中国人的主流看法。但我们今天要强调的恰恰是，21世纪的中国人必须彻底破除20世纪形成的种种偏见，而不是要把20世纪的偏见继续带进21世纪。我以为，21世纪中国人必须树立的第一个新观念就是：中国的"历史文明"是中国"现代国家"的最大资源，而21世纪的中国能开创多大的格局，很大程度上将取

---

* 本文先以缩减的形式刊于《21世纪经济报道》，2003年12月27日，全文刊于《书城》2004年第2期。

决于中国人是否能自觉地把中国的"现代国家"置于中国源远流长的"历史文明"之源头活水中。

西方思想史家列文森的名著《儒教中国及其现代命运》代表20世纪的典型看法，即认为中国的"文明"是中国建立"现代国家"的巨大包袱和障碍。在他看来，20世纪中国的历程实际是一个不得不从"文明—国家"变成"民族—国家"的过程，或用中国本身的术语来说，就是从"天下"变为"国家"的过程。所谓"天下"不是一个地理空间的概念，而是历史文明的概念，其含义是说，中国人历来认为中国从古典时代形成的生活方式和文化理想是最高的文化思想形态，但近代以来的中国人在西方列强的侵入下，则不得不放弃这种文明至上的"天下"观，而以"保种保国"作为最迫切的中心问题。

列文森相当正确地指出，现代中国民族主义的最根本特点恰恰表现为最激烈地批判和拒斥中国的古典文明，因为现代中国民族主义者的中心关切是建立现代"民族—国家"，而他们认为中国文明传统即"天下"的观念已经成为建立现代"国家"的障碍，因此要建立中国的现代国家就不能不与中国的文明传统彻底决裂。20世纪以来中国人一波又一波激烈攻击中国传统的运动，以及今日中国人仍然普遍具有的强烈反传统情结，实际恰恰是现代中国民族主义的产物，其原动机乃在于建立中国现代"民族国家"的焦虑。

列文森等人的这些看法实际都来自梁启超一百年前的名著《新民说》的基本看法，亦即认为中国人历来"只知有天下而不知有国家"，因此中国人没有"国家意识"，从而无法形成现代西方人具有的强烈民族主义和爱国主义。梁启超认为，20世纪是西方"民族帝国主义"瓜分中国的时代，"故今日欲抵抗列强之民族帝国主义，以挽浩劫而振生灵，惟有我行我民族主义之一策，而欲实行民族主义于中国，舍新民未由"。梁启超的这种"中国民族主义"，确实与西方现代性以来的民族主义思潮以及建构"民族—国家"的路向相当一致，都是力图以"启蒙运动"的新思想新道德来造就"新国民"，从而将中国抟成一个"现代民族"，即使这种"新国民"和"现代民族"背离了中国的"祖宗家法"，也在所不惜。用康有为的话说："祖宗之法，以治祖宗之地也，今祖宗之地不能守，何有于祖宗之法乎？"

但我们必须指出，无论梁启超还是康有为或其他20世纪中国先贤，都不同于列文森，因为这些中国先贤实际都只是把采取现代西方民族主义路线的"民族—国家"道路看成是救急之计，而并不认为是中国现代国家建构的长远之图。在发表《新民说》十年后，梁启超即发表了著名的《大中华发刊词》以及《中国与土耳其之异》等文章，这些文章的主旨可以说就是提出了"大中华文明—国家"的思路，因为他在这些文章中所讨论的"国家"，都不是指现代民族主义运动的"民族—国家"概念，而正是"文明—国家"含义上的国家概念，这种"文明—国家"的基础在于梁启超所谓的"国性"，实际也就是"文明性"。如他所言：

> 国性之为物，耳不可得而闻，目不可得而见。其具象之约略可指者，则语言文字思想宗教习俗，以次衍为礼文法律，有以沟通全国人之德慧术智，使之相喻而相发，有以网维全国人之情感爱欲，使之相亲而相扶。此其为物也，极不易成，及其成，则亦不易灭。

梁启超在这里所强调的恰恰是，中国建立"现代国家"的最根本基础，乃在于中国以往作为"文明—国家"所形成的"国性"。这种主要体现为"语言文字思想宗教习俗"的所谓"国性"，并不是现代"新民"运动所能造成，而恰恰是现代"新民"运动的前提和依托所在。换言之，中国建立"现代国家"的长远之图，在梁启超等看来乃在于发扬宏大中国作为一个"文明—国家"所特有的"国性"，否则中国就会像土耳其等国家一样，在现代转型中失去了自己的"国性"，从而实际不是文明的再生，而是文明的萎缩和死亡。在我看来，如果梁任公的《新民说》代表了20世纪中国的主流倾向的话，那么他在《大中华发刊词》等文章提出的"大中华文明—国家"思路，应该成为21世纪中国思想的出发点。

问：你在不久前发表的《华人大学理念九十年》[1]中曾特别推崇胡适九十年前写的《非留学篇》，现在又特别提及梁任公同样写于九十年前的《大中华发刊词》等，但这些毕竟都是九十年前的思想，在全球化的21世纪是否会显得太不"现代"了呢？

答：恰恰相反，正因为21世纪是加速全球化的时代，梁启超等当年坚持的"大中华文明—国家"的思路在今天反而显示出了新的现实性甚至迫切性。不妨说，梁启超等这一"文明—国家"的视野，早已预示了冷战结束后西方学界亨廷顿等人提出的"多文明世界秩序"的问题。

亨廷顿认为，21世纪所有国家都面临一个共同的问题，即这国家的"现代国家形态"是否与其固有"文明母体"具有亲和性，是否能植根于其固有文明母体。亨廷顿认为如果一个现代"国家"不能植根于她原先固有的"文明母体"，而是千方百计与自己的文明母体断绝关系，力图想"换种"而进入一个本不属于她的"其他文明母体"，那么这个"国家"就必然会成为一个"自我撕裂的国家"（Torn Country），其前途多半是令人沮丧的。他的这个看法其实正是梁启超当年提出所谓"国性"即"文明性"的着眼点。在梁启超

---

[1] 此文刊于《读书》2003年第9期。

看来，并非所有的国家都有他说的"国性"即深厚的文明底蕴，相反有些国家"本无国性"，有些国家则是"国性未成熟者"，这些国家虽然也可以进入现代，但其进入现代乃是以其原有文明的死亡为代价的，亦即文明意义上的"亡国"；而正由于原有文明已死，这些国家往往面临"欲孵化为一别体而不成"的问题，这也就是亨廷顿所谓"自我撕裂的国家"的意思。事实上，亨廷顿举出的最典型的"自我撕裂的国家"的例子，正是梁启超当年一再要中国人引以为戒的"欲孵化为一别体而不成"的土耳其。不同在于，梁启超当年是在土耳其道路尚未完全展开的时候就已经预见到了土耳其"欲孵化为一别体而不成"的命运，而亨廷顿则是在20世纪末目睹土耳其已完全陷入"自我撕裂国家"的困境时来总结其失败的教训。我们确有必要来看一下土耳其道路，因为今天不少所谓中国知识分子的言论，往往是自觉不自觉地在提倡中国走土耳其的道路。

土耳其本是横跨欧、亚、非三大洲的奥斯曼帝国瓦解后的产物，属于地道的伊斯兰文明，但土耳其在现代转型中却以最大的决心彻底与伊斯兰文明断绝关系，力图成为所谓"西方文明"的一分子。从20世纪20年代开始，现代土耳其国父凯末尔以政治强人的绝对权力加上其本人高超的政治手腕全力推动土耳其走向全盘西方化的道路，不但在政治法律等方面全盘引进西方制度，而且特别在宗教思想、文化、教育，以及习俗等日常生活方面都彻底铲除伊斯兰传统对土耳其社会的任何影响，包括禁止戴传统的土耳其帽（因其有伊斯兰教象征意义），反对女人戴伊斯兰头巾，等等。不过正如亨廷顿所指出，最重要的改革莫过于规定土耳其语的书写必须用拉丁字母，而不准用传统的阿拉伯字母，这一语言文字革命具有决定性的意义，因为它导致日后受教育的土耳其新生代实际上不再能阅读传统的经典文献，具有从文化上彻底断根的效果。在外交上，土耳其全面追随西方，于1952年成为"北约"的成员国，反过来，在

1955年的万隆会议上，土耳其则遭到非西方国家和不结盟运动国家的集体谴责，更被伊斯兰世界看成是渎神的国家。

初看起来，这一以"凯末尔主义"闻名的土耳其的改革似乎颇为成功，好像已经彻底脱胎换骨而融入了西方世界。但土耳其的悲剧恰恰在于，所有这些都只是土耳其人自己的幻想和一厢情愿罢了，因为不管土耳其如何自我阉割改种，西方国家和西方人从来都没有把土耳其看成是一个"西方国家"，西方看重的仅仅是土耳其在地缘政治意义上的重要战略地位。这在土耳其申请加入"欧盟"的问题上最充分地表现了出来。土耳其早在1987年就正式申请加入"欧盟"，但却被"欧盟"告知短期内其申请不会被考虑。但以后"欧盟"很快批准了奥地利、芬兰、瑞典、挪威的申请，同时开始接纳波兰、匈牙利、捷克，以及波罗的海诸国等苏东欧集团国家，偏偏迟迟不考虑土耳其要加入"欧盟"的强烈愿望。土耳其人终于痛苦地认识到，土耳其在西方眼里从来就不是西方文明的一部分，土耳其总统在90年代因此极端委屈地说：土耳其之所以无法成为"欧盟国家"，唯一的真正理由实际就是因为"我们"是穆斯林，而"他们"即欧洲人是基督徒，但欧盟偏偏又不肯明言此点，而总是找其他借口，例如土耳其的经济不行，土耳其的人权状况不好，等等。亨廷顿指出，这种不愿意认同自己原有文明属性，而又无法被它想加入的另一文明所接受的自取其辱状态，必然会在全民族形成一种在文明上精神上无所归宿的极端沮丧感。

在申请加入欧盟不成的挫折下，土耳其在90年代初力图发展与苏联解体后的中亚新国家的关系，特别注重阿塞拜疆以及四个讲突厥语的国家——哈萨克斯坦、乌兹别克斯坦、土库曼斯坦、吉尔吉斯斯坦，实际上是颇为雄心勃勃地想充当突厥语族各国共同体的政治领袖。但这种欲当突厥语共同体领袖的梦想恰恰突出了土耳其的"突厥性"和"伊斯兰性"，恰恰更加突出了土耳其从来就不是个西方国家,而是一个伊斯兰突厥语国家,这反过来就进一步促成土耳其国内本来就已相当强劲的伊斯兰复兴运动的高涨。如亨廷顿所指出,90年代以来土耳其国内的主流舆论与生活方式都已越来越伊斯兰化:伊斯兰的清真寺,伊斯兰的学校,伊斯兰的报纸、电台、电视,以及伊斯兰的书刊、磁带、光盘都大规模增长,伊斯兰妇女更公然藐视土耳其世俗法令而戴着伊斯兰头巾上街游行和参加选举。而更重要的是,伊斯兰主义政党从90年代开始已经成为主流大党,在1996年成为土耳其联合政府的执政党之一,而在2003年的议会大选中,伊斯兰主义政党"正义发展党"以大比数胜出,在国会550席中拥有360席以上的压倒多数,形成了伊斯兰主义政党已经足以一党单独执政的全新政治格局。虽然大选胜利后执政党立即安慰西方说土耳其将继续成为"北约"成员,同时继续要求加入"欧盟",但西方国家当然不会忘记,这个伊斯兰主义执政党的领袖埃尔多安(Erdogan)在1994年第一次当选为伊斯坦布尔市的市长后,就公开提出了"反对加入欧盟,支持退出北约"的政治口号,并且声称"世界15亿穆斯林正等待土耳其人民站起来,我们将站起来!"事实是,晚近十余年来伊斯兰的复兴以及伊斯兰主义政党的上台执政,已经强烈地挑战并削弱了土耳其从"凯末尔变法"以来形成的世俗政治体制。

但土耳其的尴尬在于,它既不可能融入西方,同时却也不可能真正立足自身。一方面,伊斯兰的复兴与伊斯兰政党的上台,只能使西方国家对土耳其更加疑虑更不信任更加视其为"非我族类",而另一方面,伊斯兰主义政党虽然执政,却并不可能真正走自己的路,因为土耳其的真正政治权力乃在亲西方的军方手中,一旦伊斯兰政党走过头,土耳其军方必然会在西方支持下加以弹压,直接干政。由于土耳其的战略位置太过要紧,西方特别是美国绝不会允许土耳其真正脱离西方的控制。换言之,西方对土耳其的态度实际是既不能让它成为西方部分，又不能让它脱离西方，而土耳其自己则处于无论如何西方化仍然不是西方，同时无论如何复兴伊斯兰仍得自我压抑的状态。可以预言，土耳其将会长期处于这种"自我撕裂"的状态中而难以自拔。

这里可以顺便提及友人陈方正教授对土耳其道路的研究，他对土耳其道路显然是比较同情的，我猜想他研究的最初出发点大概是认为土耳其道路可以作为中国现代化道路的榜样，因为土耳其代表了最彻底抛弃传统、最彻底西方化的道路。但到最后，他也同样认识到，土耳其道路的结果是一个自我撕裂的社会，如他在其研究的结论中所指出："由于社会中的伊斯兰传统与国家的世俗主义之间的深刻矛盾，近六十年来土耳其始终是一个神经紧张，甚至有点神经分裂的民族。换言之，凯末尔创造了一个能跻身于'正常'现代国家之列的土耳其，但在灵魂深处她是抑郁、不欢畅的，在将来，也看不出她恢复往日光辉的前景。"他因此也不禁问，凯末尔主义的道路就算成功，是"正确"的道路吗？这种现代化道路虽然"摆脱了历史、传统、宗教对土耳其的困扰，但同时似乎也窒息了土耳其人在文化与心灵上的生机"，这值得向往吗？

问：这确实是一个很好的问题，值得人们深思。但这种为了现代化反而导致"灵魂深处的抑郁而不欢畅"的不幸状况，到底应该如何解释？

答：我们不妨把土耳其道路称为"自宫式现代化道路"，就像金庸武侠小说里的日月神教教主，为了练一门至高武功要首先把自己的生殖器割掉，称为"本门武功心法首在自宫"。其实很多现代化理论都是这种"自宫式现代化"理论，认为要练现代化这武功，就得先割掉自己文化传统的根，土耳其无非是在这方面走得最彻底而已。但一个人割掉了自己的生殖器，即使练了武功，活着还有什么意思？我从前曾多次引用过伯林（Isaiah Berlin）强调个人自由与"族群归属"（belonging）同为最基本终极价值的看法，现在或许可以用来解释为什么土耳其的现代化道路不但没有给土耳其人带来欢乐，反而导致其"在灵魂深处是抑郁而不欢畅"的。这个原因就在于土耳其这种"自宫式现代化道路"不但没有满足土耳其人的"族群归属感"，反而割掉了这种归属，就像割掉了自己生命之源的生殖器，怎么可能快乐？让我再次引用伯林在其自传性的《我生活的三个组成部分》中表述的观点：

> 尽管我对个人自由长期辩护，但我从来没有被诱惑到像有些人那样，以这种个人自由为名而否定自己从属于某一特定的民族、社群、文化、传统、语言……在我看来，这种对自然纽带的拒绝诚然崇高但却误入歧途。当人们抱怨孤独时，他们的意思就是说没有人理解他们在说什么，因为被理解意味着分享一种共同的历史，共同的情感，共同的语言，共同的想法，以及亲密交流的可能，简言之，分享共同的生活方式。这是人的一种基本需要，否认这种需要乃是危险的谬误。

土耳其的改革是否促进了个人自由暂且不论，但土耳其现代领袖们要求土耳其人割掉自己的历史，把自己看作欧洲人和西方人，只能徒然造成土耳其人的内心困扰。因为土耳其人与欧洲人不可能"分享一种共同的历史，共同的情感，共同的语言，共同的想法"，从而也就不可能与欧洲人形成"亲密交流的可能"。恰恰相反，在欧洲人和西方人这个共同体中，土耳其人只能感受到"孤独"，只能感觉"没有人理解他们在说什么"。这种群体性的孤独感和不为人理解的极度沮丧感，自然只能导致土耳其人"在灵魂深处的抑郁而不欢畅"。说到底，欧洲和西方这个共同体并不是土耳其人的共同体，土耳其人在那里不可能找到归属感。除非土耳其人成了欧洲和西方的领袖国家，所有欧洲人和西方人都说土耳其话甚至改信伊斯兰教，那样土耳其人自然就会感到"灵魂深处极度欢畅"了，不过那样的话欧洲人西方人就会感到"在灵魂深处极度抑郁而不欢畅"了。

问：不过亨廷顿所说的这种"自我撕裂的国家"是不是非西方社会在现代化时比较普遍的问题？西方国家中是否不存在"自我撕裂"的问题？

答：那也未必。亨廷顿指出，澳大利亚就是西方国家想要加入亚洲文明的第一个例子。澳大利亚总理基廷在90年代初提倡澳大利亚应该"融入亚洲"而脱离英联邦，成为澳大利亚的最大争论问题。但亨廷顿认为基廷等人这种"脱欧入亚"的想法不免是为了急于挤进东亚经济繁荣圈而忽视了自己的文明归属。

在亨廷顿看来，无论是非西方国家想要"文明换种"挤进西方文明，还是西方国家想要"文明换种"挤进亚洲文明，虽然在理论上是可能的，但在实际上却是几乎不可能的，并非如西方学院派以为的只要"想象"一下就能出来一个"想象的共同体"。因为这种"文明换种"的可能需要满足三个条件，缺一不可，如果三个条件中有一个不能满足，就会变成一个"自我撕裂的国家"。这三个条件是：第一，本土精英阶层能形成高度共识愿意"文明换种"；第二，本土民众至少不反对"换种"；第三，接受一方文明共同体的认可接纳。以澳大利亚的"脱欧入亚"问题而言，上述三个条件一个都不满足。首先，澳大利亚精英阶层无法就此达成共识，而是恰恰为此分裂而争论不休；第二，澳大利亚民众也同样为此意见极端分裂；第三，亚洲各国普遍不承认澳大利亚是亚洲国家，例如印度尼西亚方面说，澳大利亚能否融入亚洲社会首先取决于澳大利亚政府和人民对亚洲文化和社会有多大程度的了解；而马来西亚方面则直截了当地说，澳大利亚不是亚洲国家，而是欧洲国家，因此没有资格成为东亚经济论坛的成员国。亨廷顿因此说，澳大利亚实际只有两个选择，亦即要么放弃"脱欧入亚"的想法，回到自己作为西方国家的文明认同，要么澳大利亚就只能成为一个"自我撕裂的国家"。反过来，就非西方国家想要"文明换种"挤入西方文明的情况而言，亨廷顿认为土耳其曾一度具备了上述三个条件中的两个，亦即第一，土耳其精英阶层在凯末尔时代曾经达成"文明换种"的高度共识；第二，土耳其民众在相当时期至少没有特别强烈地反对；但问题是，土耳其无法具备第三个条件，这就是西方国家普遍不承认土耳其是一个西方国家。西方国家对土耳其的这种"文明上的拒绝"反过来必然极大地伤害土耳其精英和民众的自尊，从而必然逐渐瓦解土耳其曾经达成的精英共识和民众认可，导致土耳其成为一个典型的"自我撕裂的国家"。

  非西方国家想"文明换种"挤入西方文明的另一个主要例子则自然是俄罗斯。俄罗斯与土耳其一样，从来不属于西方文明，而是属于拜占庭文明和东正教。但从彼得大帝时代开始，俄罗斯就千方百计想成为欧洲文明一分子，而到苏联改革时代，戈尔巴乔夫更力图攀亲戚地说"我们是欧洲人，因为老俄国与欧洲同属于基督教"。但在亨廷顿看来，这纯粹属于自作多情，结果只能是自讨没趣，徒然使俄罗斯成为一个"自我撕裂的国家"。因为"欧洲"这个概念本身首先就是排除拜占庭的概念，而西方基督教本身首先就是排除东正教的概念。事实上俄罗斯想要挤进西方文明的困难性比土耳其还要大，因为上述"文明换种"的三个条件俄罗斯几乎每一个都不具备。首先，俄罗斯精英阶层中的"西化派"始终是少数，无法压倒精英阶层中的"斯拉夫派"，事实上俄罗斯作家在西方最有名的也恰恰主要是强烈主张斯拉夫主义的作家，例如从前的陀思妥耶夫斯基和现在的索尔仁尼琴；其次，俄罗斯民众即使向往西方，但历史形成的"大俄罗斯主义"自豪感使他们很难接受一切以西方为马首；最后，也是最重要的，西方绝不会把俄国看成是西方的一部分，而总是看作西方的"他者"，因此不管"北约"如何东扩，不会扩大到把俄罗斯也包纳进来，否则"北约"就不知所谓了；而"欧盟"无论如何扩大也同样不会包括俄罗斯。总之，在西方看来，俄国永远是俄国，不是西方。而西方对俄罗斯这种"文明上的拒斥"自然极端刺激俄罗斯人走向"反西方"的心理。

问：你似乎一向对亨廷顿评价甚高，这与中国知识界强烈批判亨廷顿的主流倾向很不一致。现在你又以梁启超九十年前的"国性论"来印证亨廷顿的"文明论"，这不免让人有点惊讶。

答：我个人认为，冷战结束以后的西方思想界基本乏善可陈，大多都没有摆脱20世纪的旧思维。我们尤其可以注意一个悖论，即西方的自由派和左派一方面总是摆出一种批判"西方中心论"的道德架势，但另一方面他们却永远跳不出"西方中心论"，从罗尔斯的《万民法》、福山的《历史的终结》，到号称左派的哈贝马斯的《后民族结构》，以及号称激进左派杰作的《帝国》等书，全都是最地道的西方中心论，他们的视野里实际从来没有非西方文明的问题。我很庆幸自己在芝加哥从学的师长大多是西方保守派思想家，这些西方保守派思想家当然都是西方中心论者，但他们通常对于古老文明有一份"敬畏"之心，常常更愿意悉心体会不同文明之间的最深刻差异；他们绝不会像西方的自由派和左派那样天真地相信，文明的源头对人类已经不相干，好像今后人类将融合为一个全球一体的"普世文明"。亨廷顿的《文明的冲突与世界秩序之再造》（1996年），正是从西方保守派的视野出发，驳斥西方自由派和左派学界的种种"西方化普世文明"幻觉，突出强调各大非西方文明不但没有失去意义,而且在21世纪将强有力改变现代以来西方文明支配世界的局面。因此21世纪的全球化世界在亨廷顿看来并不是一个"西方文明的普世化世纪",而是一个"多文明并存的世界秩序",在这个世界秩序中有文明冲突的可能,而如何避免冲突的恶性化则有赖于不同文明之间的共同努力。就此而言,亨廷顿这样的西方保守派思想家,恰恰远比西方的自由派和左派更能真正重视非西方文明的潜力和挑战,更能正视非西方文明特别是中国和俄国这样的大文明绝不会甘心屈从西方文明霸权的强烈意志。在我看来,亨廷顿的《文明的冲突与世界秩序之再造》是冷战后少有的真正具有历史感和前瞻力而进入21世纪思维的著作。

亨廷顿认为,非西方国家的现代化道路可以分为三种类型,第一类国家是认为要现代化就必须彻底西方化,这就是上述土耳其"凯末尔主义"的全盘西方化道路,其结果则是成为"自我撕裂的国家";第二类是主张为了反对西方化就必须反对现代化,这主要是某些伊斯兰原教旨主义国家的态度;但另一类,也是亨廷顿认为最成功的一类国家,则是追求现代化但拒绝西方化,他认为这后一类现代化道路以东亚国家为代表(伊斯兰国家在1870—1920年间亦曾试图走这种道路,但都不成功)。

按亨廷顿的观察,在追求现代化但拒绝西方化的较成功国家中,现代化过程往往可以划分出两个不同阶段,亦即在改革的第一阶段或早期阶段,推进现代化的过程同时也是推动西方化的过程,这是因为改革的早期阶段必然要向西方学习;但在改革的第二阶段或较成熟阶段,则这些国家的现代化进程越是发达,往往越是表现为"去西方化"(de-Westernization)和复兴"本土文化"(indigenous culture)的倾向。这种倾向是由两个正好相反的原因所促成的:首先,如果现代化第一阶段的成果显著,社会的经济、军事和政治实力大为提高,总体国力不断提升,将激励这个社会对自己文明产生更强的自信和自豪,从而对自己文明形成更肯认的态度,这种自我认同的立场必然要求争取本国对于西方的更大独立自主,摆脱西方的控制,因此具有"去西方化"的倾向;但另一方面,现代化的过程同时也是必然伴随着异化和脱序的过程,现代化进程越是迅猛,异化和脱序的现象也就越是严重,亦即现代化负面后果日益明显,传统纽带和社会关系断裂,社会急剧分化,所有这些都导致个体层面上的焦虑和认同危机。这种非西方国家在转型时期的焦虑和认同危机,在亨廷顿看来同样导致"去西方化"和认同自身文明的倾向,这部分地是因为这种焦虑和认同危机常常表现为社会民众与新权贵利益集团之间的紧张和冲突,由于新权贵利益集团往往否认这种社会焦虑和认同危机的正当性,往往鄙视本土文明本身而主张进一步西方化,因此社会大众与新权贵集团的紧张冲突也就常常表现为要否"去西方化"的冲突。

在这种情况下,在理论上有两种可能,一是新权贵利益集团垄断了社会的政治经济和舆论资源,压倒了社会的"去西方化"倾向,如此则这个国家的现代化道路将逐步走向土耳其式"凯末尔主义"的全盘西方化道路,其结果则是成为"自我撕裂的国家"。另一种可能性则是,前述由现代化的正面效果和负面效果促成的两种"去西方化"倾向逐渐合流,亦即由现代化正面效果导致的对自身文明的自信催生了新一代精英阶层,这一新精英阶层具有强烈认同自身文明而"去西方化"的倾向(西方学界所谓"第二代精英本土化现象"),从而与民众的"去西方化"倾向合流,如此则这个国家将以强烈的自我意志而走向"现代化但不是西方化"的道路。

问:如此说来,似乎可以说中国现在正处在从现代化的第一阶段到第二阶段的过渡时期?

答:我以为我们确实有理由认为,中国进入21世纪的这最初几年，似乎正在进入亨廷顿所谓的现代化第二阶段。例如我们可以注意到，晚近数年来中国人争论最激烈的问题往往与"美国"有关，本来美国是美国，中国是中国，中国人应该没有必要为美国的事自己吵架，但之所以会如此，首先是因为有部分中国知识分子强烈地希望并主张，中国应该在一切问题上都站在美国的立场上，与美国保持一致，要哭美国所哭，笑美国所笑，甚至急美国所急，想美国所想，即使做不了美国人至少也可以想象如何做"一夜美国人"。但是这种倾向和主张近年来在中国社会却引起越来越大的反感和反弹，从而引发广泛的激烈争论。这些争论的实质其实是"文明认同"的问题，亦即中国要中国化，还是中国要美国化？究竟中国有自己的立场，自己的利益，还是美国的立场就是中国的立场，美国的利益就是中国的利益？主张"美国化"的人实际也就是主张中国应该走土耳其道路，尽管他们可能并不知道什么是土耳其道路，也不知道这种道路只能导致一个"自我撕裂的国家"；而主张"中国化"的人则是主张"现代化但不是西方化"的道路。

问：你认为这一"文明认同"的争论哪一方将会成为中国社会的主流？

答：我相信中国将会选择"现代化但不是西方化"的道路。中国不是一个一般的小国家，中国的悠久文明历史决定了它是一个有"文明欲望"的大国，是一个有它自己"文明利益"的大国，因此中国不会满足于仅仅做一个土耳其那样的三流国家，也不会满足于仅仅做西方的附庸。此外，应该说毛泽东时代实际上造就了相当桀骜不驯的中国民众，他们不会接受一个一切都要听西方的中国。同时我们实际可以注意，西方学界所谓的"第二代精英本土化现象"已经开始在中国出现，现在30岁左右的中国新生代知识精英在思想、知识和倾向方面都相当不同于他们的老师一辈，他们对中国文明具有更为认同的态度，对中国经典表现出强烈的兴趣，今后那种任意鄙视中国文明传统的人将会被新生代知识精英看成是一种文化肤浅而缺乏教养的表现。所有这些，都将促使中国在21世纪从民族国家走向文明国家。

问：你的意思似乎是说，21世纪中国的中心任务不仅是继续建构一个现代国家，而且同时必须进行文化或文明的"复古"？

答：完全正确。但所谓"复古"，正如钱锺书在《复古论》中所指出，在中国一直都被误解了。因为人们往往不理解，"复古本身就是一种革新或革命"，例如"一切成功的文学革命都多少带些复古——推倒一个古代而抬出旁一个古代"；同时，"若是不顾民族的保守性、历史的连续性，而把一个绝然新异的思想或作风介绍进来，这种革命定不会十分成功"。

社会主义、保守主义、自由主义

关于中国的软实力 *

（2005）

问：您在本报2003年特刊专访中指出，中国要从"民族—国家"走向"文明—国家"，使现代中国立足于自己的文明源泉之中；2004年特刊专访又进一步提出新时期的"通三统"，主张融会中国的三种传统，来建构中国人的历史文化身份。这些思路是否也与晚近人们谈论的"中国的软实力"有关？

答：我想首先需要强调，在全球化时代提中国的软实力，不能只注重中国的特殊性，而需要同时着眼于人类社会的共同性。也就是说，真正有效的软实力总是具有某种普世价值意义的，不仅仅是某一特定国家的价值取向，而是其他国家的人也能承认的。所以在谈中国的软实力以前，我们需要首先对现代社会共同具有的一些普遍特性作更深入的认识。我们要从现代社会共同具有的某些普遍问题出发，去思考和发展中国的软实力。中国现在已经是一个高度复杂的现代社会，但我们现在对"现代社会"这个大问题研究得很不够，对现代社会的了解非常片面，这反过来导致我们不能正确认识自己原有的许多正面价值资源。

问：你说的这些好像应该是社会学的任务？

---

* 原载《21世纪经济报道》，2005年12月26日。

答：对，我以为中国下一步应该大力发展社会学的研究，尤其是社会学的理论研究。中国最近十多年来经济学压倒一切，但经济学只是现代社会科学的一个部分，如果完全只从经济学角度来理解现代社会，就会以偏概全，甚至在实践上出很大偏差。我们现在事实上就已经看到这方面的消极后果。2005年中国社会最突出的现象是对经济学家的普遍不满和批评，虽然许多批评对经济学家不尽公正，但这个现象的出现不是偶然的，而几乎是必然的，它实际表明，单纯依赖经济学分析是不可能把握现代社会的复杂性的。就像你们现在提问的这个"软实力"问题，经济学家可以提供的回答可能就比较有限，更多地需要社会学家、人类学家、文化学家、历史学家、人文地理学家以及哲学家等等的贡献。因此，从正面意义看，2005年批评经济学的象征意义在于，中国的"简单经济学时代"已经结束，中国的发展在呼唤"中国社会学时代"的到来，呼唤"中国整体人文社会科学时代"的到来。

问：社会学对于现代社会的复杂性能够提供什么样的看法呢？

答：晚近二三十年社会学在西方衰落得很厉害，已经失去昔日作为社会科学女王的地位。目前的社会学一部分成为经济学的附庸，一部分则成为后现代文学理论的附庸，整个学科的状况说实话很不理想。我想强调，中国社会学的发展，以及中国整体人文社会科学的发展，不能靠简单的接轨主义的思路，否则就会把西方的时髦课题就当成我们的重要课题，例如西方几乎所有学科现在最时髦的就是研究性别、种族、同性恋，还有什么酷儿问题，但这些问题对中国并不是最重要的问题。中国的人文社会科学必须自主地研究对中国最重要的大问题，这就是要研究如何能够形成一个比较良性的现代社会，如何能够避免比较劣质或恶性的现代社会。中国的人文社会科学必须具有宏大的历史视野和宏观视野，不要让鸡毛蒜皮的问题来模糊自己的基本方向和主导性问题。对于西方,我们不能只看人家现在的时髦话题,而需要深入地研究西方从16和17世纪以来现代社会出现和形成的整体历史过程,西方这四五百年的过程充满了战争、革命、内乱、动荡,中国现在是在极短的时间中经历西方近五百年遭遇的所有问题,因此我们对现代社会的了解必须拉长历史的视野。我们需要详细考察,西方这五百年历程中哪些因素曾导致劣质和恶性的现代性,哪些努力则促成了比较良性的现代社会。

问:能否简单说明一下你对这些问题的基本看法。

答:我个人的看法是,单纯只强调资本主义和市场机制只能导致劣质和恶性的现代社会,只有同时以社会主义和保守主义来平衡制约资本主义和市场,才能形成比较良性的现代社会。因此,我们现在除了要研究西方的市场机制以外,同时必须深入研究西方的社会主义传统和保守主义传统。

问:要研究社会主义和保守主义?

答:对,因为西方的社会主义传统和保守主义传统是促成西方现代社会向良性发展的关键因素,没有社会主义和保守主义,资本主义不可能存活。西方的老辈社会学家实际有一个基本看法,即认为一个良性的现代社会取决于三种基本因素的相互平衡和相互制约,这三种因素是社会主义、自由主义和保守主义。这方面最有影响的表述是美国社会学元老贝尔(Daniel Bell)提出的,他在《资本主义文化矛盾》这本名著中提出,现代社会的良性运转有赖于"经济领域的社会主义、政治领域的自由主义、文化领域的保守主义"。这个看法实际是西方老辈学者相当普遍的看法,例如波兰裔的牛津哲学家柯拉科夫斯基同样提出与贝尔完全相同的看法。这些看法背后的哲学立场是认为,现代社会是由诸多相互矛盾和相互冲突的因素组成，良性的现代社会不是简单主张让某一种因素或价值压倒其他因素和价值，而是要尽量形成各种因素和价值相互平衡和相互制约的格局。

问：但一般好像认为美国是没有社会主义的？

答：这是错误的看法，是为名词所障蔽。我的老师，美国另一社会学元老希尔斯（Edward Shils）曾有一篇很有名的文章谈美国自由主义的双重性，指出美国虽然没有欧洲那种社会主义政党，但社会主义是在美国自由主义的名义下发展的，美国从罗斯福开始的"新政自由主义"主要就是大量采纳了欧洲社会主义的因素，例如在罗斯福时代以前，劳工运动和工会在美国是非法的，但美国新政自由主义不但促成劳工运动和工会的合法化，而且本身是以美国劳工和工会为其执政的最主要社会基础的，因此美国内部反对罗斯福和新政自由主义的人一向批判罗斯福搞的是社会主义，因为新政自由主义的实质就是用国家和社会力量来制约资本，调节市场，避免社会恶性分化和过度不平等。我们不要为名词所障蔽，回顾20世纪中国，事实上我们知道不但孙中山的三民主义，而且40年代中国自由派知识分子谈自由主义都是强调经济领域必须走社会主义道路的，中国人在20世纪普遍选择了社会主义道路，不是偶然的，更不是错误的，而是正确的选择。

问：你的意思是今天需要重新研究社会主义传统？

答：对，尤其我们需要首先检讨，新中国成立以后我们对社会主义的理解是受到极左思潮的扭曲的，把社会主义理解得非常狭隘。例如我们现在仍然把法国的执政党名字翻译成"法国社会党"，但实际上人家的名字明明是"法国社会主义党"，英国现在的执政党英国工党在党纲上都明确自己是社会主义政党，这些欧洲政党都是属于欧洲社会主义传统的政党,但我们以往不承认这些欧洲国家的实践也是社会主义实践,实际限制了我们自己对社会主义的理解,这是今天需要重新检讨的。例如现在所谓的社会福利、劳工保障这些概念在西方是属于社会主义传统的,不是资本主义本身具有的。贝尔指出,在"经济领域必须坚持社会主义"的最基本含义就是,现代社会在决定经济政策的优先性时,必须首先保证"社群"(community)的价值优先于个人价值,社会的各种资源必须优先用来满足"社会最低需要"(social minumum),以便使所有个人都能过上自尊的生活,成为社群的一个成员。因此社会主义意味着"有一套劳动者优先的雇佣制度,有对付市场危机的一定安全保障,以及足够的医疗条件和防范疾病的措施"。

问:但西方的福利社会这些年来都处于危机之中吧?

答:是这样,晚近20多年来西方所谓新自由主义即经济放任主义成为主导思潮,对全球包括西方国家本身都形成很大冲击。但我们同时必须注意,无论美国英国还是德国法国,他们原先的社会福利和劳工保障体制并没有受到取消或剥夺。我同时也想指出,中国改革25年来的巨大成就,不能简单理解为仅仅只是引入了市场机制和国外资本的结果,恰恰相反,中国以往的社会主义福利和社会保障机制例如廉价的住房、医疗和教育以及退休金等制度都曾极大保护了中国普通民众的"社会最低需要"。但晚近以来社会大众的不安日益明显而普遍,其原因恰恰在于近年来的许多宣传和措施日益无视"社会最低需要"这一社会主义原则,在国企改革、医疗改革、教育改革上的教训都在提醒我们现在是需要认真重新检讨的时候了。

问:你的意思是中国的改革必须坚持社会主义原则?

社会主义、保守主义、自由主义

答：我以为不但中国，而且在全球范围都需要重新提出社会主义理念和社会主义价值的问题。社会主义是普世价值，社会主义在不同国家的具体表现形式可能各不相同，但其普遍的基本理念和基本价值观念就是要保护大多数普通劳动者的权利和利益。全球都需要用社会主义理念和社会主义价值观念来调节、规范现在的经济全球化，否则经济全球化的过程就可能变成只能是有利于少数大资本和跨国公司，而不能有利于反而有害于全球的普罗大众。晚近20多年来世界各国包括西方国家都普遍出现贫富差距日益扩大的现象，中国社会现在出现的民众不安感实际也是全球各国普遍的现象，重新思考良性的全球化是全球共同的大课题。中国作为社会主义国家，应该积极研究社会主义传统，同时与全球各国的社会主义政党和团体交流合作，共同致力于探讨全球化时代的社会主义理念和实践问题。中国的社会主义传统，正是中国最重要的软实力资源之一。

问：但在贝尔提出的这三种因素中，中国是否更需要自由主义？你在1989年《读书》上发表的《自由的理念》一文被公认是国内最早论述自由主义的，但很多人认为90年代以后你放弃了自由主义，你现在还自认是自由主义者吗？

答：我认为中国学人最好放弃自我标榜的恶习，不要陷入这个主义那个主义的名词之争。重要的是要研究现代社会的复杂构成和机制，以及目前全球化时代不平衡发展和社会失序的问题。贝尔提出三个因素的顺序是"社会主义、自由主义、保守主义"，这个顺序是有其道理的。因为在高度市场化和资本的笼罩力量下，如果不首先坚持社会主义的理念，那么所谓自由就很可能成为少数人的自由、富人的自由、老板的自由，这就是我在1997年发表的《自由主义：贵族的还是平民的？》这篇文章中提出的问题。自由是现代社会最基本的价值，就此而言，每个人都是自由主义者，至少每个人都想要他自己的自由。但自由的问题同时也是现代社会特别困难的问题，困难就是要保障每个公民的自由和权利，特别是绝大多数普通人的自由和权利。中国在保障公民的个人自由和权利方面有漫长的道路要走。我以为近期内应该特别解决两个问题，一是目前我国在全国人大代表分配名额上，严重歧视农村人口，每96万农村人口选举一名代表，每26万城镇人口选举一名代表，前者是后者的4倍，这种安排在下一届全国人大时应该加以修正，必须保障农村公民和城镇公民在选举权和被选举权上具有同等的权利。第二是应该研究把目前仍然在村一级的选举提到县级的选举层面，可以通过试点来摸索实践经验。

问：*所以你同意贝尔的顺序，即社会主义、自由主义、保守主义？*

答：不，我个人现在的价值顺序是社会主义、保守主义、自由主义。贝尔所谓文化保守主义自然是强调西方人要尊重西方本身的文化传统，而我的文化保守主义则自然是强调要尊重中国自身的文化传统，这就是以儒家为主干的中国古典文明精神和价值。我日益认为，在中国，只有首先坚持社会主义理念和价值，自由的理念和价值才能真正建立，如果放弃社会主义，自由在中国就很可能成为少数人的自由、富人的自由、老板的自由，而不是最大多数劳动者的自由。同时，只有在坚持中国文明自主性的前提下，自由才可能真正在中国生根，否则所谓自由很可能只是买办主义、半殖民地主义和自我奴化的别名。简言之，中国必须在坚持中国现代社会主义传统和中国古典文明传统的基础上才能真正发展自由主义。这就是为什么我现在的价值顺序是：社会主义、保守主义、自由主义。

问：*为什么顺序不是文化保守主义、经济社会主义、政治自由主*

义呢？按你的思路，似乎应该是特别强调中国文明传统的优先性的？

答：中国古典文明的理念和价值是需要社会政治制度的支撑的，不可能凭空地存在。中国这套文明价值从前是以中国传统社会政治制度来支撑的，传统社会秩序在晚清就瓦解了。现在中国的古典文明理念和价值需要依赖中国现代的社会主义制度来支撑和保护。这里应该同时指出，中国现代社会主义传统同时也是反对帝国主义和反对殖民主义的传统，是坚持中国文明自主性的传统，我相信，如果中国放弃了社会主义，实际只能沦为半殖民地，也就根本不可能再保存中国古典文明传统。因此，在今天的条件下，坚持中国社会主义传统是坚持中国古典文明传统的前提和先决条件。

我现在可以正面来回答你们提出的关于软实力的问题了。首先，软实力必须具有人类普遍价值，社会主义和文化保守主义都是人类普遍价值，但各国的社会主义内容和保守主义内容则各有不同。什么是中国的软实力？我的回答是，中国的古典文明传统和中国的现代社会主义传统是中国最基本的软实力资源。首先需要明确，所谓软实力，不是你想有就有，也不是你想做就能随便便做出来的，而要首先看你自己到底有什么东西，有什么传统。因此，要谈中国的软实力，我们就得首先问自己，我们中国人有什么自家的东西，自家的传统？答案实际是非常清楚的，第一，我们有以儒家为主干的"儒道佛互补"的中国古典文明传统；第二，我们有现代形成的中国社会主义传统。但现在的问题是，首先，近百年来我们不断地否定贬低甚至妖魔化自己的中国古典文明传统；其次，近年来又有相当强烈的完全否定中国社会主义传统的倾向。但否定了中国的古典文明传统，又否定了中国的社会主义传统，那中国还有什么东西呢？还有什么中国的软实力可言呢？否定了这两个主要传统，那么中国的大地上自然就只有美国的软实力、日本的软实力、韩国的软实力，而没有什么中国的软实力。

问：所以你的意思就是认为，中国的软实力的资源主要就在于中国古典文明传统和中国现代社会主义传统？

答：也可以简单概括为，中国的软实力在于"儒家社会主义"。事实上，应该说，"中华人民共和国"的含义就是"儒家社会主义共和国"。首先，中华的意思就是中华文明，而中华文明的主干是儒家为主来包容道家佛教和其他文化因素的；其次，"人民共和国"的意思表明这共和国不是资本的共和国，而是工人、农民和其他劳动者为主体的全体人民的共和国，这是社会主义的共和国，因此，中华人民共和国实际就是儒家社会主义共和国。发展中国的软实力，就是要深入发掘"儒家社会主义"的深刻含义，这将是我们时代的最伟大课题。

新时代的"通三统"
中国三种传统的融会 *
(2005)

自序：关于"通三统"

"通三统"本是中国古典思想传统中的一个基本概念，我近年借用这个概念，则是想用来讨论全球化时代中国文明主体性的一些问题。

在中国古典思想的脉络里，所谓"通三统"乃与孔子以来的"春秋大一统"理念相关。按清儒陈立在其《公羊义疏》中的解释，"春秋大一统"的理念至少包括以下三个方面的含义：

第一，"春秋大一统"是指在中国这个历史文明共同体内，人民具有共享的文化传统和习俗礼法，这就是陈立引《汉书·王吉传》那句名言所说："春秋大一统者，六合同风，九州共贯也。"用现代的语言讲，"春秋大一统"首先是指以往风俗各异的先民们在长期交往过程中逐渐形成共同的文化认同。没有这种共同的文化认同，也就不可能有任何历史文明共同体。

第二，"春秋大一统"是指中国这个历史文明共同体同时是一个统一的政治共同体，具有政治统一性而反对政治分裂，如陈立所

---

* 本文主体是作者2005年5月12日在清华大学的演讲整理稿；"自序"则写于2007年。

说:"《礼记·坊记》曰:天无二日,士无二王,国无二君,家无二尊,以一治也。即大一统之义也。"用现代政治学的语言讲,一个政治共同体必有统一的最高主权,不能有两个以上的主权,更不能允许有国中之国的现象,否则政治共同体就会分崩离析。

第三,"春秋大一统"同时是指中国这个历史文明共同体具有高度的历史连续性,表现为每一个后起的新时代能够自觉地承继融会前代的文化传统,这就是所谓"通三统":"大一统者,通三统为一统,周监夏商而建天统,教以文,制以文。春秋监商周而建人统,教以忠,制尚贤也。"这个说法自然是脱胎于孔子的名言"周监于二代,郁郁乎文哉!"——周代虽然取代了商代和夏代,但却能自觉地承继融会夏商二代的传统,从而创造更高的文明。周代的这种"通三统"精神由于孔子的高度赞扬("吾从周!")而成为中国历史文明的基本传统,从而不但汉民族主导的汉、唐、宋、明各朝各代,而且少数民族入主中原的元代和清代,也都以"通三统"的方式自觉地承继融会中国历代积累的文明传统。假如不是这样,而是每个新起朝代都只认自己的新统而不认前代的旧统,那么中国历史文明必然早就中断,不可能延续到今天。惟其每个后起的新时代都能自觉地"通三统",才有生生不息的中国历史文明连续统。

不过可以指出,"春秋大一统"的理念甚至还可以用来表达"世界大同"的理想。因为根据春秋公羊学中的"三世说",到了所谓"太平世"的时候,就不再有中国和外国的区别了,而是"天下远近大小若一",全人类都成了亲亲爱爱的一家人了。晚清公羊学巨子康有为正是据此立论,提出中国人的"世界大同"观,在他看来"春秋大一统"的理念就是"地球一统",人类一家,所谓"奉天合地,以合国合种合教一统地球"。在这样的"大同之世",天下将"无国土之分,无种族之异,无兵争之事,则不必划山为塞,因水为守,……铁道横织于地面,气球飞舞于天空,故山水齐等，险易同科，无乡邑之殊，无僻闹之异，所谓大同，所谓太平也"。(《大同书》)这里可以注意，在这样的"全球太平世"，我们前面讲的"春秋大一统"的含义恰恰都被消解了，而且"通三统"也已经没有必要。因为在康有为看来，在"大同之世"，所有的历史文明传统无论儒教、耶教还是回教都将烟消云灭，惟有"仙学和佛学"二者大行，因为人类那时已经"去乎人境，而入乎仙佛之境"，所以"大同之后，始为仙学，后为佛学；下智为仙学，上智为佛学"——除了上智与下愚之别仍然不移外，其他所有的人间差异和不平等都将消灭。

所谓"似曾相识燕归来"，进入21世纪的全球化时代，我们常常感觉仿佛又回到了百年前康南海苦思冥想"大同世界"的时代。晚近十余年来世界各地高人智士关于全球化时代的种种高论，其实并没有多少东西真正超越南海先生，即使最新颖的所谓电子信息世界和互联网时代将促进人类沟通云云，亦不过是悟到了康有为当年"因电机光线一秒数十万里，而悟久速齐同之理"，说到底仍然不脱"故山水齐等，险易同科，无乡邑之殊，无僻闹之异"那点道理。人们今天所向往的，自然仍是南海提出的"无国土之分，无种族之异，无兵争之事"的理想。而近年来学人们谈得最起劲的"话语"即所谓要"超越民族国家"，"克服民族国家"，或"去民族国家"等等，其实都不如康有为当年拈出的"去国界合大地"来得更简明扼要，一语中的，而且气象上远没有康有为的恢宏，立论更没有康有为之真正大公无私。今日重读《大同书》，不能不惊讶南海圣人当年的"破除九界"说，几乎笼罩了今天的所有时髦话语——不但要"去国界合大地"即超越民族国家，而且要"去级界平民族"（今天所谓超越"族群之争"也），"去种界同人类"（今天所谓"超越种族差异"也），"去形界保独立"（今天所谓"超越性别差异"也），"去家界为天民"（以同居代替婚姻家庭，包括同性恋的权利），还要"去类界爱众生"（今天所谓"动物权利"或"猫狗鸟兽均与人平等"也），同时还包括"安乐死"的权利（"知其无救，则以电气尽之，俾其免临死呻吟之奇苦焉"）。而所有这些主张，如康有为所说，都是基于"天赋人权"这一个大道理。事实上我们可以发现，整个20世纪中国人都特别追求这种"环球同此凉热"的大同理想，正是这种理想追求使中国人先是接受了西方的共产主义，晚近又特别热烈地拥抱"全球主义"，乐观地相信现在的全球化必然会走向"全球太平世"。实际上，从向往世界大同，信仰共产主义，到拥抱全球主义，说到底都仍然是儒家"普世主义天下观"的传统使然。

但正如康有为本人当年相当清醒地指出的，在列强纷争的时代过早谈论"世界大同"，只能"陷天下于洪水猛兽"。本书作者从不敢作"全球太平世"之想，本书所谈自然非常狭隘，仅限于前述"春秋大一统"的三层意思，特别是其中的"通三统"之义。我以为全球化加速的今天，恰恰更加突出了"通三统"的重要性：唯有自觉地立足于中国历史文明的连续统中，方有可能在全球化时代挺拔中国文明的主体性。本书上篇（按：即《新时代的"通三统"》一文）初步提出了当代中国"通三统"的特殊含义，亦即认为今天特别需要强调，孔夫子的传统、毛泽东的传统、邓小平的传统，是同一个中国历史文明连续统。本书下篇（按：即《大学之道与文明自觉》一文，已收入本书）所谈则是强调今天"通三统"需要通过教育特别是大学人文通识教育的努力而促成当代中国人的文化自觉亦即中国文明主体性意识。本书中篇（按：即《拉长时间对抗"空间化"》一文，已收入本书）则提出了拉长时间和历史的维度来抗拒全球化带来的"空间化"困扰。所有这些都只是一些很不成熟的看法，有待方家指教。

当代中国三种传统的并存

我们目前在中国可以看到三种传统，一个是改革25年来形成的传统，虽然时间很短，但是改革开放以来形成的很多观念包括很多词汇基本上都已经深入人心，成为中国人日常词汇的一部分，基本上形成了一个传统。这个传统基本上是以"市场"为中心延伸出来的，包括很多为我们今天熟悉的概念例如自由和权利等等。另外一个传统则是共和国成立以来，毛泽东时代所形成的传统，这个传统的主要特点是强调平等，是一个追求平等和正义的传统。我们今天可以看得出来，毛泽东时代的平等传统从20世纪90年代中后期以来表现得非常强劲，从90年代中期以来关于毛泽东时代就有很多的讨论，90年代后期以来这个平等传统更是非常强劲。这在十年以前恐怕不大可能会想到，毛泽东时代的平等传统已经成为当代中国人生活当中的一个强势传统。最后，当然就是中国文明数千年形成的文明传统，即通常所谓的中国传统文化或儒家文化。中国传统文化常常难以准确描述，但在中国人日常生活当中的主要表现简单讲就是注重人情和乡情，这在中国现在的许多电视剧特别是家庭生活剧以及讲结婚离婚的日常伦理剧中可以看得非常清楚。

以上三种传统的并存是中国社会特别是内地非常独特的国情。如果我们以香港社会作为对照的话就可以看出，香港社会有上面说的第一种传统（市场和自由的传统）和第三种传统（高度注重人情乡情的传统），但香港社会没有上面说的第二种传统，即没有强烈追求"平等"的传统。因此尽管香港社会是一个高度不平等的社会，也有很多人在致力改善这种不平等，但不平等的问题在香港从来没有成为一个引起激烈意识形态争论的问题。另一方面，如果我们以美国作对比的话则可以看出，美国有上面说的第一种和第二种传统，即自由和平等的传统都非常强烈而且这两种传统之间的张力可以说就是美国的基本国情，但美国没有我们上面说的第三种传统，没有什么人情和乡情观念，更没有人情和乡情背后的一整套文化传统和文化心理。

但我们经常会看到，在当代中国的讨论当中，这三个传统似乎常常被置于一种互相排斥的状态，有些人会特别强调其中的一种传统而排斥其他的传统。大家可能都会感到，90年代以来中国社会充满着争论，这些争论有时候甚至影响到个人生活。已经有十几年友谊基础的好朋友，突然之间朋友们的看法不太一样了，分歧很严重了以后，朋友都很难做下去，很伤感情。这就是因为一些比较大的争论，特别是涉及对毛泽东时代的看法分歧很大，而且争论特别容易情绪化。

这次演讲的题目"三种传统的融会与中华文明的复兴"，源于2004年底《二十一世纪经济报道》年终特刊的一个采访。当时说了一个很不成熟也很简单的看法，即认为我们今天需要重新认识中国改革成功与毛泽东时代的联系和连续性，重新认识整个传统中国的历史文明对现代中国的奠基性。我今天演讲的主题也就是要强调，孔夫子的传统、毛泽东的传统、邓小平的传统，是同一个中国历史文明连续统，套用从前中国公羊学的一个说法，就是我们今天要达成新时代的"通三统"。

何谓"中国文化问题"

现在大家对于中国传统文化的看法，似乎正面的肯定看法开始比较容易被接受了，至少在对中国传统文化的看法上如果有分歧，也不一定会引起那么强的感情纠纷。但这仅仅是最近两三年的事，以往一谈到中国传统文化同样会争得剑拔弩张的。

因为实际上所谓中国文化的问题，背后带出来的是一个中、西文化的问题。你谈中国文化意味着你怎么看西方文化，隐含着一种比较中国跟西方的看法，这就是贯穿整个20世纪不断的中西文化争论。一直到20世纪80年代的时候，当时知识界的最大焦点是所谓"文化热"，文化热的主题就是又一次的"中西文化争论"。80年代文化争论的好处在于，它使当时知识分子重新接上了晚清以来中国知识分子对中国文明的问题意识，这就是所谓"三千年未有之大变局"：晚清以后整个中国文明突然彻底地瓦解了，从头到尾地瓦解掉了，不但是政治制度瓦解，经济制度瓦解，而且是文化和教育体系都全盘被瓦解。由于整个中国传统文明被瓦解，因此20世纪以来，无论是关于中国还是西方的研究，中国人引用的权威都是西方的。我们或许也会提到孔夫子，但是并不把他作为一个权威。不过最近两年情况似乎开始有变化，2004年底《南方周末》等国内几家报纸都说2004年是传统文化回归年。

今年是废除科举一百年，我们今天的人很难想象废除科举是什么意思，废除科举对于当时的中国读书人是什么样的冲击。打一个比方说，今天这里清华的学生，从小学考到初中，从初中考到高中，从高中考到大学，毕业的时候，突然下一个通知说，你们所有这些学的东西都是没有用的，你学了这些东西都找不到工作，你们会怎么样呢？你们肯定会疯了，有人恐怕会跳楼，这是非常震撼的。你们可以想见这样一种冲击吗？当时中国社会的瓦解是彻底性的，全面性的。

什么叫科举？今天的中国人已经习惯用轻蔑的眼光去看所谓的科举。但科举说到底是整个中国社会维持精英系统再生产最基本的机制。在传统中国，理论上只要是读书人就都会去考科举，能考上进士的诚然不会很多，但你只要是读书人，就会想着去考科举，你下意识中就已经认同了一整套中国传统精英的思想和生活方式。

所以尽管你考不上进士，也是中国社会的基层精英。而且你可以一年一年地考，从前中国传统考进士没有年龄限制，可以考到七八十岁。你考到七八十岁还没考上，皇帝见这么大年纪还没考上，或许赐你一个进士。为什么？因为要给社会的潜在精英永远存一个希望，如此就可以维持精英系统再生产的运作。从隋唐开始，科举至少有1300多年，是传统中国最基本的政治－文化机制。

晚清废除科举无非意味传统中国的整个政治－文化机制的彻底崩溃和瓦解。整个科举制度的废除，整个机制崩溃了以后，中国面临一个全面重组中国社会的巨大任务。这样的一个社会怎么重新奠定组织一套新的机制，绝不是容易的事。在西方，从传统到现代的转型用了数百年才完成，而中国从晚清瓦解到现在是百年左右。我们今天仍然在这样的过程中，我们必须把从晚清瓦解到中国革命和中国改革的整个过程看成是寻求奠定现代中国的一个连续统。

熟知不是真知

美国人雷默（Joshua Ramo）最近提出"北京共识"（Beijing Consensus）的概念，认为"北京共识"已经取代了"华盛顿共识"。他的具体看法是可以争论的，但雷默提出这个看法的意义在于，他实际提醒大家，理解中国是非常困难的，不能按照各种流俗的看法来了解中国。从西方的角度来说，21世纪最大的问题是中国。中国对西方是一个问题，因为西方统治全世界已经数百年，以西方为主形成的这个世界有一套他们的规范和程序，现在中国似乎像一个突然闯进来的人，导致整个系统都在摇荡。怎么办？中国以后会怎么样？没有人知道。两三个月前，美国《波士顿环球报》有一篇社论，批判美国国防部长，他在接受采访时，关于中国讲了一句非常有趣的话："我们祷告中国能够规规矩矩地进入文明世界。"《波士顿环球报》的社论对美国国防部长的这个说话很不以为然，社论开头就说，中国是有3000多年文明的国家，美国建国一共只有200多年。人家的文明已经3000多年了，你却以为中国好像是一个化外之民，要人家规规矩矩地进入你的文明世界。社论认为美国人要去看看中国的历史，中国是在恢复从前的光荣和伟大。

当然我认为《波士顿环球报》的这个社论很有见地。但是问题在于，我们中国自己很多人也是像这个美国国防部长那样看中国。国内近年的有些说法我是不大认可的，比如很多媒体常常说"中国要融入国际主流文明社会"，言下之意是认为我们中国人应该把自己看成是野蛮人，要脱胎换骨想办法去"融入西方主流社会"。90年代以来因此常常有这样的心态，认为中国正当性的根据不在于中国自己，而是在西方的认可。本来美国是美国，中国是中国，但是中国人有时候经常为美国而辩论，争得面红耳赤。为什么会出现这样的情况？我想就是因为有相当一部分人认为中国应该一切都站在美国一边，如果美国打伊拉克，中国当然也应该跟上，总而言之最主要的目的是一切事情都希望能让西方高兴，尤其是美国，得罪不起。但是我想最近几年一个比较好的发展，就是越来越多的中国人开始明白，很多事情中国人是没有办法满足西方的，没有办法老让西方高兴的，除非你自己不要活。例如突然之间，所有的西方国家都谈中国人民币的问题。中国人民币该不该贬值我不懂，但是我想这是中国人自己的事情，该由中国人首先根据自己的利益自己来决定。又如，本来大家都参加世贸组织（WTO）了，都自由贸易了嘛，可是你看美国、欧洲都可以通过他们国家的立法来限制中国的纺织品。我们对比一下中国，中国很规矩，加入世贸组织以后，我们就一直宣传，世贸组织了，我们要做好准备，意思就是要你做好准备被淘汰。但人家就可以立法规定你中国的纺织品有多少限额，我们中国人却似乎相信我们加入世贸组织，那么我们就归世贸组织管了，其他什么都不可以做了。天下只有中国人天真地相信国际组织比中国政府大，但任何美国人都知道他们的美国政府高于任何国际组织。美国什么时候把国际法国际组织放在眼里过？

西方有两种人，一种比较看好中国，比如说2020年中国经济增长到多少，2030年中国经济可能仅次于美国，等等；还有一种是"崩溃说"，按照西方很多理论，中国一定会崩溃，因为中国有这么多的问题，比如基尼系数早就超过警戒线，现在又有能源的危机等等。但西方人对我们恶意还是善意，我从来不大在意，善意恶意并不那么重要，只看他判断的根据在哪里。现在问题的复杂性在于，所有关于中国的谈论几乎都有一定的根据。我们不要以为我们中国人自己就很懂中国，是不是因为我们是中国人就一定懂中国呢？我想不是。至少我是不懂，我是真的不懂。部分原因和我的专业有关，我的专业是研究西方的，我在北大读的是外国哲学研究所，我在美国也基本上是研究西方，我在美国很怕别人问我中国的问题，因为我真的不懂。我一点都不是谦虚，我觉得我懂一点西方，但是很不懂中国。从西方的角度来看中国，实际上中国很难懂。我会提倡大家谦虚一点，不要以为自己是中国人就懂中国，我们诚然知道中国很多很多事情，但正如老黑格尔说过，"熟知的东西正因为它是熟知的，所以就不是真正了解的了"。为什么？因为这些东西你自以为熟悉，你就以为知道，就不再去追问一个"为什么"，而其实你并不知道这个为什么。

关于中国，可以提出很多问题，未必在座的人能回答出来。例如中国改革开放25年来，经济成就绝对非凡，为什么中国这么成功，我没有看到过很满意的答案。事实上从80年代初一直到90年代初，整个西方学术界没有人看好中国的经济改革。原因很简单，他们很自然地认为，如果苏联东欧的经济改革都不成功，中国又怎么可能成功呢？特别是苏联，工业化、现代化、教育的程度比中国高得多，农村人口也比中国少得多，各方面的生活水准都比中国高得多。比方说西方学界发现，到1978年前后，中国所有的厂长和经理的平均教育水准是9—11年，9年就是初中毕业，11年高中还没有毕业，高中毕业要12年，而苏联当时的经理厂长自然清一色都是至少大学毕业。那时比较中国和苏联东欧的生活水准就更不用讲了。我刚到美国时有一个朋友是南斯拉夫人，那时南斯拉夫各个共和国都宣布独立了，国家已经是战火连天，炮弹到处打。他是塞尔维亚人，到中国去待了三四个月以后回来和我说，你们中国现在是从下往上走，我们南斯拉夫是从上往下掉，但中国和南斯拉夫还差那么多。你可以想象他们那种优越感、自豪感。80年代时中国人一般家里都没有电话，更不要说汽车了，但是苏联、东欧那时候电器汽车早已经进入日常生活。按照常理来说，所有的西方国家都认为，既然同样是中央计划经济体制，如果苏联东欧经济改革都改不下去，中国怎么可能改得下去？这个看法是很自然的。西方一般都认为，如果苏联东欧经济改革像中国这样成功，以后的瓦解就不会发生，是因为改革不下去，才会有这样的全面崩溃和全面瓦解。

我们都知道中国改革是从1978年开始的，但整个80年代，经济改革并不是中国知识界的话题和关心，当时大家谈论的都是思想和文化的问题，即80年代所谓的"文化热"。我们现在都知道，整个80年代中国经济每年递增10%，但是我们身处其中自己没有感觉，我们不知道，也没有这个意识。我想绝对不是我个人，我想所有80年代活跃过的知识分子都没有意识到当时中国经济已经起飞。所谓中国经济起飞首先是西方说的，美国是1992年第一次报道，大概是9月份《纽约时报》头版头条，一整版说中国经济起飞了，根据是世界银行的报告，有一张很大的照片。我们看了很吃惊，因为在此之前，所有的论调都在说中国哪一天垮台。报道还说，中国经济不但整个80年代每年递增10%，从1949年到改革前也一直都是高速增长，只不过那时的钱都用去再投资了，没分给老百姓。所有这些初听时都让人吃惊，因为我们住在中国的中国人好像还不如西方人了解中国。

重新认识中国

所以我想提出一个问题，我们现在要重新认识中国。重新认识也就是检查我们以前对自己对中国的看法。有些看法非常根深蒂固而且非常流行，但是这些看法未必站得住脚。不要以为我们自己是中国人就一定了解中国，不一定。我们需要重新来看全球化时代的中国，我们需要从全球的角度来看中国。

第一点，我们需要从世界文明历史角度来了解中国历史。中国文明是最外在于西方的，是和西方文明最相异的，这是西方人的感觉，我们需要了解。我们可以举出很多非西方的古老文明，比如说埃及、印度、波斯，但是他们和中国都是不一样的，他们都是从上古时代，很早就和西方文明糅合在一起。举个例子，大家知道埃及是第三世界国家，也是四大文明古国，但是埃及并不是到近代以后才和西方发生关系的。即使对埃及再不了解，也知道埃及历史上有一个非常有名的女王，非常妖艳的女王克里奥佩特拉（Cleopatra），她是埃及女王但却不是埃及人，她是希腊人，整个家族都是希腊人，统治埃及两三百年，他们家根本不会说埃及话。因此埃及和西方从上古就已经纠缠在一起，这是因为西方文明发源地是在地中海一带，埃及、非洲原来都和西方文明糅合在一起。西方文明的发展是从南往北走，即从今天的所谓南欧为中心逐渐转移到今天的西欧为中心。我们中国文明正好相反，是从北向南发展。

另外还有印度，印度也并不是仅仅在英国人殖民以后才和西方发生关系。早在罗马以前，亚历山大大帝已经征服了印度。亚历山大大帝的扩张方向和罗马帝国的扩张方向完全相反：罗马是从南向北打，是北伐，亦即从今天的南欧打到今天的西欧。亚历山大大帝则对那时的欧洲没有兴趣，他的兴趣是东方，是从西往东打，要打到印度。他果然达到了目标，印度在那个时候就已经向他屈服。

还有波斯，也就是现在的伊朗和伊拉克一带，就更不用说了。对于中国人来说，"波斯湾"这个词是很中性的词，听了以后不会引起任何的历史联系。但是对于西方人来说，波斯湾引起的是整个2000多年历史的记忆。西方人会马上想起希腊和波斯之战，想到马拉松之战。19世纪西方自由主义的鼻祖密尔（J. S. Mill）有一句非常有名的话，说以后欧洲和英国历史上所有的战役根本都不重要，唯一重要的就是马拉松战役，因为如果马拉松战役波斯人打败了希腊，那么以后整个西方文明就没有了。任何一个受过高等教育的西方人自然都读过希罗多德的《历史》，因此一提起"波斯湾"这个名字，马上就会联想起这些历史。美国人两次打"波斯湾战争"，心里自然就觉得好像自己就是从前的古希腊人和波斯作战那样在保卫西方文明。

还有阿拉伯人，和西方的关系就更不用说了，从头就纠缠在一起。我们知道古希腊文明所有的文本都失传了，整个中世纪欧洲没有一个人懂古希腊文，从奥古斯丁到阿奎那都不懂希腊文，连文艺复兴最早的创始人也不懂希腊文。欧洲人重新了解古希腊思想文化首先是通过阿拉伯世界的，是阿拉伯人保存了古希腊文本，近世欧洲人最早是通过阿拉伯译本了解希腊的，因此研究中世纪欧洲政治哲学必须研究中世纪阿拉伯政治哲学例如法拉比（Al farabi）的思想。阿拉伯人的历史从来和西方分不开。

我举这些例子是想说明，在所有"非西方文明"中，中国与其他非西方文明是不一样的。中国在历史上和西方没有任何关系，是完全外在于西方的，西方也完全外在于中国。诚然有很多人在研究中西文明交往史或所谓交通史，但我想中国人不要像穷人攀富亲戚那样心理去夸大中西文明的交往史。中国和古罗马之间或许有些非常间接的贸易，但绝对谈不上有任何关系，中国没有影响罗马，罗马也没有影响中国。很长时间以来，不但中国不了解西方，西方也不了解中国。中国是完全外在于西方的，西方也是完全外在于中国的，没有任何亲戚关系可言，不必套近乎。我们需要认识的是，中国是一个西方很难了解的文明，是完全外在于他们的，中国是一个西方很不容易了解的文明，西方也是中国很不容易了解的，两大文明之间的差异太大，因此凡是作中西文明比较而强调中国与西方如何有相似性的必然都是肤浅的，没有多大意义的，尼采早说过，这类相似性比较是心智弱的表现。

西方开始谈论中国主要是18世纪以后。整个西方的所谓近代历史学是从伏尔泰的《风俗论》开始的。在他以前的西方历史都是按照西方的《圣经》开始的，西方的所谓《圣经》上自然没有中国。18世纪以后西方知道还有这么一个中国，怎么办呢？西方的上帝据说要管全世界全人类的，现在突然有这么大一块土地没有在上帝的管辖范围之内，是很麻烦的。我们如果把伏尔泰《风俗论》前面100多页的导论拿掉（导论是后加的），直接从正文开始，就可以看到非常清楚的脉络，即在伏尔泰那里，人类历史是从中国开始的，然后是印度，然后是波斯、阿拉伯，然后是欧洲。但这些不同文明之间都是什么关系，世界历史怎么个说法，伏尔泰没有解决这个问题，只是说中国肯定是最古老。这样一来，西方本身在世界历史中的位置就成了问题。

这个问题是黑格尔的《历史哲学》解决的。黑格尔这《历史哲学》如果去掉导论看，第一章就是中国，然后是印度、波斯，再是欧洲。但黑格尔很高明，他论述说最前面最古老就是最低级最差的，因此最古老的中国是最低级的最没有价值的，波斯就比中国高级很多，因为波斯在黑格尔看来是西方的内在一部分，没有波斯也就没有欧洲和西方。学西方哲学的人都知道，西方哲学的源头是所谓"伊奥尼亚"学派，可是这个"伊奥尼亚"并不是在希腊本土，而是在亚洲的，当时是波斯人统治的，因此西方学界历来有人论证"伊奥尼亚哲学"是受波斯文化影响产生的。

总之，从伏尔泰开始，突然有一个全新的世界出来了，这么大一个中国怎么摆，西方的《圣经》上没有讲过，《圣经》并不知道，因为上帝都不知道，这个事情比较麻烦。黑格尔来了一个从最低到最高，把它化解了，最早是最低级的，因此中国是最低级的最差的，最晚是最高明最好的，因此欧洲特别是黑格尔自己的德国是最好的。因此人类历史从中国开始，到黑格尔的德国结束。20世纪90年代以来西方的所谓"历史终结论"，本是从黑格尔那里来的，不过把德国换成了美国而已。这样一个西方中心论，今天的西方人一般是不会这么明说的了，因为这种说法显得没有教养，显得非常可笑而不文明。不过不这么说，不等于就不这么想。今天的西方自然认为他们就代表正义代表真理，他们谈起中国来个个都像法官一样，还不如黑格尔至少要给个哲学的论证。我其实认为，西方人以西方为中心，并没有什么错，难道要他们以中国为中心？西方反对西方中心论的人可能更危险，因为他们以为自己免除了西方的偏见，是最公正的，代表全人类的。我宁可西方人老老实实主张他们的西方中心论，不要说他们是反对西方中心论而主张什么世界主义，他们说这话就表明他们是西方中心论，因为今天高谈阔论世界主义者恰恰就是西方中心主义，难道世界主义是说中国主义或印度主义吗？

现在的问题是，中国人看世界应该以什么为中心？中国人也应该以西方为中心吗？这就是今天的问题所在。我觉得，我们需要有一种新的眼光来看今天的世界，我们有必要了解，中国文明原先是自成一体的，西方也是相对而言自成一体的。西方最近数百年统治了全世界，一度想当然地以为中国也和其他国家一样，都要接受西方的统治，都必然被纳入西方的世界，西方在鸦片战争中也确实一度打败了中国。但今天的西方不得不开始认真考虑，中国今后到底会怎么样，他们不得不考虑，中国可能将按她自己的逻辑，而不是按西方的逻辑行事。雷默的"北京共识"论就是这种西方看法的表现。这种看法认为，中国很多的情况都是按西方的逻辑解释不通的。比如说我们刚才讲到中国晚清时代，整个传统中国文明彻底瓦解，按照西方的逻辑，一个古老文明在现代崩溃，就不可能再维持自己成为一个统一国家，比如说奥匈帝国、奥斯曼帝国等都瓦解成了无数国家。我们看西方的历史地图，1914年第一次世界大战以前，有很大的奥匈帝国和奥斯曼帝国，奥匈帝国的钞票上要印十几种文字，因为它包括很多不同的所谓"民族"，而奥匈帝国和奥斯曼帝国崩溃以后，这些"民族"都变成了独立的民族国家。

按西方的逻辑，中国在晚清瓦解以后如果分裂成很多国家，方才是符合逻辑的。但看今天的中国版图，中国版图现在跟清朝几乎是一样的，这对于西方人来说很不可思议。在西方的逻辑中，中国整个近代历史是不正常的，不符合西方逻辑的。中国人似乎很自然地认为，中国历史从尧舜禹夏商周秦汉一路下来到现在，这整个历史是贯通的没有间断的，这也是西方人认为很奇怪的，因为西方自己的历史是断裂性的，是不连贯的。例如古希腊和现代的希腊，根本就没有关系。我们知道，上一次奥林匹克运动会是在希腊的雅典，口号是"奥林匹克重新回到雅典"，可是现在的雅典跟古代的雅典有什么关系吗？没有关系。现在的雅典和希腊是1830年独立，但既不是从英国独立出来，也不是从美国独立出来，而是从亚洲的土耳其奥斯曼帝国独立出来的。亦即这希腊有700多年是在亚洲人土耳其人的统治之下。希腊要标榜自己是西方文明的一部分，这700多年的历史怎么办？就必须把这700多年的历史先否定掉。但是问题是，即使否定了这700多年，还有再前面这希腊也不属于真正的欧洲，而是属于拜占庭，因此这类国家的历史比较麻烦。

中国现在没有这个问题，只有晚清曾一度有过类似的问题，当时孙中山和章太炎要推翻清朝，因此不承认清朝是中国历史一部分。章太炎有一篇很有名的文章，认为中国在1644年就已经亡国了，因为他不承认清朝是中国人，这倒是非常符合西方逻辑西方版本的。但这只是章太炎老先生一时糊涂，把两百多年的历史划了出去，后来清朝推翻以后，他和孙中山都马上收回原来的论断，谈"五族共和"了。后来章太炎曾有一句很有名的话，说当时也没有想别的，只想着推翻清朝，没想过推翻了以后怎么办的问题。

黑格尔说中国是一切例外的例外，他那套逻辑到了中国就行不通了。这个事情比较麻烦，西方人因此心里会有很多疙瘩，他老想解释你，要解释得你符合他的逻辑。而他们可以这么做的本钱之一就是中国很多人也跟着他解释，西方人这么说，中国人也跟着这么说，西方解释不通中国的时候，中国人很多帮着他解释。

但严格说来，中国自成一个世界。我在下面因此想提出一些问题来跟大家讨论。中国的许多事不但是西方难以理解的，而且实际上有些也是我们自己都很难理解的。比方说我一开始讲到，中国25年改革开放的巨大成功，并不那么容易解释。很多人在强调改革成功的时候，总是隐含着一个对毛泽东时代的一种全面否定，似乎只有全面否定毛时代才能够解释中国的改革成功，这实际是很肤浅的。另一方面，近年来的很多争论，有些人又常常用毛泽东时代来否定改革，也是不正确的，我觉得是大可不必的。不管中国今天有多少的问题，但是25年来改革的成就是人类历史上空前的成就，人民生活水平有了实质性的提高，中国的国际影响力大幅度上升，这都不是假的，而是晚清以来，中国历代人梦寐以求的。对于拥护毛主席的人来说，应该认识到，毛主席如果看到改革的成就，即使毛主席也不会否定改革的。

中国经济改革成功的内在逻辑

我现在就回到我前面提出的问题，也是很多西方学者在20世纪80年代初到90年代初一再提出来的问题，即按照常理，中国的经济改革应该是难以成功的，因为苏联和东欧工业化的程度，教育的程度要比中国高得多，他们的经济改革都不成功，为什么中国会成功？

有个美国学者叫谢淑丽（Susan Shirk），她后来曾任克林顿第二届政府的远东助理国务卿，亦即美国政府的亚洲事务最高官员，但在她当官以前，曾出版一本专著，是我特别愿意向大家推荐的。这书是根据她从1980年到1990年每年到中国实地考察的结果写的，她了解的中国比我们知道的多得多，是1993年出版的，叫作《中国经济改革的政治逻辑》（*The Political Logic of Economic Reform in China*）。这个书名本身就很有意思，因为她实际觉得，中国经济改革的这个"逻辑"是很不符合西方的逻辑的，而苏联戈尔巴乔夫的改革则非常符合西方的逻辑，问题是，为什么符合西方逻辑的苏联改革反而不成功，而不符合西方逻辑的中国改革却空前成功？这就是她实际提出的问题。从政治社会学的角度看，戈尔巴乔夫给他自己设定的目标，自然不是要把苏联瓦解，他希望苏联像中国一样经济改革成功，人民生活水平大幅度提升。他所做的一切，和邓小平的目标是一样的，但是邓小平成功了，戈尔巴乔夫却搞垮了。为什么会出现这样的问题？中国的教育水准、经济的水平、工业化的程度、现代化的程度，和苏联怎么能够相比，怎么会是中国成功了？

她的书为什么值得推荐呢？因为她写这本书最早的出发点，也是像其他西方学者那样，认定中国改革是一定不行的。但在带着这个基本问题详细考察中国以后，她在美国学者当中是比较早认为，中国经济改革有可能走出来，有可能成功的，这确实不同寻常。而她研究得出的看法其实隐含着一个结论，就是中国改革和苏联改革的根本不同，就在于中国的改革事实上是在毛泽东奠定的"分权化"（decentralization）的轨道上进行的，而且这是苏联无法仿效的，因为苏联没有毛泽东。最根本的一点在于，由于毛泽东的"大跃进"和他的"文化大革命"，使得中国的中央计划经济从来没有真正建立过：毛泽东不断破坏中国建立中央计划经济的工作，使得中国实际在改革前就从来不是一个苏联意义上的中央计划经济体制。这个美国学者实际认为，如果没有毛泽东的话，中国的经济改革一定会成为像苏联东欧那样的失败过程，亦即如果中国像苏联那样建立了完整的中央计划经济体制的话，那么就没有理由想象中国的改革会与苏联东欧有任何不同，想象不出来。

毛泽东不断破坏中国的中央计划经济体制是中国人自己都知道的，但一般人却没有从毛泽东时代和邓小平时代的连续性这个高度来看问题。当然毛时代与邓时代有根本不同的地方，这就是把阶级斗争转到经济建设上来。但是仅仅这个转移并不足以保证中国经济改革的成功，因为苏联东欧很早就放弃阶级斗争，很早就把一切都转到经济建设上来了，可是他们的经济改革却不能成功。为什么中国要转就成功了，苏联东欧反而不成功？根本问题就在于中国有毛泽东，毛泽东决定性地破坏了新中国成立后想建立中央计划经济的努力。因此虽然他的"大跃进"等造成了破坏，但可以借用熊彼特的说法，毛泽东时代实际上是一个"创造性破坏"的过程。毛的"大跃进"和"文化大革命"确实对当时的中国造成了破坏，但这种破坏同时是"创造性破坏",就是破坏了苏联式中央计划经济,创造了中国经济体制不是中央高度集权,而是高度"地方分权"的经济结构。谢淑丽认为这个"地方分权化"就是中国经济改革的"政治逻辑",而她强调这个政治逻辑不是邓小平时代才形成,而是由毛泽东奠定的,邓小平是继承毛泽东的这一政治逻辑,邓小平的整个改革是在毛泽东所奠定的这个政治逻辑和政治基础上才有可能的。

这里还可以推荐另一个美国学者的一本著作,弗朗茨·舒曼(Franz Schurmann)早在1966年就出版的《共产主义中国的意识形态与组织》(*Ideology and Organization in Communist China*),这本书对中国与苏联体制的不同有非常深刻的分析。这本书我认为是从政治社会学角度分析中国的杰作,他对中国问题的看法是入木三分的,虽然此书也被批评为取向上过于社会学功能主义。舒曼认为,1949年中国共产党占领全中国要开始现代化建设的任务后,实际面临一个基本选择,就是中国的工业化道路和现代化道路应该学苏联工业化的道路,还是应该继续按中共自己的"延安道路"去发展。苏联道路是高度依赖技术专家来贯彻中央计划经济指令的道路,而"延安道路"则是一切首先发动群众依赖群众的道路。走苏联道路就要强调技术专家,就要强调知识分子政策,而走"延安道路"则要首先强调人民群众,要强调所谓"人民群众的首创精神"。因此,毛泽东从20世纪50年代开始强调的所谓正确处理"红与专"的矛盾,强调所谓"政治与业务的关系",在舒曼看来实际都具有深刻的社会学内容,是与中国社会的基本社会结构和社会分层有关的。这就是新中国成立初期中国的技术专家极少(陈云曾说中共从国民党那里接收的技术知识分子一共只有2万人),而中共自己的社会和政治基础则是最广大的农民和工人。中国的工业化和现代化是应该主要依靠少数的技术专家走苏联道路,还是可以继续走中国的"延安道路",依靠大多数当时没有文化不懂技术的普通民众,这在舒曼看来就是新中国成立初期面临的基本选择。

舒曼指出,中共最初的决定是必须学苏联工业化的道路,即迅速建立全面的高度中央计划经济体系。中国第一个五年计划就是全面的苏联化,整个按照苏联的中央计划经济的做法来奠定。但是从1956年开始,毛泽东就已经怀疑苏联这套中央计划经济体制,开始思考如何摆脱苏联式计划经济体制。苏联式中央计划经济意味着高度专业化分工,所有的企业都要纳入中央的经济管辖,一切经济计划都要在中央计划部门来决策。中国整个第一个五年计划就是按这种苏联模式搞的。按照刘少奇当时的说法,计划经济就是:"在全国计划之外,不能再有其他计划。全国是一本账,一盘棋。不应该有不列入计划的经济活动。不列入计划就会发生无政府状态。不能一部分是计划经济,一部分是无计划经济。"但这种把所有经济和所有企业都纳入中央计划的工业化道路,正是毛泽东很快就坚决反对而且从实际上加以摧毁的。1958年毛泽东把中国88%的工厂的管理权全部移出中央部委的管辖范围,而把它们转交给各级地方政府管理,把财权、企业权统统给地方,不但各省、各地区,而且各县都有自成一套的工业,这就是毛泽东所谓"麻雀虽小,五脏俱全",要每一个县都可以自己发展工业。1961年以后刘少奇把所有的工厂又都收回中央管辖,但毛泽东1964年以后又开始把所有的经济下放给地方,提出要"虚君共和",反对一切由中央管辖,毛泽东说了一句非常有名的话:从地方上收编中央的企业统统都拿出去,连人带马都滚出北京去。到"文化大革命",1968年甚至根本没有计划,整个国家没有国民经济计划,这是非常不可思议的事情。从"大跃进"到"文化大革命",毛泽东实际上把中国正在建立的中央计划经济基本摧毁掉了。

舒曼这本书曾深刻分析为什么毛泽东要这样干。舒曼指出,仿效苏联经济模式对当时的中国必然会导致严重的政治后果，即这种计划体制必然使得所有经济工作都依赖于少数中央计划部门和技术专家，而中共的社会基础即农民和工人以及中共的大多数干部包括多数高级干部都将无事可干，处在中国工业化和现代化过程之外。近年公布的一些文件证明了舒曼当年观察的洞见，例如毛泽东在1958年提出要求全党工作重心真正转移到经济建设上来时就说："党的领导干部真正搞经济工作，搞建设，还是从1957年北戴河会议以后。过去不过是陈云、李富春、薄一波，现在是大家担当起来。过去省一级的同志没有抓工业，去年起都抓了。过去大家干革命，经济建设委托一部分同志做，书记处、政治局不大讨论，走过场，四时八节，照样签字。从去年起，虽然出了些乱子，但大家都抓工业了。"毛泽东发动"大跃进"，就是要全党干部都抓经济，要全国普通民众都投入工业化建设。这个过程是我们大家熟知的，一般都被看成是毛泽东头脑发热。但舒曼的看法远为深刻。在舒曼看来，毛泽东之所以要发动"大跃进"，要各省各地和各县的第一书记都要抓经济抓工业，并且提出"外行领导内行"，"政治统帅经济"等等，都是与中国当时的社会政治结构有关的，即毛泽东强烈地要求中共的社会基础即农民工人和党的干部成为中国工业化和现代化的主人和主体，他怕的是农民工人以及没有文化的所谓工农干部被边缘化而被置于中国工业化现代化之外，这就是他为什么要强烈地反对把工业化和现代化变成只是中央计划部门和技术知识分子的事。

舒曼认为，从"大跃进"开始，实际意味中国的工业化和现代化道路开始摆脱苏联模式，重新回到毛泽东和中共自己的"延安道路"，这就是毛泽东一贯的发动群众、发动地方的道路。毛时代的一个特点是很多最重要的中央会议都是在地方开的，例如郑州会议、南宁会议、杭州会议、武昌会议等等，老是在地方上。从前

"文化大革命"时的一个传说说只要毛主席的专列一出动,北京都人心惶惶,不知道他又要干什么,因为毛泽东总是要移出中央,靠发动省地县干部甚至公社干部去做他的事情,他所有的事情都是从地方从基层发动的。与此相应,毛泽东时代形成的中共领导层结构与苏联东欧共产党的结构非常不同,即中央委员会的构成里面省地干部占了最大比例,达43%,到"文化大革命"的时候毛泽东更刻意提高中央委员会中普通工人和农民党员的比例,到中共十大的时候达30%,他要把整个政权权力基础往下放。

今天的人常常会对此很不以为然,以为应该强调知识、科学、技术、文化等才对,靠农民工人有什么用。但这种看法其实是片面的,而且是缺乏政治学常识的。任何学过一点西方政治学的人都应该知道,现代政党的政治生命取决于它是否有西方所谓"草根基础",即中国所谓群众基础。如果一个党由一大批诺贝尔奖得主组成,那不但是什么用都没有,而且根本就是不知政治为何物。这在任何西方国家的政党都是基本常识,即政党的生命取决于是否有草根政治的基础,取决于其民众基础。实际上毛泽东在1969年前后提升工农在中央委员会比例的做法,美国的民主党和共和党也都在做类似的改革,他们改革的根本方向都是要政党更有群众代表性。美国的民主党在1968年首先规定党代表中必须有多少黑人,多少女人,多少拉丁裔人等硬性比例,随后美国的共和党也只能跟进,因为都要争取群众基础。而毛泽东在"文化大革命"中则是要求中央委员中必须有工人多少,农民多少,女人多少,他也是强调这个,他是要求把这个社会结构带进来。我们今天过分强调学历、学位,实际上是有片面性的,从政治上讲,并不是说你文化程度越高越好,如果没有草根政治,没有群众基础,只有一大批高学历高学位的人指手画脚,有什么用。

不过这里有必要强调托克维尔提出的一个重要政治学区分,即两种"集权"和两种"分权"的区别。托克维尔在其名著《民主在美国》中比较美国政治和法国政治时指出，很多人都错误地认为美国政治和法国政治的差别就在于美国是分权的，法国是集权的，他认为这是完全错误的，是混淆了两种根本不同的集权和分权概念。这就是他提出的"政治集权"和"行政集权"的区分，以及与此相应的"政治分权"与"行政分权"的区别。他认为任何一个国家要繁荣昌盛必须要"政治集权"，而英国和美国恰恰是这种"政治集权"的典型，亦即英国和美国能形成统一的政治意志："整个国家就像一个单独的人在行动，它可以随意把广大的群众鼓动起来，将自己的全部权力集结和投放在国家想指向的任何目标"，而法国却恰恰是"政治分权"的典型，即总是被内部分歧撕裂而难以形成统一政治意志。但同时法国却是"行政集权"的典型，即一切具体管理事务的权力都在中央政府的官僚机构，在这些具体事务上地方反而没有什么权力，而美国则是"行政分权"的典型，即各种具体事务的管理特别是地方的发展是由地方政府管辖的。

我们可以认为，毛泽东时代实际形成了中国式的"政治集权"与"行政分权"的统一。毛时代一方面是高度的政治集权，即强调党的一元化领导，但另一方面，则形成了高度的"行政分权"特别是经济结构向地方倾斜的"地方经济分权"，摆脱了苏联中央计划经济的高度"行政集权"模式。上面提到的谢淑丽的专著指出，毛泽东破坏中央计划经济体制而走向"行政分权"的道路，实际导致了中国在改革以前的经济结构已经完全不同于苏联东欧的计划经济结构。例如中国在计划经济最高度的时候，中央政府也只控制不到600种产品的生产和分配，而苏联则高达5500种。换言之，苏联的体制是一切经济活动无不在中央政府控制管辖之下，中央计划之外几乎没有经济，但中国经济体制则是多层次的、区域化和地方化的，造成中国经济决策和协调特别向地方政府倾斜。谢淑丽的研究发现，中国改革前夕，只有3%的中国国营企业是直接归中央政府调控，其余的企业都为各级地方政府管，其利润也多归地方政府。这种高度"行政分权"的结果，是中国和苏联的经济结构截然不同，苏联的中央计划经济特点是企业数量少，但企业规模大，专业分工程度高，现代化程度高，中国的经济分权化特点则是企业数量多，但规模小而且非常土。谢淑丽指出，1978年的时候，苏联一共只有四万个企业，但规模都比较大，中国却有三十四万八千个企业，其中只有四千规模比较大，其余三十四万四千个企业都是中小企业，而且当然都是很落后。这样大数量而且落后的中小企业是不可能被纳入中央计划体制的，大多数甚至都不是省级企业而都是地县以至乡镇管辖的企业。

但在谢淑丽看来，正是中国和苏联体制的这种不同，决定了苏联的经济改革难以成功，而中国的经济改革却可能成功。因为在苏联体制下，中央计划经济以外几乎就没有经济，因此苏联东欧的经济改革完全取决于国营企业改革，如果国营企业改革无法成功，则整个经济改革就必然失败。但国营企业的改革事实是最困难的，因为涉及无数利益关系以及无数工人的福利。而中国经济改革之所以可能成功，恰恰就在于毛泽东时代已经造成大多数经济都不在中央计划管辖内，而是在中央计划以外。毛泽东已经把相当大的财权和企业经营管理权给了地方，所以中国的许多县都是"麻雀虽小，五脏俱全"，在经济上可以自行其是，因此中国经济改革最根本的特点就在于它并不依赖国营企业改革，而是主要由中央计划以外的地方经济发展起来的。中国经济改革的成功在于它能够在计划的国营企业之外又发展一套新的经济主体，是由地方企业特别是乡镇企业所带动的。而这种改革道路是高度专业化分工的苏联体制完全不可能有的，因为苏联的地方并不是"麻雀虽小，五脏俱全"，并不是可以自行其是的独立经济系统，因此苏联东欧的特点就是其经济改革无法形成一个在计划体制之外快速发展的活跃经济。谢淑丽认为，中国改革之所以可以走出一条与苏联东欧不同的道路，原因就在于70年代末以来的邓小平改革，实际是在毛泽东时代形成的"地方分权化"基础上进行的。她特别强调，邓小平的改革同样是依靠地方的，例如首先在广东、福建建立"经济特区"，以及1992年的著名"南方谈话"，都与毛泽东依靠地方发动地方的做法如出一辙。不但如此，在她看来邓小平改革的地方分权道路，只有在毛泽东已经造成的中国整个社会经济结构高度地方分权化的基础上才有可能，邓小平时代的地方分权化实际是毛泽东时代地方分权化的延续。

但是谢淑丽特别指出，在"文化大革命"刚刚结束，邓小平尚未重新掌权以前，中国曾一度想走回50年代第一个五年计划那样的中央计划经济，这就是华国锋主政的三年。当时"文化大革命"刚结束，很多人首先想到的是要恢复50年代，大家认为50年代第一个五年计划是黄金时代，那时候管得多好，第一个五年计划确实很成功。华国锋当时提出的经济改革方案，是认为石油危机以后国际石油价格会很高，因此企图用"再开发十个大庆油田"的方式，以出口石油来换取外汇，然后买西方先进的科技，着重发展中国的重工业。这整套设想实际是想重新走第一个五年计划的路子，即重建中央计划经济的模式。但一方面，中国自己的石油储量根本不多，靠出口石油换取外汇的设想整个就是不现实的。另一方面，更重要的是，华国锋的这一经济方案必然要求把经济大权都重新集中到中央部委来，谢淑丽指出，这是完全不符合毛时代已经形成的地方政府的利益的。在她看来，在毛时代已经形成的地方分权化以后，重新走回中央计划经济的道路在中国事实上已经不可能，这就是华国锋那么快就下台的原因。

邓小平主政以后的中国经济改革，在整个80年代过程中常被称为"让权放利",亦即把权力和权利让给地方和企业。不过这里应该指出,当时很多人其实强调"让权放利"的主体应该是企业,而不是地方。换言之,许多人的思考和苏联东欧一样,把所有的注意力和精力都放在如何改造国有企业上,而认为把经济主要让地方搞不是经济学的正道。但事实证明,中国的经济改革成功,并不是因为中国的国营企业改革比苏联东欧更好,而完全是因为中国新的经济是在地方上发动起来的,尤其是由当时谁也看不起的乡镇企业所带动的。我们都知道,邓小平本人就讲过,乡镇企业的发展和根本作用是谁也没有想到过,中央也没有想到过,完全是乡镇和农民自己搞起来的。但西方学者几乎一致认为,中国乡镇企业的基础正是当年毛泽东的"大跃进"奠定的,"大跃进"本身当时虽然失败,但却在很多乡村留下了当时的所谓"社队企业",这些社队企业就是日后中国乡镇企业的基础。

我们都知道,费孝通先生当年写《江村经济》,他是最早看到中国现代化的可能性在发展乡村工业,但是他同时指出,这种发展在当时即新中国成立前的中国是不可能的。因为乡村工业的发展需要很多条件,比方说至少要有电,有公路,所有这些条件是那时中国的大多数乡村没有的。没有电、没有水、没有交通运输通达城市,怎么可能有乡村工业的真正发展呢?但是费孝通的梦在中国80年代实现了,其原因就在于,由于毛泽东从"大跃进"开始力图把中国的工业化过程引入到乡村,不断把中国的企业和经济下放到社会基层,使得中国的乡土社会不是外在于中国的工业化过程之外的。在毛时代,交通、水电以及至少小学教育和赤脚医生的进入乡村,都是中国乡镇企业在70年代后可以大规模发展的根本性基础。80年代中国乡镇企业的运作方式也几乎完全是"大跃进"式的,所谓"村村冒烟"本身就是"大跃进"的传统。虽然这种经济发展方式的问题非常多,比如重复生产和环境污染等等,以及大规模的放权给地方导致后来的中央财政能力下降，都是事实。但是我要强调，所谓此一时彼一时，我们不能用后来出现的问题就否定中国的经济改革根本上是由乡镇企业搞活带动的。许多人常常想当然地以为应该而且可以为中国的发展找到一条一劳永逸的理性化道路，可以走上所谓正规的现代化道路，但这种思路本身不过是削足适履而已。中国的事常常是前五年正确的做法，后五年可能就是不正确的，需要不断调整，不断创新。

简言之，邓时代的改革是以毛时代为基础的，所以我认为我们没有必要把这两个时代对立起来。从毛时代和邓时代的连续性着眼，实际上我们不应该把改革25年来的成就和毛泽东时代对立起来，而是要作为一个历史连续统来思考。我以为我们需要摆脱那种非此即彼的思考方式，把改革的25年完全孤立起来，把它与前面的共和国历史相割裂，却看不见毛时代与邓时代的连续性。我们今天不但需要重新看改革时代与毛时代的关系，而且同样需要重新看现代中国与传统中国的关系，不应该把现代中国与中国的历史文明传统对立起来，而是同样要看传统中国与现代中国的连续性。

传统中国与现代中国

我们今天应该特别强调，中国漫长的独特文明传统对于中国的现代发展具有根本的重要性。现代社会的普遍特点是社会分殊化高、离心力大，因此一个现代社会如果没有足够的传统文明凝聚力，社会分崩离析的可能性相当大。我们前面曾经讲到，几乎所有传统大帝国在现代转型中都解体而分裂成许多民族国家。冷战结束以来我们也目睹了苏联的分崩离析、南斯拉夫的解体、捷克斯洛伐克分裂为捷克与斯洛伐克两个国家，甚至在发达国家也有英国的苏格兰问题、加拿大的魁北克问题等等。从这种角度来看，中国经济高度地方分权化的过程在西方人看来是不可思议的，因为如此高的地方分权化，从西方理论来看必然隐含中国解体的危险，许多人因此一直在预言中国不可能逃脱其他古老帝国的解体命运。但另一方面，也有许多西方学者认为，中国文明的独特性之一似乎就在于其巨大的历史连续性和不可思议的高度文明凝聚力。中国历史上的很多时期例如三国时代、南北朝时期等等，如果换成任何其他文明，都足以分成多个国家而很难再恢复统一，但中国似乎总是一次又一次地成为黑格尔所谓世界史中例外的例外。

有许多事情我们中国人自己习以为常，而不觉得有任何独特，但在其他国家的人看来则常常觉得非常奇怪而难以理解。因此我在这里想特别提出一个观点，即中国传统文明本身就是中国经济改革成功的一个重要因素。其中的例证之一就是改革开放以来中国海外华人大量回国投资的现象。我们现在都知道，中国大陆有很多境外华人资本的投资，例如港商、台商及新加坡华商，还有全世界各种各样的华人资本。我们对这些都早已习以为常，不觉得有任何特别之处。但世界上很多国家对这种现象觉得又奇怪又妒忌，其中最突出的就是印度人。我在香港大学亚洲研究中心有一个好处，就是从许多同事那里学到了许多以前不了解的东西。我们中心一个法国同事是专门研究印度的，她告诉我说印度人非常奇怪，印度人看到中国总是酸溜溜的，不是一点点酸溜溜，而是很酸溜溜，因为印度人心里觉得印度应该比中国好，他们最酸溜溜的就是为什么西方的焦点都放在中国上。但也是因为这种心理，印度人总是在和中国比，对于中国和印度的差异也就特别敏感。我曾参加过一些关于"中国—印度"的研讨会议，发现印度学者最感兴趣的问题之一就是，为什么中国有这么多的海外华人资本，而印度同样有那么多的海外印度人，但却并没有在印度经济改革中成为重要因素。印度和中国都是海外同胞最多的国家，现在中国官方数字海外中国人是

3300万，印度2005年宣布有海外印度人2500万，其中在美国的就有150万，而且美国的150万印度人在美国都是属于中上阶级。尤其是90年代IT技术产业，美国的硅谷有一个说法认为其中40%最好的工程人员都是印度人。但印度人自己非常奇怪，为什么海外印度人并没有成为印度经济发展的一个很重要的力量，为什么印度与中国在这方面这么不同？

印度人自己觉得这是一个很大的问题。从1999年以来，这个如何吸引海外印度人回来投资的问题被印度政府提到了印度的国家发展战略的高度。印度政府首先在1999年设立了海外印度人身份证，在全世界所有地方的四代以内的印度人，包括你的配偶不是印度人的，都可以申请这个"海外印度人卡"，有了这个卡可以随便往返，不需要签证，20年内有效，包括可以在印度投资、购房等等，都是朝这个吸引投资方向发展。2000年印度政府又专门成立了"海外印度人委员会"，专门研究如何吸引海外印度人回来投资的问题。这个委员会提出而印度政府立即立法批准的一个措施，就是建立一个"海外印度人日"，定在每年1月9日。这个日子是特别有象征性的，因为1月9日是当年甘地从南非回印度号召发起反殖民运动的日子，甘地本人就是海外印度人，他是在南非开始当律师的。确定1月9日为"海外印度人日"，也就是希望所有的海外印度人都像甘地一样，为印度的发展出力。印度政府在2003年正式发起第一届"海外印度人日"，全世界来了2000多人，规格非常之高，都是印度总统、总理亲自出席并讲话。而且在第一次2003年会议上印度政府正式宣布，印度开始承认双重国籍，首先对六个国家开放。印度和中国一样是在1955年宣布不承认双重国籍的，但到2003年却宣布放弃这一政策，而承认六个国家的双重国籍：美国、英国、加拿大、新西兰、澳大利亚、新加坡。但这个政策宣布以后，引起很多印度人的不满，认为仅仅对这六个国家承认，明显地是偏向富人，都是对着富人国家开放，因此有很多的批评。之后印度政府又做了一个改革，2005年的"海外印度人日"印度政府宣布，只要对方国家承认双重国籍，印度就承认双重国籍。印度把现有海外印度人问题放在这么高的国家发展战略上，基本上都是因为看到在中国的经济改革中海外华人资本的投资是一重要因素，他们很纳闷为什么中国有，印度没有，因此作出种种努力希望中国有的，印度也有。

以印度作为对比，我们实际就可以看到，所谓海外华人投资的问题，并不是那么想当然的事。并不是任何国家的海外同胞都那么感兴趣回母国投资或发展的。大多数国家的人移民以后就和母国没有什么关系了，也没有那么多的感情牵连。我们知道现在中国还有很多"海龟"，而且"海龟"太多了，都变成海带了。我们对此习以为常，不觉得有什么特别的，但在印度人看来，却觉得非常奇怪，不是很容易明白的。犹太人号称是最有凝聚力和认同最强的民族，我们知道世界上有很多犹太富商，但犹太人的国家以色列的经济并不是靠世界上的犹太富人投资，而是完全靠美国政府的经济援助的。

我们现在有必要强调，海外华人资本对于中国经济改革的成功是起了极大作用的。如果没有海外华人资本，至少最早的"经济特区"可能就不会那么成功。我们知道邓小平在1979年三中全会后宣布，中国将首先建立四个经济特区，第一批四个特区就是深圳、珠海、汕头和厦门。邓小平自己后来讲得非常清楚，这四个特区的地方选择，都是着眼于海外华人的。深圳当时是不毛之地，但是和香港是陆地上相连的；珠海则是因为与澳门相连；汕头则是潮州人的老窝，而海外很多华人大资产包括李嘉诚先生都是潮州人；厦门则是闽南人的中心，因此利于建立与台商的关系。我们可以想象，这四个特区如果没有海外华人资本的话，那么这些特区恐怕不会那么成功的。中国从整个80年代一直到1992年，外商直接投资的70%都是华人资本。1992年中国修改外商投资法后，美国和其他国家投资开始多起来，但是从1992到1995年，华人资本仍然占外商直接投资的50%。80年代是中国经济改革的启动时代，海外华人投资起了非常关键的作用。我们自己对这种现象早已习以为常，但是从印度和其他很多国家如俄罗斯的角度来说，就非常奇怪，为什么有那么多海外华人资本如此热衷于回中国投资，为什么海外印度人或海外俄罗斯人就没有那么大的热情？而且我们知道香港、台湾很多人都是1949年以后逃出去的，很多人是仇恨共产党的，很多人是很怕共产党的，但一有机会他们仍然想回来。

好像这是中国比较独特的问题。中国人尤其是老一代，叶落归根的观念非常强。最早19世纪中国开始移民到美国去打苦工，遇到一个很大的问题，这些人死了怎么回来？我有一个香港朋友有一个很好的研究，指出当时是用棺材运回来，整个运的过程很复杂。中国人怎么会那么复杂，埋在哪儿不行，非要回来。我可以再补充一个例子，有一些现象是中国文明特有的。例如在台湾，两蒋的遗体问题是个非常大的政治问题，蒋介石已经死了那么多年了，却不能安葬，老是放在上面，因为按中国传统他要回老家的祖坟去安葬。这个问题在台湾变成了非常敏感的政治问题，两蒋一定要回大陆安葬，实际成为国民党坚持"中国认同"的一个象征性事情。我们知道蒋家第三代很惨，蒋家第三代男的基本上都死光了，而且死得很早，而台湾人是比较相信风水的，风水师就认为，这是因为两蒋棺材老是暴露在外面，破风水的，不利后代。这些问题是中国文明当中比较独特的，非常麻烦。两蒋最近是安葬了，但是仍然不叫正式入土，而是叫"暂厝"，暂时入土，也就是临时的安葬，以后仍然要迁回老家去安葬的。我们不要小看这些事情，这次连战和宋楚瑜回大陆拜祖宗三跪九叩，我们都很感动，感动什么呢？有中国文明的因子在里面。我们最近从连战在大陆的讲话也可以看到，传统的中国历史文明对整个中国和中国人具有很强的凝聚力。

结　语

我今天想提出的问题就是我们要重新去看我们的中国。可能我们对中国的了解都还只是刚刚开始，我们要重新去了解。包括这25年的改革为什么有这么大的成就，都需要重新了解。要重新认识中国改革成功与毛泽东时代的联系和连续性，重新认识整个传统中国历史文明对现代中国的奠基性。我们今天要强调，孔夫子的传统、毛泽东的传统、邓小平的传统，是同一个中国历史文明连续统，套用从前中国公羊学的一个说法，就是要达成新时代的"通三统"。

总结地说，21世纪最大的问题是要重新去认识中国，而且要在比较当中我们才能真正地了解我们中国。因此有一点我不希望被误解。我不同意有些人主张现在可以完全不理会西方，而只需要就中国研究中国。我历来强调的是，要深入研究中国，必须首先研究西方。因为事实上我们现在是生活在一个西方主导的全球化世界中，西方的影响无所不在。所以研究中国很重要的方面，就是要研究西方，只有深入研究西方，我们才能有自己的辨别能力。

首先我们必须了解，100多年来实际上我们都是用西方的视角来看中国，马克思主义也是西方的。中国人从20世纪以来，当我们说"中国是这样这样"时，实际背后总是隐含着"西方是那样那样"的看法。20世纪以来，所有谈论中国其实都是在做这类比较。比较本身没有任何不好，问题只在于很多人自以为了解的很多东西实际常常是靠不住的，你以为你了解西方，但通常而言大言不惭谈西方如此这般的，其实往往都是对西方不甚了解的人。我们深入了解西方以后，就会知道很多中国人所说的西方往往都是不知所谓的东西，西方并不是像这些人谈论的那样肤浅。成天说点西方意识形态的外在话语例如高唱民主自由之类的口号是容易的，不需要什么智商的，但要深入认识西方则不是那么简单那么容易的，即使西方人本身也并非一定就是了解西方的，就像我今天所说并非中国人就一定了解中国一样。要认识西方和认识中国都是要花大力气大功夫的。

中国人真正了解西方的其实不多，乱套西方的多。比如说，今天的中国人其实人人都在参考所谓西方，我们当然需要不断参考西方，问题是怎么个参考法。比如说我们今年是2005年，是不是中国的2005年就是要参考西方的2005年？是不是2003的北大改革就是要参考最新最近的哈佛大学的做法？这种胡乱的所谓"国际接轨"是可疑的，很可能变成没有头脑的参考西方而根本不了解西方的历史。我个人认为，今日中国最值得参考的西方，或许是1800年前后的英国和1900年前后的美国，比较接近2000年左右的中国。1800年前后的英国是英国工业革命造成英国社会结构的巨大变化，1780年以后，一方面是大幅度的经济增长，一方面是大规模的贫富差距，社会矛盾尖锐，我们需要了解英国在其现代转型的这个关键期是如何解决现代经济发展所带来的尖锐社会分化和社会冲突的。另外是1900年前后的美国，确切地说是在美国南北战争结束后，从1870年到1930年左右是美国的现代转型期，经济和社会结构都发生最大的变化，同样是一方面的高速经济增长，一方面是巨大的社会分化和社会冲突，所有的情况都同我们现在非常相像，有各种各样的社会运动，有对于美国新富人阶层的强烈抨击。这一转型期的社会矛盾和冲突一直到30年代罗斯福的所谓"新政自由主义"才形成一种新的社会政治格局，是一个社会各方多少可以接受的，大家妥协的产物，虽然很多人仍然不满意，但是好歹多多少少有了一定的社会共识。英国和美国在现代转型的关键期的许多做法对我们是有参考价值的。因此我们对于西方的了解和参考,是要从我们的问题意识出发,才能知道西方的哪些方面对我们是有启发的。因此问题并不是要把研究中国和研究西方对立起来,而是要更深入、更广阔地研究西方。我们要大规模的研究西方,深入地研究西方的整个历史,因为不管怎么样,西方在各个方面影响着我们,影响着我们的思考。只有造成一大批真正深入了解西方的人,才会发觉很多人说的所谓西方往往是似是而非的,所以研究中国很重要的方面,恰恰就是要深入研究西方。

评 论

朱苏力(北京大学法学院院长):

这个评论我从两个方面来讲,一个是中华文化,这个中华文化包括了经济方面,政治和文化的方面,包括了思想方面。必须要有一个清醒的意识,中国是一个大国,我们属于一个古老的民族,我们属于一个古老的文化,毛泽东曾经讲过,中国人应该对世界做出重大的贡献,不然的话,会被开除球籍。中国人一直是有所谓泱泱大国的气质,但是近代以来我们很多中国人,特别是我们这一代人,我们都曾经激进,曾经怀疑中国文化能够给我们的民族带来什么,有一段时间曾经认为我们应该快速地加入所谓西方文化当中,西方文化其实也不是真正的西方文化,只是在非常有限的资料当中想象出来的西方文化,是凭着自由、市场经济、两党制或者是宪法、法制这几个抽象的词想象出来的。但是我觉得到20世纪90年代以后,特别是21世纪以后,我们这一代人当中都有一个雄心大志,无论是偏左一点的还是偏右一点的,都对文化的认识开始有一个新的转变。可能在思想界来说,比如说今天在座的甘阳,更注重思想，稍微"新左派"吧。我还遇到其他一类学者，自由派知识分子，比如说张维迎，他自己现在在写一本著作，大概是想对儒家的思想进行经济学分析，他认为儒家思想是最伟大的制度创造，他要从经济学上来分析为什么是最伟大的。包括林毅夫先生也是如此，他认为我们这一代学者应该为中华民族做贡献，随着中国经济的发展，我们必须对自身文化特征，对我们自己的制度，对我们的优势要做出解剖。

我还是比较相信马克思主义，如果一个学说不能对这个制度，对经济问题提出一种解说，即使是理论化的东西，意识形态的东西，这个学说是不完善的。美国的制度很大程度上并不是美国的制度本身，实际上我们很多在座的同学没有去过美国，我们看到的是好莱坞的影片，通过这些方式使我们感受到美国人是什么样的，美国的司法是多么正义，律师是多么正义，法官是多么公正，诸如此类。美国这些文化上的东西，包括我们读的许多著作，都是这种实例。因此中国在21世纪当中最重要的问题，像甘阳刚才讲的，是我们要重新认识我们。现在讲所谓和平崛起，这是一个政治口号，我借用这个口号，和平崛起不光是说崛起的问题，也不仅仅是说我们不用武力的问题，和平崛起的另外一个含义实际上就是意识形态的崛起，使它有召唤力。当然它必须伴随着经济实力。比如说人民币在境外很多地方都通用，前不久我去台湾，台币是最没用的，但是人民币走到哪儿，走到阿里山去，在山上我就看一个木雕城，我说能用人民币吗？他说行行，我说人民币怎么用，他说有去大陆的。这是经济实力的影响。

我们对自己的文化，"五四"以后都有一个传统，我们否认的太多了，这种否认是基于什么呢？基于我们希望自己超越自己，但是另外一方面，也是不理解自己。所以我觉得甘阳先生今天讲的问题，其实也是我们一直要思考的，我觉得我们这一代人还是有一些五六十年代人的情结，我不知70年代，80年代，90年代出生的人有没有这种情结了，其实我相信永远都是有的，理想主义的东西，追求超越的东西，应当是在每一代中国人的心目中有的。甘阳先生讲的问题就是我们怎么样去看，不仅仅是认识我们几千年的文明史，要重新去认识，包括毛泽东的这一段历史，包括我们过去25年的历史，这是非常重要的。没有这个东西就等于你不自信，就像甘阳说的，我们常引证哈贝马斯如是说，却从不说"正如孔子所说的"。有一个讨论中国的案件，一个中国的学者说"正如美国大法官在1804年所说"，这怎么类比？这种修饰语，体现在潜移默化当中接受西方作为判断标准。这个问题很重要的，比如追一个女孩子，如果你自己都没有自信心，你怎么去追求这个女孩子，一定要有自信。而这种自信是建立在什么上？重新认识历史，客观地去认识历史，我觉得这是非常重要的话题。

另外一方面，我想挑战甘阳的就是怎么去解释它，甘阳提出了问题，但只是把问题提出来了，关键是我们怎么去解释它。我觉得我们需要尊重人文学科，尊重文史哲的传统和中国的传统文化，但是要解释它，可能还是需要更多的社会科学。为什么在50年代，或者在"五四"时期，很多人急于去批评它，我觉得就是因为传统文化当中本身就隐含着一种道德主义的评价，缺少了一种社会科学的评价，缺少了一种现代社会科学的评价。前不多久，费孝通先生去世了以后，评价他最好的著作是《江村经济》，但是我写了一个很短的文章，我认为他最伟大的著作是《乡土中国》。为什么说他的《江村经济》好，是因为英国人说他好。但是《乡土中国》是短短的15篇文章，解释中国儒家文化和儒家文化社会，这是一个社会科学的解释，帮助我们用很细小的事情去理解中国。我介绍给法律系的学生读，他们读完了以后，都觉得写得非常好。费孝通先生不是用一种传统的儒家学说来解释，他是用一种科学的眼光去解释。

这除了他到西方接受训练以外，更重要的一点，是因为他是一个天才，是20世纪中国最伟大的社会科学家。80年代我在北大看了他的书以后，一下对中国的文化有了理解，原来中国文化有很多的道理在里面，可能有些东西我并不完全赞同，但是基本上觉得他非常有说服力，而且这种雄辩和说服力，是在一个世界知识文化市场当中进行交流。所以从这方面来说，我们这一代人能做的工作比较少，但是一代代人必须坚持，把西方文化传统，社会科学的传统，自然科学的传统更多的纳入中国文化当中来，我们有容乃大，促使我们自己对自身有更深刻的理解。

　　古希腊时代就提倡理解自己，但了解你自己这个话变成个人主义了。知道自己是什么，知道自己想要什么，不仅对于一个人应当了解，对于一个民族对于一个社会都应当了解，而这个了解可能是需要用一些新的思维方式新的范式来理解。作为学者，其贡献就是提供理论上有说服力的解说，很大程度上我们也关心政治制度层面，但是或多或少不太关心，还是书生气比较足。我们至少要从理论上提供一种解说，而不单是出一本畅销书，或者是在美国有学者引证。像我们看《乡土中国》这样的著作，你觉得这是一个经典，15篇文章解说2000多年中国文化的主要方面，这样的著作，这才能够使得中国文化走向世界。所以我比较赞同甘阳先生曾经讲的，从民族国家要走向文明国家，如果说中国是民族国家，世界上将近200个民族国家，但如果中国是文明国家，那就是说中国代表了一种文明形态。这是靠我们经济、政治、社会的发展，通过我们一代代人的创造，推进中国文化在世界上的影响。当然这个影响并不是说我们一定能成功，但我们必须要做，我们证明我们是有意义的，我们活在这个世界上不是白费的，不是西方人已经把理论都讲光了，我们后来翻译一下。到了哪一天有人说，你知道甘阳吗？不要以为这是开玩笑，为什么我们就不能这样去想象呢？我不是说"人有多大胆，地有多大产",但是你要有这个雄心壮志,为什么不可能是我们当中的人呢,我们的智力在人口当中是正态分布的,我相信中国13亿人当中应当是有一些优秀的人才,我看很多西方学者著作的时候,我就想这个道理我曾经也想过,怎么他敢讲,我不敢讲,这就是我们的心理。甘阳提出了这个问题,其实是很值得我们关注的!

汪晖(清华大学人文学院教授):

崔之元教授组织的"北京论坛系列"我差不多每次都在场,这几场讨论很有意思,我做一个最简单的回顾。第一次雷默先生来讲"北京共识",他提出两个判断,他说西方没有中国学,他说西方所有关于中国的学说都说错了,我们怎么还能承认中国学呢。当时我做评论,特别提到不要迷信西方的社会科学,好像跟刚才朱苏力教授说的有点不太一样,不迷信是要重新找文化的自信,不是说不去学习。我想补充甘阳先生演讲当中对章太炎先生提出的一点微词,这个微词有道理,亦即太炎先生等的反满民族主义大概是六年的时间,此前不是,此后也不是,也就是那几年——一个很特殊的时期。不过章太炎在晚清要推动一个新的中国的出现,提出的第一个问题就是什么是我们的自信,用的佛教的用语,自信到底在哪儿?我们要找这个自信,如果没有自信的话,一个社会什么都没有。鲁迅先生是他的学生,跟着他学,那时候写的论文差不多都是模仿了章太炎的东西,用真正的古文,古文本身是要找中国的自信,形式本身的探索是对自信的追寻。鲁迅在一篇很著名的文章《破恶声论》当中,他说你要做国民学民族主义,这些都是伪士,都是假的,还有人说我们要成为世界人,那也都是伪士。鲁迅有一句话,在当时的人很不好理解:"伪士当去,迷信可存"。什么是迷信可存?为什么要有迷信呢?他说的迷信是中国文明里面想象力的根源,换句话说,是寻找自身自信的过程,不是一个简单的回到某个教条里面，不是孔子曰孟子曰，而是在文明的基础上有创造性的想象，所以他说迷信可存的部分的意思是在自己有自信的基础上，要有这个想象力，这一点非常有意思。

甘阳先生刚才是上下五千年，纵横几万里，从东到西，各大文明都谈到了，其中提到了一个问题，他说到黑格尔的历史哲学，说文明从中国这儿开始，最后走到了日耳曼，一个新型的国家的历史终结了。还有一个现代20世纪的另外一个哲学家，雅斯贝尔斯，写过《历史的目标和起源》，其实是受那个影响，在那个书里面他提过一个问题，很有意思。他认为历史所有的母体起源都在亚洲，所有的文明就是从亚洲起源的，认为欧洲人，是从黑格尔的历史观发展来的，有强烈的危机感。欧洲人最大的危机是什么？他说欧洲人最大的危机就是有一天会丧失自我意识。如果欧洲人不自觉的话，就会退回到亚洲巨大的母体里面去，因为亚洲是孕育所有文明的母体。当然这是欧洲中心的历史，也就是一个脱离亚洲的历史，脱离亚洲是欧洲意识的根源，如果没有这个不断的摆脱的话，有一天他就变成亚洲了，这个是很有意思的一个问题，因为如果讲到这一件事情，当然就会很自然地想到日本明治维新以后，日本提出脱亚入欧，现在经常有人说，不仅日本脱亚了，中国人也脱亚了，我们今天穿着西服，民族服装都没有了，我们的自我意识非常弱。在这个过程当中，有重新找自信的问题，当年还是章太炎先生提到的，他的理解当然跟康有为先生不一样，但是最终某个面上还是比较接近，重新来找，到底怎么来理解中国根本性的问题，重新理解中国。

甘阳先生的叙述有两个层面的问题。一个层面甘阳先生对我们的知识状况、社会自我意识状况是非常不满的，因为我们现在完全是跟着别人，完全以别人作为尺度，在自觉的层面我们已经没有自信了，所以我们老是拿别人作为一个尺度。甘阳先生另外一个讨论是说，在我们的历史实践里面，这个连续性从来没有中断，所以他说改革开放25年的新传统，从晚清改革以来，整个中国前赴后继，可歌可泣20世纪的历史，是缔造中国现代文明基础的历史。要想把那个历史从我们的世界当中抹去，就谈不上我们当代世界的历史。如果你讲到20世纪，20世纪似乎也是脱亚入欧，整个学习西方，摆脱我们自己文明的一个过程，但是同时在一个层面，像"五四"我们今天看成是激进反传统的文化运动，但是只要我们看一看鲁迅，甚至郭沫若，看一看陈独秀、胡适、李大钊，在他们的文化实践当中渗透的文化精神，毫无疑问是没有中断这个历史。

有一个左翼的理论家葛兰西说过一句话，他说有两种不同形态的理论，指当时的无产阶级有两种理论的形式，一种是他的日常生活实践，实践本身是一个理论，对于当时很落后的社会阶级来讲，实践的理论性比自觉意识的理论性要先进得多，实践中这个逻辑理念是对自己的历史处境当中不断应对的过程的体会，他的理论的先进性，远远超过了他的自觉意识，因为他们的自觉意识都是统治阶级的意识，别的统治国家的意识等等。这是葛兰西左翼的理论，我们读马克思的理论就可以知道马克思的阶级理论，是从自在的自为的理论当中发展出来的。但是这个理论对于我们是有启示的，这个启示就是说，我们对于自己的意识层面进行反思的过程，同时是对我们自觉的社会实践的再思考的理论总结的过程，恰恰是你的理论创新，所谓寻找自信的过程，不是否定这个实践，而是通过把这个实践里面所体现的自己不自觉的理论的先进性，把它上升到一个高度，因为没有上升到这个高度是危险的，因为这个行为受到后面其他的意识形态、霸权的支配。所以在这个意义上，重新认识中国的过程，离不开我们非常具体地讨论我们的实践过程。而要理解这个实践过程，首先要了解实践的主体在哪儿，这时，一个在哲学上似乎不太时髦了的观念变得有意义，就是重新来寻找主体性，也就是自信的问题。这个部分是所有的理论创造和我们实践研究根本的出发点。

　　刚才朱苏力教授提到费孝通先生的研究，我也想到另外一个学者，假定完全按照西方的社会科学这样走下去，中国解释不了，西方也解释不了了。当然不是要否定社会科学的学习，但是另外一方面，他用了一个中国老的概念，这时候我们要重新有智慧，我们要把智慧的视野和知识的视野重新结合起来。换句话说，智慧的视野是对我们自己习以为常的观念、方法、范式、知识本身构成一个反思的视野，自己给自己创造出这个视野，才能找到自己的自信，这是一个新型的创造过程。到现在似乎是各种各样的中国极其复杂的现实放在我们面前，我们所有的人都感觉到认识中国的困难，但是这个困难本身好像提供了一个契机，这个契机给我们一个创造性的机会和空间，这个时候好像到来了。

重新阅读西方
"西学源流"丛书总序
(2006)

20世纪初,中国学人曾提出中国史是层累地造成的说法,但他们当时似乎没有想过,西方史何尝不是层累地造成的?究其原因,当时的中国人之所以提出这一"层累说",其实是认为中国史多是迷信、神话、错误,同时又道听途说以为西方史体现了科学、理性、真理。用顾颉刚的话说,由于胡适博士"带了西洋的史学方法回来",使他们那一代学人顿悟中国的古书多是"伪书",而中国的古史也就是用"伪书"伪造出来的"伪史"。当时的人好像从来没有想过,这胡博士等带回来的所谓西洋史学是否同样可能是由"西洋伪书"伪造成的"西洋伪史"?

不太夸张地说,近百年来中国人之阅读西方,有一种病态心理,因为这种阅读方式首先把中国当成病灶,而把西方当成了药铺,阅读西方因此成了到西方去收罗专治中国病的药方药丸,"留学"号称是要到西方去寻找真理来批判中国的错误。以这种病夫心态和病夫头脑去看西方,首先造就的是中国的病态知识分子,其次形成的是中国的种种病态言论和病态学术,其特点是一方面不断把西方学术浅薄化、工具化、万金油化,而另一方面则又不断把中国文明简单化、歪曲化、妖魔化。这种病态阅读西方的习性,方是现代中国种种问题的真正病灶之一。

新世纪的新一代中国学人需要摆脱这种病态心理,开始重新阅读西方。所谓"重新",不是要到西方再去收罗什么新的偏方秘方,而是要端正心态,首先确立自我,以一个健康人的心态和健康人的头脑去阅读西方。健康阅读西方的方式首先是按西方本身的脉络去阅读西方。健康阅读者知道,西方如有什么药方秘诀,首先医治的是西方本身的病,例如柏拉图哲学要治的是古希腊民主的病,奥古斯丁神学要治的是古罗马公民的病,而马基雅维利史学要治的是基督教的病,罗尔斯的正义论要治的是英美功利主义的病,尼采、海德格尔要治的是欧洲形而上学的病,唯有按照这种西方本身的脉络去阅读西方,方能真正了解西方思想学术所为何事。简言之,健康阅读西方之道不同于以往的病态阅读西方者,在于这种阅读关注的首先是西方本身的问题及其展开,而不是要到西方去找中国问题的现成答案。

健康阅读西方的人因此将根本拒绝泛泛的中西文明比较。健康阅读西方的人更感兴趣的首先是比较西方文明内部的种种差异矛盾冲突,例如西方文明两大源头(希腊与希伯来)的冲突,西方古典思想与西方现代思想的冲突,英国体制与美国体制的差异,美国内部自由主义与保守主义的消长,等等。健康阅读者认为,不先梳理西方文明内部的这些差异、矛盾、冲突,那么,无论是构架二元对立的中西文明比较,还是鼓吹什么"东海西海,心理攸同"的中西文化调和,都只能是不知所谓。

健康阅读西方的中国人对西方的思想制度首先抱持的是存疑的态度,而对当代西方学院内的种种新潮异说更首先抱持警惕的态度。因为健康阅读西方者有理由怀疑,西方学术现在有一代不如一代的趋势,流行名词翻新越快,时髦异说更替越频,只能越表明这类学术的泡沫化。健康阅读西方的中国人尤其对西方学院内虚张声势的所谓"反西方中心论"抱善意的嘲笑态度,因为健康阅读者知道这类论调虽然原始动机善良,但其结果往往只不过是走向更狭隘的西方中心论,所谓太阳底下没有新东西是也。

希望以健康人的心态和健康人的头脑去重新阅读西方的中国人正在多起来,因此有这套"西学源流"丛书。这套丛书的选题大体比较偏重于以下几个方面:一是西方学界对西方经典著作和经典作家的细读诠释,二是西方学界对西方文明史上某些重要问题之历史演变的辨析梳理,三是所谓"学科史"方面的研究,即对当代各种学科形成过程及其问题的考察和反思。这套丛书没有一本会提供中国问题的现成答案,因为这些作者关注讨论的是西方本身的问题。但我们以为,中国学人之研究西方,需要避免急功近利、浅尝辄止的心态,那种急于用简便方式把西方思想制度"移植"到中国来的做法,都是注定不成功的。事实上西方的种种流行观念例如民主、自由等等本身都是歧义丛生的概念。新一代中国学人应该力求首先进入西方本身的脉络去阅读西方,深入考察西方内部的种种辩论以及各种相互矛盾的观念和主张,方能知其利弊得失所在,形成自己权衡取舍的广阔视野。

20年前,我们曾为三联书店主编"现代西方学术文库"和"新知文库"两种,当时我们的工作曾得到诸多学术前辈的鼎力支持。如今这些前辈学者大多都已仙逝,令人不胜感慨。学术的生长端赖于传承和积累,我们少年时即曾深受朱生豪、罗念生等翻译作品的滋润,青年时代又曾有幸得遇我国西学研究前辈洪谦、宗白华、熊伟、贺麟、王玖兴、杨一之、王太庆等师长,谆谆教导,终生难忘。正是这些前辈学人使我们明白,以健康的心态和健康的头脑去阅读西方,是中国思想和中国学术健康成长的必要条件。我们愿以这套"西学源流"丛书纪念这些师长,以表我们的感激之情,同时亦愿这套丛书与中国新一代的健康阅读者同步成长!

从第一次思想解放到第二次思想解放*

(2008)

这次金融危机以后,我觉得中国可能无论"左"还是"右",会形成一个新的共识,不管大家有多少分歧,至少我们在开始摆脱对西方模式的迷信,对美国模式的迷信。这就是我讲的第二次思想解放的内容,就是从西方和美国模式中解放和摆脱出来。但这个时候我们必须要特别强调第二次思想解放和第一次思想解放的关系,特别强调没有第一次思想解放,就不可能有第二次思想解放。

两次思想解放之间的传承

在第一次思想解放以前,我们很长时间以一种非常粗暴的、简单化的方式全盘否定西方,而第一次思想解放的最重要的成果,就是从这样一个对西方的简单化的否定和批判中解放出来,转向大规模地学习西方,所以第一次思想解放的实质是大规模地学习西方。可以说30年来向西方学习的幅度根本是五四运动无法相比的,是有史以来从来没有过的。这是第二次思想解放的基础。如果没有第一次思想解放,如果没有这样一个大规模向西方学习,去重新看西方,那就不可能有我刚才说的第二次思想解放。在大规模向西方

---

* 本文刊于《21世纪经济报道》2008年12月29日,系根据2008年12月13日凤凰卫视《世纪大讲堂》播出的作者演讲记录稿整理而成。

学习的时候，中国人逐渐提高自己的水平来判断和辨别，哪些西方的东西可能对我们比较有用，可能比较适合我们国情，哪些东西仅仅是一些或者它那边有用，对我们并没有用，或者根本就是错误的。所以我认为要避免第一次思想解放以前那种简单化的批判否定西方，所有对西方的检讨应该是从实情出发，言之有理地考虑问题。

这个时候我仍然要强调第一次思想解放的重要性。特别是在早期，这个来之不易。为什么强调早期？真正讲"思想解放"的人实际都是很少的，他一定是少数派，如果和大家想的都一样，谈什么思想解放。思想解放一定意味着前期是异端，被看成非常大逆不道的才叫思想解放，和所有主流、统治者及主导者潮流观念是完全不一样的，这才叫思想解放。所以第一次思想解放的时候，实际上它并不是仅仅从1979年开始，因为实际上从"文化大革命"初期、中期、晚期，都有很多，很多人为此付出了代价甚至是生命的代价。我可以举个人的一个例子，说明这种束缚的存在。我在学术界出道时翻译的一本书叫作《人论》，那时候还在北大念研究生。这本书不像现在大家随便可以翻译，当时有个规定，卡西尔《人论》在范畴上叫现代西方资产阶级哲学，立项很严格，老先生们先推辞了；后来出版的时候还要加一篇序言用马克思主义思想加以批判。这样一个小事情就非常难，向西方学习有大量的非常困难的问题。但是思想解放运动的开展，确实进展非常快，成效非常大。我翻译那本书是1983年，到1987年卡西尔另外一本书《语言与神话》翻译出来，让我写序言，那时研究完全自由了，在纯学术领域，西方哲学领域禁区几乎已经没有了，我可以完全按照自己的想法，根本不用想如何应对外面的情况，可以放开地写。

今天谈对西方的批判、审视、检讨，和第一次思想解放以前那时候简单化地否定西方是完全不同的。这是在相当深刻地了解西方的基础上,来甄别、判断,根据自己的眼光来看它们各种各样的模式和理论,看它们和我们中国的相似性到底如何。我们平常说"西方"这个概念往往过于笼统,因为西方本身不是一个东西,西方本身有无数多的理论、潮流,所以我们说要摆脱的时候,很可能我们主要指的是在某一段时间内占学术上风的潮流。这个必须分辨清楚。否则我觉得会导致一种毫无意义的论辩和互相指责。

为什么需要第二次思想解放?

中国思想界的第二次思想解放20世纪90年代初就开始了。现在在香港中文大学和清华大学任教的王绍光教授,发表了一篇非常重要的文章《建立一个强有力的民主国家》,他当时刚刚从康奈尔大学毕业。我们现在不大能够想象这篇文章是非常非常反潮流的一篇文章,他强调的是,在向市场化过渡的同时,并不是要弱化国家,而是要强化国家;而我们需要建设民主,但是民主并不与强大的国家相矛盾。今天大概很难想象这篇文章在当时多么反潮流,不仅和中国当时整个思想界主流完全背道而驰,而且和整个世界思潮是完全背道而驰的,因为整个世界的思潮都是去国家化,去政府化,政府管得越少越好,让市场和公民社会去管所有的事情。今天提起这些事情,并非说要为一些人歌功颂德,也不是要重新挑起争论,而是说现在是2008年,在一个历史背景下重新看这些问题,可以看得更心平气和一点。

从国际的角度来看,我认为这也是中国思想界非常不得了的一个突破。从西方学术界来说,2004年福山出版了一本书《国家建设》(*State Building*),这个福山也就是1989年提出"历史终结论"的福山。福山仍然在解放思想,"历史终结论"早就破产了,他没有停留在1989年。福山认为,20世纪七八十年代华盛顿共识和新自由主义的思潮造成了国际政治的瘫痪状态，即使勉强还在起作用的一些地方，那些国家的政府能力都在大规模地下降。这实际上是90年代以来全球化一个普遍性的趋向。但是我觉得福山到2004年提出来太晚了。以我的了解，在西方学术界比较早提出这个问题的是芝加哥大学的霍尔姆斯（Stephen Holmes），他现在到哥伦比亚大学去了，当时是1994年，要比王绍光晚几年。1994年曾经在芝加哥大学开过一个很大的会，主要讨论苏联、东欧转型的问题，四个主要学者发言，后来出了一本书《后共产主义转型问题》。所有其他人都是谈自由市场、公民组织、非公民，好像这些问题就可以代替国家，只有霍尔姆斯一个人认为，在苏联东欧这样一个大转型之后，最严重的问题是无政府的问题，是如何重建国家权威和政府职能。如果没有这样一个国家权威和政府职能，自由市场也不能有很好的作用，公民社会很可能变成黑社会，在没有国家的情况下，它的权利是不正当的。福山的这本书提出的中心问题也是，非政府组织不能够代表国家和政府的权威，因为它们只有在一个有效运作的国家体制和政府权威下，才能够发挥它们可以发挥的作用；妄想所有自由市场可以取代政府的经济职能，妄想非政府组织、公民组织可以代替国家，会把整个人类推到非常危险的灾难地步。霍尔姆斯在1994年的发言根本没有什么人重视。

所以我要强调的是，中国的情况很不相同，从20世纪90年代初开始就有一拨人开始在想这些问题，而且在中国的讨论中是起了作用的，至少挑起了极大的论战。这个论战的结果实际上是，这样一些观念得到了越来越多的人支持。我仍然强调重要的不在于谁对谁错，每个人的具体观点都有可能有对有错，可以争论，重要的是有这样一个思想，在很早就有人开始在想这样的问题。这些问题需要引起我们重视，包括这次国际金融危机西方各国政府大力干预市场，甚至大力推行国有化政策。而1997年亚洲金融危机的时候，西方的国际货币组织、银行系统的建议，就是让政府不要去干预，而且把政府的不干预作为国际援助的条件，结果严重地破坏了一些国家，马来西亚前总理马哈蒂尔成天抱怨，马来西亚30年的建设毁于一旦。

所以要强调第二次思想解放的重要性。也就是如果没有第一次思想解放不可能有第二次思想解放，但是如果没有第二次思想解放，我们不可能有中国道路。我们对于西方不是无条件的盲从盲信，而是用中国人自己的头脑去分析和看待问题，否则我们会沦为一个跟屁虫，而且跟着走可能会带来灾难。如果没有第二次思想解放，我们大概也根本不可能思考中国道路的问题，第一次思想解放很可能变异成一种心理态势，似乎我们整个改革方向和发展方向就是变成今天的西方那样。所以我现在认为，中国社会科学各个领域应该建立自己的改革学专业，我们的改革没有很好地被研究。西方的理论模式非常多，解释能力似乎很强，但我没有看到一家能够合理解释中国经济改革为什么比较成功。我们30年的势头不可阻挡，虽然出了很多问题，但是30年改革的成就是一个实情，这些问题我觉得要中国人自己去研究。

这就提出了中国道路的问题。说模式可能僵化了一点，因为中国的发展速度实在太快，往往前五年做得对的事情，后五年做就是错的，解决一个新的问题，同时会引发另外一个问题，就要用另外的方式去解决，需要不断地思想解放，不断地创新。但是是不是有某种中国道路的出现？

中国道路不可设定框架

有位英国人马克·伦纳德（Mark Leonard）2008年初出版了一本书叫《中国在想什么？》，或者《中国怎么想？》（*What does*

China Think），书很小。这本书今年在伦敦和纽约上市以后，受到非常多的关注，包括索罗斯和西方政要。西方的国际战略家特别注重这本书。因为这个作者本人既不是西方的左派也不是西方的右派，也没有任何倾向新左派的嫌疑，他是西方新生代国际战略分析家，英国前首相布莱尔建立的智库——欧洲研究中心的主任。他在2005年出的一本书比较有名，叫《为什么欧洲能领导21世纪？》，主要内容是比较美国和欧洲。他认为冷战结束之后，21世纪的世界有两个模式，美国模式和欧洲模式。他认为对于以后的发展而言，欧洲模式比美国模式更具吸引力，而美国模式会逐渐衰落。他的论据相当多，比如美国主张单边主义，而欧洲主张多边主义，等等。这本书出版之后，他突然发现这本书整个有问题，前提有问题，因为这本书的前提很简单，他认为21世纪仍然是西方塑造这个世界，21世纪的人类世界仍然是由西方来塑造的，只不过西方现在出了两个模式而已。

他突然发现整个前提预设受到非常大的挑战，他看到一个庞大的中国，而且他的直觉是，中国已经形成了一个模式。所以他从2005年开始不断地跑中国，而且他原先以为到中国，两个短期旅行就能搞清楚问题了，但是到中国以后越看越复杂，不断在跑，而且越跑越心惊胆战。他第一次找我大概是两三年前，说他第一次访问中国社科院，整个被震住了，当时中国认为他是布莱尔的智囊，所以接待规格比较高，社科院副院长亲自接待他，随便给他介绍一下中国社科院的情况，有50个研究所，260个研究室，4000名全职研究人员。他当时听了在一个大沙发里想缩进去，因为整个英国的智库人员就1000人左右，全欧洲的智库人员还不到5000人，全欧洲加起来相当于一个中国社会科学院，他说美智库人员也不超过10万人，整个西方的智库不超过10万人。而他马上了解到中国社科院仅仅只是其中一家，还有中央党校，每个省有社会科学院，各个政府都有那么多政策研究室,他当时觉得非常可怕。当然所有中国人都会跟他说我们研究水平不高,他说不管研究水平高不高,有这么多人就很可怕,而且最可怕的是我们不知道他们在干什么,不知道他们在想什么,所以书名叫"中国在想什么""中国怎么想"。他提出了一个概念,认为中国已经形成了一个完整的全球化图景,有一个名字叫"有墙的世界",这个是对应西方的模式(也就是所谓的扁平的世界)。他觉得托马斯·弗里德曼那本书《世界是平的》比较重要,一般的国家都会面临一个悖论,你要吸引全球资本,要让全球资本进来,都会面临主权国家控制力被削弱的问题;抵挡不过它,就必须向它做妥协和让步。中国大量引入外资,获得全球化的各种好处,但是并没有导致中央政府能力的衰退和衰弱。

第二点更有趣了,他非常关心中国的政治发展,他说所有西方观察家首先注意的是西方能够了解的中国政治发展。大家都知道,有村庄选举,党内选举,他非常灵光地注意到,如果要看中国的政治发展,第一要去重庆,第二要去浙江一个很小的叫泽国的地方。我也是从伦纳德这里才知道一点。西方民主理论现在最先进的一个理论,就是詹姆斯·费什金(James Fishkin)的理论,它的实验地竟然在浙江温岭泽国一个很小的地方,而且他本人就在那里指导。我是杭州人,原先并不知道。所以我觉得他们这些人有时候知道我们不知道的事情,因为他们很关心。还有一个重庆,重庆相对比较简单,因为重庆非常大,重要的公共政策通过各种方式去做公证会,可以是电视,可以是网络,可以是民意代表和政府,大规模的公共听证会。伦纳德认为这些可能是中国今后政治发展的道路。他说西方人从来没有想过中国人在想什么,因为西方人有一个想当然的预测,所有非西方包括中国只有两条路,或者你照我的想,你不照我的想肯定要灭亡,所以他没有必要去想你在想什么,他就是看你是不是按照西方的想法在走路。他每天都在看,在想多少程度像西方一样在做。伦纳德认为中国是第一个并不照西方这样想的国家，但是它不会灭亡，现在不会，将来也不会。他认为2005年以后世界上至少会出现三个模式，而且他认为，最大的可能就是，对于非西方国家来说，中国这个模式的吸引力可能要远远大于美国模式和欧洲模式。

我在这里引用并不表示全盘赞同他，而且我认为，中国知识界在谈中国模式方面，实际上比西方学者要谨慎小心得多。这可能也是好事。西方学者往往提出中国模式，前两年"北京共识"在西方引起很多关注，在中国大家都很不以为然。其中有很多原因，我们大概确实面临一个问题，中国现在很长时间对自己不自信，我们还总是在做学生。我觉得至少做简单小学生的时代已经过去了。中国现在并不是说对西方闭起门来不看，这个是不可能的。实际上要求的不是一个简单化学习过程的结束，而是要更深入地研究西方到底怎么样。很多研究还没有真正开始，因为原先我们总是在找一些比较简单的模式，找到一个简单模式就不加分析地百分之一百地美化和追捧它，其实每个模式和制度都有它的问题。摆脱了这种迷信以后，对于个别制度我们反而可以看得更清楚。

现在中国人确实到了一个需要全盘重新回过去看的时候，包括我们30年的改革，包括建国60多年来的历史，包括100年的历史，包括我们以往形成的对中国几千年文明的看法，都有必要重新看。这是我讲从第一次思想解放到第二次思想解放的中心意思。

启蒙与迷信，或，"反启蒙"在中国的缺席*

(2011)

"中德启蒙对话"这样的活动很难避免一种尴尬，因为被邀请参加对话的人尤其是主讲人，很容易被看成不仅代表他个人，而且多多少少代表他来自的国家——中国或德国——的主流观点，因此每个个人的发言也就成了某种"中国的"或"德国的"观点。为此，我想特别强调，我个人的看法在中国社会不具有任何代表性，因此我的发言仅仅只代表我个人的看法，而不能代表任何其他"中国人"的看法，更不能代表所谓"中国的"看法。

"反启蒙"是启蒙本身不可或缺的重要部分

恕我直言，我对"启蒙对话"这个题目并没有很大的热情，因为这个题目容易让人想起鲁迅的名言：老调子又唱起来了。我很怀疑，除了陈词滥调以外，关于启蒙还能谈出什么新东西？例如，这些年一谈启蒙，大家好像都必须从康德的文章《什么是启蒙》开始，这不免让人厌倦。不过，为了表示对康德的尊重，让我也从康德开始，我愿引用康德《判断力批判》（*Critique of Judgment*）第40节的一句话："从迷信中解放出来是谓启蒙"（Liberation from

---

* 本文刊载于2011年11月28日的《文汇报》（上海）；是作者2011年11月17日于北京的中国国家博物馆"中德启蒙对话"论坛上的发言。

superstition is called enlightenment）。从这个意义上讲，启蒙并非西方现代的产物，也并非一定与西方现代性相关，相反，启蒙就是从任何根深蒂固的迷信中解放出来。因此，要谈启蒙，首先必须问某个时代某个地方最大的迷信是什么？

正如我所尊重的德国思想家伽达默尔指出的，启蒙在西方并非从现代才开始，相反，西方至少发生过三次大的启蒙，第一次启蒙是在古希腊，当时最大的迷信是神话，启蒙表现为古希腊哲学以理性取代神话这种迷信；第二次启蒙则是人们熟悉的西方现代的启蒙，当时西方最大的迷信是启示宗教与基督教圣经，启蒙表现为以"不需上帝启示帮助的理性"（unaided reason）来取代启示宗教与基督教圣经的权威，实际上康德所谓"勇于使用你自己的理智"（have the courage to use your own understanding），只有在批判启示宗教与基督教圣经这种当时最大迷信的意义上才能理解，"你自己的理智"就是"不需要上帝启示帮助的理性"，否则"你自己的理智"这话根本就没有意义，康德的意思无非是说，欧洲人长期不敢使用自己的理智，是因为上帝的启示和基督教圣经凌驾于"你自己的理智"之上；同样，康德所谓"不需要别人的指引"（without the guidance of another）归根结底是指不需要基督教圣经权威的指引，否则这句话就是荒谬的，这会导致对任何教育的否定，有任何一个学生不需要教师的指引吗？因此有必要强调，离开了从启示宗教和基督教圣经这种迷信的解放，西方第二次启蒙根本就无从谈起，没有启示宗教和基督教圣经这种迷信，西方第二次启蒙不会发生。

西方的第三次启蒙，则是在20世纪特别是第二次世界大战和奥斯威辛集中营以后发生的，这次启蒙的表现形式或许可以称为"反启蒙"，因为要破除的最大迷信可以说正是"启蒙本身的迷信"，亦即西方现代启蒙所导致的种种现代迷信：对技术的迷信，对理性本身特别工具理性的迷信，对人掠夺自然奴役自然的权力的迷信，对宏大话语和普遍主义的迷信，以及对西方中心论的迷信，等等。特别是20世纪60年代到80年代期间，西方很多思想家对"现代性"和"启蒙规划"的深刻批判凸显了"西方现代启蒙"的黑暗面，从而促进了现代人从"启蒙本身的迷信"中解放出来。

可以说，启蒙的辩证法或启蒙的悖论就在于，启蒙在破除迷信的同时往往也在创造自己的新的迷信。正因为如此，"反启蒙"必须被看成是启蒙本身不可或缺的重要部分，没有"反启蒙"，启蒙就无法克服自己造成的新的迷信，因此，"反启蒙"有助于启蒙的健康发展，没有"反启蒙"制约的"启蒙"必然会走向"启蒙的走火入魔"（enlightenment gone mad）。

现代中国必须从对西方的迷信中解放出来

下面我就从这种启蒙辩证法的角度简略谈谈我对中国启蒙的看法。但要讨论中国的启蒙，我们同样必须首先问，中国不同时代的最大迷信是什么？没有迷信，就没有启蒙，只有先搞清什么是有待解放的最大迷信，才有可能真正讨论启蒙。

这里不可能详细讨论中国文明自身的启蒙传统，但可以确认，中国的第一次大启蒙是由孔子和儒家奠定的，孔子和孟子时代的最大迷信是对武力和霸权的迷信，孔子和儒家以"仁"为核心的道德理性和道德实践取代对武力和霸权的迷信，奠定了中国的启蒙传统。儒家的道德理性和道德实践并不追求形而上的绝对真理，而强调个体修养的日常道德实践，因此儒家没有启示宗教那样的绝对教义，也没有基督教圣经那样的绝对神圣文本，儒家的所有经典都是人间的，都是用"你自己的理智"可以把握的。正因为没有启示宗教的迷信，也没有类似基督教圣经那样的神圣文本迷信，类似西方第二次启蒙那样的启蒙运动不会在中国传统内部发生，也不需要发生，因为并没有那样的迷信需要解放。

中国现代的启蒙不是在中国思想传统内部发生的，而是外来的，是在中国文明全盘瓦解后学习西方特别是西方第二次启蒙思想的结果。这一中国现代启蒙过程充满了启蒙的辩证法或启蒙的悖论，亦即它在破除迷信的同时也在不断创造新的迷信。中国现代启蒙破除了从前中国人的最大迷信，即认为中国文明是最高最好的文明这种迷信，从而转向学习西方特别是西方第二次启蒙的成果，但它同时创造了自己的新的迷信，即认为西方的月亮都比中国的月亮圆，因此中国文明传统必须全盘彻底地否定。

特别值得注意的是，中国这一现代启蒙过程基本上缺乏"反启蒙"来平衡，虽然20世纪20年代前后曾有梁启超和梁漱溟等人提出对西方第二次启蒙的批判并曾发生"科玄论战"这样的启蒙辩论，但这些人物和思想很快就被边缘化，毫无影响。20世纪中国的思想主流始终是不断强化对西方第二次启蒙的全面认同，因此20世纪以来几乎每过15年或20年就会有人提出需要"新启蒙"，亦即认为中国走向西方第二次启蒙仍然不够彻底，需要更加激进的启蒙。

更有意思的是，尽管20世纪以来中国发生的一切都是接受西方第二次启蒙的结果，但几乎从没有人认为20世纪中国发生的任何错误与接受西方第二次启蒙有关，而总是认为是启蒙不够彻底所导致。例如改革以来，几乎从来没有人认为毛泽东的错误与中国全面接受西方启蒙有任何关系。又如，中国思想家李泽厚勇敢地批判了中国的"革命"，但奇怪的是他并不认为检讨现代革命问题首先需要检讨西方第二次启蒙，反而认为现代中国的全部问题是"救亡压倒了启蒙"，仍然是启蒙不够彻底。可以说，西方第二次启蒙在中国至今具有神圣不可侵犯的地位，首先，中国官方的马克思主义本身是西方第二次启蒙的嫡系传人，其次，中国不同的知识分子包括近年来所谓自由派与新左派也都各自标榜自己是真正的启蒙传人，因此"反启蒙"在中国是绝对的反义词。

如果我们问，中国现在需要什么样的启蒙，那么我们首先要问中国现在最大的迷信是什么？在我看来，答案是清楚的，中国现在最大的迷信就是对西方的迷信，特别是对西方第二次启蒙的迷信。正是这种现代中国迷信，实际使得现代中国人几乎不会用"自己的理智"去思考，因为他们认为必须求助"西方人的理智"，同样，中国的思想界和舆论界至少目前做不到"不需要别人的指引"，因为大家实际认为中国人需要"西方人的指引"。这，大概就是启蒙与迷信的辩证法在现代中国的表现，也是中国现代启蒙的最大悖论。

因此我的结论是，现代中国人如果要"用自己的理智"而"不需要别人的指引"，就必须从对西方的迷信特别是西方第二次启蒙的迷信中解放出来。在这一迷信解放的过程中，中国自身的启蒙传统，以及西方第一次启蒙和第三次启蒙都可能成为重要的思想资源，近年来已经有不少中国学者开始注意这些不同于西方第二次启蒙的启蒙传统。

"文化：中国与世界"新论缘起

(2007)

百年前，梁启超曾提出"中国之中国"，"亚洲之中国"，以及"世界之中国"的说法。进入21世纪以来，关于"世界之中国"或"亚洲之中国"的各种说法益发频频可闻。

但所谓"中国"，并不仅仅是联合国上百个国家中之一"国"，而首先是一大文明母体。韦伯当年从文明母体着眼把全球分为五大历史文明（儒家文明，佛教文明，基督教文明，伊斯兰文明，印度教文明）的理论，引发日后种种"轴心文明"讨论，至今意义重大。事实上，晚清以来放眼看世界的中国人从未把中国与世界的关系简单看成是中国与其他各"国"之间的关系，而总是首先把中国与世界的关系看成是中国文明与其他文明特别是强势西方文明之间的关系。20年前，我们这一代人创办"文化：中国与世界"系列丛书时，秉承的也是这种从大文明格局看中国与世界关系的视野。

这套新编"文化：中国与世界"论丛，仍然承继这种从文明格局看中国与世界的视野。我们以为，这种文明论的立场今天不但没有过时，反而更加迫切了，因为全球化绝不意味着将消解所有历史文明之间的差异，绝不意味着走向无分殊的全球一体化文明，恰恰相反，全球化的过程实际更加突出了不同人民的"文明属性"。正是在全球化加速的时候，有关文明、文化、民族、族群等的讨论日益成为全球各地最突出的共同话题，既有所谓"文明冲突论"的出场，更有种种"文明对话论"的主张。而晚近以来"软实力"概念的普遍流行，更使世界各国都已日益明确地把文明潜力和文化创造力置于发展战略的核心。说到底，真正的大国崛起，必然是一个文化大国的崛起，只有具备深厚文明潜力的国家才有作为大国崛起的资格和条件。

哈佛大学的张光直教授曾经预言：人文社会科学的21世纪应该是中国的世纪。今日中国学术文化之现状无疑仍离这个期盼甚远，但我们不必妄自菲薄，而应看到这个预言的理据所在。这个理据就是张光直所说中国文明积累了一笔最庞大的文化本钱，如他引用芮沃寿（Arthur Wright）的话所言："全球上没有任何民族有像中华民族那样庞大的对他们过去历史的记录。两千五百年的正史里所记录下来的个别事件的总额是无法计算的。要将二十五史翻成英文，需要四千五百万个单词，而这还只代表那整个记录中的一小部分。"按张光直的看法，这笔庞大的文化资本，尚未被现代中国人好好利用过，因为近百年来的中国人基本是用西方一时一地的理论和观点去看世界，甚至想当然地以为西方的理论观点都具有普遍性。但是，一旦"我们跳出一切成见的圈子"，倒转过来以中国文明的历史视野去看世界，那么中国文明积累的这笔庞大文化资本就会发挥出其巨大潜力。

诚如张光直先生所言，要把中国文明的这种潜力发挥出来，我们需要同时做三件事，一是深入研究中国文明，二是尽量了解学习世界史，三是深入了解各种西方人文社会科学理论，有了这三个条件我们才能知所辨别。做这些工作都需要长时间、深功夫，需要每人从具体问题着手，同时又要求打破专业的壁垒而形成张光直提倡的"不是专业而是通业"的研究格局。这套丛书即希望能朝这种"通业研究"的方向作些努力。我们希望这里的每种书能以较小的篇幅来展开一些有意义的新观念、新思想、新问题，同时丛书作为整体则能打破学科专业的篱笆，沟通中学与西学、传统与现代、人文学与社会科学，着重在问题意识上共同体现"重新认识中国，重新认识西方，重新认识古典，重新认识现代"的努力。

之所以要强调"重新认识"，是因为我们以往形成的对西方的看法，以及根据这种对西方的看法而又反过来形成的对中国的看法，有许多都有必要加以重新检讨，其中有些观念早已根深蒂固而且流传极广，但事实上却未必正确甚至根本错误。这方面的例子可以举出很多。例如，就美术而言，20世纪初康有为、陈独秀提倡的"美术革命"曾对20世纪的中国美术发生很大的影响，但他们把西方美术归结为"写实主义"，并据此认为中国传统美术因为不能"写实"已经死亡，而中国现代美术的方向就是要学西方美术的"写实主义"，所有这些都一方面是对西方美术的误解，另一方面则是对中国现代美术的误导。在文学方面，胡适力图引进西方科学实证方法强调对文本的考证诚然有其贡献，但却也常常把中国古典文学的研究引入死胡同中，尤其胡适顽固反对以中国传统儒道佛的观点来解读中国古典文学的立场更是大错。例如他说"《西游记》被三四百年来的无数道士和尚秀才弄坏了"，认为儒道佛的"这些解说都是《西游记》的大敌"，但正如《西游记》英译者余国藩教授所指出，胡适排斥儒道佛现在恰恰成了反讽，因为欧美日本中国现在对《西游记》的所有研究成果可以概观地视为对胡适观点的驳斥，事实上，"和尚、道士和秀才对《西游记》的了解，也许比胡适之博士更透彻，更深刻！"

同样，我们对西方的了解认识仍然远远不够。这里一个重要问题是西方人对自己的看法本身就在不断变化和调整中。例如，美国人曾一度认为美国只有自由主义而没有保守主义，但这种看法早已被证明乃根本错误，因为近几十年来美国的最大变化恰恰是保守主义压倒自由主义成了美国的主流意识形态。这种具有广泛民众基础而且有强烈民粹主义和反智主义倾向的美国保守主义，几乎超出所有主流西方知识界的预料，从而实际使许多西方理论在西方本身就已黯然失色。例如西方社会科学的基本预设之一是所谓"现代化必然世俗化"，但这个看法现在已经难以成立，因为正如西方学界普遍承认，无论"世俗化"的定义如何修正，都难以解释美国今天百分之九十以上的人自称相信宗教奇迹、相信上帝的最后审判这种典型宗教社会的现象。晚近三十年来是西方思想变动最大的时期，其变动的激烈程度只有西方17世纪现代思想转型期可以相比，这种变动导致几乎所有的问题都在被重新讨论，所有的基本概念都在重新修正，例如什么是哲学，什么是文学，什么是艺术，今天都已不再有自明的答案。但另一方面，与保守主义的崛起有关，西方特别美国现在日益呈现知识精英与社会大众背道而驰的突出现象：知识精英的理论越来越前卫，但普通民众的心态却越来越保守，这种基本矛盾已经成为西方主流知识界的巨大焦虑。如何看待西方社会和思想的这种深刻变化，乃是中国学界面临的重大课题。但有一点可以肯定：今天我们已经必须根本拒斥简单的"拿来主义"，因为这样的"拿来主义"只能是文化不成熟、文明不独立的表现。中国思想学术文化成熟的标志在于中国文明主体性之独立立场的日渐成熟，这种立场将促使中国学人以自己的头脑去研究、分析、判断西方的各种理论，但拒绝人云亦云，拒绝跟风赶时髦。

　　黑格尔曾说，中国是一切例外的例外。近百年来我们过于迫切地想把自己纳入这样那样的普遍性模式，实际忽视了中国文明的独特性。同时，我们以过于急功近利的实用心态去了解学习西方文明，也往往妨碍了我们更深刻地理解西方文明内部的复杂性和多样性。21世纪的中国人应该已经有条件以更为从容不迫的心态、更为雍容大气的胸襟去重新认识中国与世界。

承三联书店雅意，这套新编论丛仍沿用"文化：中国与世界"之名，以示20年来学术文化努力的延续性。我们相信，"文化"这个概念正在重新成为中国人的基本关切。

大学之道与文明自觉*

(2005)

打造中国的精英

今天在清华大学这个地方演讲大学的题目,我要首先为"精英教育"辩护。今天很多人似乎都不大敢提精英教育,因为一提精英教育,就会引来很多批评,说你为什么不关心平民和平民教育。我不怕这种批评,因为我认为这种批评是错误的,是混淆不同的问题。很简单地讲,我以为中国大学的使命就是要打造中国的精英,而清华、北大这样中国的顶尖大学,其使命就是要打造中国的顶尖精英。

但我所谓"打造中国的精英",并不是指要把中国的大学生培养成西装革履、一口英文的那种类型,这种类型往往有文化自卑感,多半是伪精英。一个真正的中国精英首先必然地具有文化自信,这种自信从根本上来自对中国文明的充分自信。打造"中国的精英",就是要打造对中国文明具有充分文化自觉,从而对自己作为一个中国人具有高度自信的有教养的中国人。但也是从这种角度来看,中国今天恰恰是一个极端缺乏精英和精英意识的国家。

上个月我在清华大学公共管理学院演讲时(按:即本书《新

---

* 本文是作者2005年6月22日在清华大学的演讲稿。

时代的"通三统"》一文）曾经指出，从世界文明史的角度看，21世纪的主题是中国，问题是我们中国人自己现在似乎还没有充分意识到这一点。中国的崛起和当年所谓亚洲四小龙的崛起具有完全不同的意义，亚洲四小龙的经济崛起只有区域经济史的意义，并不具有世界文明史的意义。但中国的崛起，中国文明的复兴，是一个世界文明史的事件，这是西方人今天看中国的角度，因此现在整个西方都在紧张地观察和研究中国会怎么样。当然西方有各种各样的看法，有一种看法是认为或者说是盼望中国会垮台，会崩溃；还有一种看法则是认为中国文明的崛起将会根本改变世界的格局，包括改变数百年来西方主宰世界的格局，因此西方必须认真对待。

不管怎么样，在21世纪，中国文明的任何一举一动影响到的将不仅是中国，而且是整个世界的文明进程，整个人类文明史的进程。因此，今天提出"打造中国的精英"，就是指要培养当代中国的大学生达到充分的文化自信和文化自觉，能自觉地认识中国文明在当代世界中举足轻重的地位，自觉地去认识中国的崛起并不仅仅是中国文明史的事件，而且是世界文明史的事件。因此我今天的演讲题目，虽然与上个月在清华公共管理学院的演讲题目不同，但两者贯穿的其实是同一种关切，那就是21世纪的中国人是否能够具有充分的文化自觉。不过今天是从大学的角度来追问，亦即要追问当代中国的大学生是不是能达到这样的文化自觉，追问现代中国大学是否能担当起这样一种文化责任，是否能成为中国文明的担纲者。因为任何一种伟大事业，任何一种文化复兴，必定有其担纲者，而在现代社会，这种文化复兴的担纲者非大学莫属。

这里我要引用美国伯克利大学前校长克拉克·克尔（Clark Kerr）说过的话：伟大的大学是在历史上的伟大国家的伟大时期发展起来的。换言之，一个二流三流的国家是不可能产生伟大的大学的，一个没有文明根基的国家是不可能发展出伟大的大学的。我们知道，最近英国《泰晤士报》的全球大学排名将北大排在全世界大学的第17位（按：2005年《泰晤士报》的新排名榜进一步把北大升级到第15位）。我们需要老老实实承认，这种排名其实是考虑到文明潜力和国家地位的排名，并非单纯根据大学本身的排名。北大这个大学本身现在并不具备这样世界领先的实力，这是从中国文明在当今世界的地位，以及北大在中国的地位来衡量北大在全球大学中的位置。但是，这个排名却点出了非常重要的一个方面，那就是北大、清华这样的中国大学，其前途和命运是与中国这个文明、中国这个国家的前途和命运联系在一起的。所以最近我们在香山开了三天会，议题是"中国大学的人文教育"。[1]杨振宁先生在开幕的时候提出了四个字："文化自觉"，亦即中国大学的一个根本任务是要唤起中国大学生的文化自觉。今后二三十年，或许是中国文明复兴的最关键时期，也是中国大学发展的最关键时期。如果中国人对中国文明本身没有信心，如果中国人对中国文明的传统以及中国的一切总是抱着一种否定的态度，那么可以肯定，中国的大学是办不好的。反之，如果中国人和中国大学生能够具有充分的文化自觉，如果中国的大学牢牢地植根于中国文明的最深处，那么，即使今天中国的大学仍然很不理想，但我们有理由期望，经过一两代人的不懈努力，中国的大学作为伟大中国文明的担纲者将会成长为伟大的大学。

大学的文化之根

但也正是在这里，我们可以立即发现中国大学的根本致命伤，这就是中国的现代大学是没有根的，是没有自己文化根基的。因

---

[1] 会议论文已经出版，可参甘阳、陈来、苏力主编《中国大学的人文教育》，生活·读书·新知三联书店，2006。

为中国现代大学从一开始就没有植根于中国文明传统之中，事实上中国现代大学的诞生恰恰以与中国传统文明断裂为标志。这只要比较中国最早的两个现代大学方案就可以看出。中国的第一个现代大学方案是晚清政府在1904年公布的，当时设计的中国大学共分八大科，其中第一科为经学科，下分十一门类，全部都是关于中国古典文明的教育的。但1911年民国建立后，1912年民国政府又公布了一套新的大学方案，这个1912年方案与1904年方案的差别是：它把1904年方案的八个科变成了七科，也就是把原先的第一科全部砍掉，把中国古典文明教育的内容全部砍掉，称之为清除封建余孽。从此，20世纪以后的中国高等教育就把中国古典文明教育以"封建""反动"的名义全部清除出去了。诚然，专门研究中国古典文明的专家仍然有，但那是专门性的研究，并不是把中国古典文明和中国经典文本作为所有中国大学生最基本的共同教育。可以说，20世纪中国普遍的彻底的反传统心态，特别是这种反传统心态在中国教育尤其是高等教育中的制度性体现，乃从根本上造成了我们今天普遍感到的文化底气不足，这也正是今天中国极端缺乏精英的根本原因。

从回顾的立场看，如果1912年新方案能够延续1904年的方案，如果中国的现代大学能始终把中国古典文明教育放在大学的重要地位，那么中国的文化状况将相当不同。但我们现在提出这一问题，并不是要简单化地否定当年反传统的正当性，而只是要指出，时代已经完全不同，今天已经必须重新审视这一问题。20世纪那种普遍的反中国传统的心态和行动，在21世纪必须彻底扭转，否则我们将永远处于文化无根状态。

今天中国的所有大学都在学美国的大学，都想学美国大学，号称学美国模式。但我以为，中国大学目前的学美国，实际只是在学其皮毛，而并未学到其根本。因为中国大学几乎从来没有问过，美国大学的根在什么地方？我在下面因此将把中国大学与美国现代大学作一比较。我将指出，美国大学的生命力在于其自觉地植根于西方文明的深处，这最突出地体现在美国大学的本科通识教育体制中。

简单地说，美国大学并非只有那些专家才研究西方古典文明和西方经典，而是每个本科大学生首先都必须接受高度强化的西方古典和经典教育。但这种现代通识教育制度并不是自然而然地形成的，相反，美国现代大学实际和中国现代大学一样，在其最初同样经历了传统的断裂和经典教育的断裂，而且这一断裂的时间实际也正相当于中国的清末民初，亦即中国现代大学的形成期。但不同的是，在美国，这种传统断裂和经典教育断裂的状况，不久即以建立现代大学本科通识教育体制而得到了扭转。我个人认为，美国大学对我们确实特别有参考借鉴的价值。但我要强调，美国大学比较好的制度都是长期努力的结果，并不是自然形成的，他们也曾经面临和我们同样的问题。我认为我们要了解美国大学，至少要从现在往前追溯100年，要对美国大学及其通识教育制度从20世纪初以来的历史形成有一个基本的深入的认识，这样才能对我们有真正的参考借鉴意义，否则我们的大学就会永远只是追逐一些泡沫地在那里做些东施效颦的举动而已。下面因此想对美国现代大学的这个历程作些简略讨论。

就社会经济发展状况而言，我们中国今天的情况非常类似于美国的现代转型期，这就是美国南北战争以后的1870—1940年间。当时美国的情况和今天的中国情况很相像，也是经济高度起飞，但社会急剧分化，贫富差距急剧拉大，道德沦丧、腐败和黑帮盛行，这种状况一直要到1936年以后的所谓"罗斯福新政"才基本奠定一个新的政治秩序，亦即拒绝"市场放任"的发展方式，而采用国家干预的方式来调节市场，缩小贫富分化，缓和社会矛盾，逐渐达成社会妥协。

　　但美国的现代大学制度也正是在1870—1940年期间逐渐成形。一般公认，美国现代大学的起点以两个新型大学的建立为标志，这就是1876年建立的新的霍普金斯大学，和1892年建立的芝加哥大学。在此之前，美国虽然也有历史悠久的哈佛和耶鲁等老的学院，但这些并不是现代意义的大学，这些学院的目标是培养本地区本教派的牧师及其政治领袖，这些老学院长期实行的是西方的传统教育，这就是以希腊文和拉丁文为中心的西方古典人文教育。这种西方传统教育模式以英国的牛津剑桥和法国的巴黎高师为代表，常被称为西方大学的英国模式。这种西方古典教育模式和中国古典教育模式虽然在具体内容上不同，但其精神实质是相当一致的，都是着重古典语言训练、经典文本研读和古典文化的熏陶。这种以人文教育为核心的目的是培养具有高度古典文化修养的统治精英，尤其英国上层阶级向有名言：虽然希腊文、拉丁文对于管理印度殖民地毫无实际用处，但只有精通希腊文、拉丁文的人才能统治印度！美国传统的教育制度基本是照搬这种英国模式，哈佛、耶鲁和哥伦比亚等老学院的传统入学考试都要首先考希腊文和拉丁文。

　　但随着1870年后美国开始现代转型和高度经济发展，美国老学院的传统人文教育也被看成不能适合社会经济发展，导致美国教育制度在19世纪末开始重大的转向。霍普斯大学和芝加哥大学的建立之所以被看成美国现代大学的起点，就是因为它们当时代表新的大学方向，这就是所谓以"德国大学模式"取代以往传统的"英国大学模式"，不再强调传统的古典文化的人文教育，而是强调以自然科学研究方法为取向的"研究"为主的专业性教育，尤其着重发展自然科学和技术科学的研究生院，建立专业性的系科、研究所和研究中心，而当时新兴的社会科学也主要以自然科学为模板。不但新建的霍普斯大学和芝加哥大学标榜所谓德国模式，而且老的学院如哈佛等也都开始转向这种现代研究型的德国大学模式。与此相应，美国的大学相继取消传统的希腊文、拉丁文考试要求，例如老牌的哥伦比亚大学在1897年正式取消了传统的希腊文入学考试规定，到1916年则进而取消了拉丁文的入学考试要求。这实际意味着，美国以往的以古典语言和古典文化教育为中心的传统教育体制到19世纪末基本瓦解。

但是美国现代高等教育发展的特点就在于，它并没有沿着所谓"德国大学模式"这一条路直走到底，并没有完全以新的取代旧的。

首先，在1870—1940这一现代大学转型期，虽然很多老的学院例如哈佛、耶鲁、哥伦比亚等，都仿效霍普斯大学和芝加哥大学的德国模式而转型为现代研究型大学，但相当数量的老学院，即所谓传统的"文理学院"（liberal arts college）却并没有追随这一"时代潮流"，它们仍然坚持自己传统的英国模式的古典人文教育，并不追求"升级"为所谓研究型大学。

而更重要的是，在新型的研究型大学本身，从20世纪初开始就出现了拨乱反正的潮流，关于大学发展道路的激烈辩论在二三十年代达到白热化的阶段，而辩论的中心恰恰就发生在原先作为新大学样板的芝加哥大学：1934年在芝加哥大学的教育大辩论轰动全美，史称芝加哥之战（Chicago Fight），是美国高等教育史上影响非常深远的辩论。

下面我将举两个标志性文献来说明，一个是芝加哥大学校长哈钦斯（Robert Hutchins）1936年发表的《高等教育在美国》（*The High Learning in America*），该书第三章即题为"通识教育"（General Education）；一个是哈佛大学校方1945年发表的《自由社会的通识教育》（*General Education in a Free Society*）。这两个文献的精神一脉相承，比较有代表性地阐明了美国现代大学通识教育的基本理念。最后我会再谈到1987年斯坦福大学的通识教育改革，这个改革导致通识教育问题在90年代初中期成为美国的头号政治辩论。但我们只有首先了解美国20世纪上半叶的大学通识教育实践，才有可能了解何以大学通识教育问题的辩论在20世纪末时竟会成为美国的头号政治辩论。

哈钦斯的大学理念与芝加哥大学的转型

今天谈到美国高等教育史以及美国大学的现代通识教育，大家一定会谈到一个人：芝加哥大学校长哈钦斯。芝加哥大学现在被普遍看成是美国大学通识教育的重镇，因为它的本科通识教育制度特别发达。但这并不是芝加哥大学从1892年建校开始就形成的传统，一切都是从哈钦斯入主芝加哥大学以后才开始。哈钦斯于1929年入主芝加哥大学，当时他刚刚30岁，是美国最年轻的大学校长。但他主持芝加哥大学后不久，即开始对当时的美国高等教育状况和方向发起了全面的批判，他批判美国的高等教育已经完全走入歧途，充满了功利主义、实用主义、专业主义、唯科学主义、唯技术主义、唯市场取向的庸俗化方向。哈钦斯1936年发表的《高等教育在美国》，如果把书名中的"在美国"改成"在中国"，几乎可以完全适用于我们中国现在的情况。他一开头就指出，美国教育从中学到大学全都已经混乱之极，完全失去教育的自主方向，例如中学完全只为大学考试服务，却完全不顾当时大多数中学生并无机会继续上大学，同样，大学本科完全只为考研究院服务，却完全不顾大多数学生并不继续入读研究院；同时，各种以适应市场需要的新兴科系在大学内不断增生，导致大学日益成为就业培训所。哈钦斯大声疾呼，大学这样下去将根本丧失"大学的理念"或"大学之道"，只能成为乱七八糟的大杂烩。

哈钦斯强调，大学之道首先在于所有不同科系不同专业之间必须具有共同的精神文化基础，这就要求所有不同科系不同专业的人应该在大学内接受一种共同的教育，这就是他提出的"通识教育"主张，所谓"通识教育"就是对所有人的"共同教育"（common education）。在哈钦斯看来，如果现代大学没有这样一种"共同教育"，那么专业分工越来越细的各不相同的系科和专业根本没有任何共同性，也没有任何共同语言，完全没有必要都凑在一个大学之内，这徒然增加管理成本和行政膨胀，完全没有意义，各系科专业何不各自成立自己的专业学院，而且大多数以市场就业为目的的系科也根本不需要四年的教育，两年就完全够了，何必浪费家长的钱和学生的时间。哈钦斯提出，大学之所以为大学，就在于大学必须具有自己独立的教育理念，而不能完全被外在的市场和就业需要所决定。大学应该作为现代社会的头脑领着社会走，而不是成为市场的奴隶被动地跟着社会走。

哈钦斯由此提出现代大学只有发展通识教育或共同教育才符合大学之道的思想，因为只有这种通识教育才能沟通不同系科不同专业的人，从而建立大学所有师生的共同文化语言。而更重要的是，只有这种通识教育才能沟通现代与传统，使文明不致断裂，因为他认为现代大学通识教育的内容必须属于"永恒学习"（permanent studies）的范畴，亦即这种通识教育的内容并不是现代人在现代社会的特殊问题，而是人类之为人类永远需要探讨的永恒内容和永恒问题，这就是他所谓探讨"共同人性"（common human nature）以及"本族群的属性"（the attributes of the race）。哈钦斯强烈批判现代人的狭隘"进步观"，强调大学并非仅仅是"创新之所"，而首先是"文明传承之所"，大学应该是人类文明历代积累的文化精华的储存所，并通过现代通识教育使一代又一代的学生首先能够吸取和掌握这一共同文明财产，从而才能成为一个"有教养的人"（an educated person）。

正是在这里，哈钦斯提出了他最著名的主张，即认为对西方人而言，对"共同人性"以及"本族群的属性"这种永恒性研究，其精华首先体现在西方文明自古以来的历代经典著作中。因此，美国现代大学通识教育的基本内容就是要让大学生在进入专业研究以前，不分系科专业全都应该首先研究"西方经典"或所谓"伟大著作"（Great Books）。他认为，虽然现代没有必要再像以前那样坚持以希腊文和拉丁文为中心，但必须以现代语言和现代教学方式重新阅读和重新研究这些"伟大著作"，否则现代美国大学就会没有共同精神基础，没有共同文化根基。而哈钦斯在实践上的最大雄心和目标，就是要在芝加哥大学内建立一个新的四年制本科生院，四年时间全部用于他这种以阅读经典为中心的通识教育。

但哈钦斯理念在当时的美国成为众矢之的，最强烈批判反对哈钦斯理念的首先就是当时芝加哥大学的教授们，尤其芝加哥大学的自然科学和社会科学教授们最初几乎全体一致地强烈反对哈钦斯校长的主张。这是因为芝加哥大学在1892年建校开始就代表美国最新型的研究型大学，学校完全以研究院为主，所有的院系都高度强调专业化研究，强调要让学生尽早进入专业研究。他们因此认为哈钦斯的通识教育计划简直是发神经，认为他是传统主义、复古主义，想要把现代大学倒退回中世纪的学院。于是，整个30年代芝加哥大学内部都处于严重分歧甚至分裂状态，哈钦斯的方案多次被否决。但到1942年，哈钦斯的四年制本科生院方案终于被通过，芝加哥大学由此建立了美国现代研究型大学中最强化通识教育的本科教育体制，芝加哥大学的本科生院以后也由此而以"哈钦斯学院"闻名。与此同时，哈钦斯更于1943年建立了日后闻名全美的芝加哥大学"社会思想委员会"（最初实际拟名为"文明委员会"），这是在博士阶段不分系科专业而致力于综合人文研究的特殊高等学术研究机构。

哈钦斯的大学理念和通识教育理念，可以说是力图把西方古典人文教育的理想和传统重新移植到现代研究型大学，并加以现代改造。虽然芝加哥大学以后的本科体制也和美国多数研究型大学一样，改为本科前两年通识教育，后两年往专业方面分流，但哈钦斯时代奠定的传统，尤其是现代通识教育以经典阅读为中心的传统，使芝加哥大学以后被公认为大学本科通识教育的典范。同时应该强调，芝加哥大学之强调本科和通识教育，丝毫没有削弱其研究型大学的地位，事实上芝加哥大学是历来获取诺贝尔奖人数最多的大学。在美国，芝加哥大学尤其以能够出各种学派闻名，例如芝加哥社会学派，芝加哥经济学派，芝加哥古典政治哲学学派，等等，这在美国大学中是非常罕见的。因此说来有趣的是，哈钦斯校长在芝大改革的时候，很多教授都恨死他了，但以后则大家都以他为荣，直至今天人们仍然津津乐道"哈钦斯的芝加哥"，似乎芝加哥大学不是在1892年建立，而是哈钦斯来了才真正建立一样。而且芝加哥大学历代很多校长，人们也几乎只记得一个哈钦斯。可见，一个理念的推行需要一种相当的坚持，坚持自己的理念，说不定哪天它就实现了。

哈佛三校长与哈佛红皮书

芝加哥大学的转型并不是一个孤立的现象。事实上正如克拉克·克尔后来总结美国现代大学历程时所指出，在19世纪末的德国模式冲击以后，从20世纪30年代开始，传统的英国大学人文教育模式重新开始在美国发挥影响，到40年代和50年代，美国现代大学的模式终于基本成型，这种新的大学模式就是克尔所说的"英国模式加德国模式"的混合型大学：亦即本科教育更多秉承英国模式的传统，而研究生教育则采取德国模式。

克尔指出，哈佛大学长达80年的现代转型过程正是这方面最典型的例子。因为在这80年（1870—1950）转型过程中，前后相继的三位哈佛校长恰代表上述的三种模式，即第一位现代校长把哈佛引上德国模式，第二位现代校长走回英国模式，而第三位校长则致力于综合而形成"英国模式加德国模式"的混合模式。这里的第一个现代校长就是指1869—1909年任哈佛校长的埃略特（Charles Eliot），他在任期间首创在美国大学实现选修课制度，同时着重发展研究生院和专业学院，把哈佛从一个学院转型为德国现代研究型模式的大学，可以说，哈佛之真正成为一所大学，始于埃略特时代，始于1870年以后的发展。但是，随后于1909—1934年继任哈佛校长的劳威尔（A. L. Lowell），其理念则恰恰接近哈钦斯，他和哈钦斯一样明确反对埃略特校长实行的选修课制度而且反对把重心放在研究生院，走回着重强调本科生院和本科必修课的英国模式。而后于1934—1954继任哈佛校长的科南（James Conant）则走综合道路，使哈佛最终走向美国的混合型大学模式：本科教育秉承英国模式，强调通识教育，注重文化传承，而研究生教育则采取德国模式，注重研究、注重创新。

美国大学在40年代和50年代形成的这种现代大学及其通识教育理念，特别集中地体现在哈佛大学在科南校长领导下于1945年发表的著名报告《自由社会的通识教育》（俗称"哈佛红皮书"），这个报告被公认对二战以后的美国大学具有广泛的影响。我们或许知道这位科南校长是美国政府二战期间和战后制订原子弹发展计划的重要人物（从哈佛卸任后又担任战后美国驻西德大使），但却未必知道这个科南同时也是推进美国大学现代通识教育的重要人物。我特别要强调的是，哈佛这份区区200页的报告，起草却用了两年半的时间，而且是在二次大战正激烈的1943年1月开始，一直工作到1945年6月。在这两年半的紧张战争年代，科南却召集了美国一批第一流的学者每个星期聚集在一起开会讨论"通识教育"的问题,好像大学通识教育的问题要比前线的战争问题更紧迫,可见他们对于"通识教育"的问题是何等重视、何等认真。事实上他们确实认为通识教育的问题比原子弹更重要,因为原子弹归根结底是要人来掌握人来控制的,而人成为什么样的人则是由教育的目的和方向来决定,不是由原子弹有多大来决定的;而且人是否能成为负责任的道德主体,也不是专业化的博士生教育所决定,而是由基本的人文历史教育所塑造。因此他们认为这一"大学本科通识教育"问题,关系到美国的根本,关系美国的未来。而我们国家现在对通识教育没有这样的基本共识,所以讨论问题往往无法深入,更难以理解一个小小通识教育问题怎么要讨论两年半。

这里实际可以指出,美国现代大学通识教育的形成,事实上与美国参与两次世界大战有密切关系,而且是由美国联邦政府推动的。首先,美国在1914年到1918年第一次世界大战参战时,很多美国公民不明白为什么美国要卷入欧洲事务,因为美国建国以来开始的整套教育都强调美国是新大陆,而欧洲是腐败的旧大陆,为什么美国要去管欧洲的烂事?所以美国联邦政府痛感有必要对美国公民进行西方文明史教育,要他们明白美国与欧洲文明的关系,以及美国参与欧洲战事的必要性。于是,联邦政府向各个学校拨款,希望大学建立有关课程对美国学生进行公民教育。因此当时许多学校开设了这种课程,课程名字最初就叫"战争目的"(War Aims)或"战争问题"(War Issues)。但哥伦比亚大学的教授认为,既然这个"战争目的"课是要说明美国文明与欧洲文明之间的关联,因此他们从1919年开始把这个课逐渐发展成了较系统的"西方文明"课程,规定全校一年级必修,当时是每周上课五天,每天三课时。这一模式以后成为美国各大学"西方文明史"课程的样板。斯坦福大学等也是在此期间由"战争问题"课发展而来的,最初课程名为

"公民问题"（Problems of Citizenship），10年后正式定名为"西方文明"课，基本模仿哥伦比亚模式。美国现代大学通识教育的起点，现在一般都被推前到认为是起源于1917—1919年的哥伦比亚大学，原因即在这里。

如果说美国参与第一次世界大战促成了哥伦比亚等各校把"战争目的"课开始发展为"西方文明"课，那么第二次世界大战则更在美国引发了普遍的"西方文明危机感"，这恰恰是美国的大学正是在二战期间大力推动了通识教育发展的最深刻动因。科南校长在为哈佛1945年报告所写的导言中一开始就指出，正是战争极大地推动了美国对教育问题的广泛讨论，以致恰恰是二战期间，几乎每一所美国大学都成立了专门的委员会，深入讨论今后教育特别是通识教育的问题。科南指出，无论在信息时代可以获取多少信息，无论在技术时代发展多少专业技术，无论数学、物理、生物、科学如何发达，无论可以掌握多少外国语言，所有这些都加起来仍然不足以提供一个真正充分的教育基础。因为所有这些都加在一起仍然没有触及最基本的问题：什么是"我们（美国）的文化模式"（our cultural pattern），或什么是"传统形成的智慧"（the wisdom of the ages）。科南提出，现代通识教育的核心问题是继承西方古典的人文教育传统，关注的是"如果我们的文明要保存"而必须考虑的最基本问题，这些看法显然与哈钦斯的理念相当一致。

如果说哈钦斯1936年的《高等教育在美国》引起的是激烈的争辩的话，那么哈佛1945年报告则更代表二战结束后美国大学的共识。这个报告实际可以看成是对30年代"芝加哥之战"以来的长期大辩论所作的理论总结。这个报告对"通识教育"的理解，与哈钦斯提出的"通识教育"理念完全一脉相承，其特点是进一步从社会理论的高度出发，强调"通识教育"的目的是要以"共同教育"奠定不仅是一所大学的共同文化基础，而且是要奠定美国现代社会的共同文化基础,实际就是要打造美国文化共同体或"美国文化熔炉"。

哈佛报告认为,现代社会的最基本特点是社会的高度分殊化,因此社会离心力极大,不同阶层之间、不同职业之间、不同年龄群体之间,都日益缺乏共同语言,因此难以达成社会共识。如何使这些不同阶层、不同职业、不同年龄的人之间能够有共同的语言而能相互沟通而达成社会共识,这是现代社会面临的严峻挑战,解决之道在于要提供一种"共同教育"。广义而言,"共同教育"包括对所有公民的教育,因此哈佛红皮书中虽然是谈哈佛大学的本科通识教育,但很大的篇幅谈的是美国中学的通识教育,因为当时美国中学毕业生只有四分之一升入大学,四分之三没有机会上大学。哈佛报告提出"共同过去""共同现在"和"共同未来"的概念,亦即一个共同体首先需要强烈体认"历史的共同过去",这样这个共同体的成员今天无论有多少分歧仍然会认为他们拥有一个"共同的现在",而只有"共同的现在"才使人们有理由去期盼一个"共同的未来"。如果没有一个历史的共同过去,那么一个共同体就失去了其存在的根本基础,更有什么理由去期盼一个共同的未来?只有一个共同的历史过去的基础,才会使每个公民意识到他不但有权利而且有对共同体成员以及共同体本身的责任,只有这样才能建立一个不但人人有权利而且人人有责任的真正的文明共同体。

而哈佛报告对于这种"共同教育"的基本内容的看法,同样与哈钦斯的看法完全一脉相承,这就是共同教育的基础乃在于对西方文明传统和美国历史的共同体认。就大学本身的教育体制而言,则"本科通识教育"的目的就是要对所有本科生提供这种"共同教育",这种共同教育将使大学生毕业后无论涉足哪个行业哪个领域都有共同教育的背景能够沟通。可以说,从40年代开始,美国现代大学的通识教育体制正是高度自觉地承担了为美国现代社会奠定共同文化基础的责任，这种通识教育可以毫不夸张地说就是打造"美国文化熔炉"的最基本政治机制，也是打造美国精英的最基本机制。其具体表现就是，美国大学现代通识教育不管如何多样，其核心实际是通识教育课程中以各种形式开设的"西方文明"课（western civilization，以往的课表上一般都直接缩写为CIV）。而且，以西方经典阅读为中心的教学方式，事实上也成为美国大学通识教育最普遍最基本的方式，尽管一般没有芝加哥大学这样的强度。

只有从这种背景出发，我们才能了解，何以1987年斯坦福大学在通识教育课程上的小小改革，竟然会引发全美国的政治大风暴，使得大学通识教育的问题在90年代初中期成为全美国的头号政治辩论问题。其原因简单说就是斯坦福的通识教育改革被看成是要颠覆美国通识教育以西方文明为中心这一核心。由此我们也就可以看出，大学通识教育在美国政治中占有多么重的分量。具体点说，斯坦福首先对传统的"西方文明"课的名称作了改革，但改革后的课程缩写恰恰仍然是CIV，但代表的则是复数的"Cultures, Ideas and Values"，翻译成中文就是"各种文化、各种观念、各种价值"，因此被看成是有意颠覆以往单数的"西方文明"。但是，如果我们仔细考察斯坦福1987课程改革的新方案，特别是新CIV的具体课程和阅读书目，那么我们实际就会发现，斯坦福的这个方案的核心科目与核心阅读，实际上仍然完全是以西方经典阅读为中心，只不过在以往清一色的西方经典之外加了一两本非西方经典。我们可以很肯定地说，斯坦福大学的新CIV变化更多是象征性的，而不是实质性的，其中心内容仍然是西方文明经典，根本谈不上颠覆西方文明中心论。

美国大学通识教育的五个阶段

从上面所说的情况可以看出，美国大学现代通识教育并不是从未中断地自然延续以往的古典人文教育，而是先在19世纪末经过了断裂，又经过激烈的辩论和长期的争执，才在20世纪30年代到50年代重新得到制度化的奠基和重建。但是60年代以后，美国的通识教育又有反复。我下面将以四个美国大学为线索简略回顾20世纪美国大学通识教育变迁的全过程，这四个大学按顺序分别是哥伦比亚大学、芝加哥大学、哈佛大学和斯坦福大学，这并非因为这些都是名校，而是因为这四个大学可以代表美国大学通识教育发展的不同阶段和主要争论。

第一阶段：美国现代大学通识教育的起点，现在一般都被推前到认为是起源于1917—1919年的哥伦比亚大学。我们前面曾经提到，哥伦比亚大学在1897年正式取消了传统的希腊文入学考试规定，到1916年则进而取消了拉丁文的入学考试要求，标志着传统古典教育模式的解体。但正是在1916年取消拉丁文要求后，现代通识教育的尝试于1917—1919年在哥伦比亚大学开始出现。但这种尝试在最初主要是个别教师的教学实践，要经过20多年时间的努力，到30年代末和40年代初，才逐渐开始成为哥伦比亚大学制度化的现代本科通识教育体制。哥伦比亚大学的这个通识教育模式以后成为很多美国大学的样板，在一定意义上可以说整个美国以后的大学通识教育都是哥伦比亚模式的扩大和改造。

第二阶段：芝加哥大学从30年代开始到1940年代成型的通识教育模式，实质上是把哥伦比亚两年的通识教育扩大为整个四年本科都是通识教育。哈钦斯推行的通识教育，实际就是要把哥伦比亚最早开始的尝试更全面更系统地在芝加哥实行。就完备而言，芝加哥大学可谓登峰造极。但这个模式目标太高，因此以后也改成本科前两年通识教育而后两年转向专业。但芝大由此积累的整套通识教育课程配置和教学方式经验则仍然是公认全美第一（以后芝大制度是本科生要完成共42个课程，其中21个为通识教育课程，即通识教育课程占整整一半）。

第三阶段：哈佛大学1945年的"自由社会的通识教育"报告其实是在二战结束后对哥伦比亚和芝加哥经验的社会学总结，把通识教育提到打造"美国文化熔炉"的高度，因此当时对全国影响非常大。但也因为如此，这个报告在20世纪80年代后成为被批判的靶子，因为80年代美国意识形态变成批判"文化熔炉论"是扼杀"文化多元"。但我认为我们必须历史地看待哈佛1945年的这个报告，对了解美国大学的现代通识教育而言，哈佛1945年报告仍然是基本文献。

第四阶段：哈佛大学1978年的通识教育"方案"（所谓Rosovsky方案，1979年在哈佛试行）似乎后来的影响颇大，尤其似乎对中国大学很有影响。但这个哈佛1978年方案的性质完全不同于哈佛1945年报告，其背景是：60年代美国学生造反运动极大破坏了美国大学的通识教育。因为从哥伦比亚开始的通识教育首先意味一整套"全校公共必修课"即强制必修的，学生运动则反对任何公共必修课，认为是强制而限制学生自由，因此60年代后美国大学的通识教育一度大大衰落。但70年代中后期，社会、家长和大学都呼吁大学本科质量下降，要求重新恢复"必修"通识教育，很多大学如斯坦福等都是在那时又恢复必修通识教育课程。哈佛1978年通识教育方案，以及卡内基教育基金会20世纪80年代初很多有关通识教育的报告，都是这一背景的产物，其特点都是力图恢复以前的通识教育质量但尽可能不要给学生以"强制"的感觉。哈佛1978年方案其实很泛泛，并不特别高明，我个人认为其理论价值远远低于哈佛1945年报告。

但由于哈佛地位特殊,我国许多大学现在往往都盲目地标榜仿效哈佛1978年方案却并不真正了解其背景,更不了解美国大学20世纪上半叶奠定的通识教育基础和传统。实际上正如美国政治最无法仿效,哈佛恰恰也是最不可仿效的,因为在通识教育的实践方面,哈佛其实只有一条,即它在50年代通识教育全盛时,与芝加哥大学一样,都是由全校最有名的大师级学者教本科一年级的通识课。因此哈佛的特点并不在于其课程设置的规划,而是在于用什么人来教通识。任何学校如果不能学这一条即以第一流学者教本科大一,而只是外在模仿哈佛的1978年方案,那只能是最糟糕的,因为这必然变成把各系最泛泛的"概论"课变成通识课的状况,看上去课程极多,其实却是根本没有通识教育可言。因为通识教育的根本,是要有若干精心设计的最基本的全校本科"必修课",而不在于有无数的选修课。选修课再多,只是"目",必修课才是"纲"。现在国内大学的通识教育尝试之所以都不理想,根本原因我认为就是这些尝试都把精力放在抓"目"上,却很少有人想这个"纲"的问题。没有"纲",就没有灵魂,就没有真正的通识教育可言。

第五阶段:斯坦福大学1987年的通识教育改革成为不但是全美大学的争论中心,而且成为全美政治的风暴中心,原因就在于这个改革被看成是要颠覆历来美国通识教育不可更易的"纲"。从斯坦福引发的大论战恰恰最可以看出,整个20世纪美国大学通识教育不管有多少变化,其实历来都有一个"纲"和灵魂,这就是通识教育基本课程设置是以巩固学生的"西方文明认同"为目的,整个通识教育的核心因此历来是一整套的"西方文明"课。由斯坦福大学通识教育改革引发的大辩论从80年代一直贯穿90年代,其焦点问题是通识教育要贯彻"西方文明中心"还是所谓"杂多文化主义"(multiculturalism)。但这整个辩论可以说都是美国保守派过度神经紧张，因为斯坦福大学的新CIV变化其实并不大，根本谈不上颠覆西方文明，实际上只是让美国学生读了一点点非西方文明，这些美国学生阅读非西方文明的时间和数量绝对不会超过中国人阅读西方文明的百分之一。从我们外人的角度来看，这点小小的改动实在太微不足道，尤其我们中国人100年来早就彻底颠覆了中国自己的文明传统，从来不觉得不读中国经典有什么大不了，对这种少读一本西方经典多读一本非西方书就会颠覆西方文明传统的说法，未免觉得好笑，对美国人的紧张兮兮更未免觉得不可思议。我们只能说，西方人对西方文明的传统看护得太严实，而且这种看护已经下意识地成为他们最高的政治原则。

但斯坦福的通识改革需要很仔细分析，因为其真正取向实际并不在于重视非西方文明，而是把最时髦的西方文化思潮例如"性别、种族"分析引入通识课程（现在所谓"文化研究"在美国就是性别种族），这种时髦如果不加辨析，对我国今后大学通识教育的发展可能会产生负面的效果。因为在西方和美国大学，这种时髦虽然流行，但大学长期形成的人文教育基础和传统足以平衡流行的这种时髦。而我国大学现在正是缺乏基本性人文传统基础建设而迫切需要从根本上奠基，因此不能盲目地"接轨"把这类时髦课当作通识教育的样板，否则很可能冲垮奠基的努力，恰恰变成只是跟着西方流行思潮走，这是所有非西方国家的通病。

因此，我们有必要进一步更具体地考察美国现代大学通识教育的具体设置和课程安排，以便把握从20世纪初的哥伦比亚大学通识教育尝试到20世纪末的斯坦福大学改革这一漫长过程中，美国通识教育最突出的共同特点是什么，哪些是我们可以借鉴的东西，哪些则仅仅是外在的不重要的东西，并不值得盲目模仿。我首先从哥伦比亚模式说起，因为以后的芝加哥和哈佛以及斯坦福可以说都是在哥伦比亚模式的基础上发展的。

哥伦比亚模式

哥伦比亚大学通识教育传统的最大特点是其简明和容易操作。传统上主要由两门课组成，一门称为"当代文明"（contemporary civilization），另一门称作"人文经典"（Humanities）。"当代文明"这个课名很容易被误解为只是讲现代文明，其实这课内容是讲从古到今的西方文明，因此它其实就是以后美国各校普遍开设的"西方文明"课，而"人文经典"课在当时自然是指西方经典。1917或1919年之所以被认为是美国现代通识教育的起点，就是因为首先1917年哥伦比亚有个教师开设了一门"人文经典选读"课，但这门课开始时完全只是这个教师个人在学校开的一门选修课，该课程一个星期读一本西方经典，不要求希腊文、拉丁文。这项举措在当时很是被学术同人嘲笑，认为不但读经典不合时宜，而且读经典不要求希腊文和拉丁文更被看成不专业而被讥为不伦不类。但这课证明很受学生欢迎，因此大家都跟着他学，开设类似的人文经典阅读课。但要经过20年后，到30年代后期，这门课才逐渐制度化为哥伦比亚的全校必修课，也即所有本科生的必修课。这就是所谓"人文经典"课的起源，它基本上是以阅读西方经典著作为中心，从古代一直读到现代。

在哥伦比亚，最初"现代文明"课与"人文经典"课是各不相干的，但到40年代，这两个课开始成为配套的全校本科必修课，构成了哥大以后的通识教育基本构架。两门课的学时都是连续两学年四个学期的全校必修课。在长期的实践中，这些课程逐渐形成了自己的内在理路。例如，"当代文明"课第一学年的内容是讲西方从古代到近代的历史，所以第一年这门课基本属于史学和人文学科的训练；而第二学年这课内容转向现代西方社会，这就必然引进了现代社会科学例如社会学、政治学、经济学等学科的视野。因此这门课两个学年的教育，实际自然地形成了一个从"人文学科"的训练过渡到现代"社会学科"的训练。而在"人文经典"课方面，则同样是从古代经典一直读到现当代经典，从柏拉图读到尼采、马克思。而更重要的是，"人文经典"和"现代文明"这两门原先各自独立的课，成为通识教育基本构架后，隐然体现出了一种内在理路或配套原理："文明"课讲的是西方文明的历史"演变"，而"人文经典"则强调经典著作提出的问题之永恒价值，即"不变"的东西。从课程上讲，实际上"经一史"又是互相渗透的，因为讲史的课同样包括很多经典选读，而经典著作的课同时涉及这些经典的产生时代以及思想的传承关系。

哥伦比亚这一由"史"和"经"交互构成的通识教育构架，实际是以后芝加哥等各校通识教育课程体制都贯彻的基本原则。这实际是非常契合我国传统教育的"经—史传统"的，"史"讲的是一个文明的盛衰变化，"经"或经典则是这个文明的最基本智慧结晶亦即科南所谓"传统形成的智慧"。遗憾的是我们现在早把自己的"经史传统"扔得干干净净，我们现在的大学从未把中国历代经典还当经典看待，也从未有任何努力系统发展中国经典通识教育课程，而我们的悠久历史更被归结为"封建专制"四个字而弃之如糟粕，好像除了农民起义就没有什么有正面价值的东西。我们对中国自己的传统实际还不如西方人更为重视，例如哥伦比亚大学在二战以后，在全校通识教育课程中发展了一套相当有名的本科通识教育课程，这就是"东方文明"课（oriental civilizations）以及与之配套的"东方经典"课（oriental humanities）。两个课都是讲三个文明：中国文明、日本文明和印度文明，课时都是连续两个学期。这两门课的设计理路也是仿照哥大的西方文明和西方经典课，即按"经和史"交互构成。"东方文明"课讲的是历史，第一个学期讲中国、日本和印度的古典文明，第二学期则讲三个文明的现代转型，以日本明治维新作为三种文明转型的开端。而"东方经典"课则把中国、日本和印度的历代经典译成英文阅读，我们熟悉的陈荣捷翻译成英文的许多中国经典，其实就是当时为哥大这两个本科通识课程用的。

芝加哥模式

如果哥伦比亚大学代表美国大学现代通识教育的起点，那么哈钦斯的芝加哥大学四年通识教育方案，无疑代表最雄心勃勃的美国大学通识教育的努力。尽管哈钦斯的这套方案在芝大后来也从四年改为两年，四年制方案转移到圣约翰学院（Saint John's College）推行，但我们仍有必要看一下这个曾在芝大实行的四年通识教育方案。

整个四年本科的课程看上去非常简单，即前三年的课是人文科学三门，社会科学三门，自然科学三门，数学一门，最后的第四年称为"整合"课，分两门课，一是"西方文明史"，另一门是哲学（课名为"观察、解释、整合"）。芝大说明这样安排的理由是，前三年上过的所有课最后在第四年通过"西方文明史"课和哲学思考课加以融会贯通。但芝大所有这些课都是连续三学期的系列课（芝大是每学年为三学期），因此一门课实际等于三门课，所以人文科学三门其实等于九门课，社会科学亦然。

人文和社会科学的所有课程都明确规定不能是"概论"课，而必须精心选择经典或重要文献作为阅读材料，例如"西方文明史"课并不是用一本西方文明史教材，而是主要阅读历代西方经典选读材料（芝大有九卷本《西方文明史原著选读》，至今仍常被各校选用），哲学课更没有概论，课程内容主要是阅读柏拉图、亚里士多德、笛卡儿、休谟和康德等的著作。这种强调原著的必然结果是，西方重要思想家往往反复出现在不同课程，例如柏拉图，人文科学必读，社会科学必读，西方文明史课必读，哲学课必读。我们现在先举人文科学的三门课来看其具体安排：

人文科学1即第一学年连续三学期，内容为"文学、艺术、音乐"。其中"文学"的阅读材料为：西方历代诗歌、荷马史诗、圣经、莎士比亚、屠格涅夫、乔伊斯和美国作家选读；艺术则分为历代西方绘画作品、历代西方雕塑作品、历代西方建筑三部分；音乐部分则是古典音乐作品。

人文科学2即第二学年连续三学期，内容为"史学、修辞学、戏剧、小说、哲学"。史学阅读材料是希罗多德、修昔底德、吉本；戏剧是希腊悲剧和莎士比亚；小说是奥斯丁、康拉德、陀思妥耶夫斯基；哲学是柏拉图和亚里士多德。

人文科学3即第三学年连续三学期，学生可以向几个不同专业方向选修：一是"文学"，二是"批评理论"，三是"艺术与音乐"，四是"外国语言与文学"（当时共五种：希腊文、拉丁文、法文、德文和西班牙文）。

我们再从社会科学三门课来看其具体安排：

社会科学1即第一年连续三学期，是完整的美国史（所以第四年的西方文明史课不再包括美国史），从17世纪殖民地时期开始一直讲到当时的美苏争霸，内容从内政到外交无所不包。同样，这课不是概论课，而主要是按历史顺序阅读美国各种重要历史文献，包括对美国历史有影响的经典著作，例如亚当·斯密、霍布士、洛克、托克维尔等，以及美国史家选读，历代美国总统的重要论述、最高法院的重要判决、外交政策文献和各历史时期社会重大辩论的文献，等等，三个学期的阅读量非常密集。

社会科学2即第二学年连续三个学期的课名为"自我、文化与社会"。这课内容主要是社会学和人类学内容，阅读材料因此集中在西方现代经典，特别是弗洛伊德、韦伯、涂尔干、马克思以及美国社会学家和人类学家如帕森斯和本尼迪克特等。

社会科学3即第三学年连续三学期的课名为"自由与秩序"。阅读材料包括柏拉图、霍布士、洛克、伯克、密尔、韦伯、熊彼特等，分别讨论社会秩序、经济秩序、政治秩序、国际秩序与自由的关系，以及社会科学与社会政策的关系，等等。

芝大当时方案的最特别之处是把"西方文明史"放到最后的第四学年作为"整合课"，这也是当时芝大最有名的课，从古希腊罗马一直讲到现代，课程的阅读材料力求综合前三年人文和社会科学的内容。

芝加哥大学现在的通识教育课程虽然已经改为两年，但内容更精干，而且其分量仍然比其他美国大学要重很多。90年代我在芝加哥的时候，芝大本科生四年要求完成一共42门课程，其中21门为通识教育核心课程（core course），是所有本科生在四年期间都必须完成的。通识教育核心课程分为6领域，每个本科生必须至少修满以下21门核心课程：人文学三门，社会科学三门，文明研究三门，外国语文四门，数理科学2门，自然科学6门。以其中的"社会科学共同核心课程"为例，就数量而言一共只有3门社会科学核心课程，这3门课分别名为"财富、权力、美德"，"自我、文化、社会"，以及"社会政治理论经典"。但这3门课程都是连续三个学期的，因此相当于9门课。学生可以在其中任选3门，亦即你可以选修其中一门课程的连续三个学期，也可以每门课都只选其中一个学期，但每个本科生都必须修足三个学期即3门社会科学核心课。

这些课程的具体内容，无一例外是经典著作的阅读和讨论。以上述"财富、权力、美德"课为例，其连续三个学期的课程安排是每个学期集中阅读4至5本经典著作讨论，通常第一个学期以柏拉图、亚里士多德的著作为主；第二个学期四本书是霍布士的《利维坦》，亚当·斯密的《国富论》和《道德情感论》，以及涂尔干的《社会分工论》；第三个学期则一定有马克思的《共产党宣言》，韦伯的《新教伦理与资本主义精神》，尼采的《道德谱系》和《善恶之外》。芝加哥的通识核心课程尤其以强度大出名，没有一个课是可以随便混学分的，因为这些课程都是主课而且必修，不像我们的通选课是兴趣性的随便选修。

这些核心课程的具体教学方式和要求，通常都是小班教学。也有上千人的大课，但大课在讨论时就必须分成很多小班，这当然就需要很多博士生作助教。例如90年代时的"财富、权力、美德"课，是由当时芝大的本科生院院长（Dean of the College）亲自上，选修学生多达千人（芝大一共3000本科生），需要20多个博士生作助教，每个助教带两个小班，每个班20人左右。这课每周两课，每课80分钟，学生每2周要交一个作业，助教每周要带领2个班分班讨论一次，亦即每个助教每周要主持两次讨论，同时要批改两个班40个学生每两周一次的作业，工作量可以说相当大，而且所有助教每周要和主讲教授再碰头开一次会，汇总各小班问题情况并讨论下周课程安排。这样的教学方式对学生的负责是不待言的，但对学生的要求之严同样也是不待言的。在这样的强度训练下培养出来的本科生，怎么还会不是精英？

斯坦福大学的新模式

这里可以特别再举出斯坦福大学改制后的通识教育计划，因为斯坦福改革常被说成是最激进、最极端、最新潮，甚至被说成是"反西方文明中心论"。我们因此有必要仔细看一下这个斯坦福的通识教育改革。

斯坦福学制与芝加哥相同，也是一年三学期（每学期10周），通识课也称为"核心课程"，这些核心课也是连续三学期。整个新通识教育构架是三大类九个领域（芝加哥是六个领域）：第一大类是"文化核心课程"（其中分三个领域，第一个就是前面曾提到的新CIV，即"各种文化，各种观念、各种价值"；第二个领域为"世界文化"，第三领域为"美国文化"）；第二大类是"科学核心课程"；第三大类是"人文社会科学核心课程"。每个本科生要在这九领域中选修11门核心通识课（每课3学分以上，亦即至少33学分）。虽然看上去很多，但核心课的核心则是九领域中的第一个领域，即争议最大或号称最新潮的新CIV，因为这科是大学本科第一年必修，连续三个学期，每周上课五小时（5个学分，连续三学期共15学分），外加每周讨论时间要求最好3—4小时，最少不低于2小时，讨论课方式要求必须分成每班不超过15人（这自然需要甚多博士生作助教来带领讨论）。

这个连续三学期的新CIV即"各种文化、各种观念、各种价值"课程，在三个学期的每一学期中都有五六个甚至十多个名目不同的课可供选择，每个课程都需要经过学校专门的委员会审定批准，学生任选其中之一。看上去好像选修范围很广，但其内容则无一例外都是经典著作的阅读和讨论，而且只要仔细看这些不同课目的指定阅读材料，就可以立即发现其主体阅读材料基本都是传统西方经典，而且重叠度非常高。"新潮"的地方主要表现在每课中加了一本或两本非西方或非传统主流的东西。不妨举出三学期的第一学期的新CIV中数门不同课的书目来比较，就可以看出，这些课程看上去名目不同，实际内容却是大同小异的：

第一学期的一门课名为"经典阅读"，指定要阅读和讨论的读物内容为：荷马史诗、柏拉图《理想国》、亚里士多德选读、基督教《圣经》、奥古斯丁《忏悔录》、维吉尔的罗马史诗、古希腊女诗人萨福诗歌、然后有孔子和老子。换言之，前面的阅读材料都是最传统的，新加的是老子和孔子。

同一学期的另一门课名为"古今欧洲"，指定要讨论的读物为：柏拉图对话两种、亚里士多德《政治学》、《圣经》、奥古斯丁的《忏悔录》、中世纪英国文学作品《坎特伯雷故事》、马基雅维利的《君主论》，这都是以往标准书单中的西方经典，加了一本是非西方经典《可兰经》。

同一学期的另一课称为"文学与艺术"，其指定阅读内容是：荷马史诗《奥德赛》、古希腊悲剧一种、柏拉图《理想国》；亚里士多德选读；基督教《圣经》；奥古斯丁《忏悔录》；维吉尔的罗马史诗；古希腊女诗人萨福诗歌；中世纪乔叟的《坎特伯雷故事》；但丁《神曲》。这都是标准传统书单，新加的是"孔子选读"和"中国道家哲学"。

同一学期的"哲学"课内容：荷马史诗《伊利亚特》、柏拉图的《菲多篇》和《理想国》、亚里士多德《物理学》、阿奎那《神学大全》选读、欧洲中世纪哲学选读。新加的非西方读物是《孟子》选读和《庄子》选读。

也是同一学期的"神话与现代"课内容：荷马史诗《奥德赛》、维吉尔的罗马史诗、《圣经》、奥古斯丁《忏悔录》、歌德的《浮士德》和马娄的《浮士德医生》、卢梭的《不平等的起源》、托尔斯泰小说。新加的非西方读物是日本的《源氏物语》。

其他还有几个课程，情况大体都类似。这些课都是同一个学期中的新CIV领域的可选课，学生任选其中之一。但我们可以看出，不管选哪一课，基本阅读材料的重叠度是非常高的，都围绕最基本的西方历代经典著作。斯坦福在同一个领域在一个学期内可以开出10门左右类似的课，表明其相当多教授都可以开类似的这种经典阅读通识课，这当然是因为这些教授从本科生时代就已经有这种通识教育基础训练，在研究生时又多数当过通识课的助教，当教授后再讲这些。这就是文化学术的传统，年年读，年年讲，因此他们的传统越讲越厚。斯坦福这个基本书目，除掉新增的非西方读物以外，主体部分与哥伦比亚大学20世纪30年代成型和芝加哥大学40年代成型的通识书目基本是相当一致的，与哈佛1945年报告建议的书目也是基本一致的。唯一的差别在于斯坦福大学在每一门课中加了一两本非西方经典。此外，前面提到芝加哥大学核心课程一般一门课只有四五本经典书目，而斯坦福的书目往往多至十多本，可以想见在深度阅读上斯坦福的训练要比芝加哥弱。

　　我在这里想要说明的就是，美国的大学本科通识教育，其核心和灵魂实质是他们的"经史传统"，是以阅读西方历代经典著作为课程主干，而不是随随便便的当前流行的东西。斯坦福虽然号称引领新潮，而且也确实在重视非西方文明方面开风气之先，但从上面所说可以看出，在通识教育基本模式和基本阅读文本方面，斯坦福与早先的哥伦比亚和芝加哥等的共同性和连续性相当明显，所谓的改革实际是相当有限而保守的。在芝加哥，本科通识教育核心课通常有不成文的规定，即不会列入当代流行学者的著作，例如不会有哈耶克或罗尔斯或哈贝马斯或德里达这些人的著作，亦即读的必然是已经公认无疑的传世经典（研究生的课则有大量最新发表的学术论文给学生读，以了解最新学术状况）。也因此，他们看上去不同名称的课，其基本阅读文本往往都高度重叠。斯坦福是如此，芝加哥大学更是如此。例如芝大社会科学三门课，无论你选修哪一门，都会读到那些最基本的西方思想家著作，芝大的"人文学"核心课可选六七门中一门，但任选一门与文学有关的，在连续三学期中一定会读到最基本的经典，例如柏拉图对话，莎士比亚，福楼拜、卡夫卡、奥斯丁、康拉德等人的小说。

大学之道与文明自觉　437

哈佛1945年报告在这方面完全相同，报告中建议的通识教育课程计划实际基本是哥伦比亚模式的翻版，提出"人文学"通识全校必修课程一种，名为"文学的伟大文本"，建议阅读材料为：荷马史诗、希腊悲剧两种、柏拉图对话、《圣经》、维吉尔、但丁、莎士比亚、弥尔顿、托尔斯泰。而"社会科学"方面全校必修课名为"西方思想与制度"，阅读材料为：柏拉图、亚里士多德、阿奎那、马基雅维利、路德、博丹、孟德斯鸠、洛克、卢梭、亚当·斯密、边沁、密尔。不难看出，哈佛这两门通识教育课其实就是哥伦比亚的"人文经典"和"当代文明"课的翻版。我们可以看出，从哥伦比亚到芝加哥，从哈佛到斯坦福，所有这些美国顶尖大学的通识教育课程，其基本阅读文本无不围绕西方经典展开。美国大学教授常戏称通识教育乃围绕所谓"神圣的15种书"，亦即通识教育课程的基本读本总围绕这些最基本的西方经典。

所谓哈佛模式的误导

以此为背景，我们就可以再来看所谓"哈佛1978年方案"的实质是什么了。哈佛1978年方案其实并没有什么高明之处，只不过是把所有通识教育课程分为五大类十个领域，要求哈佛本科生必须在这十个领域中至少修满8—10个课程，亦即通识教育课程占全部本科课程的三分之一。我要强调，美国大学通识教育课程的外在分类方式其实并不重要，这些五类十领域的划分，仅仅是外在的方便划分，并没有任何内在理路或科学根据。首先，美国不同大学各有不同的分类方式，例如前面提及的芝加哥大学分6类，斯坦福大学分9类，等等；其次，即使同一大学在不同时期也有不同的分类，例如哈佛1978年体制分5类，1985年后分6类，现在则分为7类。这些不同分类往往与各校自己的传统、强项和重点发展方向有关,如果不从本国本校的实际出发而盲目照搬这些分类方式是完全没有意义的,甚至在效果上只能适得其反。

最近几年我国主要大学都在尝试本科的通识教育,这是好事,但现在的通病是,我国大学特别喜欢标榜学什么"哈佛方案",以致所谓"哈佛方案"目前对我国大学产生的更多是误导的结果,因为它使我国很多大学几乎把注意力完全集中在盲目仿效哈佛通识课程的外在分类方式,仅仅满足于把学分有限的通选课切割成五类六类或七类八类,追求门类齐全、无所不包,供选择的课程数量越多越好,但实际却完全缺乏教学目的,更缺乏对教学方式的要求和规定。目前我国各校普遍把一共只有几个学分的"文化素质课"或"通选课"依样画葫芦地分为五大类或六大类,但同时却很少认真考察美国大学通识教育课程的教学目的和具体要求,这是典型的只重外在形式,而不重内在实质。

这种做法实际上恰恰忽视了,我国目前的通选课,与美国大学的通识教育课并不是对等的,因为美国大学通识课程无论怎样分类——例如芝加哥分6领域,哈佛分成7领域、斯坦福分为9领域,其共同点是这些科目就是本科生前两年的主课即"核心课程",因此这些"核心课程"都是严格设计严格要求,对教师和学生都有严格的教学要求和学术训练要求,而且这些课程往往是这些大学的精华和风格所在。例如,芝加哥大学本科四年须修满42门课,其中一半即21门课为"共同核心课"即通识教育课程,这些课程就是所有本科生前两年的主课和基础课,每门课的要求都很严格。但在我国大学现行体制中,由于通选课在目前实际上只是本科生主要课程以外的附加课,因此在教学体系中实际多被看成是额外的、次要的、可有可无的、最多是锦上添花的课(理工科院系尤其如此),这些课因此大多没有任何严格的要求和训练,往往成为学生混学分的课,或最多增加点课外兴趣的课。

可以说，我国大学目前对通识教育有一种普遍的误解，亦即不是把通识教育课程看成是本科的主要课程和基础学术训练，而是把它看成仅仅是在主课以外"扩大"一点学生的兴趣和知识面；不是有效利用目前学分有限的"通选课"来着重建设通识教育的"核心课程"，而是片面追求不断扩大通选课的范围和数量，似乎通识教育目标就是"什么都知道一点"，因此可供选择的通选课门类越全、课程数量越多，那么通识教育就搞得越好。目前的实际结果往往是，通选课的数量越多，学生就越不当回事，因为反正不是主课，而且一般都很容易混学分，而各院系对这些通选课同样不重视，学校本身也不重视。如果继续按照这样的方式去发展通识教育，我国大学发展通识教育的努力实际将只能流产，再过十年二十年，也不大可能有什么结果的。

我个人认为，我国大学发展通识教育，最值得参考借鉴的确实是美国大学的通识教育制度，因为这种制度对学生高度负责任，而且确实非常有效地达到了"打造精英"这一大学本科的教育目标。我在芝加哥时印象最深刻的就是，他们的许多本科生第一年进来时傻傻的，基本是一个uneducated guy，通常在知识面方面远不如我国优秀大一本科生，但四年下来，这些学生可以说完全脱胎换骨，名副其实地成为一个educated person。现在的问题是，我们必须着重看美国通识教育的内在实质，亦即它对"核心课程"的严格设计和严格要求，而不宜只看其外在的课程分类方式，否则很多模仿只是东施效颦，根本都不知所谓。

就美国主要大学本科通识教育课程的基本建制而言，最值得注意的有三点：第一，美国大学本科通识教育事实上是以人文社会科学为重心；第二，这些人文社会科学的通识核心课程普遍采取深度经典阅读的方式，而特别反对我们习惯的"概论"和"通史"教学方法；第三，核心课程普遍采取教授讲课与学生讨论课并行的方式,讨论课严格要求小班制,一般不得超过15人。这三点都是特别值得我们借鉴的,而美国各校的外在课程分类方式则并不值得特别重视。

让我们先看第一点,这就是美国大学本科通识教育事实上是以人文社会科学为重心,在核心课程中通常占三分之二,即使纯理工学院的通识教育也包含相当大比例的人文社会科学课程。以哈佛大学为例,1978年开始的哈佛通识教育核心课程方案分5类,其中人文社会科学占4类(文学与艺术、历史研究、社会科学与哲学、外国语言与文化),自然科学占1类。1985年后哈佛改为通识教育核心课程分为6类,其中5类为人文社会科学(顺序开始改为:外国文化、历史研究、文学与艺术、道德思考、社会科学),而自然科学占1类。近年哈佛的通识教育分类改为7类,每个学生必须在7类领域的通识核心课程中每领域选修一门以上,这7个领域分别为:外国文化、历史研究、文学和艺术、道德思考、社会分析(社会科学)、定量推论(这里一半是社会科学的课)、自然科学。换言之,人文社会科学的核心课程占到将近百分之八十。这从提供选择的课程分布也可以看出,以2001—2002学年两学期通识教育7领域供选择的课程为例:文学和艺术31种,历史研究23种,外国文化14种,道德思考10种,社会科学9种,定量推论7种(其中4种为社会科学),自然科学17种。事实上哈佛的通识核心课程传统上以"文学和艺术"以及"历史研究"领域的课最多,近年来则特别强调发展"外国文化"领域,将"外国文化"领域提到了通识核心课第一类。比较哈佛大学1978、1986到2001年的课程分类变化,可以看出人文社会科学课程在哈佛本科通识教育中的比例一直特别大。

其次,我们必须了解,哈佛通识教育的外在分类体制不管如何变化,其人文社会科学的通识课程中,很多课的阅读材料都是与上面所说斯坦福和芝加哥的课程一样,都是以西方经典为中心而且重叠度很高，说到底是以哈佛50年代通识课的传统为基础的。因此，表面看上去学生自由度很高，可以在很多课中任意选择，但其实哈佛通识教育的很多课程内容，其阅读文本都是类似上述芝加哥、斯坦福的内容，学生所受的教育因此是与芝加哥、斯坦福非常类似的。

  正因为如此，我国大学如北大等盲目仿效所谓哈佛方案，是只可能得其形，而绝不可能得其神的。现在很多大学都号称学哈佛1978年模式，把"素质教育通选课"分为五大领域，分别为：数学与自然科学、社会科学、哲学与心理学、历史学、语言文学和艺术，要求学生在每个领域至少选2学分，在"历史""语言文学和艺术"至少选4个学分，等等，而学校的努力往往放在力图今后把这些领域的可选修课程尽量扩大，有不少大学提出几年内要达到200种或300种，等等。但所有这些都是典型的抓"目"不抓"纲"，完全只是外表功夫，因为在完全没有以往通识教育课程传统和积累的条件下，所有这些课没有一门是像上述芝加哥、斯坦福、哈佛的课程那样按"经史传统"原则以经典为中心而精心设计的，学生的小班讨论课更几乎从未尝试过。这样的做法仅仅是在学表面而不是学实质，这样下去必然导致学校把所有开设通选课的精力都放在增加可以选择的科目的量上。但就算所有通识课的品种加起来能有三四百种，有时候某些学校甚至加到上千种，这有多大意义？实际结果是大部分课相当于把各个系最基本的概论课都拿出来让大家选，弄得大家很倒胃口。根据我在香山会议上了解的一些情况，学校的通选课实际上有可能变成这样的情形，即很多学生把通选课变成一种捡便宜学分的课，大多数情况下选的是最容易选的课、老师最好糊弄的课。如果变成这样的情况，那通选课是没有意义的，它将变成对老师的负担、对学生的负担以及对学校的负担，最后将一无所成，而上百种的"概论"课再多仍然只不过是杂乱无章的拼凑，我将之称为"通识教育的大杂烩主义"。这样搞下去是永远不会有结果的,仍然不会有"通识教育"的灵魂和核心,亦即没有哈佛、芝加哥、斯坦福所谓"共同核心课"的通识教育效果。美国这些大学的通识课称为"共同核心课"实际就是暗示通识教育应该是有灵魂、有核心的。

我国大学的通识教育之路

我个人认为,我国通识教育或"素质教育课"的道路,由于是在没有传统、没有积累和没有经验的条件下从头开始,因此不应该走这种没有任何规划、没有任何精心设计的"通识教育大杂烩",而是应该是在有限的学分时间限制下,精心设计少而精的几门"共同核心课程"作为第一步。要以纲带目逐渐形成配套课程,而不是泛滥成灾地弄一大堆泛泛的"概论"式选修课。就此而言,我以为现在比较值得参考的是哥伦比亚大学的传统模式,这不仅是因为如前面所说,全美大学通识教育基本都是由哥大样板变化发展而来,而且更因为哥大模式比较简明而容易操作。具体地说,我认为在建立通识教育或"文化素质课程"方面可以尝试的方式是,首先下大功夫设计以下五门"共同核心课"作为通识教育课的主干,每门课都应为一学年连续两个学期:

中国文明史
中国人文经典
大学古代汉语
外国人文经典
外国文明史

这里所谓一门课,是指一个门类,比如说"中国文明"每学期可以同时有七八种或更多具体课程，有人讲先秦，有人讲两汉，有人讲唐宋，有人讲明清，可以由学生任选其中一门。但重要的是，应该尽可能摆脱"通史"或"概论"的讲法，所有课都最好集中阅读少而精的经典著作。我们的大学本科多年来习惯了"概论"加"通史"的教学方式，例如哲学系先来一个"哲学概论"，再来一个"中国哲学史"和"西方哲学史"，文学系则先来一个"文学概论"，再来"中国文学史"之类，这种课往往老师讲得大而化之，学生听得也是大而化之，年复一年地导致实际上可能老师本人都从未在任何经典上下过功夫，而学生在本科时期更是几乎很少深度阅读任何经典。结果是老师埋头大汗地罗列甲乙丙丁，学生则无可奈何地死记硬背考试要点。这种教学方式必须加以改革，应该让本科生从大学第一个学期开始就直接进入经典文本阅读，例如如果第一个学期用一门课集中深入阅读《孟子》或《庄子》，效果要比用一个学期教半部哲学史好得多，因为经过一个学期的强化深入阅读《孟子》或《庄子》后，这些学生以后就可能有能力自己去阅读其他的经典原作，反过来，一个学生用两个学期上完了全部中国哲学史，看上去好像什么都知道了，实际却是什么都没有真正读过，很可能仍然完全没有能力阅读任何经典原作。重要的是要通过一门深度阅读的课来培养学生的阅读能力、思考能力和写作能力，而不是要一门课满堂灌地讲上千年的哲学史或文学史。事实上编写出来的各种哲学史、文学史之类都受编写者的很大局限，其价值是不能与经典原作相比的。

此外，目前我国大学普遍重视英语，却不重视中文，这是说不过去的。20世纪40年代的教育部规定大学"国文"6学分，外文6学分，而那时的高中生的"国文"程度恐怕普遍比现在研究生的水平还要高一些。现在英文早已经成为我国大学的"公共必修课"，但许多大学生的中文水平却越来越差，写作的文字往往俗不可耐还不知道脸红，因此加强大学的中文包括古代汉语课程很有必要，课时应该不少于英文课。

这里有一个问题，有人或许会提出，我们中国的大学不应设立外国文明和外国经典作为必修，应该只以中国文明和中国经典作为"共同核心课"。但我以为，第一我们应该有更开放的文化心态；第二，我们不可否认我们是处在一个以西方文明为主导的世界，我们必须花大力气了解和研究西方。事实上现在西方东西大量充斥学校内，真正的问题是道听途说而盲目崇拜。我个人历来认为，越是深入西学的人越是会形成自己的批评性看法，通常都是对西学了解肤浅的人反而容易盲目崇拜。设立西方文明和西方经典课的目的恰恰是要引导学生从深入阅读而形成自己的分辨和批评能力；第三，就我国目前的实际社会心态而言，如果单纯规定"中国文明和经典"作为"共同必修核心课"，很可能反而让人有"强制灌输"感觉而引来学生反感和反弹，而以中学西学并举作为"共同必修"是比较容易接受而且可以有较好效果的。

我以为，只有首先努力建立这样高标准严要求的"共同核心课"作为通识教育课程主干，我国大学的通识教育才会有灵魂和"纲"，才能真正走上可以逐渐有所积累而成熟的轨道从而形成自己的传统，否则必然是永远无所积累而不断流入泛泛的肤浅课程。如果先确定了"核心"必修课，则以后有条件可以再逐步配备其他比较成熟的课作为通识选修课，例如"日本文明""伊斯兰文明"或"印度文明"等，以及其他各种人文和社会科学方面的选修科目。但任何新的通识选修课都需要专门的学校通识教育委员会认真审查是否真的成熟再批准，要建立通识课的声誉和品牌，宁可少而精，不要多而滥，这样才能逐渐形成通识教育的传统。最根本的是一定要"以纲带目"，而必须避免"有目无纲"。这里最困难的因此首先是要花大力气来建立以上这些核心课程的内容。这会很不容易，因为每一学期课程的内容和指定读物都需要仔细研究来确定。同时，由什么人来教也不容易，一般地说，大学应该由最好的教授来上本科的通识教育课程。

尽管这种尝试一定会有很大困难，但我认为这是我国大学必须走的路。我实际认为，如果中国要在21世纪成为一个真正的"文明大国"，那么能否建立起质量可与美国大学相比的通识教育体系，可以说是最基本的衡量标准所在。因为这涉及今后中国大学培养出来的中国的干部、教师、商人、律师等究竟具备什么样的文化底蕴和人文素质修养。我认为，美国大学现代通识课程以"经史传统"为原则来设计本科"共同核心课"是高度成功的而且对我们极有启发。我在开始时讲到，事实上美国教育同样经历了传统断裂的问题，而且时间和中国清末民初的教育断裂是差不多，问题是美国比较早地通过奠定大学的现代通识教育而重新激活了西方经典的阅读。与此相比，我们的大学在20世纪开始就切断了自己的文明传统，中国的大学因此成为没有文化之根的大学。中国文化传统及其经典在我国大学的地位就是被当成解剖批判的对象和材料，最多是少数专业人士的研究对象，而不是所有大学生必须阅读讨论的经典。以后三四十年代的学制改革在"国文"课中多少保留了一些传统，但中国传统及其经典的地位并没有在大学教育系统中重新确立，没有人真正像哥伦比亚和芝加哥大学那样下大力气重新设计研读中国古典文明及其经典的本科通识课程。50年代以后，我们基本上用政治课取代了文化课，如此，一直到1995年前后才开始提出"文化素质教育"课程的问题。但整个问题意识仍然是模糊的，并不清楚到底什么是"文化素质教育"。可以说，整个20世纪我们都以"废除封建传统"为名彻底否定了我们自己的整个历史文化传统，我们这个民族还能有多少文明底蕴也就可想而知了。说到底，文明底蕴是不可能离开文化传统的。90年代以来，中国文化传统在部分学者特别是传统中国学术的学科中得了比较多的重视,但在整个社会包括大学内,多数人包括多数大学生仍然没有对中国文化传统的起码尊重。但一个鄙视自己文明传统的民族是断然不可能成为一个"文明大国"的!

我因此认为,中国大学通识教育课程的中心任务,实际是要把我们从民国以来就断裂的文化传统重新作现代整理,并以此逐渐形成我们大学的"核心课程"传统。也因此,我们对美国等通识教育经验的考察,并不能仅仅看他们最近最新的外在形式,而是必须了解他们在传统教育断裂后的最初是如何努力的,这就是哥伦比亚和芝加哥等早期的通识教育建设,因为整个美国的现代大学通识教育传统是从那时开始奠基并形成传统的。即使80年代斯坦福的所谓激进改制实际也根本没有改变这个传统,而只是这个传统的继续扩大。我们现在可以说是要像当年哥伦比亚和芝加哥那样从头作起。但是,这一目标并不能以"独尊中学"而排斥西学的方式来作,目前国内一些自称新儒家的朋友颇有这种主张,但这既不现实,也不可能。西方的学术和思想事实上无所不在地影响着我国大学的师生,独尊中学而排斥西学只能让人反感,只能让人更向往西学而排斥中学。真正重要的是要更深入地研究西学,才有可能不为西方最表层的东西、最时髦的东西牵着鼻子走,而是通过深入的研究逐渐形成中国人自己对西方思想学术的判断力和分析力。因此我们建设通识课程不可能像西方和美国早期那样独尊自己的传统,而需要走"中西并举"的道路。

问答录

问:甘老师您好,人大最近成立的国学院讨论得比较激烈,两方的意见都比较极端。一方认为它是在开历史倒车;另一方则认为它做得还不够，没有真正把中华文化的主干抓住，而仅仅是囿于皮毛，请问您的看法？

答：我想首先目前对人大国学院的批判，大多数比较肤浅有问题，这个并没有什么好批判的。而且我觉得现在经常有一种非常大的误解，认为如果重读中国古代的经典就是什么简单复古，我想这种批判的水准比当年还要低，因为这是一种非常粗浅的意识形态，是一种非常大的误解。我们现在要问的是，为什么美国当代大学生每个人必需读柏拉图？柏拉图是干吗的？柏拉图反民主反自由！为什么要读？为什么美国的大学必读马克思的《共产党宣言》？为什么要读尼采？他反现代啊！这些是因为什么？因为现代社会并不是一个完美的社会，而且现代社会是一个非常有问题的社会，一个受过教育的现代人（educated modern person）对现代社会的很多弊端、很多问题需要有一种自觉，而这种自觉恰恰就是那些非常肤浅的现代著作不能提供的。现代人动辄说不符合现代的东西应该取消，这是很肤浅的。而我们对于这种肤浅差不多付出了100年的代价。我刚才提到，如果1912年教育方案延续1904年教育方案的话，中国的文化底气将完全不同，不会像现在这样没有文化，而是会使中国100年来对中国古典文明的研究基础大大深化，并且将会转化成一种现代式的、更深入的理解，这是第一点。

第二点，人大国学院具体怎么样我们先不要求全责备，因为人家也刚起步，要经历一个历史过程我们再观察它是不是成功。我主张在中国多做一些新的尝试，对新的尝试要采取一种与人为善的态度。我觉得我们现在经常有一种抱怨文化，一种批评他人来表白自己高明的东西，我觉得这样是非常讨厌的。新尝试肯定有它不够完善的地方，这点是肯定的，但是应该给它一点时间我们再去观察，如果它真不高明的话那我们就多提建设性的意见，试着去修正，而不应该是上来就彻底否定人家。当然其中的缺陷与问题必须指出，但关键的是态度要与人为善,这是我对人大成立国学院的看法。

问:我想问两个小问题,一是现在教育部提出教育产业化,似乎让人觉得这种教育是在生产一些供人使用的产品而不是真正地对大学生进行人文教育,请问您怎么看待大学产业化与通识教育之间的矛盾?第二,请问您如何看待主流意识形态与通识教育之间的矛盾?

答:关于教育产业化我觉得是这样,我认为前几年的教育政策需要检讨,但我更主张的是与人为善。在这个社会转型期我们也不要太苛求,我觉得教育部还是做了很多工作,比如1995年和1999年的推动"文化素质教育"我认为都是正确的。我们也注意到教育部对于教育产业化问题其实也很矛盾,一时反对它一时又认可它。我认为教育产业化的说法在大多数情况下造成了一些很负面的效果,不过我认为这个问题在最近几年已经得到相当多的讨论,并且已经达成了一些共识,一般来说大家也会注意到,单纯地鼓吹教育产业化、单纯地把教育看成是一种市场上的商品,这类观念绝大部分人大概已经不再认同了,因为绝大多数人都知道这种观念是比较极端的。假如"教育产业化"的说法就是主张把教育看成是一个单纯的市场商品,那这个观点就绝对错误,我相信大部分人现在也不会这样认为。

第二个问题比较复杂。我觉得比较有意思的是文化素质课的推动,这也是在一个历史过程之中,并且是会演变的。比如山东大学最近的通识教育课做了一个很大的改变,就是它的通识教育并不是在文化素质课当中调整,而是对传统政治课的部分做了一个改变,这个改变就是用了"两课"的5个学分来讲两门课:一是中国民族精神,一是中国文献经典。这个项目在教育部得了奖,而且还上了中央电视台,也就是说这两门课在被宣传的时候用的当然是比较主流的语言。但据我了解山东大学的学生非常喜欢这些课，而且课程讲得也很好，这就是一种转变，而我认为这样的变化还会继续发生。当然像这样的转变需要时间，而且一开始的时候可能不完善，但是大家只要有耐心，很多事情会有比较多的改变。

问：甘老师好，我的问题与大学的职能有关。美国大学都认为自己有三个职能，教学、科研和社会工作。现在中国大学也认为自己有三个职能，您刚才讲的主要是在教学和科研方面，我想问一下，在社会服务方面中国大学应该做什么？

答：我想我在这里不可能作太多说明，但是这个方面的确可以注意一下。西方最近十多年来有一个新的概念叫"服务学习"（service learning），比如香港中文大学社会学系就把它引进来并在香港中文大学做了些实验。基本上美国大学的服务学习是在基督教大学里面首先发展，但是后来这个概念便开始不断地扩展和蔓延到更多的大学。所谓"服务学习"是有严格定义的，它一定是为穷人、为社会弱势群体服务，而且强调双项作用，也就是说一方面利用学生的知识去为社会服务，另一方面强调在社会的过程中来检验知识。香山会议期间我特意请了温铁军先生谈中国大学的支农问题，我认为这是中国式的自己的"服务学习"，而且规模和做法都比西方更好。温先生并不是因为看到国外的服务学习而开始做这些工作的，而是从中国的实际出发强调中国大学生的返乡，我非常支持他。他的尝试非常值得我们关注。但是社会服务如何与大学学习产生出一种有机的磨合关系，我觉得还需要相当一段时间。我认为在这方面每个大学都应该有它自己独特的经验，而不要强行用某一种方式去固定它。社会实践的方式需要探索，需要做新的总结，需要看哪些方面做得好。

问：对照美国的历史经验，中国在大学之道与大学之用的矛盾与张力之间最要注意的地方在哪里？

答：大学之道与大学之用的矛盾是任何一所大学必然面对的一对矛盾。我认为解决之道就在于协调好通识教育与专业教育这两者的关系。我们国家长期以来不重视通识教育而特别重视专业教育，特别是自1952年院系调整以来，学生从大一开始就进行专业教育，因而我们国家历来没有通识教育这样的一个部分，所以通识和专业两种教育的矛盾在从前并没有凸现出来。从1995年开始，教育部提出的"文化素质课"实际上是在推动通识教育，包括清华大学在2002年明确提出清华大学本科教育要发展通识教育，可以说我国的大学最近5年左右基本上都有一种探索的方向，在探索本科向通识教育转型的这样一个过程。这个转型过程最不容易，特别是像清华大学这样专业划分特别强，通识教育不那么好开展。之所以说通识教育与专业教育之间的张力体现了大学之道与大学之用的区别，是因为专业教育实际是一种把人作为工具和手段的教育方式，现在尤其突出了专业与市场的关系，为市场所用，为就业而教。而目前我们大学中过早的专业教育实际上是过早地，在没有给予一个充分的个人人格发展的时间的情况下，把学生推到市场的供求中去。可以发现，我们的本科生现在都非常浮躁，现在大学最糟糕的问题就是学生从一进大学便开始考虑就业，一年级选课就开始考虑多学了这个或多学了那个最后对于就业将会有什么好处。许多外在因素使他们无法静下心来思考自己到底想要成为什么人，想过什么样的生活，这恰恰是一个学生在本科阶段最应该想的问题。而我认为这种情况是比较严重的，所以需要研究在这样一个高度商业化而且诱惑如此之多的社会，怎样才能够确保大学生能够有一个比较健康的人格发展，能够在一段时间之内沉下心来进入和世俗无关的大学一、二年级的学习中去？这需要相对好的外界环境来配合，来营造一个

大学之道与文明自觉 451

氛围，而通识教育是一个比较重要的手段。我们需要给予本科生一个平台，给予他们一段时间来思考他们自己想做什么，通识教育创造了一种可能，一种在本科生阶段能够使学生在最初的一两年时间内处于一个相对比较安静的、相对少受外界影响的环境中通过人文教育来认识自我的可能性。

最近几年我国主要大学基本都已经建立了"文化素质课"作为推动大学通识教育的平台，北大的文化素质课要求是16学分，我知道清华理工科是13学分，武汉大学现在是12学分并准备提到14学分。我觉得，清华相比其他学校有一些更为有利的通识教育条件。首先，清华最近几年的扩招幅度不是那么大，目前每年本科生招生数基本保持在三千人左右，但像武汉大学、山东大学、中山大学这些学校基本上都在七八千人左右。这种扩招增大了各大学开展人文教育的难度，也带来了很多其他问题。就此而言，应该说，清华大学在大学转型中处于较为有利的位置。

第二个优势，清华大学的人文社会科学非常新，而且规模小，本科招生到目前为止不过100多个，而且人文社会科学院基本实现了一、二年级本科生不分科。

第三点在理工科方面，虽然清华的专业倾向很严重，但由于杨振宁等先生在清华的推动，清华大学从2002年开始有些小班在本科一、二年级也不分科。

这样一些因素，将成为清华大学日后向更符合现代大学理念的方向发展的极为有利的条件。然而，清华还是有些不利条件，最明显的一点是，自1952年院系调整以来，清华就成了理工科大学，大学一年级就分专业，这个传统的力量非常强大。教育部从1995年以来推行素质教育，实际上是希望扭转从前办本科的方法，即苏联的本科模式。苏联模式是从大学一年级就分专科，好处在于它可以在四年内造就工程师，毕业即可派上用场。但在20世纪八九十年代后，我国各高校都开始意识到，这种模式当年的确有一定意义，放在今天却已经不可取。所以清华和北大等近年都提出"淡化专业"，发展通识教育的目标。但由于清华这样的理工科大学的专业主义的这个传统比较强，清华的转型可能会比较困难。

我个人很希望清华的文化素质课或所谓通选课设计能走出一条新的路子，以推动我国大学走向实质性的通识教育方向，这就是要突破目前北大等国内高校普遍采取的天女散花式的所有领域选点课的模式。这种模式实际只能使通选课成为可有可无、学生视为可以逃课混学分的课，效果极差而不可能真正走上通识教育方向。因此，我建议清华的通选课设计不追求形式上的面面俱到，而是以有限的通选课学分来补自己之不足，重点发展清华大学最需要的通识教育的"共同核心课"。现在的问题是，什么是清华目前最需要发展的通识教育"核心课程"？我想可以很肯定地说，清华最需要集中发展的通识教育课程领域是人文社会科学的核心课程。因为在数理自然科学方面，实际上清华理工科的本科一、二年级学生，在课程数量和训练要求上不但肯定超出哈佛、芝加哥等本科生的通识自然科学要求，甚至很可能超出MIT和普林斯顿理工学院低年级学生的要求。因此，清华的通选课完全没有必要像北大等那样模仿所谓"哈佛模式"之类，而应将通选课的有限学分集中于发展高质量的人文社会科学核心课程。清华恢复文科以来的最重要发展目标之一是要改变单纯工科院校的形象，力图恢复老清华文理并重的风格与气质，因此，以重点发展人文社会科学核心课程来强化全校的本科通识教育，正是提升全校人文气质的最有力途径。这里重要的是不应把有限的通选课学分再作平均分配，追求华而不实的门类齐全，而应该把这些学分用在刀口上，有针对性地集中用于发展对全校通识教育最基本的少数领域的"核心课程"上，尤其尽可能在课程教学方式上引入小班讨论和助教制度以及论文要求等实质性措施，以确保并不断提高这些核心课程的质量和声誉。我相信清华是有一定条件的，问题就在于做还是不做。一开始肯定不完善，比如哥伦比亚大学和芝加哥大学等都用了将近20年的时间才奠定通识教育的基础，我们可能也要20年时间，但关键是要方向正确，目标明确。

从富强走向文雅*

（2008）

这个题目可能有点不合时宜，现在金融海啸、就业困难，还谈什么文雅？对此可以给一个解释：香港有一个说法叫作"经济萧条、就业困难的时候，正是读书的好时候"。这个话是有道理的。香港现在金融的恐慌比内地大，如果就业很好的话，不需要读大学，就可以去找工作了。比如说澳门这几年开了几个很大的赌场，谁读书啊？中学毕业到赌场里面做个发牌员，就有一份很好的工作。大学四年毕业以后，还找不到比它更高薪水的工作。澳门的赌场开了以后，引起了一个很大的问题，就是代际之间的冲突。父母亲辛辛苦苦、勤勤恳恳、老老实实工作一辈子，本来希望他们的孩子好好读书。可是小孩中学一毕业就到赌场做发牌员，薪水比他老爹老妈还高，他薪水一高就看不起父母亲，消费方式也不一样。不妨想象一下，如果赌场一关门或者裁员，而这些人还年轻，假定说他没有工作了，而学校是有奖学金的，甚至还有生活费，那这不正是读书的好时候吗？所以说香港最近不少广告都说了这句话："工作不好找的时候，是读书进修的好时候"，很会做广告。所以，提出"从富强走向文雅"这个问题，并不是要唱什么高调，要讲的是一个社会大众所想的问题。

---

* 本文系根据2008年11月凤凰卫视录制（2009年4月11日播出）的作者演讲记录稿整理而成。

已到走向文雅的时候

改革开放三十年,中国经济成就的巨大是无与伦比的。不管它有多少问题,总体人口去贫致富的速度,可能是人类史上所没有的。但是另一方面,这样一个现代化可以叫作"单一的现代化",这个三十年,特别是20世纪90年代以后,基本上只有经济一个层面,就是除了挣钱,我们所有人的关心只有经济,没有别的话语。如果只关心经济,谈的只是挣钱,这是一个比较低级的社会。即使经济发展非常之好,它并不能被人所敬重。

一个文明社会最重要的产品是什么?是人,是这个社会、这个文明所培养出来的人。是一个非常有素质、有气质、有教养的公民和人,还是一个脑满肠肥、毫无教养、非常粗鲁、腰缠万贯的人?答案并不复杂,不要说澳门,还有很多石油输出国,他们靠石油可以非常富有,但他们受人尊重吗?一个文明社会,特别是像中国这么大的一个国家,单纯的富裕并不能够受到人们的尊重,更不必说中国是一个有几千年文明的国家,因此我们需要对中国人提出更高的要求。中国崛起,这必然要求文化的崛起,而并不仅仅是经济的崛起,因为单有经济的崛起并不足够。

众所周知,犹太人很能挣钱,但是犹太人相当长时间内在欧洲的形象,就像今天的一些石油输出国一样。莎士比亚写于16世纪末期的名剧《威尼斯商人》,大概表现了中世纪犹太人在西方人心目中的形象,有两个特点,一是他不信基督,二是他是个放高利贷的商人。而到十八九世纪以后,犹太人中涌现出大量科学家、艺术家、音乐家,人才辈出。举一个例子,研究西方思想史特别是艺术史的人,都知道西方有一个瓦尔堡学院,从前是在德国瓦尔堡,现在在英国伦敦。它在希特勒上台之后全部迁到英国,迁移过程非常惊心动魄，是非常成功的一次文化迁移。而瓦尔堡（Aby Warburg，1866—1929）本人就是一个犹太人的长子。犹太人家庭基本上是长子继承财产，老二、老三、老四做其他事情。瓦堡本人在中学的时候就不喜欢做生意，他和他弟弟做了一个交易。他说，我把家族继承权让给你，但是有一个条件，就是以后我要买多少书，就得买多少书，你要无条件地支持——不管多贵的书，不管从哪儿运来。所以瓦尔堡学院最有名的就是瓦尔堡图书馆。我举这个例子就是想说，只有出了这样的人——不以挣钱、做生意为最高的人生理想——这样的民族才会有意思、有创造力，才能够在其他创造性领域里受到人们尊重。我觉得人类有一种天性，面对一个伟大的艺术家、科学家、音乐家，我们都会肃然起敬，这个没有什么道理好讲。我觉得这是人之为人的一个根本规定所在，是人不同于动物之所在。

所以，今后我们需要考虑文雅的问题。此前的改革开放三十年，我们基本上没有太多的工夫想这个问题。20世纪80年代的文化讨论起到了一定的作用，但是刚刚开始焦点就转向了经济。1994年左右，王晓明、张汝伦等上海学者曾经试图提出人文精神的问题，但是马上就被打掉了。这也很可以理解，人家就是认为你们发什么神经啊？摆什么高尚？我对其中一些提法确实也有一定保留，比如说知识分子的人文精神，我关心的不是知识分子的人文精神，而是整个民族的文化素养、文化素质，知识分子不要觉得自己了不起，"知识分子的人文精神"只是隐含了一种知识分子的自以为是，这个东西让人不舒服。

我基本认为，虽然经过三十年改革开放，现在富裕的程度已经相当可观，但我们现在的社会还相当粗鄙、粗野、粗鲁，还是一个不大有教养的社会。下一个三十年，我们应该提出文雅的问题。前三十年的过程是不可免的，不要太过求全责备，所以20世纪90年代确实还不是谈文化的时候。但是现在可能是时候了，现在的富裕程度实际上超出了我们的想象。

最近一些经济学家朋友给我一个表格，我看了感觉很惊讶。这个表格是2007年中国各个省的GDP数字和它相对应的国家，我们不少省份几乎都相当于一个欧洲中等发达国家。比方说，第一位是广东省，2007年的GDP折合成美元是4446亿美元，相当于比利时，比利时在世界经济中的排名第17位。而且这些经济学家特别提醒，这个实际上仍然低估了中国，因为它是根据美元的汇率来换算，如果根据实际购买力，中国还要高得多。第二位是台湾省，相当于瑞典，排名世界第19位。第三位是山东省，排名相当于挪威，排名世界第23位。第四位是江苏省，相当于奥地利，排名世界第25位。第五位是浙江省，相当于丹麦，排名世界第27位。前5位已经非常可观。

当然可以立即想到人家会反驳，这是GDP，并不是人均收入。对。但是，可以马上举出一个例子来，那就是香港。香港人均收入超过美国，香港是世界上极富的地区之一，当然香港的贫富差距也在全世界名列前茅。香港的公务员、官员、大学教授的薪水，都是全世界最高的，但是，香港在文化上和它的富裕程度完全不成比例。以往香港人自己说香港是文化沙漠。顺带说一下，有些学者不要太肉麻，老是肉麻地吹捧香港，说什么香港有一个饶宗颐，当然就是有文化了，这是拍马屁嘛。你要看他发挥了多大的文化影响，是不是造成了一个文化氛围，没有。这就是香港的问题所在。我并不愿意太苛刻地批评香港，香港确实有很多优点。但是，就文化而论文化，香港非常令人失望。

这里有一个很简单的指标，就是香港几乎没有读书人。它出版的所有严肃一点的学术著作不可能卖得动。香港的人均收入水平大大高于台湾，但是它的文化氛围远不如台湾。我曾在香港中文大学历史系做客座教授,感觉香港的学生越教越差,没有劲头再教下去。一个很大的原因是,以前我还没有在内地教书,最近两年在内地教了以后,就更不愿意在香港教了。内地的大学生非常好,他们的求知欲和已有的知识量都相当可观。但是要强调一点,内地的大学生相对于香港的大学生,素质一定是非常之高,但我们大学的制度远不如香港,香港的一般大学在制度建设方面都比我们要健全。不过香港大的文化氛围很不理想。因为整个社会太过工商化,一切都是经济、经济、经济,就业、就业、就业。这使得学生的眼中没有那么多关心,他们从来不听讲座,因为这个和他没有关系。

对中国文明基调的自信

所以现在大概有两方面的工作要做。一是大的文化氛围,这方面,实际上我反而比较乐观。要感谢孔夫子,感谢孔夫子留下的一个传统,中国人总体来说很尊重文化,而且对文化是有某种渴望的。我这些年来直接、间接地认识不少老板,他们自己都在埋头做生意,没有多少文化,但是他们非常希望自己的儿子、女儿得到很好的教育,而且并不是一定要他们做生意。家长觉得自己没有文化,但是希望孩子能成为一个有文化的人。在中国社会的这一代家庭中,这仍然是一个相当普遍的心态。这个本钱和资本,使得下一步的文化推动具备潜力。但是我也很担心,这个资本如果再不用的话,可能就会被消耗掉了。因为现在的这些家长可能还是比较传统的,如果年轻的一代人再做了父母,可能就没有这个东西了。中国香港的、美国的家长并没有这个传统,不觉得你一定要文化上如何如何。

最近这些年,大概能够感觉到某种文化升温。很多人对此非常有意见,认为这种现象是假的,很是乌烟瘴气。现在什么都拜,一会儿拜黄帝，一会儿拜孔子，一会儿拜老子，而且大家都在抢：黄帝是你们省的，还是我们省的。这里面的确有不足，但还是不要太求全责备，拜比不拜好。也就是说，虽然乌烟瘴气，但是总得有个过程，说明对祭祀这个问题开始重视了。认为这是一个正面的、大家都享受的事，总比没有任何人关心要好得多。为什么有点乌烟瘴气呢？因为大家都不知道从前到底是怎样祭拜的。只有做起来才会知道，先有学者来考证，然后学者们说如何如何，才能一步步完善。如果都没有人关心，那就永远不可能起来。

实际上，"从富强走向文雅"这个问题，是我在看北京奥运会开幕式的时候，突然蹦到脑子里的。我非常推崇北京奥运的开幕式。虽然也听到一些批评，但是这些批评者都没文化。比方说，香港一些小报的专栏作家阴阳怪气地说，怎么弄来弄去，中国就这么点东西。但这些批评马上就没有了，因为这些小报无非是看西方怎么说，等到西方都是一片赞叹声的时候，他们自然而然也就不出声了。

实际上，奥运开幕式所凸显出来的中心意境，就是那幅卷轴和它的慢慢展开，其他都比较次要。没有这个中心，所有的东西都是支离破碎的。这样一个中心，一下子凸显了中国文化中最高雅的层面，这是一个文人画的境界，一个士大夫文化的境界，这非常令人惊叹。只有在这样一个基本调子上，所有其他的东西才成立。抽掉这个东西，其他做得再花哨都留不下什么印象。所以我对后来的宣传非常不满——这也是我们文化不成熟的一个表现——说我们加进了很多中国元素。整个开幕式明明是一个中国文明基调，再加上很多其他元素，而不是说你有一个其他什么基调，加上了中国元素。西方人才会说这样的话，因为基调是西方的。"加进很多中国元素"是一种很不高明的说法，表明我们对自己的文明没有信心：我们不敢说这就是中国文明的基调，一个文明化的、高雅的东西凸显了出来。从某种意义上可以说，2008年的奥运会开幕式对于西方的震撼恐怕要大于中国拿奖牌的数量，因为它突然展现了一个美轮美奂的中国。

但是，奥运会开幕式所凸显出来的东西，如何用一些制度性的、体制性的东西，让我们对高雅文化的追求、对民间文化的发扬可以同时得到贯彻？这个大的文化氛围的问题，可能才是我们真正要想的问题。现代社会到底是什么，其实我们没有多想。我们甚至常常没有意识到，中国现在已经进入一个非常复杂的现代社会。在现代社会中，大学应该扮演什么角色？媒体应该扮演什么角色？企业的责任在哪里？这些问题在20世纪90年代以来都没有真正得到讨论，最近才刚开始。我们基本上把全部精神都花在经济、生产力、GDP上。到"十一五"规划的时候，社会协调发展的问题开始提出来，下一步文化的问题大概会凸显出来。

大学是现代社会的文化看门人

文化有高低之分。我是在香港看的奥运会开幕式转播，在开幕式结束之后，电视台转播节目的画面有切转，在一个角落里突然出来一些演员，在那边又扭又唱，突然像吃了一只苍蝇一样难受。我并非要攻击这些演员们，而是说，在这样一个场合下，简直是不能忍受到极点了，所谓"高低立判"。这样的安排极其不伦不类。这并非出于年长者的偏见，年轻人也同样会有这样的感觉。

在文化方面，我们需要区分三个层面的东西：一个是高雅文化，一个是大众文化，一个是民间文化。民间文化与大众文化的区别，是美国在20世纪50年代以后、在几十年的论战中提出来的一个问题。大众文化基本上是现代媒体、现代市场制造出来的东西；民间文化则是自发的，不是为了市场效应，不是为了牟利，而是普通人所焕发出来的东西，是民间生命的一种象征。这个区别很重要，因为高雅文化的发展需要不断从民间文化汲取灵感。而现代社会的一个最大的文化危机是，无论高雅文化还是民间文化，都逐渐被大众文化所吸纳，都变成市场化、媒体化的东西了。现代网络和视频发展以后，民间文化可以有更好的发展。因为原先民间文化有一个麻烦，即不易传播，因为它通常是地方性的，外界不大知道，而通过视频就可以看到中国人的日常生活，看到民间所散发的蓬勃生命力。什么是大众文化？"超女"。超女的大规模化制作是一个非常恶劣的现象，它是大众传媒和市场机制所催生出来的一个东西。这种东西会摧毁其他文化。

我们必须认识到现代社会一些主要的体制机制到底会发挥什么作用。大学所扮演的角色是任何地方都无法取代的。我强调大学高于媒体，为什么呢？现代大众媒体天然具有媚俗的特点，因为它是商业机制的一部分，是整个牟利机制的一部分，必然会媚俗。但是大学不可以媚俗，而媒体水平的高低可以说取决于大学水平的高低。媒体的人比如节目制作人、主持人当然都是大学培养的。党政干部也是从大学培养出来的。因此，谈大的文化氛围的时候，我们必须确定这样几点：大学高于媒体，大学在现代社会扮演着文化看门人的角色。现代媒体扮演不了也不可能扮演这个角色。媒体一旦扮演这个角色，就必然会把文化庸俗化、低级趣味化。

我们需要重新来认识这些区别，尤其要重新强调现代大学到底是什么。

我认为，美国的大学非常成功，从某种意义上来说，它们可以说是现代社会的一个奇迹。现代社会是一个高度功利、商业化市场运作的社会，一个要解决的中心问题是，如何让大学在一个高度商业化的社会中，不是如此功利化，不是如此商业化，不是如此被市场所影响？如果不解决这个问题，大学就不成其为大学，人们进大学就不是来读书，不是来思考，而是来挣钱的。美国顶尖大学的最高价值不是金钱，仍然是对真善美的追求，而这必须要有一系列的制度来确保大学学生能够尽可能地在大学期间，特别是本科期间，隔离于商业社会。我们必须注意到，美国大学中最挣钱的学院，特别是商学院和法学院都是研究生院，必须在本科毕业以后才能够报考。这样就比较好地保证了大学本科阶段基本上是一个安静的读书的阶段，而且最早的时候是不分专业的。

我们现在的情况则是，进了管理学院就觉得很牛，看不起文史哲，而文史哲又觉得灰溜溜的，这样的大学怎么能办得好？不应该把钱和挣钱作为大学最高的价值和象征。大学必须确认大学的最高价值象征是什么，绝不是金钱。没有一个顶尖大学，没有一所真正的一流大学，会把钱作为它的最高价值。这不是和谁过不去，不是和媒体过不去，也不是和商学院、法学院过不去。所有的东西本来就应当放在它们各自适当的位置上。不是说商学院、法学院不重要，而是说应该怎样办？前些年因为中国大规模地发展市场经济，急需经济和法律人力，所以商学院、法学院大规模地、不顾质量地办，这是很自然的事情，是可以理解的。但是这不应该长久下去。如果长久下去的话，我们这个国家就只有铜钱臭，没有文化气，而这不是我们可以接受和容忍的目标。

因此我觉得从下一个三十年开始，我们需要有一系列的考虑，即如何使我们国家的现代化，不仅仅是经济上的富裕和军力上的强大，而且我们的人民应当是受过高度教育的、有高度教养的人民，这样才能对得起我们中华民族，对得起我们作为礼仪之邦的伟大传统。

博雅教育*
为大学和社会赋予灵魂
(2013)

各位同学、各位老师、各位家长：

我想借今天这个机会，第一次正式谢谢我们09级的同学，因为正是他们的努力，博雅学院才成为了可能。在过去几年中，媒体可能对我个人做了过多的报道，但实际上在博雅学院真正的主人是各位学生。

我相信在以往的实践中，我们首届学生每个人都经历过非常多的迷茫、彷徨、失落、失望甚至绝望。因为博雅教育听起来非常美好，实践起来却是一条相当艰难的道路。博雅学院最核心的、最基本的公共课程，比方说希腊文、拉丁文、《诗经》、《左传》、古文字，所有这些课程听上去都非常美丽，甚至华丽；但是我可以告诉你们，所有博雅学院的学生也会告诉你们这些课程很不好学、相当费劲，而且很可能相当粗糙。最大的问题是，在初期的时候，你不知道学习这些有什么用，四年之后，只有很少几个人会把古希腊文或者拉丁文作为他们的学术工作语言，也很少会有人把《诗经》《左传》作为他们终身的研究科目。但所有这些公共课程，希腊文、拉丁文、《诗经》、《左传》等等会成为博雅学院的共同教育。我想这个目的，刚才程美宝教授已经说过，我们的目的是构成人类教育的基础。在博雅学

---

* 本文是作者2013年6月23日在中山大学博雅学院首届毕业典礼上的讲话。

院首要的目的并不是培养专家，但专家也是我们努力目标所在。我们首先希望能够有一个真正的人文精神的培养，然后在这个基础上再培养专家。

我们大家都知道，韦伯曾经说过一段伤心话来概括现代社会的全部矛盾：现代社会会成为一个没有灵魂的专家的世界，而这是一个现代社会难以摆脱的困境。我想现代社会之所以没有发展到像很多西方思想家所担忧的那种无聊、没有灵魂的世界，是因为有很多很多的思想家、教育家在坚持这样一种有灵魂的教育理念。

我甚至还记得，仅仅在两三年前或五六年前，哈佛大学的蒂姆发表了一本书，批评哈佛大学就是这种没有灵魂的大学。一年又一年，我总是认为西方最有见识的思想家、教育家都是在担心西方作为现代社会会不会迷失了方向，会不会变成一个仅仅是追求物质成长、物欲横流的社会，如果没有这样一群有心人在关心，我相信西方开创的现代和现代社会是一个非常糟糕的世界，甚至是人类最糟糕的世界。

现代社会之所以在物质成长的同时，并没有完全丧失灵魂，是因为我们少数人在坚持这个社会需要灵魂，个体要有精神。我非常担心的是，中国是不是总会有这样一群少数人在坚持这样的理想，在坚持这样一个有灵魂、有精神的社会。我们担心的是，中国社会在高度经济发展的同时是不是日益变成一个没有灵魂、没有精神的社会。我觉得这是博雅教育所追求的全部理念。它追求的不是要培养比任何一个院系更多的纯粹专家、单纯的专家，而是能不能有一个精神性的、灵魂性的追求？我觉得这是今天的大学必须考虑的问题。否则的话，大学越来越会变成一个工具理性的场所，如果大学没有这样的一个灵魂，整个社会就没有灵魂。我觉得这是博雅学院几年来一直在追求的一个方向。

另外一个方面，我想说博雅学院也见证了一个基本的教学真理，而这一真理也常常被人遗忘：教育实际上无捷径。所有的博雅学院的学生会告诉你，读书的最基本问题是坚持，刚才李峰教授特别提到了这个问题。凡是读书人都知道，读书其实没有什么捷径可走，书都是一本一本读出来的，文章也是一篇一篇读完的。你可以研究很多很多的教学改革、教育改革，但是我们今天很多的教育改革是不是在告诉人们一个虚假的真理，以为有什么诀窍、以为借助现代机器不用努力就可以获得成长；博雅的所有学生都会告诉你没有这种可能性。你如果在知识上要成长、要进步，你必须付出、必须努力。没有人可以把东西塞到你们脑子里去。不是说你发明了一个新的教育方法，学生就不用努力去获得知识，没有这样的可能性。所以博雅学院的每个学生一定程度上都在这里经历过相当费力的阶段，他们付出的比一般的同学要多。

有些记者问我，博雅学生培养得是不是很成功？我说要看成功的定义如何来定。假如成功的定义是博雅学生付出得更少，那博雅学院的学生肯定是不成功的；如果你成功的定义是学生付出更多，那我可以告诉你博雅学院是成功的。

我认为这正是大学今天最大困难所在。我们现在媒体上流行的、甚至我们很多教育者的流行说法常常给人们一个误导，似乎只要掌握一个诀窍，只要进行教学改革、有一个新的教学方法，那么学生就不一样了。我必须要说，今天大学的全部问题是，我们能不能让全部学生去努力、去主动学习，让他们明白要读书、要成长都必须吃苦，我觉得这是真正的全部关键所在。所以博雅学院没有太多的诀窍可言，它只是逼迫学生不断地去努力。它让博雅学院学生明白，无论你是如何选择你的事业，可以有各种各样的选择，但是你不努力是不会成功的。我觉得这可能是每个学生在博雅学院四年来得到的一个最大的成长和了解。

最后我也想借这个机会谈一下我自己的两个辩解。

在博雅四年实践的情况下，我觉得中国大学的改革，特别是教学的改革需要有更大的步骤。而最近我总感觉我们的教学改革停滞了，甚至不知道改革的方向在哪里。我认为最根本的改革仍然是在于教学、特别是课程设置方面。

我大概有两个想法，第一个，我希望中国大学能够尽快成立古典系，我曾经不止一次说过我们中国大学都是仿造西方大学设置的，几乎西方大学的任何一个院系我们都有相应的设置。但是只有一个院系，西方几乎所有大学都有，而中国所有大学，包括香港、台湾大学都没有，那就是古典系。这样一个严重的、如此明显的差距，是非常不可忽视的。所有的包括香港台湾在内的中国大学都是亦步亦趋地模仿西方院系，何以在这个最核心、最关键的系上我们恰恰没有？而这不仅仅是中国大陆的事情，包括整个华人世界、包括台湾、包括香港。英国每个大学当然都有古典系，为什么他们在设立香港大学时却没有古典系呢？因为英国人认为你们香港人是不需要设立的。那是文明的核心、那是昨日思想的根源，作为殖民地的香港，你们不是西方人，是不需要设立的。而中国人没有自己的古典系，是因为我们认为我们以往的古典文明都是糟透的，这才是导致问题的根源所在。这个情况必须加以改变。

甚至可以说，包括博雅学院在内的这几年的努力，在西方特别是在美国已经引起广泛的注意。美国古典学会明年的主题非常有意思："现代中国遭遇古代西方"（Modern China confront the Ancient West）。这个题目多么的有神采：一百多年来，我们中国人始终都有一个凝重的问题，就是古老的中国遭遇到现代的西方。人家现在的情况是，现代中国遭遇古代的西方。我觉得这个题目表明西方学界相当有前瞻性，古老的中国今天已经基本上实现现代化，它会以不同眼光来看事情，它不仅仅是看现代的西方，它更会重新审视整个西方文明，而且必然会带来重新审视中国自己的文明，特别是古典时期。

所以，在去年中国比较古典学第一届年会暨学会成立大会的总结发言中我曾经提出，尽快成立中国的古典学专业、院系的设想。我觉得中国今后的古典学基本上应该有三个能力，第一个是西方古典、第二个是中国古典、第三个是比较古典。而且一旦我们建立这些概念的时候，我们会发现很多意味深长的东西。比方说，在西方古典学概念在时间下限、空间范围都是非常确切的，就是古希腊、古罗马时期。包括所有中东的、非古代罗马、基督教、犹太教都不在传统的古典学。这样一种古典学在西方过去看来也是相当狭隘的，而中国古典学的概念非常笼统，我们的时间下限在什么地方呢？从现有概念来说，我们的古典学概念是从史前时期一直到清中叶，比如说历史系，从上古史一直到清中叶都是中国古代史，文学系也是中国古典文学一直到现代。这样一来，我们中国古典学的时间概念非常广，会引发很多很多问题。所以我个人认为能够放宽学位和专业设置的很多限制，给985大学比较多的权力，能够在有条件的大学尽快设立古典学系，我觉得会非常有助于推动中国下一阶段的人类社会学发展。

第二点，我希望能够把博雅作为一个学位。我刚才虽然强调古典学的重要性，但中山大学博雅学院本身并无意把自己变为古典学院。博雅学院的口号是贯通古今东西，我们毕竟是现代人，我们真正关心的问题并不仅仅是古代政治，包括现代问题，所以博雅学院并不只想局限于古典学里，而只是要把古典学作为其中的一个部分，但同时把现代性的研究作为主要部分。所以我认为，博雅作为一个专业和学位本身，能够促进课题组的改革，能够融汇文史哲包括人类社会学。目前实际上很多大学的院系都在做此类的探索，甚至在理工科学，比方说清华的清华学堂、北大有元培学院，都是在原有体系之外进行新的改革，核心问题在于这些新的计划里面，课程东西可以得到改善。我直言不讳地说我们现在所有院系的课程都是在改革开放三十年来形成的，已经老化、固化，必须改革，绝不可以继续依葫芦画瓢地唱下去，这无助于学生成长。我也知道，所有这些改革绝大多数不太可能，因为它关系到很多因素。所以成立新的超越这些旧的体系的学院，包括清华学堂、博雅学院等等，中心是抓住课程改革、课程整合这个核心，探索新的知识整合方式来进行教学，这是博雅学院的一个最重要的探索所在。我们都会对每年课程作出调整，所以需要相当多的时间才能调整到一个相对比较好的课程体系，力图用最经济的时间、最经济的方式，能够使同学们在比较少的时间内掌握比较多学科知识，这是我们一个基本探索所在，在此我也借此机会希望学校进一步给我们比较多的自主权。

最后我想对博雅学生说最后的一段话。博雅学院成立四年以来我很少和同学们讲大道理。我们在前两年课程中通常不希望引进现代社会的诸如左右之争这种意识形态之争的内容，很少谈意识形态问题，很少谈大道理。博雅学院相对来说是一个不大谈大道理的地方，很多外面的朋友甚至批评我，违背了博雅学院设置的初衷，认为博雅学院没有贯彻道德教育。我当时的回答是，道德教育贯通在读书中，并不需要大声喧哗，并不需要主题化突出。

但是今天在你们毕业之际，我要稍说一下大道理，因为毕竟你们要走上社会，要开始一个相当不同的阶段。我的想法很简单，每一个人都在追求自己本身的意义，这个人生意义不可能仅仅只从单独的个体上实现，而总在个体与某种更大的事业、更长的历史文明的关联当中去寻求。如果一个人仅仅是为个人的名利，哪怕是学术上的功利奋斗，我总相信这个是走不长的，它没有更强的动力去驾驭它、推动它。它总是需要在一个更大的目标，在以往前人都在共同努力的基础上，把自己融入进去，才会感到生命的意义。我觉得对博雅的学生、对中国的学生来说，需要谈这个问题，尤其是在现在非常非常个人主义的、你们都是独生子女的这样一个时代尤为需要。

最早进来的时候你们很少想到个体和外部世界,博雅教育的四年,可能从知识的层面上束缚了你们,但我在想今后你们更加要了解的是究竟在为什么奋斗,仅仅是为你个人吗?我想从我自己来说,我的整个视野是晚清的视野,那是中国文明跌到历史最低点,一代一代的知识分子确实想的一个基本问题:如何重新振兴中国的光荣和伟大,如何能够使中国这个古老文明达到它应有的光荣和伟大。我以为这应该是每一个中国文化传人自觉感觉到的一个问题。这不是一个狭义的民族主义目标,因为中国这样一个古老的伟大文明是整个人类文明中一个极为重要的部分。我觉得包括刚才提到美国古典学界都在充分认识到中国文明作为一个文明体并不仅仅是一个现代民族国家。这是我对博雅学子最后的、最大的希望所在,你们今天是为能做中山大学学子自豪,你们若干年后肯定能够为中山大学增光。但是更大的意义上,我们希望你们为中国文明的整个振兴和复兴作出你们自己的贡献。谢谢你们!

博雅教育与经典
重庆大学博雅学院开学典礼致辞[*]
（2013）

各位同学，各位老师：

我想今天借这个机会主要给大家交换两点想法，一个是博雅教育在中国的特殊重要性，第二个是博雅教育在重庆大学的特殊重要性。

刚才玄易风同学还有几个同学都提到在全国现在只有两个博雅学院，我现在想要强调虽然博雅学院在中国只有两个，但是博雅教育这个理念在中国各个大学都在贯彻。虽然，很多的学校并不叫博雅学院，每个学校的做法也略有不同，但博雅教育这个理念在中国各个大学也是相当普遍。不光是在中国，包括我们的邻国，包括在美国，最近几年恰恰是博雅教育非常盛行的时代。

举一个很简单的例子，亚洲最近大学排名新加坡国立大学几乎压倒香港大学成为排名第一。新加坡国立大学最近就和耶鲁大学合作，办了一个非常大的博雅学院，就是英文的"liberal arts college"，上学期他们的副校长兼博雅学院院长专门到中大来找我，第一年他们招生的规模是160人，以后的常规规模是240人，准备和耶鲁大学合办。

包括在日本、在韩国，所有的博雅教育的理念实际上现在反而

---

[*] 本文是作者2013年10月11日在重庆大学博雅学院开学典礼上的讲话。

是更加得到了认同,这个原因很简单,大家一定要明白一点,所谓博雅学院,所谓博雅教育归根结底是在承认一个基本的真理,就是文明是有连续性的,不会因为历史的发展越快,以致文明就可以中断。恰恰因为在这一个全球化高速发展的时代,各个国家比较有头脑的人都会非常担心现在这样一个社会发展的途径,是一个完全失去了人类价值的途径。回归到源头,回归到文明的源头,回归经典著作的重要性是博雅教育的核心特点,也就是强调文明的接连性和连续性,承认经典著作、古典著作和文明源头为任何文明发展的重要性,是博雅教育的核心所在。

但我在这里要强调博雅教育在中国的特殊重要性,我们必须了解,并不是所有的国家、所有的民族都有经典,比方说新加坡国立大学和耶鲁大学合办博雅学院,读什么经典呢?有新加坡的经典吗?还要不要读西方的经典?如果是东亚,那就是中国的经典。我们再说日本,同学们可能不了解,日本经典非常非常晚,如果阅读经典,如果在亚洲找到与古希腊罗马时代差不多而且源头同样老的,日本也要回归经典——读中文,韩国一样读中文。前两个礼拜,韩国一个学者很老远寄来一本书给我,是他整理的16世纪韩国历史上一个非常重要的学者的材料。这个书拿过来,我不需要学韩语,当然它的所有内容全部都是中文,所以大家一定要明白,作为中国人一定要明白并不是所有的国家所有的民族都有经典。

哪怕印度,非常老的文明古国,我们同印度知识分子打交道很多,印度知识分子往往表现出一种很强烈的所谓批判西方殖民主义的姿态。我经常挖苦他们,你们凭什么批判西方殖民主义呢?你们连语言都没有了嘛!除了英语以外你们还有别的语言吗?没有语言就没有文明的源头,也就是说你们批判西方殖民主义也在西方殖民主义的牢笼里、范围里去批判,你们连自己的语言都没有了,没有自己的资源可以去追溯(appeal),没有自己的资源可以去依赖。

所以一旦要强调博雅教育，一旦强调经典古典文明源头的重要性，中国文明的重要性马上就凸现出来。

严格地说，能够有极大丰富古典经典传统的只有西方文明和中国文明，这不是在自吹自擂，并不是我们只是恰好是中国人，我们有这样一个运气，这对于全人类都是一个保障，都是一个资源。我觉得这恰恰就是在中国开展博雅教育的特别重要性所在。中国学生也有特别的责任，你有责任要去把你这个文化文明资源给开发出来，而且能够让全世界人民去分享你的资源。所以这是为什么中国的博雅学院必然要强调综合性的重要性。但是另外一点，中国文明同时有它一个特别好的一点，它是相当开放的。100多年来中国一直在不断地学习西方，所以我们看无论是中大的博雅学院，还是重大的博雅学院，我们一直强调的是中西文明的对比。在西方文明方面，我们也强调西方文明源头的重要性，特别是古希腊文明。这个源头对于西方文明的发展具有重大的贡献，就像中国的源头文明对于中国文明后来的发展具有重大贡献一样。

所以这样的一个博雅学院，目前在中国是独一无二的，我跟美国的很多校长都交流很多，我想他们都很少有这个认识。但是他们美国的博雅学院（liberal arts college），或者是美国比较好的大学的本科生院，他们在做以西方文明、西方经典为中心的博雅教育上很有传统很有经验，但在现在这样一个全球化的时代，要同时能够至少对几个不同文明的文明源头都能下力气，这对于他们也是一个非常新的问题，而且语言会成为一个非常大的障碍。在这一点上，中国学生得天独厚，我们已经有100多年研究西方文明的积累，中国学生在阅读英文方面相对的普及程度毫无疑问远远高于美国学生，或者任何英国学生甚至欧洲学生阅读中文或者其他任何一个非西方语言的程度。所以中国学生是比较有可能对中西两个源头的博雅教育都同时推进。

从这一点来说，我觉得中国学生一定要特别意识到，更加促进这个自觉性，而且我们同时要强调，这里面有些障碍要去克服，尤其因为晚清以来的100多年中国处在一个非常特殊的时期，曾经对中国的文明传统，对中国的经典古典，都采取全盘批判、全盘推翻、全盘否认的一个状态。这样的心态曾经蔓延统治了100多年，但是最近几十年，情况却大有好转，几十年前我刚刚推动博雅教育、刚刚推动经典教育的时候，仍有相当一部分人非常反对我们读中国传统，现在这样的人已经越来越少。8年前我当时就预言，我说再过几年，如果一个人没头没脑地还像"五四"时期一样那样痛骂中国传统文化，没有人会和他争论，大家只会认为他是个"白痴"。我相信今天已经到了这个程度，今天我不需要再跟任何人去争论，去说服他，他如果还敢是"五四"的那副态度的话，我简单地就把他当作是一个白痴看待，我想大家也会把他这么看待。这个时代已经到了，时间过得很快，所以今天是一个比较好的时代，使我们可以很认真很正经地很严肃地，而且在一个社会比较好的氛围当中重新去进入我们中国的传统，重新去进入我们的中国经典。而且能在和西方经典、西方民族相对照、共通的情况下去更深地体会，更有趣地体会它的不同，它的微妙，包括它的弱点。

所以我特别希望我们博雅的学生要有这样的自觉，我们中国自己的学生对于我们中国自己的巨大的文化财产要珍惜，我们今天实际上是愧对的。因为在前100年来对整个文化传统基本上是一个践踏的态度，当然这有它的特殊历史性，并不是要去批评或者否决当时他们的态度，那样的一个时代已经过去了，我想这是第一个我要说的为什么博雅教育在中国会有它的特别重要性。

第二个，我说在重大的特殊重要性。刚才张旭东老师实际上已经谈到，我仍然还想补充一点，我们大家都知道中国特别是在1952年院系改革以后，中国高等教育走了一条比较特殊的道路，一个苏联的大学的模式。也就是大学分为两种，一类是综合性大学，这一类非常少，另外绝大多数是理工科大学，以清华为代表，综合性大学以北大、复旦、中山为代表。综合性大学的比例大概只有10%左右，至少85%，甚至有90%是理工科大学。当然这一点不要随便否定，当时有它的特殊的重要性，也就是这样一个举措为当时中国的工业化提供了最早的科学家、工程师和技术人员。但是它造成了比较重的代价，这个代价就是大学变成了两类。尤其是理工科大学变成一个相对比较单科性的东西，并不是一个真正意义上的大学。

然而改革开放以后，20世纪80年代以后，特别是90年代初，所有的理工科大学都在力图恢复发展，成为一个综合性大学，都作出了很多努力。比方说从前的，我们现在看清华大学，包括我们现在看重庆大学都和刚刚改革开放的时候，和包括五六十年代的大学不一样了，它有很多的优越性。但是正如张旭东老师刚才说的，整个情况并不是特别的理想，以清华大学为例，清华大学应该说是人文社会学科办得比较好的，但是仍然可以说它离一个真正的，比方说和北京大学相比，和复旦大学相比，和中山大学相比，和这样老的综合性大学相比，是明显有不足的。

那原因很复杂，其中一个原因，很坦白地说，特别是人文的东西是需要时间、需要积累的，所以仍然时间不够。在此另外一点恰恰也是我们的举措上有可以探讨的地方，假定说这些50年代就开始作为理工科大学的大学要去变成一个综合性大学，它如果亦步亦趋地去按照一个传统的综合性大学那样一个系一个系去做，那它一定是非常非常慢。打个比方讲，我们不说别的，就说我们重庆大学的近邻四川大学，假定重庆大学要在人文方面，在人文社会科学学科的培养方面，达到四川大学的程度，按照老的办法，一个系一个系地去建，建一个中文系，建一个历史系，再建一个哲学系或者怎样，那比如说20年以后仍然绝对不可能赶上四川大学。它的积累，它的所有的资源、历史都没法比，人文主要是靠积累的，那如果这样的，而且每一个院系，建一个哲学系孤零零的，建一个中文系孤零零的，建一个历史系孤零零的，每个都按照现在的学科标准去追，那么不但20年甚至50年以后都仍然不太可能，所以必须要想别的办法。

所以重庆大学校领导委托人文高等研究院学术委员会为重庆大学的文科建设做一些讨论并提出一些方案，我们得出了一个结论，就是认为不可能也不应该按照这样一个很老套的办法，而且成本非常大，非常的吃力不讨好，我们的建议就是在一开始就要以博雅学院为核心，要用学科整合、学科并合的办法。不要孤零零建一个中文系，孤零零建一个哲学系，然后又老死不相往来，这样每一个学科都发展得非常慢，而要以博雅学院为核心，以后的文史哲，以后的人文都在博雅学院里面孵化出来。也就是博雅学院的学生，以后同时可能成为文学的，也可能成为哲学的，也可能成为历史的，甚至有可能成为社会科学的。只这样一个方案才有可能在一个比较短的时间内，以一种成本也比较小的方式，一步到位，做到相当好的水平，比方说五年后十年后。也就是在这个基础上，很高兴重庆大学校领导正式接纳了这个方案，并且提出以博雅学院为基地，在10年内建立中国西南地区最好的本科生院。

我希望同学们能够了解所谓建立西南最好的本科生院，这是个愿景，我相信大学的支持是到位的，所有老师的投入我相信也是到位的，所以最后，我要和同学们说，最后是要看你们。我想你们需要意识到，重庆大学对你们的期待，你们是博雅学院的首届学生，10年以后，你能为重庆大学做什么贡献，你作为重庆大学首届博雅学生，站出去在任何一个地方上人家都知道是重大博雅学院首届学生。你任何一个人的好坏都会影响学校的声誉，这些还不够，你得主动去想重庆大学，包括中国所有理工科大学转向综合性大学，你是不是做出了贡献。如果你只是把自己看作一个普通的学生，那你何必到博雅来。但是进了博雅，你就有你的责任，你就要意识到你们是学校投入了特殊的资源的，然后学校也好、老师也好、社会也好，对你们是抱有特殊的期望的，你们不是普通学生。这个要说清楚，博雅学院是作为精英学院来做，但是我们强调精英学院不是自高自大，而是有更强的责任感，有更强的自觉意识，我相信这大概是所有老师对你们的期望。我希望一年后、两年后、三年后可以看到博雅学院的学生站出来就像是博雅学院的学生，要让重庆大学的老师们、重庆大学的领导们看到没有辜负他们的期望，没有白投资，实践证明我们做这个决策是对的。谢谢大家！

清华大学新雅书院开学典礼致辞*

(2016)

各位同学，各位家长，各位老师：

清华大学新雅书院经过两年的试点，今年终于迎来了第一批直接从高考经过自由选择进入新雅书院的同学们。在今天这个场合，首先我要感谢新雅书院的前两级学生，就是14、15级的学生，以及前两年在新雅书院教课的所有老师！因为正是他们在这两年的努力付出，以及他们所取得的成果，使得我们有信心在今年开放新雅书院直接向高中生招生。所以我今天无意给你们讲一些激动人心的勉励的话，我只是想很平实地和2016级新生讲讲：以往两年新雅书院追求的根本目标是什么？我们大概达到了什么效果？在这个基础之上，我们大概可以明白，新雅书院今后的目标是什么？我们对2016级新生的期待是什么？这是今天我想给大家讲一讲的。

新雅书院在以往两年的试点当中，我们全部的努力，可以用四个字概括，就是"消灭水课"。在大学里面，所谓"水课"通常出现在非专业课里，一般来说，专业课是相对有保证的，尤其在清华、北大这样的学校，我们的很多专业课，相对于世界名校来说也并不逊色。绝大多数的专业课，即使还没有达到比较理想的状态，但至少消灭"水课"是比较可能的。我们和世界名校最大的差距，

---

* 本文是作者2016年8月19日在清华大学新雅书院开学典礼上的致辞。

可能就在非专业课，亦即所谓的"通识教育"的课程上。中国的大学生现在很多在本科阶段都有机会到世界名校去交换一个学期或者一年，我们的学生一到那边立即就会发现，那边的学生对他们选择的每一门课，都同样的认真，不管它是专业课还是非专业课。在这里首先你们需要了解一点国外名校在课程方面和我们体制的差异。比方说以哈佛大学为例，学制和我们一样，4年8个学期本科毕业，需要多少门课才能毕业？32门课毕业。这意味着，平均每个学期只有四门课。一般来说学生是不会去选第33门课的，因为如果你要选第33门课，你是要额外再交一门课的学费的，一门课就是几千美金。而在这32门课中，按照哈佛和美国大学比较普遍的课程构架，其中1/3是专业课，1/3是通识教育的课，1/3是其他选修课。所以学生都会按照这种课程构架去选择自己每个学期的4门课，都会认真地考虑这个学期选哪些课，一旦选定，学生就会认真对待他自己选择的所有课程，否则他会觉得对不起他交的学费。尤其在美国大学，学生在大一大二是还没有确定专业的，这就使他们比较自然能同样认真对待每一门课程，因为很多学生并不知道他今后会选择哪个专业，也就是说他甚至不知道哪些是他的专业课。只有在认真上好大一大二每门课的基础上，他才最后确定他今后的专业方向。更重要的是，在美国大学，商学院法学院这些都是研究生院而没有本科，你如果今后想要进入顶尖的商学院法学院，那就必须在本科阶段的所有课程都表现突出才有可能。所有这些制度都使得美国本科生会比较认真对待自己的所有课程。

相比之下，中国大学的最大特点是，我们学生一进来就已经有专业有院系，因此学生有非常强的这是专业课那是非专业课的概念，而院系通常也只重视本院系的专业课。因此中国大学包括清华虽然很早就设立了全校通识教育课程，但是学校和老师都经常会感到苦恼，因为这些课经常被称为"水课"。而所谓"水课"，往往未必是课程不好，也未必是老师不好，而是我们在这方面无法建立一个正常的教和学的心态。因为在长期的唯专业主义的影响下，学生会认为"这反正不是专业课"，他首先就不重视；老师也会认为"反正你不是我自己专业的学生，你爱上不上，随便！"最重要的是，在这些非专业课上，在这些通识教育的课上，老师一般不敢对学生提出严格的学术要求。所谓"水课"其实就是没有学术要求的课。而美国大学所谓的通识课和专业课，他们的要求是一样的，四门课都同样难，都需要你付出极大的努力。所以这就是中国大学通识教育的困难所在。所有的问题都是一个基本心态问题。

清华大学建立新雅书院的主要目标之一，就是我们希望用书院这种特殊的机制，能够营造一个教师和学生之间的学习共同体心态，能够克服"这个课不是专业课，这个课不重要"这种心态。所以对于新雅来说，真正重要的并不在前两年开了哪些课，清华新雅前两年最重要的成果是老师和同学之间建立起来了一种教和学的良性心态，也就是，老师不会说"这个不是我的学生"——比如说李睦老师，面对的都是非美术学院、非专业的学生，但是他并不会因为你不是美术学院学生就随便教一教。而新雅的学生，也逐渐形成了认真对待非专业课程的学习心态。我想这就是新雅在前两年达到的最主要成就。我最欣慰的是，很多给新雅上课的老师都和我说，他们很满意新雅学生的上课表现，有些老师甚至说，这些非他们专业的学生，比他们自己专业的学生上专业课的表现还要好！

我在这里特别要表扬新雅2014级的学生，因为他们已经完成了整整两年的通识教育课程。尤其是第二年能够和第一年一样，非常认真地对待新雅学院开设的通识课。我要强调这是非常不容易的。因为大家都知道，清华尤其理工科专业的专业课，非常的tough，占据非常多的时间和精力。新雅前两届学生，都已经有自己专业方向，都有非常大的专业课压力，在这种情况下，能够有非常好的心态，认真学习新雅书院开设的非他们专业的课程并取得非常突出的学习效果，这是并不容易的。这就是我说"新雅的两年试验相当成功"的根据。同学们可能还不大能体会到这种成功来之不易。但如果去比较的话你们会知道，其实这是非常难做到的事情。中国的大学包括清华大学所有学生都有通识教育的要求，但困难的是在通识课程方面很难达到一种认真教学的心态机制。导致在这些课程当中，学校的投入、教师的投入和所达到的效果，极不成比例。而我认为新雅前两年极为成功的一点，就是基本形成了一个教师和学生在非专业课程方面的良性互动机制，初步形成了一个通识教育的学习共同体。

2016级新生与以往两届学生的不同，也是你们与所有其他清华学生的不同，在于你们进入清华是没有确定专业的，也是不归属任何专业院系，而是归属新雅书院这个学习共同体。我们希望你们能发扬光大新雅书院前两年已经初步形成的良好学风，认真对待通识教育课程，对新雅书院以及清华大学全校的通识教育作出较大的贡献。

同学们，我想要特别说一句，一个人进入大学不是来学一个专业的，而是来接受高等教育的。如果仅仅只是为了学一个专业，谋一门手艺，老实说大学四年是根本没有必要的甚至是非常浪费的。尤其中国有科学院系统，有社会科学院系统，如果仅仅是为了学一个专业的话，大学完全可以缩短到两年就尽快进入科学院的研究系统。大学四年意味着接受一个完整的高等教育，通过高等教育让学生成为一个丰富的人，而不是一个贫乏的人；成为一个相对全面发展的人，而不是一个单方面发展的人。这是高等教育的全部目标所在。所以专业仅仅是一个方面，通过高等教育让你全身心得到尽可能多的发掘和发展，这是高等教育的目标所在，也就是新雅的目标所在。

最后我想说的是,虽然中国大学作为一个现代教育体制,基本是从西方学习来的,但大学的真正精神,高等教育的真正精神,高等教育要达到的心态追求,我觉得非常完美地体现在中国明代书院的一副著名对联之中,我把这副对联送给2016级新生作为结束语:

风声雨声读书声,声声入耳。
家事国事天下事,事事关心。

谢谢大家!

古典西学在中国*

(2008)

中国的"古典西学"不是西方"古典学"的附庸分支

我们这次论坛的题目叫"古典西学在中国",虽然题目是"古典西学在中国",背后的真正潜台词是希望古典中学的复兴,或者更明确点讲,我个人认为在中国做古典西学的人主要是为在中国做古典中学的人服务的,也就是为中国古典学问提供一些来自西方的参考与借鉴。所以,中国的"古典西学"并不是西方的"古典西学"的一部分,而是中国学术界的一部分。如果这个位置不搞清楚的话,中国的"古典西学"会不知道方向所在。这是我要讲的第一个问题。

第二点我想讲的是为什么我们今天会提出一个古典西学的问题?大家都知道中国人从晚清以来的基本思想主要是受西方的影响,其实每个人都可以自己想一想,我们中国人老说中国是这样这样这样,你背后都有一个西方是那样那样那样,你头脑里有一个西方,然后你用西方来对照这个中国,无论是怎么一个对比。这是中国人的思想在近百年来的非常大的一个特点。西方人不会说他头脑里先有一个中国,然后再说西方怎么怎么样。如果我们每天都抱怨

---

* 本文是作者在《开放时代》杂志社2008年11月举办的"古典西学在中国"论坛的发言记录整理稿,刊于《开放时代》2009年第1期。

也好，评论也好，说中国是这样这样，你背后都有一个西方。所以近百年来，中国人对中国的认识在相当程度上是由对西方的认识所规定，也就是对西方的每一次认识的改变，会带来我们对中国认识的一个改变。甚至我们可以说，近百年来，任何一次对中国问题以及中国本身的认识的重大改变，背后一定首先有一个对西学观念的突破。这是西学在中国这样一个场景下所具有的比较特殊的含义。

我们回想一下，近百年来的中西比较，不管是比较学术的，或者是比较日常的，基本上是一个非常不对称的比较，也就是说他的比较基本上是以一个近现代的西方来比较一个传统的中国。这是因为晚清以来中国在衰弱，到晚清末年，中国文明已完全、完整地瓦解，所以中国人有一种焦虑的心情，他事先蕴含着一个问题，就是要到西方去，也就是认为西方是比中国好，中国是向西方学习的。但在这样一个焦虑的比较背景下，很多问题实际上都被忽略了，比方说我们实际上并没有真正地比较过传统的西方和传统的中国。这是一个不平等的比较，不对称的比较。不对称的比较往往使我们对中国文明的看法变成一个相当片面的看法，我们先天地判定了中国文明的落后性、愚昧性，这样一来就导致我们对中国文明的自信心越来越不足。另外一方面我们也获得了其他的一些基本问题，比方说，近现代西方本身和西方古典的关系是什么？它是断裂的关系？是延续的关系？今天西方所谓现代化和工业化道路是从西方文明源头上就已经规定是如此，还是它是和西方传统本身的断裂所造成？这些问题在我们中国都没有得到重视和研究。

简单化学习西方的时代已经结束

我现在的看法是，随着中国文明在今天这个发展状态的推进，上述所有问题都需要有一个重新的想法。所以，虽然我们今天的这个论坛谈的是"古典西学在中国",但它的目的是促进中国古典研究的复兴和发达,也就是说,我们今天做西学的人应该摆脱一种形态,即好像我们又要去制造一个西学的高峰,又要去找一个新的大师。我认为这样一个时代基本上已经结束了,中国人简单化学习西方的时代已经结束了。从现在开始,中国人对整个世界的看法,应该从全球化下的中国文明去重新看待,这也会重新看到中国文明以往到底是如何。换言之,我们今天需要重新认识中国文明,包括她从古以来的很多问题,也就是说近百年来我们对自己的文明的看法是带有偏见的,有片面性的,而这个片面性偏见是由一定的实在所造成的。今天重新回到古典西学,重新回到古典中学,我想它本身是中国文明复兴的一个部分。所以我想说虽然今天我们谈的是"古典西学在中国",但背后的整个大的问题首先是看中国文明在当今世界上,在全球化的世界到底是处在一个什么样的位置上。我最近几年经常讲的一个问题是,现在中国文明的外在崛起和中国人的内在心态很不相符。也就是说我们并没有一种文化上的自信,即对中国文明目前达到的一个状况和对世界文明今后可能的影响并不清楚。

最近,我们香港大学请了一个小有名气的西方学者来做演讲,我说小有名气,因为西方人文科学现在没有大家,都是比较普通的学者,这个人叫 Jems Airsh,他是研究中国转型的,他在港大的演讲题目叫作"西方衰落,东方兴起?",副标题是"五百年来的挑战"。我们中国人会记得晚清有一句所有士大夫都会说的话,叫作"三千年未有之变局",也就是说西方文明从外在上打败中国,而从内在上从思想文化上则完全是中国士大夫对自己文明失去信心,是中国三千年以来,有文明以来最大的变局。在香港,一个普遍的感觉是西方文明挣扎于五百年没有之变局。五百年没有之变迁是说近五百年来西方文明一直对整个世界进行实际的殖民地的统治,而更重要的是它的内在性的影响,也就是说对人的思想、观念等各方面的影响。最近以来，西方研究中国有比较明确的变化，即以往西方研究中国基本上都是一些所谓的中国问题专家，我曾经一再说，在西方，相当长的时间内研究中国的人不会是西方第一流的头脑，因为他这个地位在整个学科里面是从属性的，他的问题意识是西方对宏观性总体的看法下然后影响到做局部的区域研究的部门。最近以来，在西方研究中国的人之中，比较特别的一个突出特点就是，并不是"中国问题专家"，而是西方本身的研究宏观问题、总体问题的越来越多。这个当然表明中国在整个世界的逐渐崛起。我在这里顺便介绍一本今年出版的书，英国人伦纳德写的《中国怎么想？》。作者是一位非常年轻的英国新生代国际战略分析家，原先是英国前首相布莱尔所建立的智库"欧洲研究中心"的主任。这个人的第一本书比较有名，书名是"为什么欧洲能领导21世纪？"，主要内容是比较美国和欧洲，他认为在冷战结束以后，在21世纪，世界上有两个主要模式，一个是美国的模式，一个是欧洲的模式。他论证说欧洲的模式要比美国的模式对于今后的发展更具有吸引力，而美国的模式会逐渐地衰落。他的论据相当多，比方说欧洲是主张多边主义，美国是主张单边主义；欧洲比较主张用外交和谈判的方式来解决全球化的一些争议和分端，而美国越来越倾向或者始终比较强烈地倾向使用军事手段来解决这些争端。所以他这本书在2005年出版，在欧洲影响非常大，对美国有一定影响。他在2005年写完这本书以后突然发现，这本书的全部论据、出发点都是一个问题，也就是说这本书的论据很显然就是他仍然认为西方的模式将主导、塑造21世纪的人类和世界的发展。他的基本出发点，他的基本的对世界的整个图景仍然是西方的。这本书出版完了以后他突然发现基本前提受到挑战，因为他突然发觉一个非常庞大的中国在崛起。这是他2005年的这本书结束以后开始跑中国的原因。开始跑中国的时候，一开始他也像很多西方人一样认为中国很简单，就去个两三趟，两个短期旅行基本上就可以搞清楚。结果他后来发现越来越复杂，他大概2005年来找我的时候我跟他开了个玩笑，他说他要研究中国，我说你中文又不懂怎么研究中国，他说，很幸运你们都懂英文。当时是因为他非常年轻，他现在只有30多岁不到40岁，但是他是西方新生代的国际战略家，他从西方和欧洲的角度来看待整个世界。所以，他这本书2008年在伦敦和纽约两地出版以后，受到西方国际战略界、金融界的人特别的重视，包括索罗斯等都是他的主要推荐人，就是认为他这本书是所有要了解21世纪的人的必读书。但他基本上陷入了一个非常矛盾的心态。他对中国的了解可能比我们很多人对中国的了解还要多一点，他访谈了200多个人，从政界到商界。他认为我们中国人已经形成了一套我们自己的中国的全球化图景。他给它起了一个名字，我们中国人可以翻译成"有墙的世界"。这些人都不是中国问题专家，只是这些人都是原先代表西方对全球问题看法的一些人物，都认为中国的崛起已经形成了21世纪最重大的一个实践。伦纳德这本书很有意思，它开头就说每个人的一生都有可能发生很多事情，但是等你死了以后绝大多数事情都不重要，他说，我相信我死了以后"9·11"这种事情今天看起来很大而以后不会很重大，只有一件事情是重大的，就是中国的崛起。中国的崛起可以与世界历史上罗马等帝国的兴衰这样的世界大事相比拟。这是他对整个世界的一个看法。基本上他对中国当然还是批评，他们认为这个并不符合西方的模式。但他这本书本身也很有意思，就是说中国在想什么？他认为以往的西方并不会有这样的问题。为什么？因为西方人不需要想非西方人在想什么，因为西方一般而言对非西方国家有两个看法，你只有两条路，或者你照我们想的去做，或者你灭亡，包括苏联的灭亡等等，都证明了这一点。伦纳德之所以把他这本书名命名为"中国在想什么"，就是说现在你必须想中国在想什么，因为第一，中国不会照你西方的去想；第二，中国不会灭亡。我觉得这个心理状态在弥漫，你们可以看很多西方的所谓战略家，包括小布什背后的战略家，都在提这样的问题。因为从前他不需要讲这个问题，从前他讲的很简单，就是我刚才讲的，他不需要想非西方文明非西方现在想什么，这并不重要，你如果不照我们的想，你一定会完蛋。但是，现在碰到中国的情况就很不一样了。

中国崛起的世界文明史含义

我觉得一个中国人不管研究中国还是研究西方，不管做哪一个具体研究，我们需要有一个相当宏观的图景在我们自己心中，这是最大的一个问题。而且这个大的问题就是中国到底是什么并不仅仅是一个中国的问题，它是一个具有世界文明史意义的问题。当然，谁也不敢说，中国今后会怎么样。我觉得这是我们中国人对中国崛起的世界历史含义在心理上并没有做好准备，我们表现出来对我们文明的信心度，可能远比别人估计的要低得多。这个大概就是今后三十年五十年我们特别需要讨论的一个问题。

我刚才讲，对中国的具体研究，在西方，是以西方的总体意识对世界整体的看法为转移的，他并不是中国研究。我们现在可以想一下，随着中国文明的崛起，西方对中国的研究，包括对历史的研究，包括古希腊和对中国先秦的研究，现在已经有苗头了。我相信古希腊文明和中国古代的比较研究，在接下来的十年二十年会成为西方的一个热潮。以往的很多研究在今天已经不重要。若今天谁再来问为什么中国落后，这些问题恐怕不会再有很大的兴趣，因为它已经过去了。所以，所有的问题会随着这个整体氛围的变化而变化，而我对中国学者自己的问题意识的跟进，并不感到满意，也就是说对这样一个大时代的变化而可能导致的大学术的产生，我们敏感度不足。我们经常还听到一些非常传统的、古老的甚至在一个比较有训练的人看来是非常幼稚的问题,在不断地重复,占据了大量的篇幅。打个比方讲,"五四运动"的时候,你急着打倒孔家店,批判中国传统文化,可能表面是思想解放,但你今天还在批判中国传统文化,我相信只能表明你思想僵化,你没有重新去想新的问题。因为那些之所以要批判的理由、原因和要解决的问题,都已经过去了。今天的中国不是百年以前的中国,今天的中国也不是60年代70年代的中国,我们要想的是下面的十年二十年三十年五十年。

回到我们今天的题目"古典西学在中国",中国人可能会认为,古典西学的研究当然应该以西方为准。但这是不对的。因为我们非常清楚地知道,西方人研究中国并不认为中国人研究中国一定比他们强啊,他们凭借他们独特的问题意识,他们在中国研究方面往往做出比我们更好的研究。我相信,如果中国文明真正崛起,它下面带来的问题,今后的中国人在做西方的古典研究,包括古希腊罗马的那个时候,有理由做得比西方更好,因为他会带着中国人自己独特的问题意识。如果没有这样一些基本的信心,我们会发觉你对中国文明复兴的所有期望实际上都是空的,你的起点实际上是很低的。而这样,我们可能就要检讨为什么现在到处都在谈中国文明复兴,它的想象点仍然很低,比如说很少有人敢想我们中国人研究古希腊会比西方人研究古希腊强。虽然现在可能是达不到,以后,你敢不敢想这样的问题?你敢不敢想以后我们在各个方面都有自己的一套想法?我再举一个具体的例子,大家都在谈一流大学,我曾经问了一个非常简单的问题,什么叫一流大学?如果明天北京大学所有的教授副教授都是美国拿的博士,是不是表明一流大学?很多人认为这就是一流大学。这个叫三流大学!如果北京大学以后所有的教授、副教授、讲师都必须是美国的博士,而且年复一年,这叫什么?这当然就叫三流大学。为什么?什么叫大学?大学最重要的产品是人！是最高素质的人！如果你这个大学不能够生产出最好的博士生，而是你所有的教授都要从外面进口，那表明你就是个三流大学。从我们现在很多想问题的一些基本想法，都可以看出它对中国文明自我期许的起点是非常低的。但这可能会提出一个问题，就是为什么会如此低？我们现在经常讲文化创造，但所有的人都会感到我们的底气不足。底气不足很重要的一个原因就是近百年来我们在不断地诋毁、摧毁中国自己的文明传统，我们对自己的文明传统没有一个基本的敬意。我们做的西学研究，或者说中西比较，往往做一些非常简单性的比较，它的目的已经是事先确定的，就是它要证明西方文明比中国强，而这样的比较，往往是由一些对西方学术了解非常浅的人做的，因为对西方文明了解越深的人越不会这样去做。这是我基本的一个经验概括。

古典与现代

"古典西学在中国"这样一个题目，其背后的文化冲动，背后的问题我想仍然是一个中国崛起的问题。中国崛起现在已是一个在经济层面上、在外在层面上、在国际政治层面上的基本事实，但中国的崛起在文化上至多现在才刚刚开始。尤其是我觉得在所有的学术研究当中，有一个重新调整的问题，重新调整自我立场，重新去看，不要把我们以往形成的东西认为已经懂了，我们其实很多东西都还不懂。我们以往所接受下来的无论是对中国的看法还是对西方的看法，只能说是大有问题，包括对西方古典的看法。所以，做古典西学的人必须明白，你不要觉得我在做古典西学，我是搞希腊的，这都不是你炫耀的地方，否则就表明你无见识，表明你是不成气候的人。有气候的人应自觉地把古典西学的研究服务于一个比较强的问题，也就是说去重新看待中国，去重新看待西方。有很多问题，从前没有问的，必须现在问，比方说西方的古典和西方的现代是什么关系？中国的古典和中国的现代又是什么关系？

西方的古典在现代以后，基本上是处于一个不断被激活的状态。几乎西方的每一次思想转变，都会看到这些思想家的主要的方向是在重新介绍他们的古典，西方所有比较有原创力的思想家的一个运行方式是不断地返回原处，他们始终认为这是他们在去获取新的思想和学术灵感，去重新看待他们自己的文明。看罗尔斯搞的哲学史，他首先把西方的古代和西方的现代做一个截然的区分，认为古代和我们没有关系，他直接从西方的现代讲。这是他的一个取向，他对西方的古代和现代做出一个截然的了断，也就是西方的古代和我们基本上没有关系，也就是西方的古代和现代是一个断裂的关系，这是他背后隐含的一个东西。但是我们去看后果，整个美国80年代政治学界的基本讨论是所谓群体和社会主义的变更，那么，整个返回到哪里呢？就是又返回到古希腊，整个一个回顾点是回到亚里士多德的问题。而在经过这场辩论以后，主流自由派也就是西方自由派的政治的基本问题变成了康德与亚里士多德的问题，也就是说用亚里士多德去补康德，这样的一个基本路线是用亚里士多德来批判康德到现在。每个人对亚里士多德的理解可能都不同，但始终在用他们的源头来研究这些方面。整体来说，西方在古典和现代讨论的背后有一个基本问题，觉得现代是问题。这和我们中国人对现代的看法很不相同，西方的现代性始终伴随着对现代的批判，始终在检讨现代的东西，而在这个检讨当中，古典的传统往往成为批判性的支点。我们中国现在已经进入了一个非常复杂的现代社会，但是我们对现代社会本身的认识是什么，实际上缺少比较强有力的研究。90年代以来，我们基本上把现代社会简化为现代市场经济的问题，而忽视了现代社会极端复杂的问题。我觉得我们对现代看法与西方不太相同，当然也可以理解原因，就是在相当长时间里，现代是一种我们所向往所追求的东西。这样一种对现代和现代社会的看法是错误的,而且会导致我们对从现代出来的很多问题束手无策。包括我们90年代以来的辩论,很多都不能阐述这个问题。我们不能够了解现代社会是一个越来越复杂的社会,越来越复杂的社会就表明,现代社会在不断地产生它自己的问题。现代社会和传统社会的一个真正的差别就是现代社会越来越复杂,问题越来越多,而不是问题越来越少。但是我们在几十年改革当中形成了一种预设,就是我们老觉得,我们现在有问题是因为我们以往的传统知识还没有消除,这样会导致我们对现代社会认识的很多偏差。比方说,90年代以来,在一个相当长的时间,人们不愿意承认市场经济本身是产生不平等的一个重要的机制,往往倾向于把我们现在不平等的问题归因为市场机制还不完善,是因为以往的种种制度问题。这样一种看法,我认为是不适合于现代的。

所以我们中国人在考虑古典和现代的时候,基本有两个可能性的选择,一个当然是比较主流的即基本上否定中国的古典,否定中国人的传统。另外还有一个是简单地把中国的古典尽可能解释得符合现代。但是这样的话我们就会有些先天的弱点,它可能忽视了中国文明本身的特性,因为他先天性地认定了现代社会是好的,它导致了我们的现代社会没有一种像在西方那样具有相当深度的批判力的事情。

真正地去读古典的话,应该要求我们对现代本身有一个批判性的看法。现代本身是有很多很多问题的。所以我就回到今天我们的题目,虽然是"古典西学在中国",但是背后隐含的问题仍然是中国文明在整个21世纪的全球文明当中,我们如何整体性去看待中国文明的基本取向和它的基本发展,这是我今天想讲的引言。我就讲到这里,谢谢大家!

古典学与古典教育*

（2015）

一

大家早上好，很高兴又有机会看到很多老朋友还有许多新朋友。这次是古典学会的第三次年会，我想大家都还可能记得今年1月份的时候，开过"经典与解释丛书十五周年"的纪念会（已经出版350多种、近360种书）。现在开这个会提醒我们，古典学年会已经成立5年。所以我在想，可能现在是一个时候，来想一想现在古典学到底在中国处于一个什么状态上？或者说，古典学在中国的今后有一个什么样的前途？今天借这个机会提出这个问题。也想邀请我们在座所有人一块儿来想一个问题，我把它叫作、或者我今天讲话的一个题目，就是"如何发展中国大学的古典学科"。因为，我们所有人在这15年内见证了古典学在中国从无到有，逐渐地包括几届的年会，包括现在很多人都在号称做古典学。

古典学到底在中国是什么？我们可以问，比方说，古典学在中国大学现在是处在什么位置上，在中国大学今后处在什么位置上。提出这些问题，我们实际上可以看得很清楚，第一，古典学在中国大学现在还没有位置，它还不是一个被正式承认的学科；第二，

---

* 本文根据作者在"第三届全国古典学年会"（2015年11月28日、29日，于重庆大学）开幕式和闭幕式上的讲话整理而成。

大概在几年前，实际上如果提出这个问题的话，我们发现中国学界对"古典学到底是什么"并没有共识。每个人理解的古典学都很不一样，而且因为这些不一样，导致一些互相的攻击等等。我大概觉得由于古典学现在在中国大学没有真正的位置，由于古典学在中国仍然处在刚刚起步的阶段，所以，古典学发展可能在今天特别需要一个互相包容，需要各方各界都克服一些宗派意识，才有可能获得一个发展。

今年2015年某种意义上可说古典学有点热闹，除了1月份开了"经典与解释丛书十五周年"的纪念会以后，大家看到了两个东西，我觉得比较认真地在讨论古典学、我比较推荐的是裘锡圭先生的一篇文章《古典学的重建》，是一个访谈。我觉得这是一个比较正面地在谈，到底他认为的古典学是什么。我对他印象比较深的有好几点。我很推荐大家去看这篇文章，裘锡圭先生学问很好，是一位我很尊敬的学者。有几点我印象很深，也是我所同意的。第一点，在批评目前一些伪国学热的时候，他说很多人似乎（做古典学也好、做国学也好）急于把中国文化好的东西推向世界，出发点是认为外国人太不了解中国文化好的东西，急于把它全球化、急于把它国际化。他特别地强调，中心在于应该提高国人对古典的认识。也就是说，我们中国人现在对于古典的认识、对古典的了解太差，所以主要是要在国内发展，我特别地赞成这一点，不是急于要到国际上如何，在全球化的时代急于把中国的好东西推销出去，而是首先看到中国国内的文化状况，古典在中国的整个地位，进而提高它，他认为这个是重心。

第二点，他特别谈到传世文献和出土文献的关系。我们都知道裘锡圭先生本身是出土文献方面的大家，但他特别地强调传世文献的重要性。比方说，假定有一个人是很掌握出土文献、新材料新方法，但在传世文献上没有训练，和另外一个并不了解新材料新方法、但是掌握传世文献比较好的,他要哪一个,他宁可取后者。他特别强调,所有的出土文献只有在传世文献非常熟悉的情况下,才能够真正被理解,否则出土文献没有传世文献做对照,实际上根本很难理解。我觉得这一点可能对今后古典学的发展是比较重要的。特别是,当我们说古典学的本科培养,重心应该放在哪里?我认为,至少在本科,甚至在硕士阶段,主要应该是在传世文献的培养上。我觉得这一点,尤其裘先生自己是出土文献的大家,提到这一点,我认为是非常切中时弊的。

第三点,我觉得我印象比较深,裘锡圭先生特别还提到假定他还有时间,他会很希望研究人类学。也就说,不管他对古典学是怎么定义的,他并不把古典学完全看成是一个封闭性的东西,古典学实际上总是和其他很多学科处在一种关系当中。这一点也是非常非常关键的。今天有些谈古典学的人,他们往往把它看成一个很孤立的东西,似乎古典学这个东西可以脱离整个现代学术的发展。说实话,这种人大概是比较无知的。我们如果稍微了解一下西方古典学的状况,如果看一下它晚近三四十年来、四五十年的发展,那么你会看到现在的西方古典学处在一个非常可怜的状况中。它的所有方法论、所有东西都是外来的,结构主义的、人类学的、女性主义的、后结构主义的,今天最时髦的、最显学的接受研究(reception studies),所有都是在外来的其他学科的冲击下在发展的。

裘先生还有一点,也让我印象深刻,就是如何评价前人?他特别提到郭沫若,对郭沫若评价非常高。而现在很多人动辄随便贬低郭沫若,这其实是一种很无知的表现。郭沫若40年代的一个作品,他评价很高,即使新中国成立以后,裘先生也特别强调,郭沫若对学问是有真兴趣的,包括裘锡圭先生他们文章最早发表,都是郭沫若提携的。郭沫若非常能够看出哪些学术是有价值的。我觉得这几点都是让我个人印象比较深的,是比较建设性的,完全是在谈他认为古典学应该怎么发展。虽然说，裘先生对古典学的定义有他自己的看法，因为他基本上是在谈中国的古典学。

当然，另外还有一些我看到的，在1月份会议以后，大家也都知道，有一篇媒体的文章，叫《古典学的是是非非》。这篇文章出来之后，引起了不少的争议，也引起了很多人的愤怒和回应。我觉得，这也是正常的，应平常心对待，它无非是说现在古典学在中国没有什么底子。只不过这篇文章真正的问题是它比较小儿科，把一些百度的知识当成古典学的东西。比如说西方古典学是从亚历山大图书馆时代开始，如果中国的古典学还停留在这样一个状况，我们未免也太可怜了。所以说，这无非是表明见识比较低一点，它并没有积极性的讨论。

所以现在可能是一个时候来考虑一下，比方说，假如古典学真的要作为一个大学的学科的话，它总有一些边界，或者说，什么是古典学？到底哪些不是古典学，哪些是古典学？我觉得这些都是值得讨论的问题。否则的话，如果对这些问题没有一个自觉，不提出讨论这些问题，我们就不大可能有进展。我认为，应该可以取得共识的、没有太多争议的第一点是：如果在中国大学建立一个古典学系，那么毫无疑问它不可能是，也不应该是简单地照搬一个西方——无论是美国，还是英国的古典学系。这样的照搬是毫无意义的，理由是非常简单的，就好像中国大学要办一个哲学系，他肯定不可能完全照搬西方的一个哲学系，它必然会有中国哲学，会有外国哲学。所以，我认为，如果在中国大学建一个古典学系，它肯定应该包括中国古典和西方古典，或者说外国古典。真正的问题可能在于，中国古典到底怎么定义，然后，西方古典是否就是完全按照西方的古典学系。这些问题实际上都可以讨论。我今天想提一些非常不成熟的想法，主要目的是希望引起大家一起来讨论。

下面我会谈几个问题，首先我会强调，古典学在中国大学、即古典学和古典教育的关系。第二点我想谈一下中国古典学的基本态度问题是什么,到底怎么对待。第三点我会讲一下中国古典学和外国西方的古典学在中国大学应该大概有一个怎样的设想。我现在有一个非常不成熟的想法,特别是中国古典,中国古典文明那么长,整个中国文明都变成古典学显然是不合适的,那到底应该怎么取舍。

我想从第一点谈起。我觉得今天谈古典学,实际上包括这15年来主要的一点,是和民国时代不一样的,是对古典无论是对中国古典还是西方古典的态度不一样,是强调它的教育目的,强调它在今天仍然有非常重大的正面的教育目的。我认为这是和20世纪以来、"五四"以来、民国以来最根本的一点不同。我为什么会强调中国大学的古典学,因为这跟单纯办一个研究所并不一样。虽然古典学这个词是最近几年才起来的,但实际上可以说,顾颉刚的《古史辨》就是古典学,胡适和傅斯年的史语所不是古典学又是什么呢?问题在于,尤其是史语所在1928年成立的时候,傅斯年的历史语言研究所我怀疑它的英文名称就是philology,我没有去查过。傅斯年实际上从研究的角度上来讲就是在做古典学,和西方的古典学倒是相当相近。真正的问题在哪里?他从来没有认为中国的古典还有任何道德上的价值,还有任何教育上的价值。傅斯年的表述是最明确的,中国现代的史学只能是史料学,而且用自然科学的方法去研究,最重要的是新材料、新方法,用自然科学。傅斯年甚至反对著史,因为任何现在写史都带有伦理的观念,都是历史性的偏见。所以他们的"中研院"是没有哲学所的,这都有非常强烈的倾向。也就是说他是在一个根本否定古典在现代有任何实际的教育价值的前提下在研究古典学。我并不是说这样一个研究就没有价值,而是说这个是当时的情况,我们不能说中国古典研究从现在才开始,傅斯年他们也是一种路向,但是没有把古典真正在现代还有什么意义的问题提出来,更加没有把古典在大学教育当中放到一个地位上。

我从前曾经提过,1911年的教育部的第一个方案有八个科目,第一科就是经学,完全做的中国经学。第二年蔡元培主政,就变成了七科,就是把中国的经学部分完全拿掉。也就是认为这些经学等等本身就是(按照我们以前的说法)封建的、(他们的说法)反动的。总之这些东西都只是被研究的材料而已。我觉得这是和今天最大的一个不同所在,实际上回顾这15年来,所有人都自觉不自觉地转向古典。实际上很多人一开始无论是对中国的古典还是西方的古典感兴趣也并不是说想要去做一个什么古典学,我觉得在古典学的运动背后,一个最基本的冲动在当时实际上是对现代世界物欲横流、功利主义盛行的一种反动,是希望回归到一种人文源头上的一种冲动。我仍然认为这个是目前古典学最重要的一个动力。

也就是说,古典在中国的大学里面真正开始受到高度的重视,这个重视,是从价值方面来肯定它的。我觉得这是和以往的古典学不同的一点。也就是在这一点上,虽然裘锡圭先生的很多方面我都非常地赞同,但是他的基本的对古典学的定义,我不赞同。我认为基本上仍然是史语所的一个路向,也就是过于窄,基本上是一个古文字的扩大和古文献的一个范畴。我会比较强调,在今天发展古典学的必要性,是一个中国文明的内在冲动,它是对古典的重新认识。这是和以往最大的不同。

所以第二点,这里边一个问题就是,在今天,如果在中国大学里面从事古典学研究,对古典学的态度是什么。我会把它简单地总结为"尊重古人的智慧"。我觉得这里面隐含着我们自己对于现代性的认识。也就是并不是再像以前那样,而是应该明确地提出,要克服、扬弃在中国特别盛行的进步主义、科学主义的这种常识的传统。并不是新的就是好的、旧的就是不好的。而且实际上,在对古典的重新认识当中,隐含着我们对现代性的比以往更深刻的理解，就是现代社会本身充满了它的问题。我们并不是用古来否定今，而是说一个比较良好的现代社会，会需要古典的传统保持得比较多、发展得比较多，这个现代社会才比较良善，是一个补充的关系。所以，也就是在这里面，大家可以说，总体的古典学的态度，借用钱穆的话说，无论是对中国的古典还是对西方的古典，首先是一种"温情和敬意"的态度。而并不是说，站在一个认为现代人一定比以前高明，站在一个"我是最高法官"来判断——古人也不会说话，死人也不会说话——随便用现代的东西来判断古人，甚至强奸古人的态度。这大概是一个比较基本的态度，我觉得这也是和原本史语所的路向不大相同的一点，即不是把古典的东西仅仅看作一种材料、仅仅是一种史料，而要发挥它在古代的智慧。这些智慧很可能对现代人、对现代社会仍然有非常重要的功能。我认为这是一个基本的问题。

当然这当中情况会比较复杂，顺便一说的是，这正是施特劳斯派或者施特劳斯本人比较重要的一个贡献，他特别强调要尊重古人：不是随便去说"我可以比柏拉图本人更好地理解柏拉图"，这是一种现代人的狂妄；而是说，很可能你并不能真正理解柏拉图。这里面会牵出非常多复杂的问题，到底是不是有一个真的"柏拉图"？还是"柏拉图"只不过是任何人随心所欲解释的"柏拉图"？施特劳斯这样一个立场和观点，也可能会把他自己逼入死胡同。因为事实上我们又必须承认，任何时代，对柏拉图的解释也好，对孔子的解释也好，一定总是和当代、和现时代有密切的关系。所以这两个问题不可以弄得太死，总是有一个辩证的关系。我印象当中非常深的，我刚刚回国的时候，有一次应该就是在刘小枫家里，大概在香港，我们三个包括张志扬，当时初次和我们谈论，志扬就问了我一个问题：怎么确定谁的柏拉图就是真的柏拉图？大概这个意思，我印象不那么准确。志扬当时问的问题很拗口，我一开始都完全不知道他问我什么。但我现在可以表述得比较简单，简单的回答是：到底怎么样才是柏拉图的真相，这是一个辩证的问题。但是，态度和出发点是力图去理解柏拉图，力图去理解孔子——这个出发点有与没有是很不一样的，否则就可以说孔子与柏拉图只不过是我们都可以随心所欲地解释的。所以这里也有一个正确理解古为今用的问题。

古为今用，也就是强调古代的东西在今天仍然有正面价值，仍然有精神激励的作用，有价值建构的作用等等，并不是说古为今用是随便地以今天的任何一个立场来曲解、歪解它。所以这可能是在讨论古典发展的时候比较关键的两个前提性问题，也就是首先会有一个正面的肯定，无论是西方古典还是中国古典的价值。我在这里顺便要说一下，与美国相比，这方面大概正是中国学界或者说中国的大学生比较健康的一点。可能最近有人会注意到，哥伦比亚大学正在闹学潮，闹什么学潮？在坚决反对哥伦比亚的、也是我历来最推崇的通识教育核心课程。起点是一个黑人女生强烈地反对，第一是认为"核心课程太难了"，第二点是"和我有什么关系"，"我是黑人，我是女人，为什么要读这么多柏拉图？和我有什么关系？没有我的任何东西"。最近还在闹，在哥伦比亚。当然这是一个80年代以来一直闹到今天的问题。在这个意义上，我觉得中国的学界、中国的读书人都应该明确地强调——我个人越来越觉得这个很重要，就是——族群的问题、性别的问题固然重要，但是柏拉图也好，孔子也好，莎士比亚也好，是超越族群，超越性别的。如果不承认这样一种超性别、超政治的东西，人类文明不存在，人类价值势必也不会存在。当然这也是我的政治不正确，我觉得今天特别需要强调反对这一套文化研究的政治正确，而且这一点上我觉得中国的读书人，包括中国的学生自然而然地会比较倾向于不这样去看问题、不会这样去强调。总之,强调教育的功能之重要性,强调对古人智慧的尊重,我认为是比较基本的一个前提。

所以第三点(我大概占太多时间了),假定说中国大学能够发展一个古典学科,那紧接下来的问题是中国古典学和西方古典学、和国外古典学,我们到底会怎么样来讲?我大概有一个很初步的非常不成熟的想法:中国古典学或许可以考虑在原本的"经史子集"的构架里面取"经学"和"子学"两个部分。这并不是说史部、集部不重要,我觉得有两点很不相同,史学已经太发达了,而且现代的史学和原本的传统史学传统已经完全不一样了。所以可以暂时让史学就做史学。文学也是,现代的研究都太发达了。我觉得总要有一个边界,这个边界不宜以时间来划分,比方说是在先秦部分,还是在唐代部分,还是甚至一直到明清,因为严格说来中国古典文明一直到19世纪中期西方进来之前都是一个中国古代文明。所以经学和子学可能是可以考虑的一个方式。也就是说,即使原先史部的和集部的或许也要借助经学和子学的研究逐步恢复起来。打个比方讲,像《史记》《左传》,包括《资治通鉴》,我觉得这些研究都可以和现代史学拉开距离。现代史学实际上是标榜自己接近自然科学和社会科学,而并不强调它是人文。从傅斯年时代开始,史学实际上便特别以自然科学为标准。在西方也是,历史学很多在大学里面是属于社会科学(social society),而不是在人文学科,包括芝加哥大学,历史学属于社会科学。这是个挺有意思、比较特别的一个特点。文学也都是非常现代的。打个比方讲,如果今年讲《诗经》,我觉得今天很多人会不太满足,甚至不太满意用一个完全现代文学的方式来讨论《诗经》,而会比较希望能够以一个中国传统的方式来恢复它的本来面目。这并不是要否定现代文学的重要性,而是说从古典学的角度来叙述它。但如果把所有的中国古代文学的研究都统统算为古典学,可能就无法区分,这主要有一个方法的问题。我会比较强调，和我前面讲的两点比较相关，如何能够更好地去认识我们的智慧，尊重我们的智慧。当然这个想法是非常不成熟的，大家可能会有很多的批评，比较希望听到大家的意见。

另外，还有一点，西方的古典学的部分，我认为，不应该完全按照西方常规的古典学系的希腊罗马来讲，而是应该把文艺复兴和早期现代放进来。也就是说只有在西方"古今之争"的背景下，才能更加看准它的意义。这点尤其重要，如果大家稍微了解西方古典学这十多年的进展，所有人都在做这个接受研究，我觉得这个接受研究虽然每家名称相同，但每个人的倾向并不相同，有些人是伽达默尔式的，有些人是施特劳斯式的，有些人是德里达式的，有些人是福柯式的。但是强调任何古典有一个"接受"的过程，这个本身是完全正当的。每个人自己去怎么理解这个"接受"，你可以自己个人式地去理解。但是考虑到中国学界、中国人去了解西方文明的时候，单纯地把这个希腊罗马封闭起来、孤立起来，可能对我们不是最有利。一个可能的方式是至少把文艺复兴拿进来。因为我们知道整个希腊文明是完全断掉的，经常说的是西方中世纪，从奥古斯丁到阿奎那两个人都不懂希腊文本，其实文艺复兴本身可以了解这样的一个过程，包括古希腊罗马在西方文明中怎么演变这个问题，应该纳入中国的西方古典学研究的视野当中。我们大家都知道，在19世纪以前，罗马的地位是远远高于希腊，希腊是19世纪之后才逐渐逐渐开始有地位的。

这些，就是我大概一些初步的很不成熟的想法，我认为这时我们需要去考虑一个边界问题，假定说我们要考虑一个学科的话。如果没有边界，什么都是古典学，那么它就可能会泛指。我的目的主要是希望所有的同事、同人都能够来想这个问题，这可能会有助于我们下一步中国大学古典学的发展。

二

按道理来说闭幕式本来都是刘小枫承担的,从去年到今年都变成我的事情了。

今年的主题是"《理想国》的教学与研究",可能与这个有关,今年年会的文章在历史方面还是少了一点。我想强调一下,整个古希腊史的研究在中国实际上还是比较弱,如果把全国每个大学做古希腊史的加起来可能还比较多一点,但到每一个大学可能就很少了。从中山大学来说,整个历史系做世界史研究、古希腊史的只有一个老师林英教授,这次她没有来。我估计很多学校都是这样一个情况,这也和中国大学历史系的世界史的状况很有关系。我比较希望今后的古希腊史、古罗马史的研究方面有更多的人。从中山大学博雅学院、重庆大学博雅学院来讲,古希腊文明史是开课的,但到现在没有罗马史的老师。所以这些反映了中国目前大学的现状,古希腊史、或者说整个古代史,更不要说在世界史里作为一个单元的两河流域,像王献华这样专门研究两河文明的老师都非常少。我比较希望古典学会今后还是能够加强这一方面。

另外一方面,从主题"《理想国》的教学与研究"来说,还是比较成功的。首先一点,我自己都还是有点惊讶,有这么多老师都在教《理想国》,而且不像原先主要是在哲学系,很多老师并不是在哲学系。我昨天参加了一场,印象特别深的是黄汉林,在新闻学院任教,所以在教法上就逼得他以表演的方式让学生来表演《理想国》的第一卷,我觉得是挺有发明创造力的,让学生能够进入。我觉得这个是比较好的现象,其实早些年,甚至哲学系的本科生本科毕业以后绝大多数都没有读过柏拉图《理想国》,这在以前是常态。现在,读至少像《理想国》这样的柏拉图原著,不仅在哲学系本科来说是比较普遍了,985大学都应该还做得到。现在包括中文系,或者通过通识教育在全校讲授《理想国》,这是一个挺大的推进,也就是我在开幕式上讲的古典教育对大学的功能是在发挥起来,这是一个非常好的现象。而且大概可以预期,教《理想国》的老师会越来越多,这样一个现象可能会进一步扩大。

但另外一方面,我大概还是想要讲一下:听了几场,我和几个老师都交换了下意见,感觉讲《理想国》的相似度还是太高了一点,或者说穿了,真的还是有点太施特劳斯了。一方面,这当然可以理解,至少在《理想国》方面、在柏拉图研究方面,施特劳斯和他的一些学生的解释本身是非常有趣的、有意思的,所以完全有正当性的,这个没有问题。但是我希望不要停留在这个上面。大概各位老师现在都比较年轻,一些刚刚博士毕业,一开始进入柏拉图的研究,进入《理想国》的研究,比较多地受到施特劳斯的影响,这是很正常的。但如果大家再过两年开会,还是这样一个施特劳斯的解释,那将很令人失望,我会觉得学问没有长进。

所以我有几个建议。一是阅读要扩大出去,不能只读施特劳斯。这一点尤其针对这次年会。在讲《理想国》方面真的雷同性有点高。另外,我很不喜欢一些带有标签性的词语,什么"哲人"啦"血气"啦,我上课讲《理想国》的时候从来不用"哲人"这个词的,不要老是好像要带有一种"标榜",这会弄得人很难受。当然,多讲点"智慧"是好的。通常来讲,施特劳斯最好的学生都是施特劳斯味比较淡的,比如皮平(Robert Pippin),你甚至都看不出来。皮平是做黑格尔研究的,实际上他是施特劳斯派的。这也是我比较大的期望所在。

从这个角度扩大一点来讲,既然现在大家都是对古典学有所追求,那么对西方古典学的一些进展是需要有基本了解的。比如,我在开幕式上提到的,也是一个挺有意思的现象——大概有十多年吧,我离开美国的时候,还并没有出现接受研究。然而最近古典学几乎被接受研究所笼罩，而且不单单是古希腊、古罗马的研究，很多研究领域都在运用接受研究。我希望大家能注意这个东西。当然，我的意思不是要跟风，相反，特别是对于研究西方古典学的同行来说，大家是需要了解西方古典学在干什么？他们为什么在做这些？到明年开年会的时候，我希望有一个关于接受研究的讨论——关于接受研究，他们到底在做什么？他们为什么要这么做？比较理想的是，中国学者能够形成自己的探讨，当然我们也可以认为接受研究是一个很无聊的学说，但是你得讲道理，至少得说明为什么。根据我近来的了解，就目前的境况来讲，接受研究比较多地出现于文学作品的研究中，比如悲剧、史诗，而哲学的东西比较少。

我来参会之前，看了一本关于伊壁鸠鲁的书，里面便运用了接受研究，这是进入哲学的、关于伊壁鸠鲁的接受研究的一个研究。这本书最后的三章分别谈论的，一个是伊壁鸠鲁与施特劳斯的关系，一个结构主义与福柯的问题，还有一个谈的是伊壁鸠鲁与德勒兹的关系（它是一个论文集）。我觉得都还是写得挺有意思的。因为，事实上我觉得，在关于施特劳斯的研究当中，伊壁鸠鲁的问题是大大被忽视的。比如，今天赵雪纲所谈的施特劳斯的"宗教批判"，特别是早期的斯宾诺莎的宗教批判，里面最大的一个问题实际上是伊壁鸠鲁。伊壁鸠鲁是一个古代的宗教批判的典型。所以这是有意义的。

我在开幕式也曾讲到，虽然都在做所谓的"接受研究"，但是每个人的路向不一样。我实际上认为，不管你是哪派，不管你是后结构主义、女性主义，做得好的学者都可以做得很好。施特劳斯学派最好的学者非常好，做得差的就非常差。哪个学派都不重要，每个学派都有高低之分。如果你们都盯死在一个施特劳斯身上，我敢断言你们以后都会是三流的施特劳斯，那是很没有出息的。所以你们一定要读得广一点。事实上扩大一点说，对中国学界来说，与

古典学与古典教育 505

西方学界不同，毕竟西方古典学并不是中国的传统，是离我们很远的东西。所以有一个方面，西方古典学的学术史，应该是我们关注的一个重点。我在开幕式上提到，有些关于现代古典学术的说法太小儿科了，还在说什么古典学是从亚历山大时代开始的，这些都是非常小儿科的问题。古典学最大的变化当然是在最近三四十年，基本上都被现代思潮所冲击。如果你要真的想了解西方古典学，你去看美国古典学会，特别是1990年到2005年左右，是他们内部斗争最激烈的时候。在美国古典学会的年刊上、它的学刊（*Transactions and Proceedings of the American Philological Association*）上，非常罕见的，大概是从1990年到2002年，每一期的第一篇文章都是他们的学会主席的致辞。这个主席致辞是其他所有杂志都没有的，而且大概2004还是2005年以后也都没有了，学会主席致辞也都不放在第一篇了。在那之前也没有的。所以这段时间是他们自己称为"generation shift"的时候，代际转换的时候。新的一代，大概是1992年的选举它的程序都被破坏掉了。一般来说美国古典学会的主席有两个候选人的，那一年的两个候选人都是女性主义的，而且是很好的女性主义研究者。我认为女性主义在研究悲剧方面是非常有贡献的，这个是非常明显的。如果做悲剧的话，仅仅看施特劳斯那是不行的，女性主义非常重要。但那一年是老派的要推第三个候选人，这个是非常老派的做古典学的，完全是做哲学的，如果我没有记错的话是做纸草研究的非常好的一个学者，而且他是以少数派当选的。所以最后变成有三个候选人，这是因为老的学者不满意女性主义的新潮冲进来。这些实际上都是需要了解的。

古典学不是像现在我们有些人很幼稚很小儿科地理解的，好像古典学是很纯粹的、很纯净的，传统很悠久啦。古典学一再地被外部的东西所冲击。人类学至少冲击它两次，19世纪末Jane Harrison她们，那次冲击是不大成功的，被看成是比较糟糕的，像

Murray。但实际上这些年,你去看古代神话的研究方面,他们也都开始在被恢复名誉。但是70年代到80年代法国结构主义人类学的冲击,那是非常强势的,是完全进入到古典学的非常正当的研究,一大批人都做了结构主义。而且你们再去了解,你还要看到国家与国家之间是不一样的,实际上英国的古典学与美国的古典学非常不一样。英国古典学的人是比较老派的,非常不满美国的古典学,认为美国的古典学就是喜欢搞新潮,非常政治化。

如果仔细去看书评,包括对施特劳斯的第一次批评,在《纽约书评》上的,也是一个英国人。所以不是一个笼统的,真正要谈,不是像小儿科一样谈点什么亚历山大时代啊、沃尔夫时代啊,这种都是百度的水准。要真正谈学术史,你真正要了解,你要去看大量的东西,你一看就知道这个是哪一派、那个是哪一派。很多人根本没有这个功力。在西方古典学方面希望大家要下功夫,不能光是盯着一个施特劳斯派。这个很不能令人满意,我希望下面的几年能够真正地开始对整个西方古典学,尤其是最近50年左右的学术史,实际上是需要带一些博士生做博士论文去研究,包括柏拉图,主流学派在20世纪90年代有一个非常大的变化,这个变化一定程度上是和施特劳斯有关系的,而且事实上主流学派的柏拉图研究和施特劳斯派早在80年代就有过一次对话,是非常良性、很好的对话。这些都是要关注的问题。所以我谈的西方古典学可能多一点,毕竟我们这里是刚刚起步,整个西方古典学这个学科的学术史、包括它现代的东西,是我们需要掌握的。

另外一点我大概还是要讲一下,我们必须承认很多方面,特别是在语言的训练上,中国方面肯定是不大够的。博雅学院最近两年,因为我们和剑桥的古典学系有个合作,每年夏天他们来给我们讲一个夏天的一个暑期班,讲中级和高级希腊语。以我自己的了解,我们两个博雅学院,中大和重大的博雅学院,目前来说,古希腊语我们大概初级还是可以的，没有问题。实际上中国的老师，像中山大学董波老师上的希腊语课，那是远远比Saint John's上的古希腊语要扎实多了，因为我们两个学校是一个姐妹关系，交换很多。中级大概我们也还可以到，但高级就不同了，我们真的是需要和国外的去建立联系。所以我觉得在有条件的单位和学校，这方面还是要加强，否则在语言的训练上、一些基本的训练上，以我们中国目前的这个古典学的发展来说，实力是不够的。我大概希望就是如果真的搞这个学科，很多基础的训练要加强，而且在目前这个阶段，还是要比较多地介入。因为现在合作还是比较有可能的，大学也都比较有钱，应该能做到。

中国的古典学方面我是很同意陈壁生的讲法，我觉得这次在中国方面的文章也是相对少一点，所以下次我比较希望特别是壁生啊、柯小刚啊，要多努力。最后，我要帮柯小刚那边做一个宣传。我觉得他创造了一个非常好的模式，他一方面管同济的哲学系，一方面有一个民间的古典教育的机构。昨天晚上我听他说了一下，很惊人，他是非常严格地筛选的，来上课的都是社会上的白领。在上海这样一个腐败的地方，还是有很多不腐败的、没有被败坏的白领，这些人愿意用业余的时间来上这个中西古典的课。我觉得这个有条件的实际上都可以做，所以我是和李长春他们说在中山大学你们应该开展这方面的工作，这是应该你们年轻人做的事情。好，我就讲这么多，谢谢大家。

"古典与文明"丛书总序*

(2017)

古典学不是古董学。古典学的生命力植根于历史文明的生长中。进入21世纪以来，中国学界对古典教育与古典研究的兴趣日增并非偶然，而是中国学人走向文明自觉的表现。

西方古典学的学科建设，是在19世纪的德国才得到实现的。但任何一本写西方古典学历史的书，都不会从那个时候才开始写，而是至少从文艺复兴时候开始，甚至一直追溯到希腊化时代乃至古典希腊本身。正如维拉莫威兹所说，西方古典学的本质和意义，在于面对希腊罗马文明，为西方文明注入新的活力。中世纪后期和文艺复兴对西方古典文明的重新发现，是西方文明复兴的前奏。维吉尔之于但丁，罗马共和之于马基雅维利，亚里士多德之于博丹，修昔底德之于霍布斯，希腊科学之于近代科学，都提供了最根本的思考之源。对古代哲学、文学、历史、艺术、科学的大规模而深入的研究，为现代西方文明的思想先驱提供了丰富的资源，使他们获得了思考的动力。可以说，那个时期的古典学术，就是现代西方文明的土壤。数百年古典学术的积累，是现代西方文明的命脉所系。19世纪的古典学科建制，只不过是这一过程的结果。随着现代研究性大学和学科规范的确立，一门规则严谨的古典学学科应运而生。但我

---

* 本文是北京三联书店出版的"古典与文明"丛书（甘阳、吴飞主编）的总序，写于2017年6月。

们必须看到，西方大学古典学学科的真正基础，乃在于古典教育在中学的普及，特别是拉丁语和古希腊语曾长期为欧洲中学必修，才可能为大学古典学的高深研究源源不断地提供人才。

19世纪古典学的发展不仅在德国而且在整个欧洲都带动了新的一轮文明思考。例如，梅因的《古代法》、巴霍芬的《母权论》、古朗士的《古代城邦》等，都是从古典文明研究出发，在哲学、文献、法学、政治学、历史学、社会学、人类学等领域带来了革命性的影响。尼采的思考也正是这一潮流的产物。20世纪以来弗洛伊德、海德格尔、施特劳斯、福柯等人的思想，无不与他们对古典文明的再思考有关。而20世纪末西方的道德思考重新返回亚里士多德与古典美德伦理学，更显示古典文明始终是现代西方人思考其自身处境的源头。可以说，现代西方文明的每一次自我修正，都离不开对其古典文明的深入发掘。正是在这个意义上，古典学绝不仅仅是象牙塔中的诸多学科之一而已。

由此，中国学界发展古典学的目的，也绝非仅仅只是为学科而学科，更不是以顶礼膜拜的幼稚心态去简单复制一个英美式的古典学科。晚近十余年来"古典学热"的深刻意义在于，中国学者正在克服以往仅从单线发展的现代性来理解西方文明的偏颇，而能日益走向考察西方文明的源头来重新思考古今中西的复杂问题，更重要的是，中国学界现在已经超越了"五四"以来全面反传统的心态惯习，正在以最大的敬意重新认识中国文明的古典源头。对中外古典的重视意味着现代中国思想界的逐渐成熟和从容，意味着中国学者已经能够从更纵深的视野思考世界文明。正因为如此，我们在高度重视西方古典学丰厚成果的同时，也要看到西方古典学的局限性和多元性。所谓局限性是指，英美大学的古典系传统上大多只研究古希腊罗马，而其他古典文明研究例如亚述学、埃及学、波斯学、印度学、汉学以及犹太学等，则都被排除在古典学系以外而被看作所谓东方学等等。这样的学科划分绝非天经地义，因为法国和意大利等的现代古典学就与英美有所不同。例如，著名的西方古典学重镇，韦尔南创立的法国"古代社会比较研究中心"，不仅是古希腊研究的重镇，而且广泛包括埃及学、亚述学、汉学乃至非洲学等各方面专家，在空间上大大突破古希腊罗马的范围。而意大利的古典学研究，则由于意大利历史的特殊性，往往在时间上不完全限于古希腊罗马的时段，而与中世纪及文艺复兴研究多有关联（即使在英美，由于晚近以来所谓"接受研究"成为古典学的显学，也使得古典学的研究边界越来越超出传统的古希腊罗马时期）。

从长远看，中国古典学的未来发展在空间意识上更应参考法国古典学，不仅要研究古希腊罗马，同样也应包括其他的古典文明传统，如此方能参详比较，对全人类的古典文明有更深刻的认识。而在时间意识上，由于中国自身古典学传统的源远流长，更不宜局限于某个历史时期，而应从中国古典学的固有传统出发确定其内在核心。我们应该看到，古典中国的命运与古典西方的命运截然不同。与古希腊文字和典籍在欧洲被遗忘上千年的文明中断相比较，秦火对古代典籍的摧残并未造成中国古典文明的长期中断。汉代对古代典籍的挖掘与整理，对古代文字与制度的考证和辨识，为新兴的政治社会制度灌注了古典的文明精神，堪称"中国古典学的奠基时代"。以今古文经书以及贾逵、马融、卢植、郑玄、服虔、何休、王肃等人的经注为主干，包括司马迁对古史的整理、刘向父子编辑整理的大量子学和其他文献，奠定了一个有着丰富内涵的中国古典学体系。而今古文之间的争论，不同诠释传统之间的较量，乃至学术与政治之间错综复杂的关系，都是古典学术传统的丰富性和内在张力的体现。没有这样一个古典学传统，我们就无法理解自秦汉至隋唐的辉煌文明。

从晚唐到两宋，无论政治图景、社会结构，还是文化格局，都发生了重大变化,旧有的文化和社会模式已然式微,中国社会面临新的文明危机,于是开启了新的一轮古典学重建。首先以古文运动开端,然后是大量新的经解,随后又有士大夫群体仿照古典的模式建立义田、乡约、祠堂,出现了以《周礼》为蓝本的轰轰烈烈的变法;更有众多大师努力诠释新的义理体系和修身模式,理学一脉逐渐展现出其强大的生命力,最终胜出,成为其后数百年新的文明模式。称之为"中国的第二次古典学时代",或不为过。这次古典重建与汉代那次虽有诸多不同,但同样离不开对三代经典的重新诠释和整理,其结果是一方面确定了十三经体系,另一方面将四书立为新的经典。朱子除了为四书做章句之外,还对《周易》《诗经》《仪礼》《楚辞》等先秦文献都做出了新的诠释,开创了一个新的解释传统,并按照这种诠释编辑《家礼》,使这种新的文明理解落实到了社会生活当中。可以看到,宋明之间的文明架构,仍然是建立在对古典思想的重新诠释上。

在明末清初的大变局之后,清代开始了新的古典学重建,或可称为"中国的第三个古典学时代":无论清初诸遗老,还是乾嘉盛世的各位大师,虽然学问做法未必相同,但都以重新理解三代为目标,以汉宋两大古典学传统的异同为入手点。在辨别真伪、考索音训、追溯典章等各方面,清代都取得了巨大的成就,不仅成为几千年传统学术的一大总结,而且可以说确立了中国古典学研究的基本规范。前代习以为常的望文生义之说,经过清人的梳理之后,已经很难再成为严肃的学术话题;对于清人判为伪书的典籍,诚然有争论的空间,但若提不出强有力的理由,就很难再被随意使用。在这些方面,清代古典学与西方19世纪德国古典学的工作性质有惊人的相似之处。清人对《尚书》《周易》《诗经》《三礼》《春秋》等经籍的研究,对《庄子》《墨子》《荀子》《韩非子》《春秋繁露》等书的整理,在文字学、音韵学、版本目录学等方面的成就,都是后人无法绕开的必读著作，更何况《四库全书总目提要》成为古代学术的总纲。而民国以后的古典研究，基本是清人工作的延续和发展。

我们不妨说，汉、宋两大古典学传统为中国的古典学研究提供了范例，清人的古典学成就则确立了中国古典学的基本规范。中国今日及今后的古典学研究，自当首先以自觉继承中国"三次古典学时代"的传统和成就为己任，同时汲取现代学术的成果，并与西方古典学等参照比较，以期推陈出新。这里有必要强调，任何把古典学封闭化甚至神秘化的倾向都无助古典学的发展。古典学固然以"语文学"（philology）的训练为基础，但古典学研究的问题意识、研究路径以及研究方法等，往往并非来自古典学内部而是来自外部，晚近数十年来西方古典学早已被女性主义等各种外部来的学术思想和方法所渗透占领，仅仅是最新的例证而已。历史地看，无论中国还是西方，所谓考据与义理的张力其实是古典学的常态甚至是其内在动力。古典学研究一方面必须以扎实的语文学训练为基础，但另一方面，古典学的发展和新问题的提出总是与时代的大问题相关，总是指向更大的义理问题，指向对古典文明提出新的解释和开展。

中国今日正在走向重建古典学的第四个历史新阶段，中国的文明复兴需要对中国和世界的古典文明作出新的理解和解释。客观地说，这一轮古典学的兴起首先是由引进西方古典学带动的，刘小枫和甘阳教授主编的"经典与解释"丛书在短短15年间（2000—2015年）出版了350余种重要译著，为中国学界了解西方古典学奠定了基础，同时也为发掘中国自身的古典学传统提供了参照。但我们必须看到，自清末民初以来虽然古典学的研究仍有延续，但古典教育则因为全盘反传统的笼罩而几乎全面中断，以致今日中国的古典学基础以及整体人文学术基础都仍然相当薄弱。在西方古典学和其他古典文明研究方面，国内的积累更是薄弱，一切都只是刚刚起步而已。因此，今日推动古典学发展的当务之急，首在大力推动古典教育的发展，只有当整个社会特别是中国大学都自觉地把古典教育作为人格培养和文明复兴的基础，中国的古典学高深研究方能植根于中国文明的土壤之中生生不息茁壮成长。这套"古典与文明"丛书愿与中国的古典教育和古典研究同步成长！

2017年6月1日于北京

访谈：古典学和中国学术共同体*

（2019）

2019年11月1日至3日，由中国比较文学学会古典学专业委员会主办，清华大学新雅书院承办，中国人民大学古典文明研究中心、中山大学古典学研究中心、重庆大学古典学研究中心、湖南大学岳麓书院、北京大学礼学中心协办的第七届全国古典学年会在清华大学召开。会议以"古典与现代"为主题，围绕"中西经典与解释""中西古典文明史""中西方现代性起源""古典学与现代性之关系"等议题展开了讨论。

会议期间，清华大学哲学系教授、新雅书院院长甘阳接受了澎湃新闻的专访。甘阳是古典学专业委员会首任副会长，曾在2012年推动中山大学人文高等研究院承办了第一届全国古典学年会。在这篇访谈中，甘阳谈到了古典学在现代中国的沉浮、古典学与通识教育的关系、中国通识教育运动的近况、独立自主的学术共同体的意义、中国古典学的界限、古今中西之争在当下的意味，同时他还谈了对施特劳斯、罗尔斯，以及西方社会现状的看法。

澎湃新闻：您能先简要回顾一下古典学在现代中国的命运，及其近年兴起的背景吗？

---

* 本访谈由"澎湃新闻"（https://www.thepaper.cn/）2019年12月31日发布，采访者：丁雄飞。

甘阳：现在，21世纪已经过了19年，新世纪这头20年颇为奇特地见证了古典学在中国从无到有的兴起过程。在中国最好的大学，往往也是最好的老师和学生，日益表现出对中国古典和西方古典的强烈兴趣。2000年以来，国内不少大学都开设有古希腊语和拉丁语的课程，同时对传统中国经学感兴趣的学生也越来越多。这些从前都是很冷门，很少有人问津的，但现在，"转向古典"已相当普遍。甚至"古典学"这名词似乎很高大上了，连带着，被搞臭了近百年的"经学"也香起来了。现在到处都有自称做经学的，多到搞不清到底什么是经学。凡事一时髦就不是好事情，较早对古典学感兴趣的直接原因，我觉得一个最基本的冲动是很多人日益厌倦现代世界物欲横流的喧哗吵闹，古典学相对是比较安静的学问，想安安静静做学问的人比较自然会喜欢古典学，并希望通过古典学回归到文明源头，回归到人文源头。所以现在确实有必要问，古典学在中国的兴起意味着什么，今后又会走向什么方向。

就大学体制而言，我们首先可以注意到一个有趣甚至有点奇怪的现象：中国的大学，不论内地大学，还是香港、台湾的大学，以及新加坡的大学，其学科基本是完全按照西方大学的学科而建的，几乎所有学科都一一对应，唯独有一个学科或一个系是西方大学都有，而中国大学都没有的，这就是古典学系。这是一件非常古怪的事情——不是古怪，是深刻反映出一个问题。所有欧美大学都有古典学系，表明西方古典文明被现代西方看成是西方文明的命根。至于古典学在中国大学的缺席也不难理解：进入现代以来，我们就是想现代，不觉得古典还有任何意义。我曾经多次说，中国现代大学是没有自己的文明根基的，而是嫁接在西方大学体制上，但没有自己文明根基的大学是不可能成为伟大的大学的，至多只能成为人家大学的附庸。

晚清大学改革，第一个方案是张之洞《奏定学堂章程》做的八个科目，其中第一科就是经学，亦即中国的古典学；但到1912年，辛亥革命第二年，民国教育总长蔡元培就把"八科"变成了"七科"，直接去掉了"经学"，中国古典学被彻底否定了。民国的时候，傅斯年1928年创办史语所（Institute of History and Philology），说起来是受德国比较语文学影响的。但问题是，傅斯年在《历史语言研究所工作之旨趣》里明确说，"历史学不是著史"，"近代的历史学只是史料学，利用自然科学供给我们的一切工具，整理一切可逢着的史料"，也就是说，他是在根本否定中国古典还有任何现代意义的前提下来研究中国的过去的。他们研究的是死去的"古代"，不是"古典"。说起来，中文的"古典"不同于"古代"，"古典"之"典"有典范的意义，而傅斯年他们这一代是绝不认为中国古典还有任何文明典范的意义和价值的。他们也不认为中国古典还有任何教育现代人的意义，因为他们首先都是彻底反传统只要现代的人。

新世纪古典学在中国的兴起，就其最深刻的意义上讲，是一个中国文明的内在冲动，是我们这一代人强烈要求重新认识中国古典文明的冲动。我们与民国那一代人的最根本区别，在于对古典学的态度，我把我们的态度概括为"尊重古人的智慧"，认为古典包含对中国文明传统有奠基作用的深刻智慧，而傅斯年、顾颉刚那代人当然是否定鄙视古人的智慧的。顾颉刚自然认为他比孔子老子都高明。我觉得在这种差异的背后其实是我们对现代的看法。我们这一代不会再有那种肤浅的进步主义，似乎新的就是好的，不会再用那么肤浅的方式来理解现代性。在对古典的重新认识背后，其实是我们对现代性的批判意识，隐含我们对现代性比以往更深刻的理解，就是现代性本身是充满了问题的。我们绝不会简单地用古来否定今，我们不会那么傻，但我们也不会更傻地简单用今来否定古。我们愿意而且认为非常必要用更虚心的态度去认识"古人的智慧"，特别是在中国文明崛起的今天,比以往任何时候都需要我们重新认识中国古典文明的高深智慧。也因此,我们不会也不应该再像傅斯年、顾颉刚他们那样,仅仅把古典的东西当成一种材料,仅仅是史料,而是认为中国古典的智慧对于中国的现在和未来具有深刻的意义。也因此,我们关心的不仅仅是专门的古史研究,而且更关心古典在当代大学教育体制中应有其重要地位。就我个人而言,我更关心的是古典学,无论中国古典还是西方古典,能通过大学通识教育而成为普通大学生的精神文化资源,能成为中国文明崛起的源头活水。没有古典就必然肤浅,因为没有古典就没有伟大的文明。

澎湃新闻:您接着谈谈古典学和通识教育的关系?您本人对通识教育的理解主要受哪方面因素的影响呢?是施特劳斯派的理念,英国浪漫派对文化与社会的关系的思考,还是您对美国通识教育的直接观察?

甘阳:过去15年来,中国内地大学的通识教育运动开展得如火如荼。我把它称为"运动",因为它原先不是官方推动的,是我们下面老师学生自己做起来的。很长时间"通识教育"这个词都不被承认,甚至遭到否定。2005年我开香山会议(中国文化论坛首届年会),当时还有把"通识教育"和"素质教育"对立起来的声音,我一直主张和稀泥,不要在乎名词,重要的是上什么课,做什么事。现在已经很不同,通识教育已经成了国家最高教育政策。2016年公布的《中华人民共和国国民经济和社会发展第十三个五年规划纲要》,对中国高等教育提出实行"学术人才和应用人才分类、通识教育和专业教育相结合的培养制度",这个提法非常到位,把通识教育提得非常高。

我对通识教育的理解和芝加哥大学对我的影响有很大关系,特别是芝加哥大学校长哈钦斯那一代的理念,在通识教育上强调以古典和经典著作为核心，常被称为"伟大著作（Great Books）模式"的通识教育。我一再强调，美国通识教育最值得中国人重视的不是它的现在，而是它的早期奠基。因为我觉得中国人一定不能只跟时髦，而是要看长远。今年正好是美国通识教育100年：1919年哥伦比亚大学是公认的美国通识教育起点。这个起点其实就是和古典教育在美国的先衰落又复兴有关。因为20世纪以前哈佛、耶鲁、哥伦比亚这些都是以古典教育为核心的，要考希腊文和拉丁文才能入学，但1870年后转向现代大学的过程中，美国各校先后废除了这些古典学入学考试要求，类似于民国废除经学教育，意味着古典教育的衰落。但1919年前后，哥伦比亚大学一些教授开始用现代英语来教授西方古典著作和经典著作，结果大受学生欢迎，这就是哥伦比亚大学通识教育的起源，可以说美国通识教育的初衷就是不要求古典语言训练的古典学教育，实际是在现代大众高等教育基础上更加普及了西方古典文化。哥伦比亚的通识模式基本成为全美通识教育的母版，必读的书一定包括英译的古希腊史诗、悲剧、修昔底德、柏拉图、亚里士多德，古罗马的维吉尔和奥维德，接下去是但丁、马基雅维利、莎士比亚、霍布斯，一直到马克思和韦伯。芝加哥模式可以说是哥伦比亚的强化版（部分因为芝加哥是一年三个学期），而后来1976年以后的所谓哈佛模式则是弱化版。美国通识教育的正宗是哥伦比亚、芝加哥，不是哈佛。差别在哪？哥伦比亚、芝加哥、斯坦福大一全部新生开的是一样的课，课程必读的经典著作是指定的共同的——这个叫通识教育，强调的是common education（共同教育），但这种操作难度大。哈佛方案只是让学生选修不同系科的课而已，操作容易。

当初，哈钦斯校长为建设通识教育，和芝大的教授委员会打成一团：自然科学、社会科学教授大多反对哈钦斯，人文学科教授大多支持哈钦斯。芝加哥大学本来是美国最早的德国式研究型大学，本科生非常少，而且本科教育讲求专业化，为的是和研究生阶段衔接。在反对哈钦斯的教授眼里，所谓"liberal education"完全是在开倒车。在多次被否决后，哈钦斯做了件很简单的事，让各个系去调查学生毕业10年后在干什么，结果令他的反对者大吃一惊：包括最王牌的数学系、物理系在内，没有一个系有超过百分之三十的人——哪怕连中学教师都算进去——在从事本学科的行当。这成了支持哈钦斯推动通识教育的重要依据：如果不推行通识教育，就是对至少百分之五十以上的学生不负责任。

哈钦斯通识教育的核心还是西方经典。美国的通识教育课，一定不能光看课名，而是要看它的syllabus（课纲），看到底指定读什么书。很多课名称不同，但指定的必读书目大同小异，也就是一个经过选择的西方经典传统，它集中两端，首先是古希腊罗马，但中世纪基督教基本跳过，然后是文艺复兴和17世纪开始的现代。我在芝加哥的时候，两个关系很好的美国哥们经常向我抱怨，说美国人百分之九十以上都是基督徒，明明是基督教国家，却在整个教育里面反映不出来。当时美国天主教的第一号哲学家就在芝加哥社会思想委员会，但委员会的基督教成分一点不突出。总之回头看，重心在源头，在古希腊。当然西方的古典重心本身也经过了调整。一直到19世纪，古典的重心是古罗马，英国绅士喜欢模仿古罗马贵族，美国更受英国影响早期也以罗马为主，例如《联邦党人文集》就是用"普布利乌斯"这个古罗马名发表的；但是在19世纪后期特别20世纪以后有一个非常大的变化，罗马越来越受到否定，似乎它更多代表的是一种外在文明——军事经济帝国，而古希腊则代表了一种精神文明。

我2005年前后就强调，通识教育要有纲有目，纲举目张，如果是杂乱的课程拼凑，学生就会失去目的。从1919年哥伦比亚到20世纪30年代哈钦斯的芝加哥一直到1945年《哈佛红皮书》都是这个路线，实际上当时通识教育起的就是美国"文化熔炉"的作用，为美国这个巨大的移民国家造就一个共同的文化传统——这是它通识教育的核心所在。比较高明的是并不狭隘地把美国认同建立在较短的美国建国传统上，而是建在古希腊以来的整个西方传统中。但后来这就变成政治不正确了，"哈佛红皮书"其实现在在中国最有影响，在美国现在实际是被否定的，因为他们已经不喜欢"文化熔炉"这概念了，而是好谈"杂多文化主义"（multiculturalism，这词不应翻译为"多元"，是"杂多"），而从前美国最骄傲的就是，任何种族任何信仰的人进入美国，都进了一个文化熔炉，都被锻造成同样的美国人。其实美国到今天也仍然如此，只不过口头上说的是另外一套。我们一定不要被迷惑，要明白：美国没有多元文化，只有一个文化，就是the American culture，只不过每个人都要争我在America里的那个位置，越是打了minority（少数）的旗号，就越能够成为mainstream（主流），这才是它真正的秘密所在，否则这个国家早就分崩离析了。国家分崩离析当然是美国不希望也不允许的。任何一个政治共同体一定是一个文化共同体，像南斯拉夫、苏联那样就是一个外在拼凑、缺乏内在共同性的构建，缺乏共同文化认同是难以维系的，当然，宗教认同排他性太强，也有麻烦。

追究起来，美国通识教育最大的变化其实是1987年的斯坦福改革。过去，"西方文明"这门课在美国简称"CIV"，也就是单数civilization（文明）的简称，斯坦福的改革就动了这块奶酪，尽管授课内容没有动多少，但却改变了"CIV"的含义，"CIV"变成了代表三个复数概念：cultures（各种文化），ideas（各种观念），values（各种价值），都是复数。所以1987年到1988年是美国所谓"文化战"的高潮，保守派认为校园左派用复数的杂多文化来取代单数的西方文明，这是双方争论所在。但这争论恰恰更暴露出美国通识教育的核心历来是西方经典和西方文明传统。斯坦福当年的改革其实不过是在大概每门课12到15本必读西方经典中加一本非西方经典，竟然会引发如此大政治风波（成为1988年美国总统大选主要话题），可见美国人是如何在乎他们的文明根基。

澎湃新闻：从您在本世纪初呼唤通识教育，到2009年中山大学博雅学院创立，2016年清华大学新雅书院正式招生，您认为通识教育在中国目前处于什么阶段？有什么值得总结和反思的？

甘阳：国内大学的通识教育发展还很不平衡。国内最好的大学都远远比10年前更重视通识教育，10年前理工科教授的观念里是没有通识教育的，到现在每个院系都会讲通识教育的重要性。因此，从好的方面说，通识教育在中国大学的正当性和必要性已经普遍得到了承认，而且已经成为国家政策。但另一方面，中国最好大学的通识教育已经陷入了瓶颈。瓶颈很简单：所谓通识教育和专业教育相结合，究竟应该落实到通识教育占多少比例的学分？目前复旦12个学分，北大12个学分，清华13个学分，通识教育占整个学分的十二分之一左右，而美国的课程结构是三分之一的专业教育，三分之一的通识教育，三分之一任选。所以真正的问题并不单纯是通识教育，而是要全面重新思考本科教育理念，现在的本科教育理念仍然是专业教育不断强化，而不是通专结合。我想如果不明确提出通专各占多少学分比例的问题，通识教育其实很难再往前推进了。我认为通专学分比例至少三比七，才可能通专结合，通识学分只占十分之一都不到，怎么好意思说通专结合呢？

此外中国的通识教育还有一个困难的地方。美国相对简单，如前面所说，他们以西方经典为主，最多在每门课的10到15本著作里，加一本东方的经典——尽管这都一度引起轩然大波——但我们中国必须中西两方面都要顾。我不赞成有些人主张的，只读中国的东西，我认为这没好处，也不可能达到效果。但这样一来，我们的通识教育就要比人家的更复杂，需要的时间也更多，如果中国和西方、古典和现代都兼顾，一共12个学分这么点课时怎么上？课程的安排是一个很大的挑战。所以我们每一门课必须有相当强的功能，一门课能带出来很多的问题，否则的话讲不过来，知识也无法保障。新雅书院的学生非常辛苦，课非常重，第一年数理基础和人文社科基础的小班通识教育，没有"水课"，都是实打实的，因为这一年他们不分专业，所以他们认为这些课就是自己的课。一年以后，他们可以选择清华的任何专业。同时，新雅内部自己设有两个本科交叉专业，一个是自然科学的"智能工程与创意设计"（CDIE），一个是偏社会科学的"哲学、政治学和经济学"（PPE），第三个准备发展的人文方面交叉专业就是古典学。

澎湃新闻：您认为引进西方古典学，比如您和刘小枫教授一道主编"经典与解释"丛书，在何种意义上与认识、激活中国文明相关？您推动古典教育和古典研究与费孝通倡导"文化自觉"之间是否有所沟通？

甘阳：不妨先从海外反应说，西方古典学界对古典学在中国的兴起总体来说都非常正面，我办中山大学博雅学院时得到很多西方古典学家的支持帮助，很多人来博雅学院讲课，包括有些年轻的西方古典学家准备到中国，一方面可以帮我们讲西方古典学，同时想认真研究中国古典学。这都是非常正面也非常正常的反应，是国际学术交流应该有的状态。但也有一些非常奇怪的声音和反应。大概在2012年，芝加哥大学古典学教授沙迪·巴奇（Shadi Bartsch，她丈夫正好是芝加哥大学校长）专程飞到广州来访问我。巴奇治古罗马，研究塞涅卡（Seneca），我们友好地谈了一下午。然而她回去后写了一篇文章，得出的结论是：中国古典学的冲动完全是民族主义的（采访者注：巴奇原话是："简言之，这些［西方］文本能被用来支持某种形式的民族主义，后者源于以下念头：中国有自己的本土智识传统，这些传统不仅被认为其来有自，且西方若干古代传统成了它们的注脚。"［In short, these (West's own) texts can be used to bolster one form of nationalism, one derived from the sense that China has its own indigenous intellectual traditions which are not only valid, but validated by the ancient traditions of the West as well.］见沙迪·巴奇《古希腊在现代中国：阐释与变形》［*The Ancient Greeks in Modern China: Interpretation and Metamorphosis*］，Almut-Barbara Renger和Xin Fan编《希腊和罗马文化在东亚的接受》［*The Reception of Greek and Roman Culture in East Asia*］，Brill，2018，第253页；另据芝加哥大学古典学系网站，巴奇已完成《革命性重读：古希腊在现代中国》［*Revolutionary Rereadings: The Ancient Greeks in Modern China*］一书，将由普林斯顿大学出版社出版）。这个论断实在令我非常吃惊。我们中国人花这么多精力学习西方古典包括希腊文和拉丁文，学习希腊文明和罗马文明，怎么就是民族主义了？现在"民族主义"这个概念完全滥用，变成了一个专门打击非西方国家的棍子，从前"民族主义"指狭隘的排外主义，中国人努力学习古希腊古罗马难道是排外，为了排斥希腊和罗马吗？这根本说不通嘛！真正的问题实际在于，她似乎认为，中国人居然敢认为中国古典具有与西方古典的同等价值，简直是大逆不道！巴奇这种才是真正的狭隘民族主义排外思想，即使根据西方的政治正确标准，也是根本不正确的。而且她完全搞错了，以为我们要用西方古典著作才能证明中国古典著作有价值，滑天下之大稽！她在想什么呢？纯粹fantasy（做白日梦）！她不懂中文，竟然敢写一整本书谈中国，完全不符合学术规矩，就像一个中国人不懂英文居然写一整本书谈美国或英国，这种书注定是媒体写作，不是学术。比如我现在这访谈说到她，发表出来她也看不懂，只能通过另外的中国人翻译给她听，不是滑稽吗？这怎么能研究中国呢？现在很多西方学者太想做媒体宠儿。中国的一个价值是给了很多西方人做媒体宠儿的机会，只要骂中国就可以出名。

有一点我历来坚持，并且在任何场合都会说：中国的西方古典学，不是西方学术界的一部分，而是中国学术界的一部分。这就像美国汉学是美国学术界的一部分，而不是中国学术界的美国分部，这是很简单的道理，也是很正常的事。对我来说，中国的西方古典学是中国学术的一部分，是一个中国学术共同体的问题。我在香港十年对此深有体会。我们现在有钱了，可以把国外顶尖的学者请来，但光讲科研的话，他的学术共同体始终在西方，我们这里的学术仍然发展不起来。所以我才这么强调教学，只有教学带动了，才会形成一个学术共同体，才会和其他研究相互通生气，这是中国任何学术的生命力所在。如果内地的大学都像香港的大学一样，只是"西方学术共同体"的一部分，那就只能处在这个共同体的边缘的边缘，我们的学生只能拾人牙慧。在这个意义上，我很佩服美国汉学，我认为中国学界的一些学者不诚实，经常摆出一副不把人家放在眼里的样子，心里面却极为认账，明明你的问题意识都是从海外汉学那里来的。抛开任何政治的、国族的问题不论，没有自己的学术共同体，光对学术来说就是不可取的。可以说，中国是不是有学术自主性、独立性是我最关心的问题，否则中国是没有希望的，我们也不用谈文明复兴，世世代代留学不就得了？

就此而言，费老（费孝通）提出"多元一体"是非常高瞻远瞩的。在老一辈里面，他出国比较多，又是做少数民族出身，所以比较敏感。这么说吧，我们现在确实有一个非常大的变化：90后、00后很爱国，和十几年前完全不一样，但问题是，这是建立在一个自觉的理性的基础上，还是仅仅是一种情感冲动？当然情感冲动很重要，就像谈恋爱一样，你本能地喜欢还是不喜欢这个人很重要，但是真正成熟的爱是奠定在你对这个人——换言之，对自己文明的深刻认知上。而我们现在小孩对中国文明有多少认识，这是一个问题。90后出生的时候，中国已经相对比较富裕，他们的成长阶段基本上是一个很全球化的阶段，也是最自由最幸福的阶段，没有老一代人那些历史包袱，同时因为美国和西方确实表现得太无礼了，他们自尊心受不了，所以有时候反应很大。但是单单这样并不够，他们恰恰需要有一个更自觉的意识去深刻认识中国文明，也同样深入认识外国文明，包括从学术上。现在有些很肤浅的一下走向另一个极端，把西方和美国说得好像什么都不是，这是非常糟糕也非常愚蠢的。真正的文化自信不是自大。我一直认为根本的东西是文化和教育，人为什么会这么想，和教育环境分不开，你怎么塑造教育，就会塑造什么样的人。教育和文化是真正的背后根基性的东西，前台的塑造是要有这个背景的。

澎湃新闻："古典学"（classics）是个外来词。"全国古典学年会""中国比较古典学会"关涉中西，用"中国古典学"代替"国学"或其他学科分类方式的意义是什么？

甘阳：2000年后古典学在中国的发展一开始主要还是以西方古典学为主，特别是古希腊一直对中国人有吸引力，但从古典学会最近几届年会看得出来，中学越来越多。"国学"是个很现代的词，比较有名当然就是清华国学院，不过对国学的理解往往各不相同，定义起来并不容易。古典学目前是在中国哲学、中国古代史、中国古典文学这些学科下发展的，这些学科本身都是现代形成的，其实和中国传统学问差别很大，中国传统学问最多分经史子集，尽管术业有专攻，但对于学者来说自然经史子集都得读。古典学在某种意义上可以作为一个交叉学科来看，我想在保持一个比较开放的阶段后，各学科会形成一些交叉的问题，逐渐融汇。我觉得这个趋向是比较明显的：学术界内部一些治古学的人，对以往按照西方学科建立起来的现代中国学科有很自觉的反省，有一种挺强的恢复中国原本学问整全性的愿望。中国哲学这方面的自我意识是比较强的，一直在检讨用习惯的"哲学"来涵盖中国思想是不是对中国思想的抑制这样的问题。我觉得重新检讨学科自身的基础和根据，是一个学科有重大发展的象征，并非最时髦最热闹的课题最重要，时髦的通常是不重要的。恰恰是要说清楚一个学科怎么回事最不容易。

早前我们有一个想法，希望把古典学变成一级学科，类似的努力国学也做了很多次，但都没有成功，当然像北大、清华、复旦、中大等都在支持古典学的发展。不过我觉得没有马上成为国家的一级学科也有一定好处，这种开放的状态或许能够给学术界带来一些有趣的新东西，而且也可以更加没有功利主义，纯粹从自己的学问兴趣出发。另一方面，参与古典学的学者基本上在相关领域都有比较好的训练，因为古典学的学术门槛比较高，不论是西方的语文学，还是中国的小学训诂，其实都是无底洞。最近这些年我明显地感觉到，中国人文学界的进步很大。我刚到香港的时候，很多内地的外审博士论文都没法看，但是后来一年比一年好，大概到2007、2008年左右，至少985学校的文史哲博士论文不会太差，基本上是像样的。尤其现在中年的这批学者训练比前辈学者好得多，思想上的进展非常可观，反映出整个学术界有了相当的积累和酝酿，像李猛的《自然社会》、丁耘的《道体学引论》，还有吴飞近年的好几本书，我觉得都是成大气候的。对于这一代，我是非常看好的，他们这批虽然人数还不多，但都有很强的自觉意识，不会受任何学界教条的约束。中国最好的研究西学的人，在思考上实际已经超过西方同行，因为有大问题意识，有对中西两方面传统的深入思考。中国思想和学术的最大资源在于，我们必须也必然要同时深入中西两个传统来思考基本问题，也正因为如此，很狭隘的那点小专业化是做不出什么大学问的。但现在真正困难的可能在于，西方的学术主流仍然处于支配地位，而国内大学极端热衷所谓国际化恰恰不利于中国人文学术的发展。实际上西方人文学术界近三四十年来的很多教条都需要检讨，他们学术太多"政治正确"的东西都已成教条主义，但他们现在缺乏深刻的反省，而且几乎已无力反省，因为学术本身的强大再生产机制很难被打破。最近耶鲁真正的大师级学者哈罗德·布鲁姆去世，他生前说他已没法带博士生，因为博士必须符合美国学界的"政治正确"，如果不遵守这套"政治正确"，而按照他的标准做博士论文，那就既无法发表论文，更找不到工作，这是很说明问题的。中国学界如果能够真正走独立自主的道路，同时又以非常严格的学术训练为基础，我认为是当代思想的唯一可能性所在，当然能不能做到，我不知道，这个不好讲，要看大家的心气有多高，也在于中国大学是否能摆脱肤浅的国际化接轨主义。

现在每次古典学会议，中学和西学越来越有一种互动，最突出的表现是，以往做西学出身的人都在中学上越来越下功夫，比如吴飞是很典型的，他西学出身，但现在经学做得很深入。丁耘也是中西两头都很厉害，他的新书对中国思想有非常大的推进，这是一部大才之作。我觉得绝大多数中国学者的心态足够的开放，从来不会说这是西方的这是希腊的而加以排斥，恰恰相反，中国最好的学者都是中西两头同时深入的。当然，也不排除有一些很狭隘的人，说什么英语起源于湖南的蠢话，但这些在中国学界实际上是非常边缘的，无非是笑话，如果以此来批判中国也太容易了。现在倒是有一点，我担心做中国学术的人对西方下的功夫可能比原先少了。我仍然认为西学非常重要，某种意义上你对西学理解越深，你越会深刻地理解中国思想，例如陈来，西学是下了很大功夫的。但目前更年轻一代治中学的似乎反而对西学下功夫不够，我觉得这是要避免的。道理很简单：这100多年来，不管好坏，中国学术实际上都是在西方的影响下发展的，所以真正的学术突破一定首先在西学上，也就是说，你对西学有不同的认识了，对中学的认识才会开出一个新的天地。

澎湃新闻：西方古典学主要研究古希腊古罗马，从本届全国古典学年会的分论坛议程看，"中国古典学"似不限于春秋时代，这是为什么？

甘阳：古典学，特别是中国古典学的界限，是我们想得非常多的问题。传统上，英美大学西方古典学的时间空间界限非常简单，就是古希腊罗马，但这是历史形成的。事实上，在西方内部的不同地区也有所不同，比如法国的古典学和结构主义关系密切，一开始就比较跨学科，最有名的是韦尔南创立的古代社会比较研究中心（*Centre de recherches comparées sur les sociétés anciennes*），不仅是古希腊研究的重镇，还涉及埃及学、亚述学、汉学和非洲学，在空间上突破了古希腊罗马的范围。意大利的古典学往往同它的中世纪和文艺复兴研究连在一起（例如维吉尔和但丁几乎不可能分开）。晚近20年，西方古典学界的显学便是所谓"接受研究"（reception studies），研究古希腊罗马经典和传统在后世的接受，从而在时间上让古典学研究几乎可以延伸到任何时代。它们担心把自己局限在太小的空间太短的时段，古典学会越来越萎缩，因此更愿意强调古典对之后历史的影响，以及同今天的相关性，这样古典学的范围可以扩张。如今美国很多古典学系，往往会兼顾classic studies（古典研究）和ancient studies（古代研究），前者是要求古典语言训练的古典学研究，后者是不要求古典语言训练的古典学，无非是想吸引更多人对古典学感兴趣，以免古典学萎缩。西方的古典学近年并不景气，2008年经济危机很多大学想砍掉古典学系。

至于中国古典学的时间，我想也不宜局限在某个历史时期，而是可以划到中国古典文明衰亡为止，也就是说，整个传统一直到清中叶，都属于古典学的范围。古典中国的命运和古典西方的命运很不一样。西方文明是断裂的文明，古希腊文字和典籍被遗忘上千年，中世纪西方最大思想家阿奎那都不懂希腊文，另外古希腊和希伯来这两个西方源头互相打架，确实有其复杂性。相比之下，中国古典文明没有长期中断过，古典时代的终结远远晚于西方，它的内部虽然也有地区文化差异，有儒释道的差异，但融合度很高，除了多元，一直有强大的一体——按西方的逻辑，三国以后中国仍然还会统一，是绝不可思议的。而且中国的学问有相当的连续性和一致性，台湾友人吕正惠说唐宋是"第二个经典时代"，一定意义上也可以成立，从经学上讲，宋代以后重心从五经变成四书，是一个平民化的过程，但文明架构的重建仍然建立在对古典的重新诠释上。而经学最发达的清代发生了汉宋之争，因此如果离开整个历史脉络，你不可能把中国古典学的传统解释清楚。

当然这么划也有不好的一面：它太开放了。我们也可以像西方一样把它收紧，例如划到先秦，但我后来觉得没有必要。典型的英美古典系的划分是非常人为的，谈不上什么"科学性"，它把两河流域研究排除在外，把埃及学排除在外，把西方的另一个文明源头犹太学排除在外，这些都已经在西方学术界得到反省。我想中国的古典学如何限定，不必一开始就规范得那么清晰，大家可以公开讨论，逐渐凝聚共识，再讨论个一二十年也问题不大。

澎湃新闻：本届全国古典学年会的主题是"古典与现代"，某种意义上"古今之争"（Quarrel of the Ancients and the Moderns）在欧洲早就告一段落，在今天的中国激活它意味着什么？

甘阳："古典与现代"是我们这次特别定的题目。我们并不是为古典而古典，更不可能为了古典，放弃现代，不管你喜欢也好不喜欢也好，你是一个现代人，只可能从现代人的问题意识和感觉去重新思考古典和古代的问题。但是，我不认为西方的古今之争在17、18世纪就结束了，西方一到重大问题的讨论，马上就会涉及古今之争，或者说古典的问题马上就会重新浮现。

比如你看罗尔斯的《道德哲学史讲义》，确实首先把古今切断，认为西方的古典道德哲学和现代道德哲学不一样，直接从现代开始。但结果是什么？最后所有的争论都回到亚里士多德，用亚里士多德来补康德。然后你看到所谓"美德伦理学"出来了，在西方已经消失了几乎一二百年的术语——"美德"重新流行了起来。尽管我认为这些讨论都没有真正回到美德，但不管怎么说，从1971年罗尔斯的《正义论》出版，整个辩论到80年代后期就已经回到亚里士多德——古典作为源头始终会在场。

再比如"修昔底德陷阱"这种用来比附中美关系的粗糙说法。提出这个概念的格雷厄姆·艾利森（Graham Allison）是政学两栖动物，非常善于抓媒体眼球。他在2015年中国最高领导人第一次正式访美，与时任美国总统会面当天，在 *The Atlantic*（《大西洋月刊》）——还不是它的杂志，而是它的网站上发了一篇文章（"The Thucydides Trap: Are the U.S. and China Headed for War?"），于是，这个概念一炮而红，家喻户晓。从制造新闻效果、制造学术热点的角度，艾利森绝对是高手，他诉诸一个两千年前的古希腊人，抛出一个最简单的说法，不用多做解释，人人都懂了。中国学者反驳他，陷入学术争论，其实就已经输了，不论具体怎么辩，辩它100年，哪怕艾利森全盘错了，"修昔底德陷阱"这个概念也已经留下来了。他为什么不提现代说法呢？可见古典始终活在西方。我们中国能用什么古代的词来描绘现在的中美冲突？难道我们没有吗？当然有。问题是我们说出来，自己要解释半天，这就是问题所在。

从现代人的问题出发去想古典，还包括从古典的维度来反省、检讨现代的问题，这在西方有一个非常漫长的传统。我实际上认为，一个比较良好的现代性，恰恰需要比较强的批判现代性的传统，需要对资本主义、个人主义、功利主义、市场化所有这些的批判，否则资本主义像马克思所说的，早就灭亡了，它是不可能存活下去的。但这个维度很长时间内在我们这里是基本缺失的，我们单方面认为现代的就是好的，所有不好的都是现代以前的。90年代的很多争论，为什么现在回头看很无语，实际上就是当时人们一有问题就认为一定是改革不够彻底。当初不明白一点，现代社会的一个特点就是它的复杂性，市场经济越往前进，越会产生自己的问题。传统社会变化相对缓慢，所以比较稳定，现代社会不断创新，恰恰一定在不断地生产新的问题，这些问题必须使它们自我消解，而不能够认为都是改革不彻底的缘故，后者是非常糟糕、非常坏事的思维方式。正视改革本身产生的问题，并不表示否定改革，而是只有这样去考虑问题，改革才可能做得比较好一点。现在在高科技的条件下，会产生更多根本预想不到、无法防范的问题，所以原先的这种思维特别需要纠正。

澎湃新闻：西方以复兴古代希腊罗马的方式进入现代，在中国已经展开的现代思想史上，并没有对"古典"的复兴，"五四"作为"文艺复兴"只是个隐喻。您如何看待中西在古今问题上的差异？

甘阳：二三十年代冯友兰、金岳霖他们都碰到过这个问题，他们当时是把中西之争以古今之争来化解的，也就是说，这背后隐藏了一个历史发展阶段论：中国和西方之间的差异，不是中西文明的差异，而是古今的差异，即历史发展阶段的差异。到80年代文化讨论时，我们这代一开始也仍然觉得照这样解释比较解释得通，因为那时中国人想现代。但我想今后可能会越来越清楚：首先是中西的问题。我们今天和以后都会越来越清楚地意识到，中西文明有非常根本的差异性。我在10年前就讲，中国文明的崛起不是亚洲四小龙的崛起，不光有区域经济意义，而是有世界文明史意义，它确实可能会根本改变西方对世界长达500年的统治，这是它的艰巨性所在，也是为什么现在会出现这么多我们意想不到的问题。应该说西方这方面的敏感度要远远高于我们，中国人总的来说是希望融入世界大同的，但是从西方的观点看，从来就不是大同的。如果中西文明之间的差异是第一位的，接下来的问题就是，对中西两头的古今都要有一个根本的重新认识。西方内部长期在辩论，欧洲率先走上现代道路，和它的古典文明、基督教文明是什么关系——是断裂的关系，还是根子早就有了？当然比较主流的观点，是强调现代性和西方古代两个传统的双重断裂。对于中国，我们一定也会面临一个问题：中国作为一个现代文明、一个发达经济体的崛起，和中国古典文明到底是什么关系？我个人以往习惯说"古今中西"，但我现在更多会说"中西古今"，问题的重心有所不同。今后要从中西的差异去重新思考古今的问题，而非以往那样，以古今差异去消解中西差异。

我认为全球化一方面有它的好处，一方面也模糊了很多问题，甚至90年代苏东瓦解后，很多人一度幻想民族国家会消亡。而我们从2008年危机以来看得很清楚，所谓欧洲民粹政权的兴起，所谓特朗普的上台，背后都是全球化和民族国家之间的矛盾。全球化在包括发达国家在内的每一个民族国家内部，都制造了巨大的不平等，每个国家都希望利用全球化得到好处，而不希望接受它的代价，任何一个共同体，如果这么撕裂，贫富差距这么大，就会崩溃瓦解。我很奇怪我们国内主要舆论好像都认为英国人脱欧是错的，这是盲目跟着美国媒体走,西方左派老是说英国脱欧是个偶然事件,但根本不是。英国这么多人反对留在欧盟,很清楚脱欧是主流,因为英国人想做英国人,不想自己被改变,不想受布鲁塞尔几个官僚左右,英国的宪政体制、历史传统都和欧洲大陆完全不同,欧盟一来以后,英国整个就面临根本变化,这是很多人不愿意的。我们不去理解这些,跟着美国媒体认定脱欧是不好的,是很肤浅的。今天所有国家的中央政府都面临如何用最高的手段来处置全球化和本国利益冲突的挑战。我一向认为,全球化不但没有取消各个历史文化共同体,反而恰恰是突出了这一问题。中国学者如果承认中国有不可抹杀的特性,就必须实事求是地面对这个问题。当西方学界可以直言不讳地说修昔底德陷阱,在中国,我们也要区分外交场合说的话和学术界说的话,很难说谁比谁更爱和平,也很难说谁比谁更爱战争。中国学界要思考真正向西方学界学习什么。

澎湃新闻:第二届全国古典学年会的主题是"施特劳斯与古典研究"。今年是列维·施特劳斯诞辰120周年。您如何看待施特劳斯(派)在中国学界的存在?您认为施特劳斯学派和以罗尔斯为代表的当代政治哲学有没有展开严肃对话的可能?

甘阳:美国这个争论实际上从30年前发生以后,就没有那么剑拔弩张了,现在学界已经逐渐开始融合。像你去观察柏拉图研究,施特劳斯的很多阅读方式已经成为主流学界的基本方式了:例如读柏拉图必须重视整个文本,而不是拿出里面的一两句话来分析;强调柏拉图的文本是对话,是戏剧——这些原先都被看成施特劳斯派的标志,现在已经是柏拉图界的常规。如果不是把柏拉图对话当对话读,现在会被人笑话了。

我觉得施特劳斯对每个人的影响是不一样的,我从来不认为自己是施特劳斯派,虽然我很懂他们。施特劳斯本身毫无疑问是大师级的，他开了一条重新阅读从古到今西方文本的路线，这个路线的影响非常大。至于施特劳斯派里面要分两种，一种是很教条的，比较无聊，我很不喜欢他们一些带有标签性的词语。但是施特劳斯第一代弟子，基本上各自有各自的开展，还有些人，比如访问过中国好多次的芝加哥社会思想委员会主席罗伯特·皮平（Robert B. Pippin），专门做康德、黑格尔，一般人看不出他与施特劳斯派有什么关系，但他其实是正宗第三代施特劳斯派（采访者注：他博士论文的指导老师是施特劳斯的学生斯坦利·罗森［Stanley Rosen］）。通常来讲，施特劳斯最好的学生都是施特劳斯味比较淡的，比较不教条的。我觉得任何学科任何流派，什么后现代、后结构、女性主义、后殖民，只要一陷入教条主义就都完蛋了，现在的主流自由派就太教条了。

施特劳斯对中国的影响，我认为最主要的还是他对古典文本的重视。他教导我们对经典要有足够的敬意，不要轻易认为自己比柏拉图更高，标榜"我们能比柏拉图本人更好地理解柏拉图"只不过是现代人的傲慢。只有克服这种现代人的狂妄，以虚怀若谷的态度，把力图理解柏拉图作为出发点，才能真正"古为今用"。我觉得比起他和他弟子具体的解释路向，这对我们是更有益的。当然施特劳斯在有些问题上太过钻牛角尖，并不一定完全成立，但是他总是有启发，哪怕是他错误的东西。我的个人偏见是，罗尔斯和施特劳斯当然不能相提并论。罗尔斯是个很正派的学者，但他是非常美国地方化的学者，这点现在没有什么争议，他的理论完全是美国政治。不过在美国现在有不少自由派的斯派学者，或斯特劳斯派的自由主义学者。

我觉得尤其对中国学者，我们要考虑的不仅仅是迫在眉睫的问题，当然这些问题都重要。但不同的人做不同的事，至少我对我自己的定位，是要思考长远的问题，换言之，在一个西方所主导的世界，我们怎么超越一时，看待中国文明作为一个整体？我觉得这大概是下面对中国学者，特别对年轻一代，最有学术刺激性的问题。你会发现所有相关的问题都需要重新想，而这个时候原先的学术积累仍然是有用的，但是你的问题变了，这是核心。我原先在中大博雅开过一个比较古典学讨论班，第一次课要学生首先读的一本书是美国汉学界1990年编的文集叫"Heritage of China"（采访者注：《中国的遗产：关于中华文明的当代视角》[Heritage of China: Contemporary Perspectives on Chinese Civilization]，Paul S. Ropp编，加州大学出版社，1990），这些美国汉学家非常明白地提出，研究中国首先要明确，不问什么问题。比如他们不问李约瑟问题，因为他们认为这样的问题本身是有预设的，实际是问中国为什么不是西方，这不利于认识中国文明，因为中国就是中国，不是西方。我认为善于提问是西方学术界的长处，也是美国汉学界的长处。而我们往往是答案导向的，这是中国学术最要命的，每个人力求在答案正确的前提下做点正确的小学问，号称功底扎实，这是成不了学术大气候的。深刻的思想和学术往往都是有错误的，柏拉图哪句话说对过了？但是他提出的问题今天仍然逼迫你思考，关键不在于他的答案是什么，而是他提出问题的思路和思考过程本身。我们中国的教科书基本都看不下去，为什么？它是答案导向的，考试考答案，学生背答案，我觉得这是很严重的问题。我这么多年来一直在不断地提问，虽然很多问题我自己给出的回答如何，大家并不一定赞同，但我相信我提出的问题仍然是有意义的。

澎湃新闻：您怎么理解近年美国保守思潮的兴盛和西方民主的现状？

甘阳：美国保守派是非常复杂的，它由两个相互矛盾的东西构成：经济上的放任主义，和道德文化上强烈的保守主义。相应地，美国自由派也是矛盾的：经济上要采取保护主义，政府干预市场、提供公费医疗，就是新政自由这一套，但是在个人道德问题上它要更自由。这些是美国历史形成的。但具体到每一个政治候选人来讲，都是实用主义的。事实上，如果我们看最近三四十年，可以说整个美国民主党政界已经大大保守化了，当然现在同性恋、堕胎的接受度比较高一点了，但是仍然有相当多的人在这些议题上偏向保守党。我觉得特朗普就是一个典型的综合体。他经济上非常保守，反而有点像从前的民主党，强调保护劳工和农民的利益，对美国经济采取保护性措施，这都不符合从前共和党的立场，而在文化问题上，显然他并没有很强的道德意识。他上台本身，已经反映出美国发生了比较大的变化，美国相当多的人感觉，美国不像原先那样处在绝对领导地位，国内问题非常多，贫富差异非常大，所以某种意义上特朗普提出"America First"（美国优先）非常准，把所有的问题都纳入里头去了。

美国政治现在有一点确实已经很不妙，所谓的左右两派，有时候并不知道它们的具体分歧究竟在哪里，都是针对个人、涉及人身的（personal），大家都搞阴暗的，我今天弹劾你，明天给你搞一个什么门，两边都极端非理性，矛盾不可调和，这已经非常反常了。老实说，我认为现在确实是西方民主的危机。民主最好的一面是能够带来一个公共的讨论，让大家可以根据讨论，把问题矫正到更合理的方向，然后来选择，所以有效的民主是有灵活性的、混合折中的。现在政治开始固化，立场都是固定的，没有了辩论的可能性——不光美国，欧洲也同样如此——这非常糟糕。接下去会怎么样？大概只能是转嫁矛盾，找一个共同的外在敌人，这大概是唯一还能凝聚美国国内共识的方式了。所以必须承认特朗普比美国共和党民主党的所有其他政客都高明，他率先把矛头转向了中国。

目前美国两党都把中国作为大敌，这几乎是他们的唯一共识。

如果民主党上台，我估计对中国的姿态只会比特朗普还要激烈，因为双方都带有表态性质，当然它下面实际操作可能会有必要的理性的调整。同样，欧洲变化也非常快，虽然从实际利益上，它们希望从中国获利，不一定会像美国走得那么极端，但是在心态上，整个势头和美国是类似的，亦即整个西方的反中情绪不可低估，不可自欺欺人。所以我认为亨廷顿是冷战结束以后唯一有前瞻性的思想家，他不受意识形态羁绊，从问题出发，提出了"文明的冲突"。很多人误解他，以为他要制造文明冲突，并非如此，只是他认为将来的冲突是文明的冲突，而不再是从前那种意识形态冲突，应该说，他的这个判断在冷战后的世界被一一证实。现在的中美冲突并不是资本主义和社会主义之争，而是文明冲突，是西方文明不能接受一个非西方文明与其平起平坐，所以这不仅仅是一个守成大国与一个新起大国的关系。我觉得文明冲突是根本问题，但是中国很多人很不愿意正视这个问题，而且我们实际上没有独立话语，我们总希望使用冷战结束以后的全球化语言，然而西方已经变化得很厉害了，尽管有少数自由派仍然在用这套语言，但其实无论在政策层面，还是在实践层面，全球化话语都已经破产，中国没有理由再跟着这套走。我觉得中国一方面需要处理很多具体的、实际的问题，这些问题可能和理论没多大关系，哪个办法work（奏效）就用哪个，但是另一方面，我们的共识建立在什么基础上，到底对自己的文明是怎么认识的，我觉得会是今后二三十年的长远的问题，对这些问题的回答会影响到下面中国究竟成为什么样的国家。

壹卷
YE BOOK

洞见人和时代

官方微博：@壹卷YeBook
官方豆瓣：壹卷YeBook
微信公众号：壹卷YeBook
媒体联系：yebook2019@163.com

壹卷工作室
微信公众号